Henry Felix Srebrnik

·

Dreams of Nationhood

American Jewish Communists
and the Soviet
Birobidzhan Project,
1924–1951

Academic Studies Press

Boston

2010

Генри Сребрник

·

Мечты о государстве

Американские еврейские
коммунисты и советский
Биробиджанский проект,
1924–1951 гг.

Academic Studies Press

Библироссика

Бостон / Санкт-Петербург

2024

УДК 327.29
ББК 66.1стд1-23
С75

Перевод с английского Ксении Викторовой

Серийное оформление и оформление обложки Ивана Граве

Сребрник, Генри.

С75   Мечты о государстве. Американские еврейские коммунисты и советский Биробиджанский проект, 1924–1951 гг. / Генри
Сребрник; [пер. с англ. К. Викторовой]. — СПб.: Academic
Studies Press / Библиороссика, 2024. — 376 с. — (Серия «Современная иудаика» = «Contemporary Judaica»).

ISBN 979-8-887194-89-9 (Academic Studies Press)
ISBN 978-5-907767-24-9 (Библиороссика)

Еврейское коммунистическое движение в период с 1920-х по 1950-е годы играло важную роль в политике еврейских общин в таких американских городах,
как Бостон, Чикаго, Лос-Анджелес, Нью-Йорк, Филадельфия. Генри Сребрник,
опираясь на книги, газеты, периодические издания, памфлеты и другие материалы на идише, рассказывает в своей книге о той идеологической и материальной
поддержке, которую Еврейской автономной области и Биробиджану оказывали
две американские организации — Организация еврейской колонизации в России
и Американский биробиджанский комитет.

УДК 327.29
ББК 66.1стд1-23

ISBN 979-8-887194-89-9
ISBN 978-5-907767-24-9

Список иллюстраций

Обложка «Найлебн — Нью Лайф», апрель 1938 г., сторона на идише
Шлойме Алмазов (*Nailebn — New Life*, April 1939)

Глава 3

Соломон Михоэлс (*слева*) у могилы Шолом-Алейхема, Нью-Йорк, 1943 (*справа* — сын Б. Голдберга Митчелл) (Библиотека Шоттенстайн — Джессельсона при Центре углубленного изучения иудаики Г. Д. Каца в Университете Пенсильвании, Филадельфия)
Профессор Чарльз Кунц (*Nailebn — New Life*, June 1940)

Глава 4

Часы для Красной армии (Ambijan Bulletin, April 1943)
Реклама «Мод'з Саммер-Рэй» (New Masses, June 3, 1941)
Национальный съезд «Амбиджана», 25–26 ноября 1944 г. Слева направо: Я. М. Будиш, Вильялмур Стефанссон, советский посол А. А. Громыко, Макс Левин (Ambijan Bulletin, June 1945)

Глава 5

Руководство чикагского отделения «Амбиджана» (Sentinel, Chicago, May 16, 1946)
Сенатор Клод Пеппер на обложке «Сентинел» (Sentinel, Chicago, June 20, 1946)
Национальная конференция по Биробиджану, 9–10 марта 1946 г. Слева направо: Макс Левин, советский генеральный консул В. А. Казаньев, сенатор У. Г. Магнуссон, судья Анна Кросс, профессор Чарльз Кунц, Я. М. Будиш (Ambijan Bulletin, April 1946)

Глава 6

Объявление об обеде Фонда Эйнштейна (Sentinel, Chicago, Dec. 4, 1947)
Афиша концерта бронкского отделения «Амбиджана» в Таунхолле, Нью-Йорк, май 1947 г., архив YIVO

Афиша концерта бронкского отделения «Амбиджана» к 20-летней годовщине Биробиджана в Таун-холле, Нью-Йорк, апрель 1948 г., архив YIVO

Глава 7

Гина Медем [Медем 1950]

Телеграмма Давиду Бен-Гуриону от чикагского отделения «Амбиджана» 12 мая 1948 г. (Чикагский еврейский архив, Спертус-институт еврейского образования, Чикаго)

А. А. Громыко на объявлении об обеде, посвященном американо-советско-палестинской дружбе (Библиотека Шоттенстайн — Джессельсона при Центре углубленного изучения иудаики Г. Д. Каца в Университете Пенсильвании, Филадельфия)

Глава 8

Пол Новик (фото любезно предоставлено «Джуиш Каррентс»)

Альберт Эйнштейн на обложке «Бюллетеня "Амбиджана"», январь — февраль 1950 г.

Глава 9

Приглашение на конференцию «Амбиджана» в честь 15-летия провозглашения Биробиджана Еврейской автономной областью (сторона на английском) (архив YIVO, Нью-Йорк)

Приглашение на конференцию «Амбиджана» в честь 15-летия провозглашения Биробиджана Еврейской автономной областью (сторона на идише) (архив YIVO, Нью-Йорк)

Предисловие

В американском коммунистическом движении, которое многие американские евреи поддерживали в течение трех десятилетий, выделялись две группы, видевшие свою главную цель в поддержке советского проекта по созданию Еврейской социалистической республики на Дальнем Востоке, с центром в Биробиджане. Одна из них — ИКОР[1], Организация за еврейскую колонизацию в Советском Союзе, основанная в 1924 году, — опиралась на тех эмигрантов, которые были заняты физическим трудом. Ее членами были в основном представители первого или второго поколения еврейских эмигрантов, говоривших на идише. Кроме поддержки евреев в Биробиджане, ИКОР ставил перед собой и ряд четко артикулированных политических целей, таких как агитация за Советский Союз, который, как считалось, занимается решением «национального вопроса» и вот-вот искоренит антисемитизм; борьба с нацизмом в Германии, особенно после 1933 года; противостояние сионизму как идеологии, враждебной еврейскому рабочему классу. Кроме того, ИКОР распространял политические взгляды Коммунистической партии США и поддерживал ее устремления в том, что казалось ему благоприятным для еврейских рабочих.

Вторая группа — это «Амбиджан», американский комитет по поселению евреев в Биробиджане. «Амбиджан» был основан в 1934 году как народное движение среди совсем других евреев — англоговорящих уроженцев США, принадлежащих к среднему классу.

---

[1] ИКОР — это транслитерация аббревиатуры на идише «Идише Колонизацие Организацие ин Ройтн-Фарбанд». — *Примеч. пер.*

Когда в связи с распространением нацизма и фашизма коммунисты занялись поиском союзников в более широких кругах, чем ранее, «Амбиджан» начал привлекать сторонников из числа выходцев из Германии — как правило, людей состоятельных и хорошо адаптированных. В результате «Амбиджан» оказался более либеральным и терпимым к различиям в политической позиции, чем ИКОР, не скрывавший своей просоветской ориентации. Поначалу «Амбиджан» избегал политических рассуждений о строительстве социализма в СССР, сосредоточившись в первую очередь на том, чтобы помочь евреям Европы, оказавшимся в опасности, переехать и укорениться на новом месте. Тем не менее состав руководства ИКОРа и «Амбиджана» отчасти совпадал, и обе организации контролировались коммунистами. В 1946 году они объединились и в таком виде просуществовали еще пять лет, прежде чем были распущены в связи с преследованиями со стороны американского правительства в первые годы холодной войны, а также в связи с распространением информации о нарастающем антисемитизме в самом Советском Союзе.

Изучать деятельность «Амбиджана» и ИКОРа следует в более широком контексте советской политики соответствующего периода. В 1928 году советское правительство одобрило выбор Биробиджанского района на Дальнем Востоке в качестве еврейской национальной административно-территориальной единицы. Здесь евреи могли организовать собственные административные, образовательные и культурные учреждения и всюду говорить на своем языке — на идише. Советская сторона в поисках поддержки этого предприятия обращалась к самым разным еврейским сообществам Северной Америки, и некоторые из них не отказывали Советам в помощи. Безусловно, люди, готовые перекраивать еврейский жизненный уклад по советскому образцу, в основном были идеологически или организационно связаны с недавно образованной Коммунистической партией США и входили в такие группы, как ИКОР и «Амбиджан».

Я заинтересовался этими течениями достаточно давно. Около сорока лет назад я был студентом программы «Современные еврейские исследования» в Университете Брандейса в Уолтеме, штат Массачусетс. Я, как и многие другие, увлекся движением новых левых, а потом заинтересовался старыми левыми, в особенности евреями. В Университете Брандейса, который был основан в 1948 году как еврейское учебное заведение, среди преподавателей насчитывалось немало либералов, а также много ученых, чья карьера пострадала в эпоху маккартизма. В университетской библиотеке имелась прекрасная подборка материалов по левым еврейским организациям. Проходя курс по истории евреев в Америке, я нашел неполную подшивку периодического издания *Nailebn — New Life* («Новая жизнь»), печатного органа ИКОРа, выходившего на идише и английском. Я написал большую работу об ИКОРе для зачета по курсу истории евреев в Америке, который читал ныне покойный Л. Джик, и пьесу о Биробиджане, которую опубликовали в бостонском журнале *The Jewish Advocate* («Еврейский адвокат») в 1972 году.

Окончив Университет Брандейса в 1973 году, я начал работать в Бирмингемском университете над диссертацией о еврейских коммунистах в Англии, но сохранил интерес к движениям, поддерживавшим переселение в Биробиджан. Впоследствии я решил к этому вернуться и изучить, что было сделано в этой области за прошедшие тридцать лет. Оказалось, практически ничего. Поэтому, несмотря на то что многое изменилось по сравнению с началом 1970-х годов: распался СССР, ушли со сцены и старые, и новые левые в Америке, — тема все еще ожидала своего исследователя. Я стал изучать ИКОР и родственный ему «Амбиджан». До 1935 года ИКОР в США и Канаде действовал как единая организация, так что я занимался ими обоими, но вскоре понял, что материала набирается больше, чем на одну книгу, и решил сначала написать детальную историю отделения ИКОРа в Канаде, от его зарождения в 1930-х годах до исчезновения в 1951 году. Эта работа вышла в 2008 году [Srebrnik 2008a].

Многие еврейские левые движения оказывали существенную поддержку новым иммигрантам, которые попали в незнакомую страну, говорящую на непонятном языке: предоставляли им привычную культурную среду, оказывали адресную помощь, представляли их интересы на политическом уровне. Даже врача переселенцы могли найти среди своих — многочисленных профессионалов, участвовавших в левых движениях. Мы практически ничего не знаем об этих людях; их цели и усилия, их идеи и воззрения оказались долговечнее их самих и впоследствии сделались общим местом в социальной политике США.

Около трех десятилетий эти организации занимались множеством проблем, встававших перед американскими евреями. Тысячи человек вступали в их ряды, отделения и филиалы открывались в десятках городов по всей Америке, удалось привлечь миллионы долларов инвестиций. В 1941–1949 годах «Амбиджан» и ИКОР искали ответы на все вызовы времени: антисемитизм в Америке, дискуссии о социализме и об отношении к Советскому Союзу с его огромным еврейским населением, возникновение государства Израиль. В этот недолгий насыщенный период с 1941 по 1949 год — визит в США эмиссаров советского еврейства С. Михоэлса и И. Фефера, победа СССР над Гитлером, возникновение Израиля — левые движения были в гуще событий, они, по моему мнению, оказывали важнейшее влияние на умонастроения американских евреев. Им симпатизировали очень многие известные люди, в том числе Альберт Эйнштейн и Марк Шагал, путешественник В. Стефанссон, актриса М. Пикон, вице-президент США Генри Уоллес, целый ряд американских сенаторов, в частности О. Баркли, У. Магнуссон и К. Пеппер, многие губернаторы, мэры и другие чиновники, а также советский дипломат А. А. Громыко.

Вот почему я старался документировать мельчайшие детали их политической жизни так же тщательно, как и более значительные события. Если бо́льшая часть этой книги выглядит как перечень имен, названий и дат, это сделано намеренно. Я не мог жить среди людей, о которых пишу, поскольку все, кто участвовал в еврейских коммунистических движениях, либо уже умерли, либо достигли почтенного возраста 90 лет, так что их политическая активность осталась в прошлом. Таким образом, в большинстве случаев я был вынужден больше полагаться на письменные источники, чем на устные свидетельства или собственные наблюдения. Мои методы неизбежно подразумевали историческое погружение. Я от корки до корки читал газеты того времени: не только новости, колонки редактора, заявления разных организаций, стихи и прозу, но и рекламные объявления, уведомления и прочие однодневки (от которых невозможно оторваться!), — чтобы «стать обитателем» этого мира и научиться мыслить в контексте их политической реальности. Говоря словами К. Гирца, я стремился «установить с этими людьми диалог» [Гирц 2004: 20]. Мои описания выполнены «с использованием тех конструкций... с помощью которых они пытаются объяснить, что с ними происходит» [Там же: 21].

Эта книга не предлагает новых теоретических концептов или аналитических подходов. Она, скорее, представляет собой рассказ об истории социально-политических движений, основанный на материалах, которые не изучались прежде. Это их история, переданная их словами. Моей главной целью было описать работу, проделанную множеством сильных и образованных людей, и представить это архивное исследование научному сообществу. Данную монографию следует отнести к узкоспециальным: в ней рассматриваются процесс становления и организация деятельности движений, которые были двумя «конечностями» единого «тела» в виде различных коммунистических объединений. История более заметных организаций, а также собственно Коммунистической партии уже написана, поэтому нет необходимости возвращаться к ней вновь.

Я также должен подчеркнуть, что это не история собственно Биробиджанского проекта. Имеется множество работ на идише, иврите, английском, французском и русском языках, посвященных истории Еврейской автономной области в СССР (ЕАО), и я не вижу смысла писать еще одну. К некоторым из исследований я отсылаю читателей в списке литературы.

Не рассматриваются здесь и дебаты по поводу Биробиджанского проекта в широких кругах американских евреев, в частности споры о выборе между идишем и ивритом. Затрагивая эту тему, я в основном излагаю тот взгляд на нее, которого придерживались участники ИКОРа и «Амбиджана». Во многих работах представлен взгляд «с другой стороны». Нет недостатка в материалах о негативном отношении к Биробиджанскому проекту в среде некоммунистической и антикоммунистической: гуманитарные организации, религиозные структуры, различные сионистские движения, а также социал-демократы, вращавшиеся вокруг «Еврейского рабочего комитета» и газеты *Forverts*; им всем уже было предоставлено слово во множестве книг и статей. Безусловно, это очень хорошо. Моя задача состоит не в том, чтобы возобновить этот спор, а в том, чтобы зафиксировать для истории взгляд со стороны коммунистов.

За те 25 лет, в течение которых Биробиджан занимал важное место в риторике еврейских коммунистов в Америке, его образ претерпел существенные изменения: из еврейского национального региона, альтернативы сионистскому проекту, в 1930-е годы он превратился в убежище от нацизма, из надежного канала передачи финансовой помощи СССР во Второй мировой войне — в участника послевоенного еврейского возрождения и, наконец, стал сподвижником Израиля, нового Еврейского государства, в построении будущего для независимого еврейского народа с 1948 года. После 1951 года, когда «Амбиджан» прекратил свое существование, Биробиджан практически перестал интересовать американцев, в том числе большинство евреев-коммунистов.

Большинство книг и статей об американских еврейских коммунистах и их организациях написали такие ученые, как П. Бюле, Г. Эйстрах, Р. Киран, Х. Клер, А. Либман, Т. Майклс, П. Мишлер, А. Сабин, Д. Шульдинер, Д. Сойер, З. Шайковски, Т. Уокер, а также бывшие активисты, среди которых М. Эпштейн, К. Мармор, Д. Медем и П. Новик. Существуют также англоязычные работы о самом Биробиджане, в частности таких авторов, как Ш. Абрамски, Ц. Гительман, А. Лен Каждан и Р. Вейнберг. Исследовательских работ об «Амбиджане» и ИКОРе после 1935 года нет, хотя эти организации в течение двух десятилетий играли заметную роль среди американских левых евреев. В данной работе я стремлюсь заполнить существующий пробел путем исследования истории и политической деятельности указанных левых движений в 1934–1951 годы.

Во введении сделан обзор тех групп, включая ИКОР, которые входили, обычно неформально, в американское еврейское коммунистическое движение. Глава 1 знакомит читателя с Американским комитетом по содействию еврейскому переселению в Биробиджан («Амбиджаном») и фиксирует ранние попытки посредничества в переселении евреев в ЕАО. В главе 2 рассматриваются усилия «Амбиджана» и ИКОРа по организации «народной делегации» в Биробиджан с той же целью. В главах 3–5 подробно описывается деятельность по поддержке советских евреев во время Второй мировой войны, в том числе план переселения в Биробиджан детей, осиротевших в период Холокоста, после 1945 года. Кроме того, уделяется внимание слиянию «Амбиджана» и ИКОРа в одну организацию. В следующих двух главах рассматриваются послевоенные успехи «Амбиджана» и его участие в работе по созданию государства Израиль в 1946–1950 годах наряду с продолжающейся поддержкой ЕАО. Глава 8 посвящена распаду «Амбиджана» вследствие антисоветских настроений эпохи маккартизма, несмотря на то что, как показано в главе 9, «очаги просоветского сопротивления» продолжали существовать. В заключении приводится характеристика положения дел в стране и в мире на 1951 год, когда организация прекратила свое существование.

К несчастью, очень мало членов ИКОРа и «Амбиджана» оставили письма и прочие свидетельства своей повседневной жизни — это может быть связано со страхом преследований в эпоху маккартизма. Я изучил письменные материалы, которые дошли до нас от членов организаций в их собственных публикациях и в близкой им печати, преимущественно на идише: протоколы, книги, журналы, брошюры; особенно важными оказались журналы *Ambijan Bulletin*, *IKOR*, *Jewish Life* («Еврейская жизнь»), *Nailebn — New Life* и *Soviet Russia Today* («Советская Россия сегодня»).

Я также использовал обширные досье, которые были собраны в ФБР на «Амбиджан» и ИКОР, доступные для изучения согласно Закону о свободе информации. Они дают возможность взглянуть с противоположной стороны, дополняющей тот образ самих себя, который рисуют активисты и рядовые члены движения; благодаря этим документам мы видим деятельность «Амбиджана» и ИКОРа взглядом американского мейнстрима, который становится все более склонным к подозрительности. Кроме того, досье ФБР включают информацию, которую активисты «Амбиджана» и ИКОРа предпочли бы скрыть не только от широкой публики, но и от своих товарищей.

Мое исследование предполагало сбор первичных и вторичных данных в различных библиотеках и архивах. YIVO (Еврейский научно-исследовательский институт) в Нью-Йорке является самым важным собранием материалов по американским левым евреям, сторонникам коммунизма. В архиве YIVO пять ящиков материалов по «Амбиджану» и ИКОРу, в том числе переписка, доклады, рукописи и газетные вырезки Абрама Дженофского — последнего исполнительного секретаря интересующих нас американских организаций. Имеется также несколько тысяч писем, дневников, докладов, рукописей и вырезок К. Мармора, известного еврейского коммуниста, деятеля ИКОРа и «Амбиджана». В это собрание входит личная переписка Мармора с Р. Брайниным и Х. Житловским, а также другими деятелями движения в поддержку Биробиджана.

Институт Тамимент в Библиотеке им. Э. Х. Бобста в Университете Нью-Йорка — важное хранилище материалов о рабочем движении — содержит материалы, относящиеся к Международному рабочему ордену (International Workers Order, IWO) и другим организациям радикалов и социалистов. В Центре изучения марксизма в Нью-Йорке находится богатая коллекция печатных источников Коммунистической партии США; там хранятся периодические издания Коммунистической партии США, такие как *Communist*, *New Messes* и *Political Affairs* («Политические дела»). Архив Б. Голдберга (Бенджамина Вайфа) хранится в Библиотеке Шоттенстайн — Джессельсона в Центре им. Герберта Д. Каца в Пенсильванском университете в Филадельфии и содержит материалы по ИКОРу и «Амбиджану», а также по другим группам и личностям, имеющим отношение к поддержке Биробиджанского проекта, в том числе Американскому комитету писателей, художников и ученых. Документы, связанные с работой ИКОРа и «Амбиджана» в Чикаго, включая переписку и документы Г. Д. Конига и Э. Озри, хранятся в Чикагском еврейском архиве в Библиотеке Эшера (Институт Спертуса, Чикаго). В еврейском разделе Публичной библиотеки Нью-Йорка имеется представительное собрание книг и периодических изданий по коммунистическому движению американских евреев, а также *Ambijan Bulletin*. Материалы по ИКОРу и «Амбиджану» содержатся в фондах РУРа (Общества помощи России в войне) в архиве Йешива-Юниверсити в Нью-Йорке. Фонд Стефанссона (Мемориальная библиотека им. Бейкера, Дартмутский колледж, Ганновер, Нью-Гэмпшир) хранит множество документов, относящихся к этому полярному исследователю, который был участником многих прокоммунистических организаций, в том числе и «Амбиджана». В Еврейском историческом обществе Верхнего Среднего Запада в Миннеаполисе хранятся документы местных отделений ИКОРа и «Амбиджана». Большая коллекция материалов, связанных с вышеупомянутым Брайниным, который впоследствии стал участником многих просоветских организаций, содержится в архиве Еврейской публичной библиотеки в Монреале. В Национальном архиве США (Колледж-Парк, Мэриленд) хранится архив ФБР по «Амбиджану» и ИКОРу. Кроме того, я использовал материалы Библиотеки Батлера (Университет Коламбии, Нью-Йорк), Библиотеки Гольдфарба (Университет Брандейса, Уолтем, Массачусетс), Еврейской теологической семинарии (Нью-Йорк) и Библиотеки Университета штата Иллинойс (Урбана-Шампейн, Иллинойс).

Я хотел бы поблагодарить сотрудников всех архивов и библиотек, упомянутых в этом разделе. Кроме того, за возможность воспроизвести иллюстрации я благодарю Чикагский еврейский архив, Библиотеку Шоттенстайн — Джессельсона, архив Йешива-Юниверсити и Институт YIVO (все остальные иллюстрации принадлежат мне). Я признателен сотрудникам Межбиблиотечного центра Библиотеки МакКимли (Университет Калгари, Альберта) и Библиотеки Робертсона (Университет Острова Принца Эдуарда, Шарлоттаун) за быструю и бесперебойную доставку необходимых мне книг и журнальных статей.

За помощь и поддержку я хотел бы поблагодарить своих коллег и друзей, среди которых И. Абелла, М. Биркнер, П. Бурдо, Р. Брим,

Г. Эстрайх, И. Гаммел, Д. Голдстейн, И. Гексам, М. Хоффман, Д. Рубенштейн, Ш. Перел, Г. Сигал, Д. Шнир, Д. Тульчинский, Р. Вейнберг и Д. Вейнберг. Наконец, я благодарю мою жену П. Т. Сребрник, чья поддержка и тщательная редакторская работа дали мне возможность довести эту книгу до конца. Ответственность за все ошибки, как в фактах, так и в их интерпретации, лежит, разумеется, только на мне.

Исследование было поддержано грантами Канадского совета по социальным и гуманитарным исследованиям и Университетом Острова Принца Эдуарда, я признателен им за помощь.

Все переводы с идиша сделаны мной, если не указано иное. Несколько замечаний по поводу орфографии. При транслитерации названий и имен собственных латиницей я использовал модифицированную версию стандартной системы YIVO, кроме тех имен, у которых уже имеется традиция транслитерации латиницей в англоязычной печати: в них я придерживался устоявшегося написания, например Kuntz, а не Kunts. То же относится и к географическим названиям: Bronx, а не Bronks, Chicago, а не Shikago, Cleveland, а не Klivland, Philadelphia, а не Filadelfia, Los Angeles, а не Los Andzheles. Если журнал или газета имеет двуязычное название на идише и английском, я использовал английское написание: написание, например *Nailebn — New Life*, а не *Naylebn — New Life*. Чтобы сохранить единообразие, я везде использовал аббревиатуру ICOR или Icor (которую употребляла сама организация для своего названия на латинице), включая и цитаты из источников на идише, хотя транслитерация в этом случае должна выглядеть как IKOR или Ikor. Наконец, о транслитерации слова «Биробиджан». В современной транслитерации с русского название Еврейской автономной области пишется Birobidzhan или Biro-bidzhan. Но в 1920-х — 1950-х годах его чаще транслитерировали как Birobidjan или Biro-bidjan, и я сохраняю это написание в цитатах из англоязычных источников этого периода.

Эта книга — поучительная история, в ней рассказывается о людях, во многих ситуациях чрезвычайно разумных и сохраняющих критическое мышление, но введенных в заблуждение лживым, бесчеловечным режимом. Они доверили свою надежду на лучший мир, как оказалось, политическим преступникам, настоящим социопатам. Это рассказ о людях, которые поддались влиянию циничных пропагандистов, следовали за теми, кто строил не социализм, а ГУЛАГ. Мне, конечно, легче судить: когда я, восстанавливая историю членов «Амбиджана» и ИКОРа, старался понять их, я уже знал, что путь, по которому они идут, неверен, что ошибки, которые они допустят, ужасны, а советские лозунги, которые они принимают за чистую монету, — бессовестная ложь.

Но даже притом, что участники организаций этого не знали, что тысячи миль отделяли их от утопии, на которую они возлагали свои политические надежды, я все равно не могу понять, как такое количество хорошо образованных людей, прекрасно понимающих проблемы общества, в котором они жили, могло утратить навыки критического мышления и закрыть глаза на очевидные проблемы, когда дело доходило до Советского Союза. Правда, как показано в книге, иногда появлялись скептики, которые высказывали свои сомнения. Я убежден: были и другие — они заканчивали свою деятельность немым уходом. Во внутренних документах встречаются разногласия и даже раздоры между членами прокоммунистических движений, которые не выносились на публику. Однако по большей части активисты находились под властью советской пропаганды и лидеров движения. Поскольку Советский Союз оставался закрытым государством и информации о Биробиджане было мало, участникам организаций приходилось просто верить в то, что им говорят. Если бы во мне было меньше сочувствия к этим людям, я сказал бы, что мы имеем дело с умышленным ослеплением — так говорят юристы, когда человек сознательно позволяет обмануть себя или ввести в заблуждение.

Посвящаю эту книгу своим покойным родителям Эдварду и Эстер и тем их родственникам из Ченстоховы в Польше, которые приняли мученическую кончину во время Холокоста. Я тоже родился в этом городе, вскоре после войны, так что я тоже а ченстоховер йид[2].

---

[2] Еврей из Ченстоховы, *идиш.* — *Примеч. пер.*

Введение
Американские евреи, коммунизм, ИКОР и Биробиджан

В XX веке среди американских левых было непропорционально много евреев. Перед Первой мировой войной Еврейская социалистическая федерация, насчитывавшая, по ее собственным подсчетам, 14 тысяч членов, составляла существенную часть Социалистической партии. Десятки тысяч евреев работали в швейной промышленности и принадлежали к профсоюзам, таким как Объединенный профсоюз работников швейной промышленности (Amalgamated Clothing Worker of America, ACWA), Международный союз производителей женской одежды (International Ladies' Garment Workers' Union, ILGWU)[1] и Международный союз работников меховой и кожевенной промышленности (International Fur and Leather Workers' Union)[2]. Они формировали различные общества взаимопомощи, например «Арбетер Ринг» («Рабочий кружок»), и составляли аудиторию газет социалисти-

[1] В 1995 г. ACWA и ILGWU объединились в Союз работников швейной и текстильной промышленности — Union of Needletrades, Industrial and Textile Employees, UNITE. В 2004 г. UNITE объединилось с Международным союзом работников отелей и ресторанов — Hotel Employees and Restaurant Employees International Union, HERE. Получившееся объединение носит название UNITE HERE («Объединяйтесь здесь», *англ. — Примеч. пер.*).

[2] В 1955 г. этот профсоюз, находившийся под контролем коммунистов, из-за постоянных преследований вынужден был образовать одно целое с Объединенным союзом мясников и торговцев мясом.

ческого направления, таких как *Forverts* под редакцией Э. Кана. Они голосовали за Социалистическую партию и обеспечивали ей поддержку среди людей умственного труда: в 1914, 1916 и 1920 годах благодаря им в Конгресс прошел Меер Лондон от 12-го избирательного участка Нью-Йорка на Манхэттене в Нижнем Ист-Сайде. Представляя немалую часть городского электората, в 1917 году еврейская община обеспечила М. Хиллквиту такую мощную поддержку, что он сумел получить 22 % на выборах мэра Нью-Йорка. Кроме того, сторонники левого движения среди евреев способствовали избранию от Социалистической партии семи олдерменов, десяти членов нижней палаты парламента штата и городского судьи. Ряды социалистов в Нью-Йорке и по всей Америке постоянно пополнялись иммигрантами из царской России: членами Бунда (Еврейской социал-демократической партии Российской империи), социалистами-революционерами и другими радикалами, особенно после Первой русской революции 1905 года. Евреи левых убеждений обычно интересовались международной повесткой больше, чем социалисты, которые были уроженцами Америки.

Русская революция 1917 года и образование два года спустя Коммунистического, или Третьего, интернационала (Коминтерна) привели к расколу в Социалистической партии Америки. Несколько радикально настроенных групп вышли или были изгнаны из Социалистической партии. После периода организационной и идеологической борьбы, в которой не всегда была ясна позиция участников, возникли две просоветские партии (Коммунистическая лейбористская партия и Коммунистическая партия США). К 1922 году они объединились в Коммунистическую партию, признанную Коминтерном. Большинство членов Еврейской социалистической федерации, входившей в Социалистическую партию, поспешили присоединиться к Коммунистической партии. Таким образом, многие из тех, кто давно участвовал в еврейском социалистическом движении, назвали себя коммунистами, в том числе А. Биттельман, Ш. Эпштейн, Л. Гендин, Пол (Песах) Новик, М. Ольгин, Я. Салуцкий (Дж. Б. С. Хартман), А. Трахтенберг и многие другие. Для части из них это стало делом жизни. Биттельман и Эпштейн начали издавать еженедельник *Der Emes* («Правда»), рассчитанный на новое, еврейское, крыло Коммунистической партии; Биттельман выпускал журнал *Der Kampf* («Борьба»). В 1922 году возникла ежедневная газета *Freiheit* («Свобода»). В 1929 году она была переименована в *Morgen Freiheit* («Утренняя свобода»; имеется в виду, что это была утренняя газета)[3]. Основателем и редактором газеты был Ольгин, родившийся под Киевом в 1878 году. До приезда в США в 1915 году он вступил в Бунд и получил образование в университетах Киева и Гейдельберга. Спустя три года после эмиграции защитил диссертацию в Колумбийском университете (Нью-Йорк). В 1920–1921 годы Ольгин посетил новую Советскую Россию. Впечатления от этой поездки сильно повлияли на его переход от левого социализма к ортодоксальному коммунизму[4]. Он был одним из первых организаторов еврейского отделения партии и на протяжении всей жизни членом Национального комитета Коммунистической партии США. Кроме того, Ольгин много лет оставался американским корреспондентом газеты «Правда» — ежедневной газеты Коммунистической партии Советского Союза.

Основатели газеты *Freiheit* называли ее «боевой коммунистической газетой», которую «поддерживали еврейские революционные рабочие». Они утверждали, что издание призвано укреплять революционное профсоюзное движение, единство белых и цветных рабочих и, разумеется, СССР, особенно в его попытках перекроить еврейскую жизнь на новый, осмысленный, лад, а с другой стороны, противостоять «потогонным мастерским и мошенникам от профсоюзов», «социалистам-ренегатам» и «фашиствующему сионизму»[5]. В 1925 году у *Freiheit* насчиты-

---

[3] Подробнее о том, как евреи-социалисты вливались в новое коммунистическое движение, см. [Mitchels 2005: 217–250].

[4] Ольгин вновь посетит СССР в 1924, 1931 и 1934 гг. См. об этом статью Даниила Сойера: American Communist History. 4, 1 (June 2005). P. 1–20.

[5] Ежегодник ИКОРа «Еврейская пресса в Америке». См.: ИКОР Йор-бух — ICOR Year Book. New York: National Executive Committee of the ICOR, 1932. P. 192 [Yiddish section] (здесь и далее переводы названий статей в идишеязычных изданиях сделаны мной. — *Примеч. пер.*).

валось 22 тысячи читателей, она была крупнейшей из девяти коммунистических ежедневных газет, выходивших в то время в Соединенных Штатах; издание имело бо́льшую аудиторию, чем англоязычный *Daily Worker*, который начал выходить на два года позже[6] [Szajkowski 1972: 415]. Последним еврейские коммунисты основали «серьезный теоретический журнал по марксизму-ленинизму» *Der Hammer* («Молот») под редакцией Леона Тальми (наст. имя — Лейзер Талмоновицкий) в 1926 году[7].

В этот период еврейское население составляли преимущественно новые эмигранты из Восточной Европы, постоянно пополнявшие ряды пролетариев. Именно на их личностные установки и жизненный опыт могло опереться радикальное меньшинство; как отмечал Пол Бюле, «мессианский радикализм среди еврейских рабочих-иммигрантов... позволил коммунизму воззвать к неким сокровенным традициям этого сообщества»[8]. Мир еврейского социализма был светским, а внутренний дискурс революционным; и все же его корни лежали глубоко в еврейской традиции, которая, несмотря на свое разнообразие, всегда стремилась к улучшению окружающей действительности. Хотя в еврейской жизни преобладало то, с чем еврейские социалисты боролись, от ортодоксального иудаизма до сионизма, эти люди обратились к коммунизму не потому, что стали чужими еврейскому миру, — важную роль играло «их стремление действовать ради совершенствования общества и улучшения условий труда еврейских рабочих» [Zucker 1991: 146]. В некотором смысле именно «мессианский» аспект миропонимания заставлял их пересмотреть древний иудейский идеал возвращения в «Страну Израиля», подставляя вместо Израиля новую «землю обетованную» — коммунистическую Россию. Этих людей переполняло «полурелиги-

---

[6] Подробнее о газете «Фрайхайт» и других коммунистических изданиях на идише см. [Estraikh 2004; Estraikh 2005; Eistraikh 2008].

[7] См.: Еврейская пресса в Америке, 1932. С. 193.

[8] Ср. [Buhle 1980: 11, 14]. «Утопические и квазимессианские воззрения были... характерны для политической деятельности восточноевропейского [еврейства]» [Frankel 1992: 84].

озное чувство» по отношению к Советскому Союзу, который стал для них «страной мечты, в которой царят свобода и равенство» [Estraikh 2008: 4].

Для некоторых евреев, которые в этот период взрослели и обретали независимость мышления, отмечает Э. Мендельсон, «еврейство и политический радикализм были синонимами», составляя равно неотъемлемую часть их культуры. Экономическая депрессия тоже привела к радикализации многих евреев, так как социально-экономическая мобильность снизилась до нуля и многие стали пролетариями. «1930-е годы были апогеем формирования радикальной космополитической еврейской интеллигенции», группы, которая не слишком интересовалась собственно еврейской политикой и культурой. Они хотели создать общество, «в котором евреи и неевреи могут быть равны, разделяя одни и те же идеалы братства и универсализма» [Mendelsohn 1993: 87–88, 94–96]. Среди евреев-левых многие приняли уничижительный взгляд со стороны на традиционную еврейскую культуру как отсталую; евреи, утверждали они, должны быть «освобождены» от жизни в гетто и стать экономически «здоровым и продуктивным» народом.

Коммунистическое движение привлекало городских жителей, профессионалов и интеллектуалов; евреи были широко представлены в этих категориях, так что, по замечанию Эпштейна, «его распространению [среди евреев] способствовала уникальная среда» [Epstein 1959: IX]. В своей наивысшей точке влияние коммунистической партии среди американских евреев «превосходило все, что только можно было наблюдать в других этнических группах», утверждает Генри Фейнголд [Feingold 1992: 223]. Подсчитано, что евреи составляли около 15 % от общего числа членов официального коммунистического движения Америки; в некоторых городах они образовывали абсолютное большинство в Коммунистической партии США [Draper 1986: 191]. К 1931 году не менее 19 % членов партии были евреями, а в самом большом избирательном округе, Нью-Йорке, за счет них формировалась основа коммунистической партии. Еще больше доля евреев — среди партийных функционеров: в 1921–1938 годах «ни один центральный комитет не состоял менее чем на треть из евреев; обычно евреев было около 40 %» [Klehr 1984: 163][9]. По некоторым оценкам, в 1930–1940-х годах «около половины членов Партии были евреями, из которых многие стали социалистами, когда жили еще в Восточной Европе» [Lewy 1990: 295][10].

Еврей Д. Стейчел, оргсекретарь партии на федеральном уровне, сообщил Шестому съезду Коммунистической партии США в 1929 году, что в Лос-Анджелесе «практически 90 %» членов составляют евреи[11]. «С момента своего основания в 1919 году и в течение большей части 1920-х годов коммунистическая партия в Лос-Анджелесе опиралась на евреев района Бойл-хайтс», они работали в швейной промышленности и держали лавки. Многие еврейские коммунисты впоследствии активно работали в районах Эхо-Парк и Сильвер-Лейк [Hurewitz 2007: 155][12]. В Филадельфии коммунистическое движение формировали по большей части еврейские иммигранты или их дети, которые населяли «оплоты левых» — Западную Филадельфию и Стро-берри-Мэншн.

По мнению П. Лайонса, в 1930-х годах 75 % членов Третьего округа Коммунистической партии США, в который входила Филадельфия, были евреями; по словам одного из бывших лидеров движения, «в округе преобладают евреи» [Lyons 1982: 21–34, 54, 58, 71–78, 113]. В Чикаго, где было более 3 376 438 жителей

---

[9] Х. Клер в числе 27 важнейших функционеров КП США в 1921–1961 гг. насчитывает десять евреев, см. [Klehr 1978: 110]. Он также отмечает, что евреи, эмигрировавшие в США, были, как правило, лучше ассимилированы, более образованы и чаще принадлежали к среднему классу, чем эмигранты нееврейского происхождения, а следовательно, были лучше готовы к тому, чтобы занять руководящие позиции в партии. Многие активисты профсоюзов текстильной промышленности также достигли руководящих постов.

[10] Через КП США прошло не менее 100 000 евреев за этот период. Об общей численности КП США в 1919–1988 гг. см. [Lewy 1990: 307–308].

[11] J[ack] Stachel. Organization Report to the Sixth Convention of the Communist Party of the U.S.A. The Communist. 8, № 4 (April 1929). P. 179–189; 8, № 5 (May 1929). P. 234–249.

[12] Такая ситуация сохранялась и в 1950-х гг., см. [Horne 2001: 63, 88–900] и [Sanchez 2004].

в 1930 году, евреи составляли менее 10 % населения. Из этих приблизительно 300 тысяч евреев около 135 тысяч, то есть 45 %, родились не в Америке; они составляли менее 4 % всего населения Чикаго. Однако в 1931 году 22 % от общего числа 1 936 членов компартии в Чикаго были евреями, родившимися за пределами США. В чикагском Вест-Сайде, центром которого является Рузвельт-Роуд, евреи «создали целый анклав левых с газетами, театрами и ресторанами». В городе было 13 отделений Международного рабочего ордена (International Workers Order, IWO) [Storch 2007: 39–41, 54–55].

Коммунисты скоро поняли, что объединения «сочувствующих», то есть Народный фронт — менее централизованный и менее иерархический, чем Коммунистическая партия США, представляют собой эффективный способ привлечения сторонников. Некоторые из тех, кто присоединился к группам «сочувствующих», стали полноправными членами партии [Kutulas 1995: 132]. Комиссия по национальным группам Коммунистической партии США сама заявила в октябре 1946 года:

> Организации взаимопомощи, которые возникают на почве общего происхождения, культурных интересов или поддержки тех, кто оказался в трудной ситуации, организации, образованные для того, чтобы обеспечить потребности и решить проблемы конкретного национального меньшинства, могут более эффективно и четко функционировать, если они по составу и характеру своему являются национальными и если их возглавляет лидер той же национальности... Политическое и организационное единство американского рабочего класса в таких сообществах может быть достигнуто за счет работы авангарда рабочего класса — коммунистов[13].

Таким образом, хотя эти группы и были «номинально независимыми», они действовали ради узко определенных целей или интересов, которые эффективно контролировались коммунистами

---

[13] Communist Work Among the American Jewish Masses // Political Affairs. 25, № 11 (November 1946). P. 1041.

[Isserman 1982: 20][14]. В формировании их рабочих программ часто принимали участие лидеры компартии. «О членстве в партии открыто не говорили, так что воздействие осуществлялось привычным коммунистам способом через фракцию посвященных, которые встречались друг с другом втайне от прочих членов группы, чтобы спланировать свои действия» [Hemingway 2002: 86][15]. Обычно лидером сообщества был уважаемый человек, не заявлявший о своих коммунистических взглядах: сочувствующие либералы, «попутчики», оказывались даже предпочтительнее, чем убежденные социалисты или социал-демократы, которые с большей вероятностью способны заявить о своих сомнениях по поводу происходящего в Советской России. Однако следует отметить, что и секретари, и функционеры, получающие зарплату, и члены исполнительного комитета, осуществляющие повседневную деятельность группы, были членами компартии. У них «всегда было достаточно власти, чтобы эти группы придерживались нужного русла» [Kutulas 1995: 195][16]. Прочие критерии, на основании которых мы можем отнести ту или иную организацию к «сочувствующим», включают выступления коммунистов на ее собраниях, публикации коммунистов в ее печатных изданиях; поддержку компартии в предвыборной борьбе, а также прочей деятельности; пропаганду в ее печатных изданиях действий компартии или других групп сочувствующих; сбор средств от имени компартии; положительные отзывы в коммунистической прессе; непоколебимую лояльность Советскому Союзу и линии компартии.

---

[14] Иссерман отмечает, что выражение «коммунистический фронт» стало ругательным и часто использовалось оппонентами для дискредитации политики этих организаций. Сами коммунисты обычно предпочитали называть их «организациями взаимопомощи» или «народными организациями». См. также [Draper 1986: 171–185]. Свой опыт членства в одной из этих организаций он описывает на с. IX–XI.

[15] Это не означает, что остальные были просто «игрушками в руках партии». Хемингуэй напоминает, что для многих «социал-либералов» «было вполне приемлемым рассматривать СССР как воплощение определенных, близких им также, прогрессивных ценностей, невзирая на его извращенную политическую систему» [Hemingway 2002: 195–196].

[16] О «попутчиках» и отношении к ним со стороны коммунистов см. [Caute 1973: 1–12].

Как пишет М. Деннинг, Народный фронт 1930-х годов — это радикальное социальное движение, объединяющее деятелей промышленных профсоюзов, коммунистов, независимых социалистов, активистов, занятых локальными проблемами, и антифашистов. Организации Народного фронта «не были просто прикрытием», утверждает Деннинг, — они «возникли на основе привычного для низовой американской политики добровольного объединения ради определенных реформ». Поддержкой служили «культура таких движений, весь мир образования, отдыха и развлечений для рабочего класса, построенный компартией, новые профсоюзы в промышленности и ложи братской взаимопомощи, в первую очередь те, которые принадлежали к Международному рабочему ордену (International Workers Order, IWO)» [Denning 1996: 4, 63, 67][17]. Международный рабочий орден — «самая крупная, наиболее успешная левая организация в современной американской истории» [Sabin 1993: 351] — мог стать «самым заметным и успешным коммунистическим объединением в США» [Caute 1978: 173][18]. Его возглавляли «на редкость способные, умеющие донести свою мысль до слушателей, преданные делу люди». Макс Бедахт, экс-секретарь Коммунистической партии США, редактор журнала «Коммьюнист» и член политбюро партии, был генеральным секретарем Международного рабочего ордена с 1933 года, а президентом с 1931 года сделался У. Уайнер, финансовый секретарь и казначей Коммунистической партии США [Keeran 1995][19]. Как упоминал сам М. Бедахт на

---

[17] Деннинг также предпочитает видеть в активистах, не состоящих в коммунистической партии, «независимых левых», на равных «с членами партии участвующих в свободном и непрочном сотрудничестве» [Denning 1996: 5–6].

[18] Кроме еврейской секции, Международный орден рабочих включал русскую, испанскую, хорватскую, финскую, итальянскую, греческую, венгерскую, польскую, румынскую, сербскую, словацкую и украинскую национальные секции.

[19] Обзор первых двух десятилетий существования Международного ордена рабочих см. [Sabin 1993: 1–24]. Другое изложение истории Международного ордена рабочих, с акцентом на его национальное разнообразие, см. [Walker 1991].

чрезвычайном съезде партии в июле 1933 года, «если бы не эти народные организации, партия не смогла бы взять в свои руки руководство массами на постоянной основе»[20].

К началу 1920-х годов среди евреев «можно было наблюдать новый, хорошо организованный фланг коммунистов с собственными печатными органами на идише» [Feingold 1974: 278–279]. В своем исследовании по американским еврейским левым организациям А. Либман описал различные еврейские общества взаимопомощи, газеты и союзы, группировавшиеся вокруг коммунистической партии, как особую «еврейскую левую субкультуру». Он утверждал:

> Социальные стены вокруг членов коммунистической партии, говоривших на идише... были толще, чем вокруг тех, кто говорил по-английски. Их принадлежность к еврейской культуре отрезала их от американской жизни и от евреев-некоммунистов [Liebman 1978: 26–33, 314–315, 520][21].

Свою еврейскую идентичность они переосмыслили в русле левой идеологии, и сложившаяся у них «культура-в-культуре» обеспечила им «преемственность идентичностей, которые они выбирали в течение жизни, защищая их от превратностей окружающего мира», как писал Д. Шульдинер [Shuldiner 1999: 21, 24, 34]. Р. Снайдер отмечает, что, «соединяя левую культуру с национальной, они создали такую альтернативу культуре мейнстрима, которая усиливала их политические убеждения» [Snyder 1984: 27]. По наблюдению Р. Либермана, «в 1930-е годы необязательно было становиться коммунистом (членом компартии. — *Примеч. авт.*) или переживать принадлежность к левым как главный аспект своей жизни, чтобы разделять левые взгляды». У еврейского коммунистического движения были символы, ри-

---

[20] Bedacht M. Work in Mass Organizations // Party Organizer. 6, № 8–9 (August — September 1933). P. 79.

[21] Подробнее о понятии «еврейского коммунизма» как этносоциального движения см. [Srebrnik 1995: 11–19] и [Srebrnik 2008a: 7–11]. См. также [Srebrnik 2008b].

туалы, идеи и убеждения, вокруг которых можно было построить свою жизнь [Lieberman 1989: 15–16].

В еврейской левой коммунистической субкультуре легко найти полный ассортимент «сочувствующих» организаций, часто имеющих свои особые задачи; деятельность многих из них велась на идише. Данные политические объединения работали среди образованного городского еврейского населения, преимущественно пролетарского или мелкобуржуазного. Особенно эффективно они проявили себя в работе с иммигрантами, которым тяжело давалось столкновение с ошеломляющим миром американского капитализма. Многие из них могли сохранить революционные традиции Восточной Европы, выходцами из которой они были. «Сочувствующие» воспринимали большевистскую революцию и государство, которое возникло в результате, как первые шаги на пути к мировой победе социализма. В их понимании это, безусловно, вело к освобождению евреев от притеснений. Они рассматривали Советский Союз со своей точки зрения. Поддержка молодого Советского государства базировалась на вере, что неизбежным последствием строительства социализма станет исчезновение антисемитизма.

Согласно внутреннему печатному органу Коммунистической партии США, *Party Organiser* («Партийный организатор»[22]), в 1930 году в организациях, работавших на идише, числилось 7 500 членов в группах, полностью контролируемых компартией, и 6 100 членов в группах, «находящихся под влиянием» компартии[23]. Самой важной среди этих групп была еврейская секция Международного рабочего ордена[24].

---

[22] Организатор — партийный функционер, создающий местную ячейку и поддерживающий коммуникацию внутри нее и с другими отделениями, важная роль в партийном строительстве. — *Примеч. пер.*

[23] Shortcomings of Party Fractions in Language Work // Party Organizer. 3, № 4 (June — July 1930). P. 10. В этой же статье утверждается, что 60 тысяч евреев принадлежат к организациям, «находящимся под вражеским руководством».

[24] Интернационалер Арбетер Ордн, идиш. — *Примеч. пер.*

Она возникла на базе Еврейского народного братского ордена[25] (Jewish People's Fraternal Order, JPFO), который был основан в октябре 1929 года, когда 15 тысяч оппозиционеров в 108 отделениях «Дер Арбертер Ринг» («Рабочего кружка»), а также некоторое количество членов еще 22 отделений откололись от данной национальной организации. Участники заявили о прекращении полномочий «Дер Арбертер Ринг», так как сообщество, по их мнению, «было создано под флагом классовой борьбы», однако превратилось «в организацию, обслуживающую интересы капитализма» [Doroshkin 1969: 166][26]. Год спустя Еврейский народный братский орден объединился с другими группами, находившимися под контролем компартии, в результате чего сформировался Международный рабочий орден. Еврейский народный братский орден оставался отдельной структурой в рамках нового объединения, действовал как еврейская секция Международного рабочего ордена, издавал ежемесячный журнал *Der Funk* («Искра») и к 1935 году контролировал более 148 школ, в том числе 5 средних школ[27], в которых учились восемь тысяч детей. Мармор, возглавлявший эту образовательную систему, на съезде в Филадельфии в мае 1930 года заявил, что в школах «дети будут воспитаны в духе классовой борьбы, на идише», поскольку в первую очередь их обучают организации забастовок, пикетов и массовых демонстраций [Epstein 1959: 259], [Keeran 1995: 31]. (См. также [Zucker 1994: 179–180], [Klehr 1984: 382–385], [Leviatin 1989: 27–30], [Liebman 1978: 310–325].) К 1938 году еврейская секция Международного рабочего ордена насчитывала 36 тысяч членов в 260 отделениях — около третьей части от общего числа членов. Секция оставалась организацией взаимопомощи, предоставлявшей доступную медицинскую страховку и выплаты в случае заболеваний или гибели кормильца; это делало ее привлекательной для новых членов [Ottanelli 1991: 126]. Даже в декабре 1940 года, во время

---

[25] Дер Идиш Фратернал Фолкс-Ордн, идиш. — *Примеч. пер.*

[26] Часть школ «Рабочего кружка» уже перешла в ведение еврейской секции КП США в течение нескольких предшествующих лет.

[27] Остальные начальные. — *Примеч. пер.*

действия пакта Молотова — Риббентропа, худший период для еврейских коммунистов, в еврейской секции все же состояли 32 548 членов, согласно отчету Коммунистической партии США перед Коминтерном [Haynes, Klehr 2005: 52].

Другой важной организацией было Общество еврейских рабочих, под контролем которого находилось обилие рабочих клубов. В 1924 году общество вложило 4 млн долларов в строительство «красного города» — Кооперативной колонии объединенных рабочих, или «Купс», на 750 квартир в Бронксе (районе Нью-Йорка), на Аллертон-авеню. Вот что пишет женщина, которая выросла в «Купс»: «Несколько тысяч человек, включая сотни детей всех возрастов, жили там как одна большая семья» [Pinkson 1998: 232][28]. В этом замкнутом мире, где имелись собственные школы под управлением Международного рабочего ордена, библиотеки, молодежный центр с пятнадцатью кружками, учреждения культуры и магазины, «самым важным днем в году был не Йом-Кипур и не Рождество, а Первое мая» [Moore 1981: 80][29]. Как пишет Б. Венгер, эта территория «была тихой гаванью политического радикализма», которым здесь были увлечены до такой степени, что он «вошел в ритм повседневной жизни» [Wenger 1996: 93][30].

---

[28] Свои жилые комплексы в Бронксе построили также сионисты-лейбористы (Фарбанд-хаус), члены AGWA — Объединенного профсоюза работников швейной промышленности (Amalgamated Cooperative Houses) и Бунда (Кооператив им. Шолом-Алейхема). В этих жилых комплексах были свои библиотеки, театры, концертные залы, кооперативные магазины, где жители покупали продукты, кафе, где они могли перекусить, а также ясли и детские сады, где их детей воспитывали в правильном духе, пока они были на работе. Данные жилые комплексы сохраняли эту еврейскую левую атмосферу вплоть до 1950-х гг. См. [Pluntz 1986].

[29] См. также: Murray Schumach. Reunion Hails Bronx Housing Experiment of 20s // New York Times. 2, 37 (May 1977). Чтобы получить представление об этой бьющей ключом культурной, политической и общественной жизни в самодостаточном сообществе, по воспоминаниям жителей, см. также [Gornick 1977: 53–59, 147–148]; [Liebman 1978: 307–310]; Goldman M. A World in the World: Living in the Coops // Jewish Currents. 57, № 6 (November — December 2003). P. 24–25, 48.

[30] См. также с. 110–115, где описывается самоорганизация жителей еврейских кварталов на стихийных протестах против повышения квартплаты и прочего во время Великой депрессии.

В еврейском коммунистическом движении возникло множество культурных и образовательных организаций. Это и АРТЕФ (Арбетер Театер Фарбанд) — Союз рабочих театров, основанный в 1925 году под руководством Мармора, и «Пролетпен» (Пролетаришер Шрайбер Фарейн — Союз пролетарских писателей), возглавляемый в США Ш. Алмазовым, П. Юдицем и А. Рабоем, которые в 1929 году покинули Клуб писателей им. И. Л. Переца и создали американское отделение Международного объединения пролетарских писателей, чье руководство базировалось в Москве. Помимо прочего, важно упомянуть и Еврейский рабочий университет, основанный в 1926 году с целью подготовки интеллигенции, участвующей в рабочем движении, а также учителей, которые будут работать в школах еврейского отделения Международного ордена рабочих. Под руководством Исроэла-Бера Бейлина к 1933 году Еврейский университет насчитывал 26 профессоров и 625 студентов. С 1933 года Бейлин стал редактором *Der Hammer*, заменив на этом посту Тальми после его отъезда в Советский Союз. Он оставался направляющей силой издания вплоть до закрытия журнала в 1939 году[31]. Еще одним «важнейшим видом культурной деятельности еврейских радикалов в США» были хоры: коммунисты возглавляли много хоровых коллективов, в том числе Фрайхайт Гезанг Фарейн (хоровое общество «Свобода») при газете *Frayhayt*; один из его основателей и руководителей, Дж. Шефер, занимал видное место в кружке композиторов, участвовавших в Рабочей музыкальной лиге (Workers Music League) [Shuldiner 1999: 105], [Dunaway 1979: 5]. Еврейские коммунисты организовывали загородные лагеря: Киндерланд («Детская страна»), Лейкланд («Озерная страна»),

---

[31] Эти организации описываются в разделе «Еврейские рабочие организации в Америке» в ежегоднике ИКОРа: Icor yor-bukh — ICOR, Year Book, 1932. P. 178–191 [Yiddish section]. Бейлин умер в Лос-Анджелесе 29 апреля 1961 г. Шлойме Алмазов призывал всех членов ИКОРа оказывать помощь театру АРТЕФ — «нашему театру, единственному пролетарскому художественному театру на идише в Америке». См.: ICOR. 7, 8 (September 1934). P. 16. О театре АРТЕФ см [Nahshon 1998], об организации «Пролетпен» см. [Glaser, Weintraub 2005].

Нит гедайгет («Не горюй»), Юнити («Единство») — все они располагались под Нью-Йорком [Ibid.]. Еврейский коммунизм действительно был движением, в рамках которого можно было провести всю жизнь с первого до последнего дня.

Национальная конференция языковых бюро Коммунистической партии США, прошедшая в Питтсбурге 22–23 сентября 1936 года, признала, что необходимо выстраивать движение Народного фронта среди национальных групп. «Все наши языковые бюро берут курс на то, чтобы проникнуть в более широкие массы, разрушить изоляцию, изменить методы работы и покончить с пережитком замкнутости»[32]. Еврейское бюро партии было упомянуто как пример успешного следования этому курсу. В августе 1937 года Еврейское бюро компартии штата Нью-Йорк начало выпуск англоязычного ежемесячника *Jewish Life*, в связи с тем что, как писал теоретик компартии В. Дж. Джером, партия теперь осознает, что евреи и другие меньшинства являются «национальными группами», а не просто «иммигрантами, которые говорят на других языках». Компартия, по утверждению Джерома, «разрабатывает программу борьбы за права евреев... *как национальной группы*»[33]. В 1938 году только что организованная Американская секция Идишер Култур-Фарбанд (ИКУФ) — Союза за еврейскую культуру, начавшего работу в Париже в 1937 году, — выпускает толстый литературный журнал *Yidishe Kultur* («Еврейская культура»). Еврейские коммунисты безустанно трудились над созданием образа евреев с национальным самосознанием. Народа, который гордится своим еврейством. В декабре 1938 года Еврейское бюро созывает национальную конференцию, которая признала значимость еврейской культуры,

---

[32] Decisions of the National Conference of Language Bureaus // Party Organizer. 9, № 11 (November 1936). P. 16.

[33] Jerome V. J. A Year of 'Jewish Life' // The Communist. 17, № 9 (September 1938). P. 850–852, 856–858 (курсив сохранен). В 1935 г. Джером стал редактором «Зе Коммьюнист» (который впоследствии был переименован в «Политикал Афэйрс») и оставался им до 1955 г. Он был также председателем комиссии по культуре КП США. Издание «Джуиш Лайф» было возобновлено в ноябре 1946 г. под контролем ассоциации «Морген Фрайхайт».

а летом 1939 года секретарь бюро Д. Султан заявил, что еврейская культура тесно связана с интересами еврейского народа [Zucker 1994: 181]. У коммунистического движения уже имелся шаблон, по которому выстраивалась классово выдержанная этническая идентичность [Mishler 1995: 142, 147].

В 1930-х годах, по мере распространения фашизма в Европе, «десятки тысяч евреев по всей стране присоединились к коммунистическим организациям, особенно к различным антифашистским группировкам» [Sachar 1992: 433–434]. По словам Э. Шрекер, «единственный человек, который с успехом приумножал ряды сторонников партии, был Адольф Гитлер» [Schrecker 1986: 35]. Борьба с нацизмом стала для многих евреев «эмоциональным и моральным центром радикализации», а антифашистские настроения привели большинство людей к аффилиации с компартией [Lyons 1982: 24–25]. Опросы общественного мнения показали, что

> в течение 1930-х годов отношение к СССР среди евреев было более благосклонным, чем среди американцев в целом, и что, вставая перед выбором между коммунизмом и фашизмом, американские евреи в подавляющем большинстве склонялись к первому, не столько потому, что действительно сочувствовали коммунизму, сколько потому, что решительно отвергали оголтелый антисемитизм нацистской Германии [Rosen et al. 2003: 5].

По мере того как в Европе усиливались фашистские настроения и авторитарные режимы, при которых евреи подвергались экономическим притеснениям и физическим угрозам, СССР становился единственным маяком надежды. Новое издание лейбористов-сионистов *Jewish Frontier* в редакторской статье в декабре 1934 года отмечало, что по мере роста власти Гитлера «многие современные евреи неожиданно для себя обращают полные надежды взоры к советскому коммунизму», испытывая «особенную симпатию» к стране, участвующей в «решительной борьбе за расовое и этническое равенство, где непреклонно стирают всякий след антисемитизма» [Greenberg 1945: 3–5]. Д. У. Уайз, сын раввина С. С. Уайза, возглавлявшего Американский еврейский конгресс, в коммунистическом журнале *New Messes* от 29 октября 1935 года пишет, что «в расширяющемся и усиливающемся объединенном фронте, выступающем против фашизма под любой личиной, в любой форме», американские евреи «должны числить себя коммунистами»[34]. Образованный в 1936 году Еврейский народный комитет (ЕНК), находившийся под контролем компартии, участвовал в протестах от имени немецких и польских евреев. Его члены заявляли, что более сдержанные еврейские организации не участвуют в дерзких акциях потому, что слишком боятся здешних, то есть американских, антисемитов. На своей национальной конференции, прошедшей в Вашингтоне 20 ноября 1937 года и собравшей тысячу делегатов, комитет принял резолюцию, призывавшую правительство США «вмешаться с целью защиты притесняемых польских евреев»[35]. Организованный комитетом конгресс «национального единства» в марте 1938 года в Нью-Йорке посетили две тысячи человек. Среди выступающих были конгрессмены от Нью-Йорка В. Маркантонио и У. И. Сирович. Президентом ЕНК был избран В. Вайнер из Международного рабочего ордена, а почетным президентом — Р. Брайнин. Делегаты обратились к Конгрессу США с призывом объявить вне закона антисемитизм и другие формы дискриминации[36]. ИКОР и «Амбиджан» должны были стать яркими звездами в галактике американского еврейского коммунистического движения, особенно после того как Советский Союз предоставил евреям дальневосточный Биробиджанский район для их автономии с перспективой, аналогично сионистскому проекту, стать

---

[34] Wise J. W. Are Jews Communists? // New Masses. 17, № 5 (Oct. 29 1935). P. 10. В редакторской колонке коммунистического издания «Нью Мэсес» и раньше отмечалось, что Дж. Уотермен Уайз разделял идею о том, что евреям следует объединяться с другими силами, противостоящими фашизму: Jewry at the Crossroads // New Masses. 11, № 4 (April 24 1934). P. 6. Что же касается Стивена Уайза, он никогда не симпатизировал коммунистам, см. [Szajkowski 1972: 421–422].

[35] Ask U.S. to Protest for Jews in Poland // New York Times. 7 (Nov. 20 1937); Hull Gets Plea for Jews // New York Times. Section 1, 7 (Nov. 21 1937).

[36] War on Anti-Semitism Held Universal Cause // New York Times. Section 1, 35 (March 13 1938); Ban on Anti-Semitism Sought in Congress // New York Times. 8 (March 14 1938).

местом сбора вышедших из «вавилонского пленения», иначе говоря, служить спасению евреев, которым угрожали фашистские режимы в Европе.

Биробиджанский проект понятней в контексте той формы еврейского национализма, которую называют территориализмом. Приверженцы данной теории утверждают, что Еврейское государство может быть создано не только на Земле обетованной, но и в других местах. С конца XIX века, ознаменованного серьезными потрясениями в «черте оседлости», выдвигались разные предложения по эмансипации евреев и борьбе с антисемитизмом, поражением в правах и культурной сегрегацией. Среди решений предлагались расселение еврейских эмигрантов в сельскохозяйственных районах Австралии, Анголы, Аргентины, Бразилии, Британской Гвианы, Канады, Кипра, Суринама, Эквадора и даже создание еврейской автономии в британской колонии Уганда[37]. Многие проекты подобного рода разрабатывались в Международном территориалистском обществе, основанном И. Зангвиллом в 1905 году и существовавшем до 1925 года. Похожей по значимости и функционалу была Фрайланд-лига («Лига свободной земли», *англ.* Freeland League for Jewish Territorial Colonization), основанная в Лондоне в 1935 году[38].

Социалисты-территориалисты стремились найти не только убежище от дискриминации в Европе, но и средство экономической «реабилитации» еврейского народа, который, по их мнению, должен был «исправиться», занявшись производительным трудом и оставив свои «непроизводительные» занятия — посредничество и торговлю. Таким образом, еврейская колонизация Биробиджана вызывала интерес в широких кругах приверженцев территориализма, видевших в нем способ решить проблему отсутствия Еврейского государства. В определенной степени новаторский замысел стал способом привлечь и тех, кто вовсе не симпатизировал Советскому государству или коммунистической идеологии.

---

[37] На территории современной Кении. — *Примеч. пер.*

[38] См. об истории и идеологии этих проектов в [Steinberg 1954]; [Astour 1967]. И. Н. Штейнберг был одним из основателей лиги.

Биробиджанский проект встречал поддержку среди очень разных еврейских групп, его принимали и члены еврейского социалистического движения, которые изначально не были приверженцами сионизма и еврейских поселений в Палестине. Буржуазные либералы, не сочувствующие сионизму нерелигиозные идишисты и территориалисты вместе с коммунистами откликнулись на советский призыв о помощи и «жертвовали деньги, проводили собрания и писали статьи» [Levin 1988: I, 291]. В. И. Ленин признал евреев полноценным народом, поэтому в годы, последовавшие за большевистской революцией, советский режим предоставил отдельную территорию для тех из них, кто желал построить совместное еврейское социалистическое будущее. Этими вопросами занимались Наркомнац (Народный комиссариат по делам национальностей) и Евсекция (Еврейская секция ВКП(б))[39]. М. И. Калинин, председатель Центрального исполнительного комитета СССР в 1919–1938 годах и председатель Президиума Верховного Совета СССР в 1938–1946 годах, был убежден, что евреям необходимо отдать отдельное территориальное образование в пределах Советского Союза, где они смогут развивать свою национальную идентичность. Для решения этой задачи были созданы две организации: государственная организация КомЗЕТ (Комитет по земельному устройству еврейских трудящихся) при президиуме Совета национальностей под председательством П. Г. Смидовича, образованная 20 августа 1924 года, и ОЗЕТ (Общество по землеустройству еврейских трудящихся), якобы общественная организация, созданная 27 января 1925 года. ОЗЕТ вскоре возглавил известный большевик, один из лидеров Евсекции, Ш. Диманштейн. Первым председателем ОЗЕТа стал видный партийный экономист и публицист Ю. Ларин, а в президиум вошли нарком внешней торговли Л. Б. Красин и нарком по иностранным делам Г. В. Чичерин — это несомненный признак того, что советское правительство придавало большое значение организации, призывающей мировое еврейство способствовать обновлению еврейской жизни. На Первом

---

[39] См. о евсекции [Gitelman 1972]; [Altshuler 1969].

съезде ОЗЕТа в ноябре 1926 года Калинин заявил, что евреи, как и все малые народы, «лишенные возможностей национального развития», подвергались угрозе ассимиляции и разрушения национального самосознания:

> Еврейский народ сейчас столкнулся с великой задачей сохранить свою самобытность. Ради этого большой сегмент еврейского населения должен превратиться в компактно проживающее сельское население, насчитывающее по меньшей мере несколько сотен тысяч душ [Abramsky 1968: 69].

Большевики изо всех сил старались способствовать социальной реабилитации еврейской мелкой буржуазии, создавая ремесленные сельскохозяйственные артели на территориях компактного проживания еврейского населения. Сначала Еврейскую автономную область планировали создать в Беларуси, потом на Украине, в первую очередь рассматривался Крым. В результате массового переселения евреев в сельскохозяйственные колонии были сформированы еврейские автономные районы — Калининдорфский, Сталиндорфский и Новозлатопольский на Украине, а также Фрайдорфский и впоследствии Лариндорфский в Крыму. Кампании по переселению евреев-лишенцев на землю широко рекламировались в США и других странах [Dekel-Chen 2007]. Американский еврейский объединенный распределительный комитет («Джойнт») и Общество ремесленного и земледельческого труда среди евреев в России (Всемирный союз ОРТ), которые уже помогали нуждающимся евреям в Восточной Европе, финансировали проекты в советских земледельческих колониях. В 1924 году «Джойнтом» был сформирован особый Американский еврейский объединенный аграрный комитет («Агро-Джойнт»), цель которого состояла в поддержке еврейских земледельцев в СССР [Dekel-Chen 2005].

В 1920-е годы много сделал для российских евреев Ф. Варбург, руководитель «Джойнта». На собрании «Джойнта» в Филадельфии 12–13 сентября 1925 года он передал в дар организации 400 тысяч долларов. Доктор Дж. А. Розен, специалист «Джойнта» по еврейским колониям в СССР, сообщил собравшимся, что «при нынешнем правительстве евреи в России чувствуют себя в большей безопасности, чем при каком бы то ни было другом»[40]. Именно Розену удалось убедить «Джойнт» в необходимости создания «Агро-Джойнта», благодаря которому КомЗЕТу была предоставлена помощь в создании еврейских сельскохозяйственных колоний на юге Украины и в Крыму в 1920–1930-х годах[41]. В 1927 году Варбург посетил еврейские сельскохозяйственные колонии в Крыму и на Украине и написал Д. Н. Розенбергу, возглавлявшему «Агро-Джойнт», что на него «произвел глубокое впечатление стремительный прогресс» в колониях благодаря «замечательному пониманию и поддержке» со стороны советской власти. По его словам, евреи полностью доказали, что могут работать на земле, и он сделался «убежденным энтузиастом работы по сельской колонизации»[42].

Вернувшись из СССР в июне 1926 года, Розенберг в интервью *The New York Times* сказал: «Эти евреи, прежде теснившиеся в гетто, с истинным рвением пользуются возможностью работать на земле, которая теперь так же открыта для них, как и для других жителей России»[43]. В газете его назвали «американским отцом

---

[40] Gives $1,000,000 for Jewish Relief // New York Times. 21 (Sept. 14, 1925). См. также [Rosen 1925]. Журналист Луис Фишер в статье «Вперед, к земле!» называет доктора Розена «русским интеллигентом, который превратился в миннесотского крестьянина». См.: Menorah Journal. 11, 2 (April 1925). P. 176. Подробнее о работе Розена с «Джойнтом» и другими благотворительными организациями в СССР в 1920–1930-х гг. см. [Kagedan 1981]; [Szajkowski 1977: 88–93]. Жена Розена была активной сторонницей Советского Союза, а Розен «относился к советскому режиму одновременно и приязненно, и критически» [Ibid.: 91]. Розен был антисионистом и территориалистом, он родился в Москве в 1877 г., переехал в США в 1903 г., скончался в 1948 г.

[41] United Jewish Campaign News 1, 4 // New York (October 1926).

[42] Laud Jewish Colonization // New York Times. Section 1, 31 (May 22 1927); Warburg Reports Colonies Thriving // New York Times. 7 (May 24 1927); Warburg Pledges $1,000,000 to Fund // New York Times. 26 (April 25, 1928). Подробнее см. [Chernow 1994].

[43] Pictures the Jews on Russian Farms // New York Times. 9 (June 29 1926). Он отмечает, что «сельскохозяйственные колонии настолько успешны, что даже ортодоксальные евреи, которые никогда не знали ничего о земледелии, охотно селятся на земле» [Jewish 1927: 4–5]. См. также [Leavitt 1953: 9–10].

движения "назад к земле" среди евреев бывшей черты оседлости». Розенберг отметил, что с 1923 года около 100 тысяч евреев начали возделывать более миллиона акров в Крыму, Украине и Белоруссии. Он упомянул, что «еврейский земледелец разрушает тысячу слепых предрассудков против евреев и является неопровержимым доказательством готовности евреев к нелегкой естественной жизни, наполненной производительным трудом». В любом случае, поскольку в США были введены квоты на иммиграцию, экономически «избыточному» еврейскому населению «…теперь некуда направиться. Те, кто иначе стал бы эмигрантами, отныне могут найти себе применение только на российской земле»[44]. Писатель Э. Тобенкин во время посещения СССР в 1933 году был поражен еврейскими колониями в Крыму. «Мечта о еврейской республике на берегах Черного моря завоевала сердца евреев по всему миру. Особенно щедрым был отклик американских евреев», писал он [Tobenkin 1933: 153–168, 172–182]. У. Цукерман тоже отмечал успех крымских колоний. Полуостров чрезвычайно удачно расположен, туда легко добраться как по суше, так и по морю. Неподалеку находятся крупные многонаселенные города, однако Крым заселен неплотно и благодаря своим географическим особенностям достаточно изолирован. Перечисленное позволяет ему стать местом компактного проживания и численного доминирования евреев. Прекрасный климат и почвы делают его «российской Калифорнией», утверждает У. Цукерман. Крым также обращался к евреям за рубежом. Несионистские организации, такие как ОРТ и «Джойнт», «встали

---

[44] Isaac Don Levine. $40,000,000 to Settle Jews on Russian Land // New York Times, July 29, 1928. Section 7, 16. По словам Розенберга, к 1930 г. «Агро-Джойнт» вложил в Советский Союз 8 млн долларов; Says 3,000,000 Jews Will Stay in Russia // New York Times. 6 (Feb. 26 1930). Юлиус Розенвальд, состоятельный чикагский еврейский бизнесмен и филантроп, в 1928 г. выделил 5 млн долларов на еврейские колонии в СССР, которые поддерживались «Джойнтом». Розенвальд был вице-президентом Антисионистского американского еврейского комитета и утверждал, что больше сочувствует организации еврейских колоний даже в Биробиджане, чем в Палестине, «так как [в Биробиджане колонисты] хотя бы остаются в родной стране» [Szajkowski 1977, I: 427]. См. также [Bauer 1974: 100–102]; [Bachmann 1976]; [Roberts 1997]; [Rosenthal 1987].

под знаменем Крыма» и не остались глухи к просьбам КомЗЕТа о финансировании. Еврейские националисты, среди которых фолькисты, члены Бунда и территориалисты[45], тоже поддерживали это начинание, а некоторые сионисты видели в нем «вторую Палестину, Сион диаспоры». Отдельные представители еврейства мечтали о «великом сионизме», который включал бы и Крым, и Палестину[46].

Еврейскому Крыму не суждено было состояться. В европейской части СССР земля была в дефиците, на территории полуострова местные татары и украинцы встретили евреев враждебно[47]. Евсекция и КомЗЕТ были вынуждены искать более обширные и более удаленные территории для еврейской колонизации. Решили переселить как можно больше людей на участок плодородной, полностью не освоенной ранее земли у восточных границ Сибири, где евреи, освободившиеся от местечковой буржуазности, объединятся в колхозы и станут энергичными представителями класса советского крестьянства. Кроме того, на Дальнем Востоке они будут участвовать в обеспечении безопасности этой территории от атак со стороны Японии или Китая. Этот план некоторые рассматривали как хитроумный способ борьбы с сионизмом среди евреев черты оседлости. Тысячам советских евреев предлагалась возможность избежать бедности и антисемитских преследований и приобщиться к извечной мечте — еврейской родине, но в СССР. Создание еврейской национальной области могло также способствовать уменьшению антисемитизма в городах Белоруссии, Украины и европейской части России, где евреи конкурировали с другими народами за ограниченные ресурсы.

---

[45] Фолькисты (члены Фолкспартей, Народной партии) выступали за еврейскую национально-персональную автономию, территориалисты — за создание Еврейского государства вне Палестины, бундисты — за построение социализма, то есть их идеологии имели антисионистский характер. — *Примеч. пер.*

[46] William Zukerman. The Jewish Colonization Movement in Soviet Russia // Menorah Journal. 21, 1 (April — June 1933): 74–76, 79.

[47] Тем не менее к 1930 г. сельским хозяйством занимались уже около 231 000 евреев в СССР [Weinberg 1995: 90].

28 мая 1928 года советская власть выбрала для национальной еврейской административной и территориальной автономии, «компактного поселения евреев»[48], Биробиджан — малонаселенный район площадью 36 тыс. кв. км на Дальнем Востоке. Евреи в Биробиджане должны были иметь собственные административные, образовательные и судебные учреждения, функционирующие на национальном языке — идише. На самом деле, многие советские евреи побаивались переселяться в регион за тысячи километров от традиционных центров еврейской жизни, а также не стремились к территориальной изоляции, которая напоминала им о «проклятой черте оседлости»[49] [St. George 1969: 323]. Тем не менее некоторое количество еврейских поселенцев отправилось в Биробиджан, и в конце 1928 года были основаны несколько поселений, в том числе Валдгейм, Икор и Бирофельд[50]. Были построены мебельная фабрика, кирпичный завод, производство извести. К 1932 году в регионе проживали 25 тысяч евреев. Еще до образования «Амбиджана» некоторые просоветские евреи из-за границы начали проявлять интерес к переселению в новую еврейскую автономию, особенно по мере того как весь мир охватывала Великая депрессия начала 1930-х годов[51].

7 мая 1934 года, пытаясь сделать новый проект более привлекательным, Москва объявила Биробиджан Еврейской автономной областью (ЕАО) Дальневосточного края РСФСР и пообещала, что когда численность евреев достигнет 100 тысяч или

---

[48] Об этом проекте есть две прекрасные обзорные работы: [Kagedan 1994] и [Weinberg 1998]. См. также [Kagedan 1993] и статью «Биробиджан» в «Универсальной еврейской энциклопедии» 1941 г., написанную Авромом Ярмолинским, занимавшим в тот момент пост главы славянского отдела Нью-Йоркской публичной библиотеки [Yarmolinsky 1969].

[49] По поводу нежелания переселяться в Биробиджан официальная газета Евсекции «Дер эмес» написала, что «евреи охотно голосуют за Биробиджан руками, но не ногами» [Abramsky 1978: 72].

[50] Подробнее о еврейской топонимике в Биробиджане и о том, как названия менялись со временем, см. [Kotlerman 2003].

[51] Талми Л. Биро-биджан 1928–1931 // ИКОР Йор-бух — ICOR Year Book, 1932. P. 15–18 (на идише).

превзойдет численность всего остального населения области, Биробиджан станет полноправной советской республикой, на равных с Арменией или Грузией. Калинин пошел еще дальше, заявив:

> Я думаю, что лет через десять Биробиджан будет важнейшим, если не единственным, хранителем еврейской социалистической национальной культуры... Биробиджан мы рассматриваем как еврейское национальное государство[52].

В декабре 1934 года был создан Совет депутатов, который избрал правительство региона. 29 августа 1936 года Президиум ЦИК СССР принял постановление «О советском, хозяйственном и культурном строительстве ЕАО» [Estraikh 1995: 91–92]. Биробиджан стал «еврейским национальным государством», подтверждением сталинской национальной политики и доказательством того, что евреи способны к сельскохозяйственному труду. «Впервые в истории еврейского народа осуществилось его горячее желание о создании своей родины», говорилось в постановлении. Биробиджан провозглашался «центром советской еврейской национальной культуры для всего еврейского трудящегося населения», в том числе зарубежного [Epstein 1959: 309–310].

Все это вызывало ажиотаж среди просоветских евреев в США. 21 декабря 1924 года на конференции в Нью-Йорке группа еврейских коммунистов и представителей левого крыла «Поалей Цион» (иврит «Рабочие Сиона») основали ИКОР, символом которого стал серп на снопе пшеницы. Узнав о планах СССР создавать еврейские сельскохозяйственные колонии, еврейская секция Коммунистической партии США решила оказывать помощь «в истинно братской манере», привлекая широкие массы в эту внепартийную организацию. 29 декабря, когда состоялась встреча только что образованного исполнительного комитета, в ИКОР

---

[52] [Калинин 1935: 8, 13]. Американские организации, поддерживавшие биробиджанский проект, не успели понять, что Калинин к этому моменту стал уже декоративной фигурой, и слишком внимательно относились к его заявлениям.

уже входили евреи из 13 городов[53]. Офис ИКОРа первоначально располагался на Кэнел-стрит, 46 в Манхэттене, затем переместился на 19-ю улицу, 112, Ист-Энд, и, наконец, в 1928 году переехал на Бродвей, 799. Первым национальным секретарем ИКОРа был доктор Эли Ватенберг, бывший член левосионистской партии «Поалей Цион». Его преемником стал Тальми, член Компартии США. Национальным организатором был А. Эпстайн, бывший крупный функционер «Дер Арбетер Ринг», вступивший затем в компартию. Номинальным главой организации стал доктор Ч. Кунц. Похожие организации возникли в Европе, Южной Америке, Южной Африке и даже в Палестине [Pinkus 1988: 65], [Kagedan 1994: 22–23]. До 1935 года ИКОР действовал как североамериканская организация с отделениями в США и Канаде. Я описал эту деятельность в книге «Иерусалим на Амуре» — исследовании пробиробиджанского движения в Канаде, повторяться здесь нет необходимости.

ИКОР ставил перед собой четыре основные идеологические задачи. Первой и главной была поддержка биробиджанских первопроходцев в строительстве еврейской социалистической республики. Во-вторых, ИКОР стремился распространять среди американских евреев симпатию к СССР и стремление защищать эту единственную в мире страну, которая шагает по пути искоренения антисемитизма. Третьей задачей была помощь еврейским массам в различных капиталистических странах, большая часть населения которых страдала от погромов, преследований и фашизма. Наконец, поставлена цель объяснить евреям, что сионизм представляет собой капиталистическую и, следовательно, безнадежно ущербную идеологию: поскольку сионизм фактически играет на стороне заклятых врагов еврейского народа, еврейские поселения в Палестине устроены несправедливо и, вне всякого сомнения, обречены. Эта последняя тема особенно подчеркивалась в эпоху крайне левого уклона мирового коммунизма,

---

[53] В городе // ИКОР. 1 (Март 1925). P. 14; Отчет секретаря Е. Ватенберга // ИКОР. 1925. 2–3. Апрель — май. С. 7; Бюллетень ИКОРа. 1925. № 1. Апрель. С. 8; Аб. Эпстайн. Семь лет истории ИКОРа // Icor yor-bukh — ICOR Year Book. 1932. P. 46 [Yiddish section].

в 1928–1935 годы, а после 1935-го, в период объединения ради борьбы с нацизмом, отошла на задний план [Srebrnik 2010: 93–116].

Итак, пока коммунисты продолжали нападки на сионизм в своей партийной печати, еврейские организации, которые не решались открыто заявлять о своих пристрастиях к коммунизму, во второй половине 1930-х годов начинали относиться к сионизму все терпимее, в особенности после Седьмого конгресса Коминтерна, прошедшего в Москве летом 1935 года. Однако в течение 1930-х годов, по мере того как политика Народного фронта замещала нетерпимые крайне левые настроения раннего периода, пагубную склонность сионистов к фашизму стали упоминать значительно реже.

«Джойнт» и другие энтузиасты сельскохозяйственных колоний на юге с опаской смотрели на идею переселения евреев в неприветливые дебри Дальнего Востока, но ИКОР не отказывал в поддержке новому Биробиджанскому проекту. По мнению участников организации, он был не просто попыткой колонизации, направленной на «исправление» еврейской жизни, — он стал частью той стремительной и кардинальной переделки советского общества, которую провозгласил генеральный секретарь КПСС Иосиф Сталин при объявлении первого пятилетнего плана в 1928 году.

Летом 1929 года ИКОР отправил в Биробиджан «экспертную комиссию» для изучения экономического потенциала региона. Через шесть недель путешествий на поезде, лодке, телеге и верхом комиссия вернулась с восторженным докладом [Барихт 1930]; [Report 1930] (см. также [Ди эрште 1929]). Тальми, в тот период занимавший пост национального секретаря ИКОРа, был членом комиссии и написал книгу об этом путешествии, она вышла в свет в 1931 году [Талми 1931]. Как подчеркивает Кунц, ИКОР «полностью осознает социалистическую реконструкцию, массовое перерождение еврейской жизни в СССР и значимость Биробиджана в этом процессе». Поскольку «новый социалистический уклад в Советском Союзе» должны строить «рабочие и крестьяне», Кунц уверен, что «беднейшие классы» американских евреев «объединятся вокруг ИКОРа» [Kuntz 1932: X].

Вплоть до своего слияния с «Амбиджаном» в 1946 году ИКОР оставался объединением левых евреев-иммигрантов под контролем компартии. Его деятельность была прочно связана с деятельностью других коммунистических движений и объединений. В 1933 году Мармор, который уже включил изучение деятельности ИКОРа в программу образовательных учреждений Международного рабочего ордена, предложил другому коммунисту, Алмазову, заменившему Тальми на посту национального секретаря ИКОРа, способствовать налаживанию контактов между учащимися школ Международного рабочего ордена и школьниками Биробиджана [Epstein 1959: 259][54]. В «Купс» на Аллертон-авеню было собственное отделение ИКОРа. В ноябре 1932 года Абрам Олкен, секретарь городского комитета ИКОРа в Нью-Йорке, писал, что это отделение фактически является клубом для чаепитий, дружеских встреч, разговоров о политике и не только, шахмат и домино. По понедельникам там организовывали культурные мероприятия — лекции, чтения или дебаты[55]. В статье Э. Раймера, написанной к 50-й годовщине «Купс», упоминается, что департамент в Нью-Йорке «работал в 1920-х — 1930-х годах над тем, чтобы стимулировать интерес к СССР и оказывать поддержку индустриализации»[56]. Э. Свердлов, «мальчик в красном подгузнике», который тоже вырос в «Купс», сын функционера Коммунистической партии США, вспоминает: в лагере Киндерланд «мы каждый год совершали паломничество в символический Биробиджан, который был у нас в особом месте на

---

[54] См. также письмо Калмена Мармора к Шлойме Алмазову, Нью-Йорк, 31 мая 1933 года, и ответ Шлойме Алмазова, Нью-Йорк, 1 июня 1933. См.: Kalmen Marmor papers, 1873–1955, RG205, Microfilm group 495, folder 545. Icor-korespondents, 1930–1937; YIVO Institute for Jewish Research, New York (далее YIVO). О Марморе см. его автобиографию «Майн лебнс-гешихте» (Mayn lebns geshikhte, 2 vols. New York: YKUF Farlag, 1959).

[55] Олкен А. Что происходит в нью-йоркских отделениях ИКОРа // ICOR. 5, 10 (November 1932). P. 14. Отделения ИКОРа были и в других жилых комплексах: в Фарбанд, Амальгамейтид и в Кооперативе им. Шолом-Алейхема.

[56] Ernie Rymer. 50th Anniversary of Workers Cooperative Colony // Frayhayt (May 1 1977). P. 15.

территории лагеря. Там мы устраивали пикник и пели русские и еврейские (на идише) песни»[57]. Берт Стейнберг, ученик школы Международного рабочего ордена, также посещал Киндерланд, где «узнал про Биробиджан... и пел "Интернационал" — на идише» [Steinberg 2000: 19]. В журнале ИКОРа говорится, что летом 1928 года в лагере устроили два ИКОРовских дня — 11–12 августа. В эти дни А. Эпстайн, национальный организатор ИКОРа, вместе с учителями устроил концерт [Барихт 1929: 21].

Многие известные люди, принимавшие участие в деятельности ИКОРа, были евреями. Маскил[58] Р. Брайнин, родившийся в Лядах (совр. Беларусь) в 1862 году, известный среди гебраистов и сионистов еще до Первой мировой войны, стал одной из опор движения. Советские планы по перековке еврейского народа произвели на Брайнина сильное впечатление, когда он посещал СССР в 1926 и 1930 годах. Брайнин говорил, что, хотя он продолжает поддерживать переселение евреев в Палестину, советский эксперимент более значителен, так как призван решить проблемы трех миллионов евреев [Shapira 1997: 260]. Брайнин вступил в ИКОР и восхвалял его руководство, «которое проводит идеологическую и практическую работу по строительству еврейской социалистической республики» [Брайнин 1940: 13]. Его все знали на собраниях, посвященных помощи Биробиджану, которые он посещал до самой своей смерти в ноябре 1939 года[59].

Кунц, который тоже относил себя к максвилам, родился в 1869 году под Киевом, в США он переехал в 1895 году. Его интересовала карьера ученого, поэтому он предпочитал оставаться в стороне от общественной жизни вплоть до революции 1917 года. Глобальные политические изменения в России пробудили в нем

---

[57] Письмо автору от Эми Свердлова, Нью-Йорк, 21 мая 1996 г.

[58] Сторонник Гаскалы, еврейского просвещения. — *Примеч. пер.*

[59] Reuben Brainin, 77, Noted Writer, Dies // New York Times. 23 (Dec. 1 1939). См. также некролог «Рувим Брайнин гешторбн» (Kanader Adler, Montreal, Dec. 1, 1939, 1–2) и статью известного историка канадского еврейства Б. Г. Сака «Рувим Брайнин: а пор вертер цу зайн фарлуст». См.: Kanader Adler, Montreal. 4 (Dec. 1 1939).

социалиста и сделали восприимчивым ко всему еврейскому[60]. «Он видел Советский Союз через призму социальной утопии», — отмечал Эпштейн. «Коммунистическое движение умело привлекать людей с положением, таких как Кунц; они представляли собой чрезвычайную ценность на любом фронте» [Epstein 1959: 173–174]. Действительно, Брайнин пишет: «Старый друг, профессор Кунц, открыл мне глаза на правду» о Советской России [Брайнин 1940: 13]. Когда ИКОР объединился с «Амбиджаном» в 1946 году, Кунц стал работать в «Амбиджане». Он умер в 1953 году[61].

Неоценимую поддержку оказал ИКОРу и Житловский, сторонник светского еврейского национализма в диаспоре и пересборки еврейской национальной идентичности на основе производительного сельскохозяйственного труда и социализма. Житловский родился в 1865 году в Беларуси. Его крайне увлекали движения народников и социалистов-революционеров. В 1908 году он переехал в США, где имел большое влияние среди еврейских иммигрантов. Житловский был народником и приверженцем теории о необходимости крестьянства «здоровым» нациям. Он присутствовал на Первом конгрессе сионистов в Базеле, однако довольно скоро отверг сионизм и сделался территориалистом. Его отношения с евреями-коммунистами были длительными, но непростыми, зато советские посулы развивать еврейскую культуру в новом социалистическом государстве сразу привлекли его, так как в понимании Житловского «язык и культура были принципиально неразделимы»[62]. После

---

[60] Информация из брошюры, напечатанной ИКОРом к 75-летию Кунца в 1944 г. с заглавием «Проф. Чарльз Кунц, президент Ассоциации ИКОР, инк.» и портретом Кунца над заглавием. Она хранится в архиве YIVO (Morris Stern papers, RG231, Box 1, unnamed folder; YIVO).

[61] Место хранения личного архива Кунца неизвестно. Его двоюродный праправнук Дэниэл Розенберг, историк в Орегонском университете, предполагает, что документы, которые могли сохраниться, скорее всего, находятся в архиве кого-то из его политических союзников, а не членов семьи (e-mail автору от профессора Розенберга, Орегонский университет в г. Юджин, 8 марта 2004 г.).

[62] [Hoffman 2005: 75]. См. различные оценки роли Житловского [Rosenfeld 1966: 78–89; Goldsmith 1976: 161–181; Franke 1981: 258–287; Weinberg 1996: 83–144].

1936 года пришел к окончательной поддержке Биробиджана, убежденный, что Советы наконец разрешили еврейский вопрос. В 1938 году он стал членом ИКОРа[63]. Житловский скончался во время агитационной поездки по Канаде и США в мае 1943 года[64].

Новик также оказался бесценным приобретением для ИКОРа. Он родился в Брест-Литовске в 1891 году и перебрался в США в 1913-м. После Февральской революции 1917 года, фактически ставшей концом для царской России, вернулся в Восточную Европу и работал в газетах Киева, Минска, Вильнюса и Варшавы. Его журналистская деятельность продолжалась вплоть до возвращения в Нью-Йорк в 1920 году. При участии Новика в 1922 году была основана газета *Freiheit*, редактором которой он стал после внезапной смерти Ольгина в 1939 году. Новик занимал активную позицию в делах ИКОРа. Он входил в исполнительные комитеты Еврейского народного братского ордена, Еврейского культурного союза (Идишер Култур-Фарбанд), Американского комитета еврейских писателей, художников и ученых и «Амбиджана». Кроме того, он одновременно выступал основателем и редактором журнала *Jewish Life*, предшественника *Jewish Corrents* («Еврейские текущие события»)[65]. Новик умер в возрасте 97 лет, в 1989 году, на год пережив газету *Freiheit*, которая перестала выходить 11 сентября 1988 года[66].

---

[63] Шлойме Алмазов вспоминает, как он, став национальным секретарем ИКОРа, посещал Житловского у него дома в Кротон-на-Гудзоне, убеждая его присоединиться к ИКОРу, см. [Алмазов 1947: 52–53].

[64] Майзель Н. Последнее путешествие д-ра Хаима Житловского. Вохенблат, Торонто, 3 июня 1965 г. № 5.

[65] Резник С. Песех Новик: Редактер фун дер «Моргн-Фрайхайт» // Ди Пен. 1997. 30. Янв. С. 1–8. Sid Resnick. Pesekh Novick: Redakter fun der 'Morgen-Frayhayt' // Di Pen. 30 (January 1997). P. 1–8; Harvey Klehr and John Earl Haynes, The American Communist Movement: Storming Heaven Itself. New York: Twayne Publishers, 1992. P. 100.

[66] Morgen Freiheit (April 2, 1922. Sept. 11 1988); Jewish Currents. 42, 11 (November 1988): 3; Morris U. Schappes; Paul Novick: In Sorrow and Pride // Jewish Currents. 43, 11 (November 1989): 5; Peter B. Flint. Paul Novick is Dead; Editor, 97, Helped Start Yiddish Daily // New York Times. 3 (Aug. 22 1989).

Зять Шолом-Алейхема, Голдберг (настоящая фамилия — Вейф), известный журналист, писавший на идише, тоже много работал для ИКОРа. Кроме прочего, он сочинял хвалебные статьи о Биробиджанском проекте. Голдберг родился в Ольшанах (современная Беларусь) в 1895 году, ребенком приехал в США в 1907 году. В течение 15 лет был главным редактором *Der Tog*, влиятельной беспартийной газеты на идише, выходившей в Нью-Йорке; в своей ежедневной колонке он писал о внешней политике. В 1934 году Голдберг провел четыре месяца в Советском Союзе и стал первым иностранным журналистом, который посетил Биробиджан. В интервью *The New York Times* он говорил, что советский проект превосходит проект сионистов в Палестине, поскольку Биробиджан втрое больше Палестины по площади, там нет арабов и его защищает Советская армия. Тем не менее, уверял он тех евреев, которые не симпатизировали коммунизму, Советская еврейская республика не конкурент сионизму: сами посудите, шутил он, ортодоксальные евреи и капиталисты не поедут в Биробиджан до тех пор, пока «они могут ехать в Тель-Авив и делать там деньги»[67]. Прочное положение Голдберга в еврейском сообществе повышало доверие к ИКОРу и впоследствии к «Амбиджану», в чем они сильно нуждались[68]. Голдберг умер в Тель-Авиве в декабре 1978 года в возрасте 78 лет — через год после того, как перестал выходить *Der Tog Morgen Journal*[69].

Среди преданных борцов за процветание ИКОРа следует отметить и Гину Медем. Как сказал И. Бэйлин, Г. Медем была «*выдающимся* оратором», художником и скульптором слова, «посланцем от людей к людям»[70]. Она родилась в 1886 году под Томашовом (Польша), вступила в Бунд и вышла замуж за его

---

[67] Soviet Colony is Held No Blow at Zionism // New York Times. 20 (Dec. 20 1934).

[68] Голдберг, «попутчик sui generis», который сочувствовал СССР, но никогда не был официально связан с коммунизмом, «был идеальным пропагандистом всего, что было хоть как-то связано с Советским Союзом» [Redlich 1982: 108–109].

[69] Goldberg B. Z. Columnist, Dies; Wrote for Yiddish Papers Here // New York Times. 24 (Dec. 30 1972).

[70] [Байлин 1950: 7, курсив оригинала].

главного идеолога В. Медема. Он скончался в 1923 году, через год после прибытия супругов в Нью-Йорк. Медем стала коммунисткой после поездки в СССР в 1926 году. В качестве иностранного корреспондента *Frayhayt* Медем посещала новый еврейский район в 1929, 1931 и 1933 годах. После поездки в 1931 году она опубликовала репортаж «Тайга зовет» в мартовском номере журнала организации ИКОР за 1932 год. Она рассказывала, как удивил ее прогресс, достигнутый всего за пару лет. Еврейское население выросло, и жизнь настолько изменилась, «что место просто невозможно узнать». Лес был расчищен, поля засеяны, развивалось производство, поселки застраивались. Это страна, в которой власть принадлежит рабочим, в которой социализм строят рабочие и крестьяне[71]. Когда Медем вновь посетила Биробиджан в 1933 году, она отметила, что в регионе стало еще больше советской молодежи. Они приехали, чтобы строить заводы в рамках пятилетнего плана. Медем переживала трудности прощания с «пламенными товарищами», красивой страной, реками и холмами Биробиджана. Она умерла в Лос-Анджелесе в 1977 году в возрасте 89 лет[72].

[71] Gina Medem. Di taiga ruft // ICOR. 5, 3 (March 1932): 7–8; Gina Medem. Nokh amol birobidzhan. Icor yor-bukh — ICOR Year Book, 1932. P. 66–69 [Yiddish section].

[72] Gina Medem, Lender, Felker, Kamfn (New York: Gina Medem Bukh-komitet, 1963), 211–213, 237–239, 246. Она умерла 29 января 1977 г., некролог вышел 20 февраля 1977 г. в газете «Фрайхайт» (с. 15). В этом же номере (с. 10) опубликована статья И.-Е. Ронтч «Ди литерарише йеруше фун Гина Медем» (идиш «Литературное наследие Гины Медем»). Ирена Клепфиш считает «удивительным молчание по поводу кардинальных изменений в жизни евреев [которое хранила Медем] и ее неустанное восхищение Советами» даже после событий 1956 г. Несмотря на то что при Сталине биробиджанский проект вместе с языком идиш был разгромлен, «от нее не слышно ни слова протеста или сожаления». Она не могла отказаться от своих политических взглядов даже несмотря на то, что, по мнению Клепфиш, не могла бы поселиться в сталинской России, так как «фамилия Медем и еврейская идентичность быстро привели бы ее за решетку, а то и в могилу» [Klepfisz 1994].

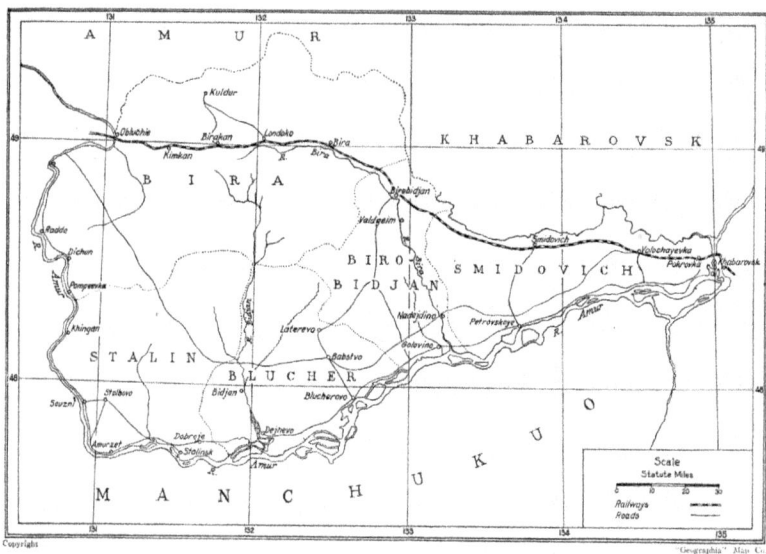

Карта Биробиджана, 1941 г. [Universal 1941]

Глава 1
Возникновение «Амбиджана»

Понимая, что после прихода Гитлера к власти нацистская Германия стала серьезной угрозой, Сталин начал рассматривать США как потенциального союзника СССР. Он не отрицал возможность скорого конфликта, во время которого в противоположном лагере окажутся Германия и Япония. Как заметил впоследствии Э. Браудер, занимавший на тот момент пост генерального секретаря ЦК Компартии США, партия «совершала стремительный разворот от своего крайне левого уклона... к тому, чтобы, объединившись, широким фронтом выступить за реформы, нацеленные на решение небольшого количества четко поставленных задач» [Browder 1967: 32]. Такая атмосфера благоприятствовала «Амбиджану» и ИКОРу. Сложившаяся ситуация способствовала их стремлению «существенно повысить интерес к еврейским территориям на Дальнем Востоке СССР» [Epstein 1969: 257].

В частности, стало совершенно очевидно, что Биробиджан может служить политическим убежищем, где европейские евреи укроются от расистских преследований. Кроме того, проявился потенциал территории, способной превратиться в центр еврейского экономического и культурного возрождения. Такое представление о Биробиджане было особенно важным для «Амбиджана» — левой организации, которая видела свои задачи скорее в поддержке антифашистской политики и в спасении европейского еврейства, чем в строительстве нового общества.

Мысль о Биробиджане как об убежище для евреев, живущих не в России, возникала и до 1933 года. В 1928 году просоветский журналист Л. Фишер утверждал, что «среди евреев нетрудно найти людей отважных до такой степени, что они готовы решиться даже на долгое путешествие в Бира-Биджан и на тяготы, ожидающие их по прибытии»; он полагал, что «даже в Польше, вполне возможно, найдутся желающие»[1]. В 1932 году Фишер снова задается вопросом, «не суждено ли Биро-Биджану стать колонией польских, румынских и литовских евреев». Но потом он отвергает эту идею, заявляя, что «до осуществления этого плана еще чрезвычайно далеко»[2]. Сомнение выражает и газета *The New York Times*: «Ожидать, что на советской земле в ближайшем будущем будет основана независимая еврейская республика, — значит, мягко говоря, опережать события»[3].

Журналист М. Цукерман, сотрудник ежедневной газеты на идише *Morgen Zhurnal*, слышал, что советское правительство откроет въезд в Биробиджан «для иммиграции евреев из-за границ Советского Союза». Он не сомневался, что «еврейские рабочие, живущие не в России, с энтузиазмом откликнутся» на это предложение. В 1932 году Цукерман утверждал, что «этот проект похож на сионизм. Налицо удивительное сходство между декларацией Калинина и декларацией Бальфура; между еврейской исторической родиной в Палестине и еврейской национальной республикой в Сибири». Но «еврейская родина в Советской России будет строиться, не встречая таких сложных препятствий, как те, которые возникли перед сионизмом после принятия декларации Бальфура»[4].

До сих пор, согласно мнению журналиста, еврейскому населению России «не хватало своей Палестины» — территории,

---

[1] Прогресс в колониях // Менора джорнэл. 1928. 15. № 4, окт. С. 343, 345.

[2] Евреи и пятилетний план // Нэйшн. 1932. 134, № 3490, 25 мая. С. 599.

[3] План по советским евреям требует больше времени // Нью-Йорк таймс. 1932, 30 сент. С. 14.

[4] Дом евреев в России // Нэйшн. 1932. 134. № 3488, 11 мая. С. 540. Лейбористское сионистское издание «Джуиш Фронтир» тоже называло биробиджанский проект «советским вариантом» сионизма. См. [Greenberg 1945].

на которую оно могло бы направить свои усилия. Он утверждал, что биробиджанский проект не только решит экономические проблемы евреев, но и послужит сохранению национальной культуры: «Это движение сделалось столь привлекательным для евреев не только потому, что могло улучшить их благосостояние, но и за счет своей духовной составляющей». В отличие от Крыма, Биробиджан был почти необитаем и не принадлежал ни одному народу. Цукерман полагал, что Биробиджан — подходящее место поселения для восточноевропейских евреев, поскольку они могут свободно находиться там, «не сталкиваясь ни с какими расовыми предрассудками».

Не игнорировались и недостатки биробиджанского проекта. Большая удаленность от европейской части СССР была чревата социальной изоляцией. «Еврейский поселенец обречен чувствовать себя изгнанником в таком месте», озабоченно констатирует Цукерман. «А что если Советы просто-напросто хотят укрепить территорию, опасаясь вторжения японцев?»[5]

Журналист А. Ревуцкий в 1929 году предостерегал читателей *Menorah Journal*: «Нынешние слухи, будто Бира-Биджан [так] это какое-то новое Эльдорадо, сильно преувеличены». Он замечал, что предпринимавшиеся в XIX веке попытки основывать еврейские сельскохозяйственные поселения бок о бок с крепостными крестьянами или казаками кончились неудачей, что «как зима, так и лето здесь холоднее, чем в Виннипеге», а глинистые почвы не особенно плодородны. Как и Цукерман, он задавался вопросом, не является ли истинной задачей проекта противодействие китайским крестьянам или японским военным. Ревуцкий приходит к выводу, что «те, кто поспешил втянуть еврейских поселенцев в это предприятие без должной подготовки и анализа информации, действовали не вполне разумно и беспристрастно»[6].

---

[5]   Движение за еврейскую колонизацию в Советском Союзе // Менора Джорнэл. 1933. 21. № 1, апр. — июнь. С. 73–74, 77–81.

[6]   Ревуцкий А. Бира-Биджан: Еврейское Эльдорадо? // Менора Джорнэл. 1921. 16. № 2, февр. С. 158–168.

Опасения Цукермана и Ревуцкого воплотились в реальность, когда в 1931 году японцы организовали вторжение, захватили Маньчжурию и в феврале 1932 года образовали марионеточное государство Маньчжоу-Го. Неудивительно, что 7 мая 1934 года статус Биробиджана был повышен до автономной национальной области в составе РСФСР.

Самым известным из неееврейских приверженцев биробиджанского проекта был, пожалуй, британский «попутчик» Д. Ли Аман, первый барон Марли. Он родился в 1884 году, получил военное образование, служил в чине майора в Королевской морской пехоте, был ранен во Франции во время Первой мировой войны. Аман придерживался фабианских[7] социалистических взглядов и после войны вступил в партию лейбористов. С 1922 по 1929 год он пять раз выдвигался на выборы в Палату общин — каждый заканчивался проигрышем. Только в 1930 году ему удалось войти в Палату лордов благодаря лейбористскому правительству Рэмси Макдональда. В 1930–1931 годах Марли был заместителем государственного секретаря по военным вопросам, также он занимал пост заместителя спикера и организатора фракции лейбористов в Палате лордов[8].

К началу 1930-х годов лорд Марли стал активным участником прокоммунистических движений в Англии, в частности успел побывать главой Всемирного комитета помощи жертвам германского и австрийского фашизма, штаб-квартира которого располагалась в Париже. Создателем организации был В. Мюнценберг, один из главных западных пропагандистов политики Сталина. Комитет являлся ответвлением другого начинания Мюнценберга — Международного комитета помощи трудящимся (Workers International Relief).

Мюнценберг реализовал много проектов в интересах Коминтерна, основные контролирующие органы находились в Москве.

---

[7] Фабианское общество — британская социалистическая организация, возникшая в 1884 г. и оказавшая большое влияние на партию лейбористов. — *Примеч. пер.*

[8] Лорд Марли. Некролог // Таймс (Лондон). 1952. 3 марта. С. 6 (Times, London. 6 (March 3 1952)).

Его карьеру прервала загадочная смерть, после того как нацисты захватили Францию в 1940 году[9].

В 1934 году Лейбористская партия включила Международный комитет помощи рабочим в свои проскрипционные списки пособников коммунистов. Это произошло, несмотря на возражения представителей левого крыла партии, таких как М. и Г. Ласки, которые настаивали, что Международный комитет помощи рабочим действовал «вне политики, помогая попавшим в беду» [Naylor 1969: 80–81].

Видимо, Марли ничуть не был обескуражен свершившимся фактом: он без тени смущения отрицал какую бы то ни было связь между Комитетом помощи жертвам фашизма и Коминтерном. В сентябре 1936 года он был избран членом Президиума Международной конференции против расовой дискриминации и антисемитизма — еще одного мероприятия, поддерживаемого коммунистами. Из-за своих связей с коммунистическим движением Марли в конце концов расстался с постом главного организатора лейбористской фракции в парламенте в 1937 году. Заместителем спикера Палаты лордов он оставался вплоть до 1941 года[10].

В показаниях, которые в январе 1951 года дал ФБР предполагаемый бывший агент Коминтерна в Париже, утверждается, что Марли «имел прямые связи с Коминтерном» в 1930-х годах. В 1932 году он посетил антиимпериалистическую конференцию в Шанхае и вернулся в Британию через Советский Союз. Во время нахождения в Москве его убедили помогать делу переселения в Биробиджан[11]. Марли к тому моменту уже активно занимался делами Всемирного ОРТа как председатель парламентского на-

---

[9] Подробнее об этом удивительном политическом агитаторе см. [Koch 2004, McMeekin 2003]. О Коминтерне существует много публикаций, см. [Carr 1983; Halls 1985; McDermott and Agnew 1996; Rees and Thorpe 1998; Degras 1965].

[10] Nicole Taylor. The Mystery of Lord Marley // Jewish Quarterly. 198 (Summer 2005): 67–69.

[11] Доклад в ФБР руководителю от Эдварда Шайдта, специального агента на задании, от 1 марта 1951 г. См.: FBI, March 1, 1951. File 100–99898, Section 6, Freedom of Information/Privacy Acts № 416152, Ambijan (изначально в папке NY File 100–42538). Информатор работал с Коминтерном в период между 1928 и 1938 гг.

блюдательного совета британского отделения ОРТ. Как представитель федерации он неоднократно посещал Польшу и СССР. В январе 1933 года для открытия трехнедельной благотворительной кампании была осуществлена поездка в Нью-Йорк. В этот период Марли посетил еще семь американских и четыре канадских города, собрав для ОРТа 500 тысяч долларов. Он рассказывал о деятельности организации, помощи «разоренным и экономически беспомощным» евреям с целью получить профессию и найти работу в промышленности или сельском хозяйстве. Еврейские общины восторженно реагировали на происходящее, на прощальный прием в честь председателя британского ОРТа собралось около трех тысяч человек[12]. Безусловный талант и широкое влияние было логично использовать для агитации за территориалистский проект еврейской национальной автономии.

ИКОР выпустил два издания брошюры «Каким я увидел Биро-Биджан» в 1934 и 1935 г. Марли посещал Биробиджан в 1933 году и, как многие другие, оценил его выше, чем Палестину. Безусловным преимуществом было то, что Биробиджан мог принять «*практически неограниченное*» количество переселенцев. В духе описаний Палестины, которые делали ранние сионисты, он отмечал, что «здесь нет местного населения, поэтому и проблем в общении с ним не будет». По его словам, сионисты ошибались насчет Палестины: там «возникло повсеместное, все возрастающее сопротивление со стороны арабского населения». Советское правительство предоставляло переселенцам бесплатный проезд в Биробиджан и землю для жизни и деятельности, в Палестине же британское правительство препятствовало въезду еврейских беженцев. Марли упоминал, что разговаривал с несколькими поселенцами, которые успели пожить в Палестине, но «предпочли условия Биро-Биджана».

---

[12] Лорд Марли прибыл, чтобы сотрудничать с ОРТом // Нью-Йорк таймс. 1933. 26 янв. С. 19; Лорд Марли просит поддержать ОРТ // Там же. 30 января. С. 3; Лорд Марли стремится облегчить положение евреев // Там же. 15 февр. С. 19; Слава лорду Марли, помогающему евреям // Там же. 11 марта. С. 15; Марли высоко оценивает работу ОРТа // Там же. 13 марта. С. 16; Марли уезжает, считая, что мы по-прежнему при деньгах // Там же. 18 марта. С. 15.

Марли описывал увиденные места, отмечал, что в регионе имеется 50 колхозов и несколько фабрик. В школах дети учатся на идише, а русский изучают как второй язык. Марли утверждал, что в Биробиджане «почва плодородная и дает хороший урожай». Кроме того, регион «изобилует водой». Климат «невероятно здоровый. Лето жаркое, но не чрезмерно; зима холодная, со снегом, однако с ярким солнцем, напоминает условия Швейцарии». Согласно воспоминаниям, поселенцы не обязаны становиться коммунистами, но «должны быть готовы к коллективной работе на благо общества… а не к тому, чтобы трудиться частным образом ради личного обогащения».

Рассуждая с позиций бывшего армейского офицера, Марли не считает вероятным нападение японцев на Биробиджан с территории недавно завоеванной ими Маньчжурии. Он заявляет, что та часть Биробиджана, которая через Амур граничит с Маньчжоу-Го, «совершенно непригодна для военного вторжения», а японские воздушные силы не будут «тратить время на бомбардировки пустых полей и мелких деревушек». Брошюра завершается утверждением:

Биро-Биджан предоставляет потрясающие возможности для еврейской колонизации, и я надеюсь, что мои еврейские друзья не позволят распространять ложные слухи об условиях жизни в Биро-Биджане, пока сами не посмотрят, каковы на самом деле эти условия» [Marley 1934: 2–15].

Марли — попутчик-антифашист — был идеальным образцом тех людей, которые, располагая некоторой известностью и заслугами, становились номинальными главами коммунистических групп. Когда ИКОР и «Амбиджан» занялись расширением базы своих сторонников в русле новой стратегии Коминтерна по созданию «народных фронтов», роль Марли для них невозможно было переоценить. Подключить Марли к биробиджанскому проекту — это «дьявольски верный выбор» со стороны Мюнценберга, замечает Н. Тейлор. Ему было присуще именно такое сочетание близости к власти и обезоруживающей откровенности, какое не могло не привлечь американских евреев. На его экспертное мнение по военным вопросам часто ссылались другие коммунисты.

> Американцы обожали этого обаятельного англичанина, седовласого, шести футов ростом. Как член парламента, Марли придавал проекту необходимую солидность. Как военный, он мог опровергнуть утверждения, что Еврейская автономная область будет мишенью в случае войны[13].

27 февраля 1934 года на собрании в отеле «Риц-Карлтон» в Нью-Йорке был создан Американский комитет по переселению евреев в Биробиджан, или «Амбиджан». ИКОР в своей работе скоро получил поддержку новой организации. Как сказал впоследствии У. В. Коэн — известный банкир, финансист, активный деятель общины и бывший представитель демократической партии Нью-Йорка в конгрессе (он представлял 17-й округ Манхэттена с 1926 по 1928 год), — Биробиджан впервые «восси-ял передо мной» как «приют для евреев в беде» в конце 1933 года, «вскоре после того как Германия оказалась в тисках фашизма и людоедский антисемитизм наложил свою лапу на евреев этой страны». Коэн побывал в СССР в 1931 году. В феврале 1934 года он встретился с лордом Марли, совершавшим тур по 12 городам Америки в помощь жертвам нацизма в Германии, и пригласил его на собрание в «Риц-Карлтон». Таким образом, там состоялся рассказ очевидца о Биробиджане. Марли предложил сформировать временную комиссию по выяснению возможности переселения евреев туда из других стран. Коэна радовало, что

> ...если и когда разрешение для евреев из других стран на поселение в Биробиджане будет получено, эта новая Еврейская автономная область будет замечательной гаванью,

---

[13] Nicole Taylor, The Mystery of Lord Marley // Jewish Quarterly 198 (Summer 2005): 67–69.

в которой найдут спасение и новую жизнь многие тысячи евреев, страдающих в аду Центральной и Восточной Европы[14].

Деятельность «Амбиджана» началась 23 сентября 1935 года, когда в Нью-Йорке по адресу Мэдисон-авеню, 285 был открыт офис этой «не партийной и не религиозной» организации. Вступительный взнос составлял 5 долларов.

Марли сделали почетным президентом, а Коэна — президентом-учредителем. Среди вице-президентов были Голдберг, редактор-распорядитель ежедневной газеты на идише *Der Tog*, Дж. М. Будиш, Ф. С. Харрис, президент Университета Бригема Янга в Прово, штат Юта, который в 1929 году возглавлял экспедицию ИКОРа в Биробиджан, Дж. Дж. Липман, профессор Рутгерского сельскохозяйственного колледжа в Нью-Джерси, и Д. Уотерман Уайз, редактор либерального издания *Opinion* с подзаголовком «Журнал о еврейской жизни и литературе». Председателем правления стал М. Левин, казначеем — Э. И. Аронов, исполнительным секретарем — Дж. Лайонс. Дж. А. Маркус возглавил комитет по проведению кампании, доктор Дж. Хаммер — финансовый комитет, Д. Янг — комитет по спикерам, Дж. Шрайбер — комитет по членству, миссис Л. Левин — женский комитет, Сол Лоу — комитет по землячествам, М. М. Шеровер — комитет по зарубежным связям. Были организованы также отраслевые подразделения: винно-водочной торговли, графических

---

14 [Birobidjan 1936b: 1]. «Амбиджан» отметил, что Марли «является выдающимся интеллектуалом, корифеем современной либеральной мысли», а также «благородство его помыслов и его усилия по освобождению угнетенных, его неустанное стремление к социальной справедливости». Он символизирует «желанное разрешение проблем преследуемых евреев в Центральной и Восточной Европе» [Ibid.: 3]. Подробнее о туре Марли по Америке в 1934 г. см.: Лорд Марли здесь, чтобы бороться с Гитлером // New-York Times. 4 (Feb. 7 1934); Лорд Марли призывает помочь жертвам нацизма // Ibid. 5 (Feb. 8 1934); Лорд Марли: Гитлер угрожает мирному положению // Ibid. Section 2, 3 (Feb. 25 1934); Действуйте, чтобы помочь евреям обосноваться в России // Ibid. 6 (Feb. 28 1934). В числе спонсоров этого тура был профессор Колумбийского университета в Нью-Йорке Джон Дьюи.

искусств, меховое, женской одежды, шерстяных и текстильных изделий, адвокатское[15].

Агроном Ф. С. Харрис был ведущим специалистом-почвоведом, председателем Американского общества механизации сельского хозяйства. Вернувшись из Биробиджана осенью 1929 года, он выступил по радио с обращением «Еврейская колонизация Биробиджана», в котором отозвался об этом регионе с большим восторгом (трансляция 29 октября 1929 года на вашингтонской радиостанции WOL). Харрис утверждал, что «ни в одну историческую эпоху не открывалась замученному тяжким трудом еврейскому народу такая сияющая перспектива» для создания «творческого, продуктивного общества, причем организованного на основе настоящего равенства возможностей». Экспедиция 1929 года под управлением Харриса выяснила что изучаемый регион располагает 10 млн акров плодородной земли, отметила частую солнечную погоду. Сезон земледелия там длится примерно столько же, сколько на севере США; этот регион наилучшим образом подходит для выращивания корнеплодов, бобовых, в частности сои и риса. Хорош он и для животноводства, в особенности молочного. В изобилии имеются полезные ископаемые и лесоматериалы. Что касается транспортной доступности, приятно удивило наличие Транссибирской магистрали и обилия рек, впадающих в Амур, по которому можно добраться до Тихого океана[16].

---

[15] Гарри Дж. Кригель (подразделение графических искусств) подписался на 35 тысяч долларов, Виктор А. Фишель (винно-водочная торговля) — на такую же сумму. За пределами Нью-Йорка особенно преуспели Чикаго и Новая Англия: подразделение в Новой Англии, которое возглавляли Айзек С. Кибрик, Томас Смол, Соломон Агуз и Альберт Вельшлер, планировало собрать 25 тысяч долларов. См. [Birobidjan 1936b: 14, 17–18, 20]. См. также документы в коллекции Russian Relief в архиве Йешива-Юниверсити в Нью-Йорке (Russian Relief Collection, Box 2, Birobidzhan folder, Yeshiva University Archives, New York), фирменный бланк «Амбиджана», запрос о членстве, циркулярное письмо Лайонса от 11 ноября 1935 г., Нью-Йорк. Хаммер был отцом Арманда Хаммера, известного просоветского предпринимателя, имевшего существенные бизнес-интересы в СССР; Лайонс вел программу на радио WEVD и исполнял обязанности секретаря одной из секций женского комитета.

[16] Это обращение опубликовано в брошюре ИКОРа [Birobidjan 1929].

Голдберг был в Биробиджане летом и осенью 1934 года, во время своего четырехмесячного визита в СССР. По приезде в США он восторженно описал преимущества Биробиджана как для экономики, так и для социальной жизни еврейского сообщества. Его статьи были опубликованы в *Der Tog* и во многих англоязычных еврейских газетах[17]. Голдберг «потрясен практически безграничным энтузиазмом, который виден всюду». В Биробиджане еврей «может саму землю назвать своей. Плата за нее — это пот с его лба, это следы обморожений на ушах». Сохранялась уверенность, что к 1936 году этот регион станет полноправной республикой[18]. «Уже сейчас здесь царит теплая, по-настоящему еврейская атмосфера. Здесь идишу отведена такая созидательная роль, как нигде в Советском Союзе. Ничто не способствует ассимиляции», — рассказывал Голдберг на собрании в Новой школе социальных исследований в Нью-Йорке 26 декабря 1934 года. «Большая аудитория с воодушевлением выслушала его содержательный отчет», сообщал впоследствии «Амбиджан»[19].

---

[17] См., напр., статью в питтсбургской газете «Джуиш Крайтирион» «В России сохраняют иудаизм» (Jewish Criterion, Pittsburgh, Nov. 2 1934): 31–32: «Дома, в которых сегодня живут поселенцы... не слишком роскошны, обычные крестьянские избы; но по сравнению с самыми первыми жилищами это просто дворцы».

[18] Голдберг Б. Иудея по-советски, или Евреи: назад к природе, или Еврейская прародина в процессе строительства. Машинопись. [1935]. С. 2–5, 7. См.: B. Z. Goldberg, Judea a la Soviet or The Jews Go Back to the Wilderness or A Jewish Homeland in the Making. Typed mss. [1935], 2–5, 7; In the B.Z. Goldberg papers, Box 61, Articles on the Soviet Union, folder. The Jews Go Back to the Wilderness. Schottenstein-Jesselson Library at the Herbert D. Katz Center for Advanced Judaic Studies, University of Pennsylvania, Philadelphia (далее Фонд Б. Голдберга).

[19] [Birobidjan 1936a: 8, 30]. См. его описание поездки 1934 г. в [Goldberg 1961: 170–189]. В тексте, написанном, когда Голдберг из сторонника СССР сделался социалистом-сионистом, он признает, что столкнулся с трудностями, когда пытался попасть в колхоз «ИКОР». «Агитация за Биробиджан была большей частью адресована евреям на Западе... С точки зрения советских властей, евреи могли послужить инструментом, с помощью которого они добивались своих целей — улучшали свой имидж на Западе» [Ibid.: 193].

«Амбиджану» удалось привлечь средний класс и даже довольно богатых людей, «далеких от левых настроений», в том числе и неевреев[20]. Директор ФБР Дж. Э. Гувер впоследствии отмечал, что «Амбиджан», по некоторым данным, был основан «преимущественно с целью переломить предполагаемую враждебность большей части состоятельных евреев среднего класса по отношению к Советскому Союзу»[21]. Одним из участников учредительного собрания 27 февраля 1934 года был Ф. Варбург, еврей, инвестиционный банкир из Германии. Он говорил об обилии возможностей, которые открываются в Биробиджане, кроме того, подчеркивал необходимость развития «духа первопроходцев» в младшем поколении евреев, чтобы им хорошо давалась роль колонистов. Варбург писал, что условия в Палестине «сложные», в то время как «русское правительство обходится с евреями по совести»[22]. Еще один видный сторонник «Амбиджана» — Розенберг, вице-президент и глава совета директоров «Джойнта», председатель «Агро-Джойнта». Неудивительно, что у «Амбиджана» не возникло трудностей с привлечением филантропов из

---

[20] [Epstein 1971: 105]. Роберт Вейнберг называет «Амбиджан» организацией коммунистического фронта [Weinberg 1998: 56]. «Амбиджан» был «похитрее», чем ИКОР, и мог рекрутировать «наивных простаков», а ИКОР был «беспардонной коммунистической группировкой, которая оскорбительно отзывалась о тех самых евреях, которых хотела поставить под контроль» [Romerstein and Breindel 2000: 397].

[21] Записка от Эдварда Гувера Лоренсу М. С. Смиту, начальнику специального отделения военной полиции, Вашингтон, 22 июня 1943 г. В докладе нью-йоркского информатора Гуверу от 20 октября 1943 г. отмечено, что большинство ведущих членов «Амбиджана» не были коммунистами, тогда как среди рядовых членов процент коммунистов был высок, причем именно они были самыми активными участниками деятельности «Амбиджана» (File 100–99898, Section 1, FOIPA № 416152, Ambijan).

[22] Действуйте, чтобы помочь еврейской колонизации в России // Нью Йорк таймс. 1934, 28 февр. С. 6; Открываются потрясающие возможности // «Амбиджан» бюллетень. 1934. 3. № 2, февр. С. 7. Варбург, как и многие представители еврейских высших слоев, происходящие из Германии, был нонсионистом, то есть считал необходимым переселение евреев в Палестину, но не создание там Еврейского государства. См. подробнее [Medoff 2002], [Bauer 1974: 100–102].

числа богатых американских евреев, которые уже участвовали в территориалистских проектах для улучшения условий жизни еврейской бедноты в Восточной Европе.

Еще один человек, чьи слава и положение оказывали неоценимую поддержку «Амбиджану», — это известный исследователь Арктики, ученый и публицист В. Стефанссон. Он стал вице-президентом «Амбиджана» в 1936 году, чрезвычайная вовлеченность в дела организации пришлась на период Второй мировой войны[23]. Стефанссон родился в 1879 году в Арнесе, в небольшом населенном пункте, основанном выходцами из Исландии, в провинции Манитоба на западе Канады, в 80 км от Виннипега. Вырос в Северной Дакоте, куда семья переехала вскоре после его рождения. Стефанссон обрел мировую известность. Во время различных арктических экспедиций по Аляске и Канаде в 1906–1918 годах он открыл неизвестные до тех пор острова и создал этнологическое описание инуитов, живущих за Полярным кругом. К его достоинствам относятся также неустанные призывы к заселению северных территорий; он был широко известен благодаря своим выступлениям с лекциями и книгами, многие из которых стали бестселлерами[24]. После 1918 года Стефанссон жил в основном в Нью-Йорке, где познакомился с Э. Шварц-Берд. Будущая жена была младше его на 34 года и работала библиотекарем. Свадьба состоялась в 1941 году. Девушка изучала искусство, она родилась в семье евреев — выходцев из Венгрии, людей левых убеждений. В качестве профессионального пути также была выбрана работа в «Амбиджане».

---

[23] См. письмо от Дж. М. Будиша, исполнявшего в тот момент обязанности главы административного комитета «Амбиджана», Вильялмуру Стефанссону от 5 ноября 1936 года, Нью-Йорк. Будиш сообщает, что Стефанссон избран вице-президентом «Амбиджана» на ежегодном собрании организации, которое состоялось 25 октября 1936 г. в отеле «Астор» в Нью-Йорке (Stefansson Correspondence, MSS 196, Box 40, 1936 — USSR Folder; in the Stefansson Collection, Baker Memorial Library, Dartmouth College, Hanover, NH [далее — коллекция Стефанссона]).

[24] См., напр., [Stefansson 1913, 1921, 1922a, 1922b, 1925, 1938]. Эти книги переведены на немецкий, исландский, русский, испанский, шведский языки, много раз переиздавались.

В Канаде у Стефанссона было много недоброжелателей, которые пытались дискредитировать его. Они утверждали, что ученый всего лишь шарлатан, который гонится за славой, расписывая воображаемые красоты жизни за полярным кругом[25]. Но в Советском Союзе многие его идеи пришлись ко двору, именно там вышла одна из его книг, переведенная на русский язык в 1930-е годы.[26] Стефанссон, в свою очередь, начал «превозносить достижения Советов в развитии их северных территорий»[27]. Когда он был президентом нью-йоркского «Клуба первооткрывателей», неоднократно выражал особенное восхищение деятельностью СССР по освоению Северного морского пути[28]. Во время ежегодного торжественного обеда в «Клубе первооткрывателей» в 1937 году Стефанссон назвал подвиги советской полярной

[25] «Самовлюбленный, неуживчивый, высокомерный, он был неизменно убежден, что есть два мнения: его и неправильное» [Berton 2004: 66]. Это не слишком привлекало к нему людей. «Стефанссон был и остается не просто выдающимся канадцем: это один из самых знаменитых людей в Канаде и во всем мире в 1920-х гг.». В США и в России в нем «видели народного героя», но в Канаде он не снискал широкого признания [Diubaldo 1978: 1–2, 4].

[26] «Книги Стефанссона настолько изменили их представление об Арктике, что они занялись покорением Северного полюса — это в чем-то напоминало наше прославленное освоение Клондайка», — писал Р. Л. Тейлор в первой части своей статьи «Портреты: Стеф Клондайкский I» (Нью-Йоркер. 1941. 17. № 36. 18 октяб. С. 26). Вторая часть этой статьи вышла неделей позже.

[27] [LeBourdais 1963: 183–184]. См. также [Hanson 1941: 179, 210–214].

[28] См. статью Стефанссона «Сбывшееся пророчество» в журнале «Советская Россия сегодня». 1937. Июль. С. 8. См.: Stefansson V. A Prophecy Fulfilled // Soviet Russia Today. 6, 5 (July 1937). Статья сопровождалась совместной фотографией Стефанссона с советским послом Трояновским и генеральным консулом в Нью-Йорке Аренсом на мероприятии в «Клубе первооткрывателей». И. Л. Аренс, генконсул СССР в Нью-Йорке с июня 1935 г. до того полпред СССР в Париже, был отозван в Советский Союз в январе 1937 г. и, несмотря на выступление с осуждением троцкизма, сгинул в сталинских лагерях. См.: Soviet Consul is Shifted // New York Times. 6 (May 29 1935); Soviet Shifts Arens from his Post Here // Ibid. Section 1, 25 (Jan. 31 1937); Red Leaders Feared Victims of Clean-Up // Ibid. 5 (Nov. 30 1937). «Советская Россия сегодня» была изданием организации «Друзья Советского Союза» до 1939 г.

экспедиции одним из самых «выдающихся открытий» года[29]. Открытие советского Арктического павильона на Всемирной выставке 1939 года в Нью-Йорке Стефанссон одобрил и счел «очень поучительным для США и Канады», так как только Советский Союз «занимается воплощением идей и развитием практик освоения новых территорий»[30].

С учетом теплых отношений между Стефанссоном и различными просоветскими группировками, а также единства симпатии к Советам и глубоких познаний в исследовании и покорении северных территорий неудивительно, что он включился в проект, который был направлен на освоение диких необитаемых просторов на Дальнем Востоке.

В поддержку Биробиджанского проекта внесли свой вклад и другие знаменитости, испытывавшие искреннее сочувствие левым и коммунистам: например, 6 февраля 1936 года А. Л. Стронг, «знаменитый журналист и писатель, редактор *Moscow News*, недавно вернувшаяся из Советского Союза», выступила на тему «Каким я увидела Биробиджан» на собрании, которое спонсировал ИКОР, в Уэбстер-холле в Нью-Йорке[31]. Она была в Биробиджане в апреле 1935 года и рассказывала о том, как развивалась национальная политика СССР с 1917 года, о борьбе государства с любыми видами расизма и национальной дискриминации. Биробиджан привлекает евреев вовсе не потому, что они подвержены дискриминации — напротив, евреи пользуются всеми правами советских граждан. Но лишь в Биробиджане они сумеют обрести свою «окончательную» идентичность, лишь там, где они окажутся в большинстве и смогут воспользоваться своим

---

[29] Стефанссон приветствует подвиги русских // Нью-Йорк таймс. 1938. 9 янв. С. 1, 35.

[30] Советский павильон посвящен достижениям в Арктике // Нью-Йорк таймс. 1939. 12 июня. См.: Soviet Pavilion Hails Arctic Feats // New York Times. 10 (June 12 1939); Стефанссон. Дружелюбная Советская Арктика // Советская Россия сегодня. 1939. № 8. 4, июль. С. 17–19. См.: Vilhjalmur Stefansson. The Friendly Soviet Arctic // Soviet Russia Today. 8, 4 (July 1939): 17–19.

[31] В архиве Йешива-Юниверсити хранится листовка, оповещающая о ее приезде: Russian Relief Collection, Box 2, Birobidzhan folder, Yeshiva.

правом на самоопределение. Стронг удалось пообщаться с профессором И. Либербергом, о котором она отозвалась как об «одном из самых блистательных людей, которых доводилось встречать»[32]. Она опубликовала множество статей в разных изданиях, например в Asia («Азии») — формально независимом журнале, который являлся проводником политики Коминтерна в колониальном мире. На его страницах она сообщала читателям, что Биробиджан основан евреями-первопроходцами, которые «хотят выражать себя в школах, судах, театрах, во власти не только как советские граждане, но и как евреи»[33].

Одним из непубличных моторов проекта был Я. Будиш — член Коммунистической партии США, родившийся в России и владевший русским языком. Будиш являлся одним из основателей ИКОРа. В публикациях ИКОРа он нередко выступал в поддержку Биробиджана[34]. Будиш работал в Амторге — компании, представлявшей интересы Советского Союза в США[35]. Он совме-

---

[32] Статья Анны Луизы Стронг «Каким я увидела Биро-Биджан» опубликована в двух выпусках английской части альманаха «Найлебн — Нью Лайф» за март и апрель 1936 г.

[33] Стронг А. Л. Биробиджан // Азия. 1936. 36, 1, янв. С. 41–42. См.: Strong. Birobidjan // Asia. 36, 1 (January 1936): 41–42. Стронг родилась в семье протестантского священника в Небраске, получила степень доктора философии в Университете Чикаго, стала журналистом, участвовала в сиэттлской всеобщей забастовке в 1919 г. Впоследствии переехала в Москву и способствовала основанию англоязычной газеты «Москоу Ньюс». В ее подробной биографии, написанной Т. Б. Стронгом и Х. Кейссар, не упоминается ни о Биробиджане, ни о ее статьях об этом регионе, хотя авторы в деталях описывают ее туры с разнообразными лекциями по США, которым она посвятила не одно десятилетие [Strong, Keyssar 1983].

[34] Будиш публикует об этом статью «Колоссальное строительство в Советском Союзе» (ИКОР Йор-бух, 1932 (на идише)).

[35] По сведениям российского историка С. Червонной, Будиш, который говорил на английском, немецком, французском и русском языках, был старшим экономистом «Амторга» и числился в списке его сотрудников за 1936 и 1937 г. (Российский государственный архив социально-политической истории. Ф. 17. Оп. 36. Д. 327). Заграничные ячейки ВКП(б). Электронное письмо автору от Светланы Червонной, 16 августа 2005 г., Москва. ИКОР и «Амбиджан» не могли напрямую посылать в Биробиджан деньги или товары, но должны были использовать как посредника «Амторг», который

щал обязанности главы административного комитета «Амбиджана» и умелого дипломата. Успешно проводил переговоры с советскими чиновниками в Москве и общался с вновь назначенным советским послом в США Александром Трояновским — благодаря этим контактам в 1930-е годы у него не было недостатка в материалах для агитации за Биробиджанский проект.

США признали советский режим в 1933 году, а в 1934 году А. А. Трояновский стал советским послом в Вашингтоне[36]. Посол, который в 1934 году побывал в Биробиджане, принял делегацию от «Амбиджана» 19 мая 1935 года. Он сказал, что поражен энтузиазмом еврейских колонистов в Биробиджане, и передал из Москвы новость о том, что советское правительство готово позволить «определенному числу» евреев из-за рубежа поселиться в ЕАО. Он выразил уверенность, что «Амбиджан» будет способствовать достижению необходимых договоренностей, чтобы переселение состоялось. «Амбиджан», в свою очередь, заверил Трояновского, что евреи, поддерживающие биробиджанский проект, обеспечат каждой одобренной Советами еврейской семье, желающей переселиться в Биробиджан из стран, окружающих СССР, сумму в 150 долларов наличными, проезд до советской границы и еще 200 долларов по прибытии.

Будиш и М. М. Шеровер, представители совета директоров «Амбиджана», ездили в Москву летом 1935 года на переговоры с ОЗЕТом и КомЗЕТом, чтобы обсудить, какая роль отводится «Амбиджану». В сентябре Будиш отправился дальше, в Биробиджан, чтобы поговорить с местными властями. Отчет об этой поездке был опубликован в журнале ИКОРа *Nailebn — New Life.*

делал все закупки для Биробиджана. Эти данные содержатся на с. 9 17-страничного доклада от специального агента Конроя 7 сентября 1944 г. См.: E. E. Conroy, Special Agent in Charge, originally in NY File 100–14454. File 100–2074, FOIPA Release of Organization for Jewish Colonization. Будиш скончался в 1966 г., «Нью-Йорк таймс» опубликовал заметку об этом 7 июня. См.: Jacob M. Budish, 80, a Labor Economist // New York Times. 47 (June 7 1966).

[36] В ИКОРе опубликован биографический очерк о Трояновском «Первый советский посол в Соединенных Штатах». См.: Samuel Sachs. The First Soviet Ambassador to the United States // ICOR. 7, 1 (January 1934): 23.

Просторы ЕАО произвели на него сильное впечатление. Он пишет, что скорому поезду потребовалось бы семь часов, чтобы пересечь область с запада на восток. Будиш с гордостью отмечает, что вывески на станциях написаны на идише. Столица региона, город Биробиджан, охвачена «лихорадочным», но тщательно спланированным строительством. На смену узким улицам приходят широкие проспекты. Строятся больницы, школы, театры, библиотеки, культурные центры, фабрики, склады, магазины, рестораны, отдельные и многоквартирные дома, административные здания, даже газетные киоски, и многие новые здания «неплохо смотрелись бы и в Америке».

На вопрос о том, позволят ли Советы селиться в Биробиджане евреям из-за рубежа, был, к радости Будиша, получен положительный ответ: 10 октября ОЗЕТ официально выразил согласие на то, чтобы «Амбиджан» приступил к этой программе. Поселенцы должны отбираться по признаку «наилучшей приспособленности к условиям жизни первопроходцев» и обеспечиваться по прибытии крышей над головой и источником заработка. В заявлении о намерениях 1935 года «Амбиджан» ставит своей задачей изучить вопрос и способствовать переселению в Биробиджан евреев, проживающих в странах, «условия в которых вынуждают их покинуть родину, и способных согласно своим склонностям, образованию и роду занятий переселиться в Биробиджан». Советским правительством «Амбиджан» был уполномочен способствовать переселению в Биробиджан неимущих еврейских семей из-за рубежа, преимущественно из Польши, Литвы, Румынии и Германии. Отбирать семьи для участия в программе необходимо представителям «Амбиджана» совместно с советскими чиновниками. В Биробиджане вновь прибывшие должны были вступать в колхозы. Организация выделяла по 350 долларов каждой семье и покрывала расходы на переезд[37]. «Амбиджан» заверял своих

---

[37] Будиш. Привет из Еврейской автономной области (на идише) // Найлебн — Нью Лайф. 1935. 9, № 7, нояб., см. также [Birobidjan 1936a: 7–10], [Birobidhan 1936b: 14–15], запрос о вступлении в Общество в архиве Йешива-Юниверсити (Application for Membership»; Russian Relief Collection, Box 2, Birobidzhan folder, Yeshiva).

потенциальных членов, что Биробиджан уверенно движется к тому, чтобы стать «процветающей сельскохозяйственной и промышленной автономией». Основные трудности «уже остались позади», новая еврейская республика скоро будет открыта для «массовой иммиграции еврейских поселенцев из других областей СССР и из других стран» [Birobidjan 1936a: 30]. Коэн и Сол Лоу встретились с Трояновским в Вашингтоне и сообщили ему, что «Амбиджан» получил официальное согласие на свои действия. Они выразили признательность за «великодушие», проявленное советским правительством, которое согласилось предоставить возможность иммиграции и пообещало переселенцам из-за рубежа «такие же привилегии, как и местным поселенцам»[38].

Не дожидаясь окончательного согласования от ОЗЕТа, «Амбиджан» начал действовать. 22 августа 1935 года в отеле «Астор» состоялась встреча, на которой продолжилось обсуждение еврейской иммиграции в Биробиджан. В числе спикеров выступили Б. Браун, Д. Янг, Д. У. Уайз и М. Левин. Браун, специалист по маркетингу и директор по продажам в Ассоциации птицеводческих хозяйств штата Юта, был членом биробиджанской экспедиции ИКОРа в 1929 году. Докладчики указывали, что «в Биро-Биджане евреи найдут не враждебное население, а безопасный приют»[39]. 10 октября Коэн отправил Стефанссону письмо, в котором излагал задачи комитета и сообщал, что «многие видные евреи и не евреи» уже вписали свои имена в список спонсоров[40]. Месяц

---

[38] Планируется поселить евреев на советской территории // Нью-Йорк таймс. 1935. 29 окт. См.: Jews to be Settled in Soviet Territory // New York Times. 14 (Oct. 29 1935).

[39] Евреи подумывают встать на якорь в советской гавани // Нью-Йорк таймс. 1935. 23 авг. См.: Jews Weigh Soviet Haven // New York Times, Aug. 23, 1935, 13. Бенджамин Браун в это время спонсировал также молодежную группу сионистов, которые занимались сельским хозяйством в поселении под Трентоном, штат Нью-Джерси, готовясь к переезду в Палестину. См. также статью Стенли Биро «Назад к земле» в газете «Джуиш Стэндард» от 17 августа 1934 г. См.: Stanley Bero. Back to the Land // Jewish Standard, Toronto. 3, 8 (Aug. 17 1934).

[40] Письмо Коэна Стефанссону от 10 октября 1935 г., Нью-Йорк. См.: Letter from William W. Cohen to Vilhjalmur Stefansson, New York, Oct. 10, 1935 (Stefansson Correspondence, MSS 196, Box 38, 1935 — USSR Folder; Stefansson Collection).

спустя Лайонс разослал членам и друзьям «Амбиджана» приглашение на прием, на котором планировалось огласить «конфиденциальные отчеты об официальных договоренностях, которые комитет заключил с советским правительством», а также составить план дальнейших действий, включавших обед в честь посла Трояновского 19 ноября[41]. После этой встречи был обнародован пресс-релиз, сообщавший, что согласно договоренностям, достигнутым с советскими властями, переселение неимущих еврейских семей из европейских стран в Биробиджан «не потребует значительных расходов». В СССР должна быть сделана единственная выплата — по 200 долларов на семью, а чтобы добраться до СССР — еще одна размером в 150 долларов. «Таким образом, за 350 долларов можно спасти неимущую семью из пяти человек, которая сейчас проживает в Польше, Литве, Румынии или Германии, и дать ей путевку в независимую и безопасную жизнь»[42]. Следующим шагом стал званый обед в Банкирском клубе 17 декабря, организованный, как пишет Стефанссону Коэн, со следующей целью:

> с целью ознакомить наших спонсоров с успехами нашего комитета и объявить о комфортных условиях, на которых советское правительство готово допускать еврейских переселенцев из-за рубежа в Биробиджан, новообразованную Еврейскую автономную область.

Ж. Л. Аренс, советский генеральный консул в Нью-Йорке, обратился к гостям и пообещал свое содействие в работе комитета. По его словам, он с радостью говорил о «мирном труде, труде во имя человечности и доброй воли, в основе которого лежит принцип равенства между народами и расами». Он выра-

---

[41] Советы готовы помочь евреям // Нью-Йорк таймс. 1935. 4 окт. См.: Soviet to Aid Jews // New York Times. 18 (Oct. 4 1935); циркулярное письмо, подписанное Дж. Лайонсом, от 11 ноября 1935 г., Нью-Йорк (Circular letter signed by John Lyons, New York, Nov. 11, 1935; Russian Relief Collection, Box 2, Birobidzhan folder, Yeshiva).

[42] Пресс-релиз хранится в Фонде Филипа Сэндлера (Philip Sandler papers, RG420, Box 4, Материалн вегн дер ИКОР кампане фар а фолкс-делегацие. YIVO).

зил надежду, «что лет через десять Биробиджан станет культурным центром еврейских масс»[43].

В своих публикациях «Амбиджан» подчеркивал необходимость отбирать для переселения в Биробиджан достаточно сильных и здоровых людей, которым не повредят местный климат и физический труд. Стефанссон был не согласен с этим: его собственный опыт жизни на севере и работы с людьми в суровых арктических условиях научил его, что «хорошее здоровье и физическая сила хотя и желательны, но не слишком важны. Главное — это настрой… Для Биробиджана нужны не физически сильные, а психологически устойчивые люди», чей дух не может быть сломлен. В начале января 1936 года в письме к Коэну Стефанссон уговаривает его выбирать семьи, «которые хотят ехать, которые думают, что им там понравится, которые намерены преуспеть»[44]. Коэн, под впечатлением от этой рекомендации, пригласил Стефанссона к себе домой в Централ-парк-Вест, чтобы частным образом пообщаться с теми, кто хотел принять участие в проекте. Коэн также попросил Стефанссона выступить перед аудиторией «в 300–400 человек» в отеле «Астор» 4 февраля. «Амбиджан» стремился «показать им, как уверенно эксперт отвечает на вопросы, связанные с биробиджанской погодой, или, точнее, с местными климатическими условиями»[45].

---

[43] Планируется помощь еврейским поселенцам // Нью-Йорк таймс. 1935. 18 дек. См.: Plans Made to Aid Jewish Settlers // New York Times. 32 (Dec. 18 1935), см. [Birobidjan 1936b: 15]. Коэн впоследствии говорил Стефанссону, что присутствие последнего «помогло добиться успеха» (Letters from William W. Cohen to Vilhjalmur Stefansson, New York, Dec. 9 and Dec. 24, 1935; Stefansson Correspondence, MSS 196, Box 38, 1935 — USSR Folder; William W. Cohen to Vilhjalmur Stefansson, New York, Dec. 9 and Dec. 24, 1935; Stefansson Correspondence, MSS 196, Box 38, 1935 — USSR Folder; Stefansson Collection).

[44] Письмо Стефанссона Коэну от 2 января 1936 г. (Letter from Vilhjalmur Stefansson to William W. Cohen, Jan. 2, 1936; Stefansson Correspondence, MSS 196, Box 40, 1936 — USSR Folder, Stefansson Collection).

[45] Письмо Коэна Стефанссону от 7 января 1936 г. (Letters from William W. Cohen to Vilhjalmur Stefansson, New York, Jan. 7, 1936, Jan. 17, 1936 and Jan. 27, 1936; Stefansson Correspondence, MSS 196, Box 40, 1936 — USSR Folder, Stefansson Collection).

В брошюре, выпущенной комитетом в начале 1936 года, утверждалось, что «уже 100 тысяч евреев в Польше выразили желание эмигрировать» на «невозделанные и пока малонаселенные просторы Еврейской автономной области», территории большей, чем Бельгия и Голландия, вместе взятые, или «более чем в три раза превосходящей штат Нью-Джерси», а по широте стоящей «от экватора не далее, чем Париж или Монреаль». Несмотря на очевидные трудности, неизбежные при переселении в девственную тайгу, «в Биробиджане, несомненно, открываются широчайшие возможности для масштабного развития сельского хозяйства и промышленности» [Ibid.: 6, 13].

К началу 1936 года «Амбиджан» развернул очень активную деятельность. В «Бюллетене "Амбиджана"» от 14 февраля значатся лекции, приемы и благотворительные распродажи в различных клубах и синагогах. Среди лекторов на мероприятиях «Амбиджана» были Уайз, профессор Х. М. Каллен из Новой школы социальных исследований, раввин А. Эйзенштейн из Общества продвижения иудаизма, который был зятем раввина М. Каплана, основателя реконструкционистского движения в иудаизме. Коэн, судья Д. Т. Махони, ранее занимавший должность судьи Верховного суда Нью-Йорка, и Ч. Рехт, доверенное лицо советского правительства с 1922 года и член совета директоров «Амбиджана», — все они выступали на радиостанции WEVD, принадлежавшей редакции *Forverts*, позывными которой были инициалы известного социалиста Ю. В. Дебса[46].

Рехт, тесно связанный с «Амторгом», рассматривал вопрос с точки зрения бедственного экономического положения, в котором оказались евреи после Первой мировой войны и революции в России. Эти события «оказались смертельным ударом для тех, кто по-прежнему пребывал в рамках довоенной экономиче-

---

[46] Согласно «Бюллетеню "Амбиджана"», планировались также выступления Эйзенштейна и Будиша, посвященные Биробиджану, на встрече Ассоциации раввинов-реформистов в отеле «Тафт» 10 марта 1936 г. и выступления Каллена и Эйзенштейна в синагоге Общества продвижения иудаизма на 86-й улице в Нью-Йорке 7 марта и 15 марта соответственно (Ambijan Bulletin, Feb. 14, 1936).

ской системы, основанной преимущественно на ручном труде и кустарном производстве, мелкой торговле и относительно примитивных методах сельского хозяйства. От нищеты, в которой оказались восточноевропейские евреи в государствах Балтии, в Польше и Румынии, «можно избавиться лишь с помощью массовой эмиграции» или же «полного вымирания», — предсказывал он. В молодом Советском государстве власти дают евреям не только политические права, но и «возможность овладеть профессией и включиться в производственную жизнь новой России». Такое «отеческое, ободряющее отношение» ведет к культурному и экономическому возрождению еврейских масс. Биробиджан представляет собой самое последовательное применение принципов, способствующих окончательному решению «еврейского вопроса» в Советском Союзе; это ответ тем советским евреям, которые стремились создать свою автономию «на земле, не обремененной давней враждой» [Birobidjan 1936b: 12–13]. Рехт, принимавший участие в деятельности ИКОРа, съездил в Биробиджан в 1936 году и заявил об «успехе». Плодородность почвы и возможности индустриализации «достаточны, чтобы прокормить и обогатить в будущем миллионы жителей», включая иммигрантов из-за рубежа. Для всех евреев мира, заключил Рехт, Биробиджан — это «остров надежды». Это «не только ответ на антисемитские выпады, но настоящий щит, защищающий евреев от атак юдофобов всех мастей на мировой арене»[47].

В одном из номеров *The New York Times* Коэн рассказывал, что «Амбиджан» планирует 11 марта организовать большой прием с участием Трояновского в отеле «Астор» в Нью-Йорке. Основная цель мероприятия — праздник по случаю сбора первых 350 тысяч

---

[47] Статья Чарльза Рехта в «Найлебн — Нью Лайф» за сентябрь 1936 г. «Удался ли Биробиджан?». См.: Charles Recht. Is Biro-Bidjan a Success? // *Nailebn — New Life*. 10, 9 (September 1936): 5–6, см. [English section]. Рехт, родившийся в 1887 г. на территории нынешней Чехии, считался «ключевой фигурой в деятельности коммунистов в районе Нью-Йорка», согласно докладу в ФБР. Доклад Конроя от 5 ноября 1944 г., с. 23 (P. 23 of a 33-page report dated Nov. 5, 1944 submitted by E. E. Conroy, Special Agent in Charge, originally in NY File 100–42538. File 100–99898, Section 1, FOIPA № 416152, Ambijan).

долларов. Он заверил газету, что, «когда еврейское население достигнет 50 тысяч человек, регион станет еврейской республикой». На приеме выступали Уайз, известный юрист и общественный деятель Дж. Г. Баттл, Стефанссон, сенатор от штата Юта Э. Д. Томас, а также судья Верховного суда штата Нью-Йорк М. Мэй. Гостям, среди которых были как сторонники СССР, так и люди сионистских настроений, например Дж. де Хаас и Х. М. Каллен, рассказывали о тяжелом положении евреев в некоторых частях Европы, где они «терпят неописуемые лишения». Их жизнь — это медленное вымирание от голода. Их единственное спасение — это эмиграция.

> К сожалению, места для иммиграции, включая Палестину, не могут принять всех. Вот почему так важно, что советское правительство прислушалось к настоятельным просьбам [«Амбиджана»] и других организаций, имеющих такие же цели, и великодушно согласилось распахнуть ворота Еврейской автономной области в СССР еврейским эмигрантам из других стран.

«Амбиджан» уполномочен переселить в Биробиджан тысячу семей в течение 1936 года, причем переселенцы получат «полноправное гражданство»[48]. Трояновский выступил с речью, в которой уверенно заявил:

> В нашей стране еврейский вопрос не стоит. Все народы свободны и равноправны. <...> Мы счастливы, что антисемитизм практически исчез в нашей стране, особенно среди молодежи вы не найдете и следа антисемитских настроений. С возникновением ЕАО еврейский народ приобрел собственную территорию, основу для развития национальной культуры.

---

[48] Евреи приветствуют договоренности о колонии в СССР // Нью-Йорк таймс. 1939. 1 марта; Тяжелое положение евреев ведет к торговым кризисам // Там же. 1936. 12 марта. См.: Jews Hail Compact for Colony in Soviet // New York Times. 5 (March 1 1936); Jews' Plight Laid to Trade Crises // Ibid. 15 (March 12 1936) [Birobidjan 1936b: 15]; листовка, оповещающая о мероприятии (Flyer announcement of the dinner; Russian Relief Collection, Box 2, Birobidzhan Folder, Yeshiva).

Трояновский подчеркнул, что стране требуются переселенцы, способные выдержать жизнь в тяжелых условиях, и поблагодарил «Амбиджан» за «улаживание всех вопросов, связанных с тем, чтобы помочь этим эмигрантам устроить свою жизнь в еврейской области»[49]. В своем выступлении в Чикаго Трояновский заявлял, что антисемитизм «в нашей стране рассматривается как варварство» [Birobidjan 1936a: 18].

К восторженному хору присоединились нью-йоркские политики. Конгрессмен от демократов Э. Селлер, представлявший Десятый округ (некоторые района Бруклина и Квинса), выразил надежду, что решение советского правительства позволить тысяче еврейских семей из-за рубежа переселиться в Биробиджан «станет началом движения, которое поможет десяткам тысяч евреев найти убежище». Эти евреи «будут спасены от нищеты и переселены в страну, где им предоставят экономическую безопасность и равенство возможностей», а также самоуправление и пространство для использования собственного языка, идиша. «Ни разу в истории евреям не предоставлялась такая великолепная возможность». С. Леви, глава Муниципального совета Манхэттена, с восторгом высказался об отсутствии антисемитизма в СССР и добавил, что деятельность «Амбиджана» «должен поддержать каждый американец» [Birobidjan 1936b: 34–35].

В. Маркантонио, конгрессмен от Двадцатого округа (Восточный Гарлем), член Американской лейбористской партии, которую контролировала непосредственно Коммунистическая партия США, тоже не остался в стороне: выступая на радиостанции WHN 22 августа 1936 года, он выразил восхищение тем, как блистательно Россия решила проблему расовых и национальных меньшинств. Там царит, отметил он, «абсолютное равенство» для всех народов СССР, и «особенное удовлетворение доставляет знать, что в современной России нет антисемитизма». Он назвал Биробиджан «необъятным»; по его мнению, с такими ре-

---

[49] Советский посол о Биробиджане // Найлебн — Нью Лайф. 1936, апр. См.: The Soviet Ambassador Speaks on Biro-Bidjan // *Nailebn — New Life*. 10, 4 (April 1936): 6–9, см. [English section].

сурсами регион может «легко» прокормить несколько миллионов человек. Новая Россия, «освободившись от чумы антисемитизма, готова принять в Биро-Биджан еврейских иммигрантов из других стран, где они стали жертвами проклятого антисемитизма»[50].

На встрече в отеле «Эдисон» в Нью-Йорке 20 сентября в присутствии 450 делегатов от 250 еврейских организаций «Амбиджан» открыл сбор 500 тысяч долларов, предназначенных для переселения в Биробиджан одной тысячи семей и пятисот одиночек. Чарльз Рехт, недавно вернувшийся из Биробиджана, заверил, что за прошедшие два года сделано очень многое. Несмотря на острую нехватку жилья, человеческих ресурсов и техники, «там творят чудеса»[51]. Будиш призвал всех неравнодушных собрать деньги как можно скорее, чтобы достичь поставленной цели. Еврейские благотворительные фонды в Цинциннати, в Омахе и в Пассаике (штат Нью-Джерси) уже прислали деньги. «Это поспособствует достижению договоренности об увеличении числа переселенцев в будущем»[52]. 60 членов «Амбиджана» встретились в отеле «Астор» 3 октября, чтобы объявить о всесторонней поддержке, которую «Амбиджан» будет получать со стороны СССР в переселении советских и зарубежных евреев в Биробиджан. М. М. Шеровер, президент корпорации по советско-аме-

---

[50] Вито Маркантонио. Антисемитизм и Биро-Биджан // Найлебн — Нью Лайф. 1936, сент. См.: Vito Marcantonio. Anti-Semitism and Biro-Bidjan // *Nailebn — New Life*. 10, 9 (September 1936): 11–12, см. [English section]. О Маркантонио существует много книг и статей. Есть полноценная биография [Meyer 1989]. См. также [Waltzer 1980; Waltzer 1982].

[51] Евреи собирают 500 тысяч долларов на переселение // Нью-Йорк таймс. 1936, 21 сент. См.: Jews Seek $500,000 for Resettlement // New York Times. 40 (Sept. 21 1936); Обзор 5697 года // Американский еврейский ежегодник 5698 г. Т. 39, 6 сент. 1937 г. — 25 сент. 1938 г. / под ред. Гарри Шнейдермана. См.: Review of the Year 5697 // Harry Schneiderman / ed., American Jewish Year Book 5698 (September 6, 1937 to September 25 1938). Vol. 39 (Philadelphia: Jewish Publication Society of America, 1937): 246–247.

[52] [Birobidjan 1936b: 18–19]; письмо Будиша к Стефанссону от 5 ноября 1936 г. (letter from J. M. Budish to Vilhjalmur Stefansson, New York, Nov. 5, 1936; Stefansson Correspondence, MSS 196, Box 40, 1936).

риканской безопасности, который посещал Советский Союз вместе с Будишем, доложил, что в 1936 году въехать в Биробиджан разрешено уже четырем тысячам евреев из-за рубежа[53]. Коэн вновь заверил аудиторию, что в Биробиджане евреи могут рассчитывать на «свободу, безопасность и свободную трудовую деятельность». В Биробиджане «еврей может высоко держать голову» и больше не страдать от унижения. Он призвал американских евреев помочь как можно большему числу угнетенных собратьев в Европе, «чтобы они могли найти облегчение в этой тихой гавани под названием Биро-Биджан»[54]. В *Nailebn — New Life* Коэн впоследствии писал, что «преследований или дискриминации евреев в Советском Союзе нет и следа»[55].

Кампания по сбору средств привлекла широкое внимание; Советы начали даже выпускать фильмы о Биробиджане, чтобы привлечь американских евреев. В 1935 году кинозрители могли узнать о Биробиджане из звукового фильма на идише под названием «Биробиджан» производства «Союзкино», режиссер М. Я. Слуцкий (в советском прокате фильм был немой с титрами на русском языке)[56], показ начался 6 апреля в кинотеатре «Акме» на пересечении 14-й улицы и Юнион-сквер.

> «Приходите посмотреть, как живут еврейские первопроходцы в Биро-Биджане! Приходите посмотреть, как строится Еврейская автономная область! Приходите посмотреть, как

---

[53] Советы готовы помочь евреям // Нью-Йорк таймс. 1935. 4 окт. См.: Soviet to Aid Jews // New York Times. 18 (Oct. 4 1935). Шеровер родился в 1896 г. в Кракове, прибыл в США в 1903 г. В секретном докладе ФБР сказано, что Шеровер — «подозрительная личность» и состоит на службе в «Амторге» (P. 24 of a 33-page report dated Nov. 5, 1944 submitted by E. E. Conroy, Special Agent in Charge, originally in NY File 100–42538. File 100–99898, Section 1, FOIPA № 416152, Ambijan).

[54] Коэн. Автономная еврейская территория в Биро Биджане — это луч света // Найлебн — Нью Лайф. 1936, нояб. С. 8.

[55] Коэн. Ни следа антисемитизма в СССР // Найлебн — Нью Лайф. 1937, нояб. С. 33.

[56] Головнев И. А. Киноатлас СССР: «Биробиджан» Михаила Слуцкого // Сибирские исторические исследования. 2020. № 4. С. 13–32. — *Примеч. пер.*

переселенцы делают первые шаги на Биро-Биджанской земле! Приходите посмотреть на их дома и на золотые початки кукурузы в полях!» — приглашала заметка в журнале ИКОРа[57].

Другой советский фильм «Искатели счастья» снял режиссер В. В. Корш-Саблин в Белоруссии в 1936 году на студии «Белгоскино». Фильм в том же году вышел в США под названием «Биробиджан: Большие перспективы». В центре сюжета «Искателей счастья» — группа евреев, которые, «страстно мечтая о том, как будут работать в Советской стране... на своей новой родине в Биробиджане», едут в новую Еврейскую автономную область [Ваксберг 1995: 66].

Образ вертопраха, мечтающего быстро разбогатеть, противопоставляется честным евреям, которые стремятся воспользоваться возможностью, которую подарил им Советский Союз, и начать благополучную счастливую жизнь в колхозе [Kenez 1996: 283].

Фильм активнейшим образом рекламировался в англоязычной газете *Moscow Daily News* [Hoberman 1998: 85]. Рецензия в голливудской газете *Variety* утверждала, что фильм рассчитан на евреев, живущих не в России:

Очевидно, что этот фильм, от имени Советов, приглашает евреев, живущих за пределами России, приезжать и заниматься развитием дикого Биробиджиана, который в случае войны с Японией может оказаться на линии фронта[58].

---

[57] Беседа о Биро-Биджане в кинотеатре «Люмо» // ИКОР. 1935, апр. С. 25. См.: A toki fun biro-bidzhan in acme teater // ICOR. 8, 4 (April 1935): 25. Это был последний выпуск журнала «ИКОР», с мая 1935 г. ИКОР начал выпускать новый журнал «Найлебн — Нью Лайф».

[58] Рецензии в «Вэрайти» от 1 июля 1936 г. и 21 октября 1936 г. См.: Film Reviews // Variety. 25 (July 1 1936); 23 (October 21 1936).

В сентябре 1936 года лорд Марли вернулся в США на три месяца и успешно собрал значительную сумму денег для Биробиджана. Первым мероприятием, которое он организовал, был обед на 300 человек в отеле «Астор» 22 сентября, во время которого Марли акцентировал внимание на тяжелых условиях жизни евреев в Польше[59]. На прощальном обеде в отеле «Коммодор» 22 декабря, куда собралось более тысячи гостей, Дж. Г. Баттл объявил, что советское правительство готово в 1937 году принять две тысячи семей и 500 одиночек из Польши, это почти вдвое превышало предыдущую квоту[60]. Удалось собрать более 100 тысяч долларов по подписке. Эта сумма «отражает новый взгляд той части американских евреев», которая наконец признала: Биробиджан — «единственное место еврейской иммиграции, где правительство готово им по-настоящему помочь», констатировал журнал *The National Jewish Ledger*, выходивший в Вашингтоне. Проволочки, возникшие в связи со въездом евреев из зарубежных стран в регион, журнал считал простительными, объясняя, что советское правительство «опасается массового нашествия иммигрантов, которые явятся прежде, чем Биробиджан будет к этому готов»[61].

В пятидесятистраничном ежегоднике «Амбиджана», увековечившем прощальный прием Марли, помещено множество писем благодарности и поддержки. В том числе письмо от Стефанссона, одного из членов совета директоров и управляющих «Амбиджана»:

---

[59] Лорда Марли принимают здесь с почетом // Нью-Йорк таймс. 1936, 23 сент. См.: Lord Marley Honored Here // New York Times. 7 (Sept. 23 1936). Лорд Марли также выступал от имени ОРТа два дня спустя, затем 19 декабря и 24 декабря. Евреи: требуется участие американцев // Нью-Йорк таймс. 1936, 25 сент.; Положение польских евреев, по-видимому, ухудшается // Там же. 20 дек.; Требуется 10 тысяч долларов для ОРТа // Там же. 27 дек.

[60] Новое ускорение биробиджанского проекта // Нью-Йорк таймс. 1936. 23 дек. См.: Birobidjan Project Gets New Impetus // New York Times. 12 (Dec. 23 1936).

[61] 100 тысяч долларов для Биробиджана // Нэйшнл Джуиш Леджер. 1937. 1 янв. См.: $100,000 for Birobidjan // National Jewish Ledger, Washington, DC. 6 (Jan. 1 1937).

> Мне кажется, биробиджанский проект представляет собой
> наилучший способ, которым государство может поддержать
> евреев Центральной и Восточной Европы. От души надеюсь,
> что ваше движение добьется успеха, которого оно заслужи-
> вает [Birobidjan 1936b: 36].

Даже религиозные деятели положительно отреагировали на
идею переселения. Раввин реформистской общины «Брит Кодеш»
(Рочестер, штат Нью-Йорк) Ф. С. Бернстайн, который вел в *The
Jewish Ledger* колонку «Еврейская жизнь», советовал читателям
не отворачиваться от проекта по идеологическим соображениям,
несмотря на отношение советского правительства к религии. Он
добавлял: если евреи с коммунистическими взглядами предпочитают Биробиджан Палестине, «это их безусловное право»[62].
Другой раввин, С. Б. Фрихоф из общины «Родеф Шалом» в Питтсбурге, также демонстрировал поддержку, отмечая два преимущества проекта: во-первых, Биробиджан — это «не густонаселен-
ная территория с коренными обитателями»; во-вторых, «это
в России — единственной в мире стране, где антисемитизм является преступлением»[63].

Л. Левин, возглавлявшая Женский отдел «Амбиджана», устроила прием 20 марта 1937 года в отеле «Астор» в Нью-Йорке.
К собранию обратился Стефанссон, объяснив, что хотя Биробиджан — это не рай на земле, но для бедствующих евреев Польши,
Румынии, Литвы и других европейских стран город уже сейчас
является переходом к более высокому уровню жизни, не говоря
уже о неизмеримо большей безопасности и уверенности в будущем. Речь Стефанссона транслировалась радиостанцией WMCA
в Нью-Йорке[64].

---

[62] Раввин Филип С. Бернстайн. Парадокс Биро-Биджана // Нэйшнл Джуиш
Леджер. 1937. 15 янв. Бернстайн также писал для журналов «Нэйшн», «Хар-
пер'с» и др. Он был раввином в армии США во время Второй мировой
войны, впоследствии помогал выжившим в Европе после Холокоста.

[63] Цит. по: [Birobidjan 1936a].

[64] Письмо от Лонни Левин Стефанссону от 18 февраля 1937 г., Нью-Йорк;
письмо от Будиша Стефанссону от 25 марта 1937 г.; программа радиопередач.
Все документы хранятся в Фонде Стефанссона (Letter from Lonnie R. Levin

На ежегодном собрании в отеле «Астор» 7 октября 1937 года «Амбиджан» внес в список своих членов вице-президентов Баттла, судью М. Мэя и конгрессменов Э. Селлера и У. И. Сировича[65]. Сирович, демократ, представлявший 14-й округ Манхэттена, был в СССР в 1931 и 1935 годах. Он говорил: «Еврею, решившемуся жить в коллективе, Биробиджан послан в ответ на его молитвы» [Ibid.: 35].

---

to Vilhjalmur Stefansson, New York, Feb. 18, 1937; letter from J. M. Budish to Vilhjalmur Stefansson, March 25, 1937;«Material for Dr. Vilhjalmur Stefansson», 4; «Today on the Radio» schedule; all in Stefansson Correspondence, MSS 196, Box 43, 1937 — USSR. A-B Folder, Stefansson Collection).

[65] Брошюра без заглавия в коллекции Russian Relief (Untitled pamphlet in the Russian Relief Collection, Box 2, Birobidzhan folder, Yeshiva). Мэй был конгрессменом в 1898–1900 гг., в 1922 г. стал судьей Нью-Йоркского Верховного суда.

Лорд Марли
[Birobidjan 1936b]

ICOR LIBRARY   Number 2

BIRO BIDJAN
AS I SAW IT

LORD MARLEY

Published by the ICOR   Price 1 Cent
New York, 1934

Обложка [Marley 1934]

Бенцион Голдберг (Библиотека Шоттенстайн — Джессельсона при Центре углубленного изучения иудаики Г. Д. Каца в Университете Пенсильвании, Филадельфия)

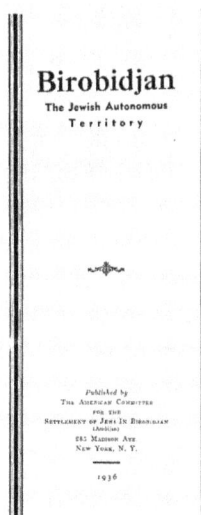

Обложка брошюры «Амбиджана» [Birobidjan 1936a]

Объявление о лекции Анны Луизы Стронг 6 февраля 1936 г., Филадельфия (Коллекция Общества помощи России, архив Иешивы-университета, Нью-Йорк)

Глава 2
«Народная делегация» и «сочувствующие». 1935–1939 годы

В 1935 году ИКОР начал планировать отправку в Биробиджан «народной делегации», которая должна была помогать переселению туда европейских евреев. Пятнадцать из пятидесяти делегатов должны быть членами ИКОРа. Идея получила одобрение на Шестом национальном съезде ИКОРа 8–10 февраля 1935 года в Нью-Йорке[1]. Согласно информации в журнале ИКОРа, эти планы вызвали «колоссальный интерес по всей стране»[2]. Вскоре к идее послать делегацию присоединился и «Амбиджан».

Ш. Алмазов докладывал на пленуме Национального исполнительного комитета ИКОРа в Нью-Йорке 27 октября, что КомЗЕТ идею одобрил и делегации будет оказано всяческое содействие. Для ИКОРа было важно собрать делегацию, в которую вошли бы представители разных слоев еврейского общества. Журналист *Morgen Freiheit*, активист ИКОРа М. Кац предложил, чтобы кроме пятнадцати представителей ИКОРа в делегацию вошли

---

[1] В ежегоднике ИКОРа, 8, № 3 (март 1935 г.) опубликованы об этом материалы (на идише): Декларация VI Конвенции ИКОРа. С. 3–4; Алмазов Ш. Конвенция ИКОРа и чему она нас научила. С. 5–6; Отчет VI национальной юбилейной конвенции ИКОРа. С. 7; Отчет Национального исполкома ИКОРа перед VI конвенцией. С. 8–22; Резолюции конвенции. С. 24–25; Обращение национального исполкома ко всем деятелям ИКОРа. С. 26.

[2] От редакции; На съезде ИКОРа // Найлебн — Нью Лайф. 1935. 9. № 2, июнь. С. 3, 37 (на идише).

десять членов братских организаций, десять представителей землячеств и десять представителей профсоюзов, а остальные пять — артисты, писатели или другие интеллектуалы. Делегация, которая, кроме прочего, повезет в Биробиджан «Народную книгу» приветствий от широких масс американских евреев и их организаций, «увидит собственными глазами, как создается единственная в мире еврейская автономная территория». Книга, для которой надо было собрать 250 тысяч подписей, будет отдана на вечное хранение в новый Государственный еврейский музей в ЕАО. По возвращении делегация поделится с еврейской общественностью Америки своими впечатлениями об области[3]. Чтобы привлечь делегатов, был создан спонсорский комитет народной делегации в Биробиджан. Во главе его стал еврейский драматург Л. Кобрин, секретарем назначен Ш. Алмазов. Членами комитета были писавшие на идише писатель Й. Опатошу, поэты А. Райзен и З. Вайнпер, а также коммунисты и попутчики А. Олкен, Л. Деннен, Ч. Кунц, Дж. У. Уайз, М. Надир, Р. Брайнин и его сын Джозеф, Р. Зальцман из Международного рабочего ордена, Я. Будиш, Л. Хайман, М. Левин, Аб. Эпштейн и М. Эпштейн. Среди спонсоров были М. Голд, в то время редактор *New Messes*, конгрессмены от штата Нью-Йорк У. И. Сирович и В. Маркантонио, Н. Томас из Социалистической партии, профессор Ф. С. Харрис из Университета Бригема Янга, профессора Колумбийского университета Дж. Дьюи, Ф. Боас, Л. П. Беверидж, Г. Мерфи, профессор права Бруклинского колледжа Л. Уорсофф, профессор педагогики Нью-Йоркского университета Р. К. Спир, журналисты У. Эдлин, который вел редакторскую колонку в *Der Tog* и был основателем «Арбетер Ринг», и А. Мукдойни из *Morgen Zhurnal* — еженедельника на идише, актриса М. Пикон, раввины

---

[3] Алмазов Ш. Решения Национального исполкома ИКОРа к пленуму, прошедшему в Нью-Йорке 27 октября 1935 г. // Найлебн — Нью Лайф. 1935. 9. № 7, нояб. С. 52–54 (на идише): От редакции // Там же. № 8, дек. С. 4; Протокол пленума ИКОРа // Там же. С. 29–30; Алмазов Ш. Народная делегация в Биробиджан // Там же. 1936. 10, № 1, янв. С. 7–8; Неотложные и важные задачи // Там же. 10. № 3, март. С. 3; Алмазов Ш. Народная делегация в Биро-Биджан // Там же. № 4, апр. С. 5.

А. Эйзенштейн и М. Каплан, Г. Ф. Уорд, президент Американской лиги против войны и фашизма, Р. Болдуин из Американского союза по гражданским правам и множество других раввинов, ученых, артистов, профсоюзных деятелей и журналистов[4].

«Нет сомнений, что делегация представителей американского еврейства в Биро-Биджан сейчас очень важна», — заявил комитет. Она привезет в Америку «свидетельство очевидцев» и «таким образом поможет удовлетворить широко распространенный и неустанно растущий интерес, который сейчас проявляет все американское еврейство». Кроме того, делегация продемонстрирует дружеское отношение еврейских масс к «труду первопроходцев» в Биробиджане, где, согласно проекту, около 50 тысяч евреев должны поселиться на территории столицы, города Биробиджана, в течение ближайших пяти лет. Комитет приглашал к участию организации, представляющие еврейских рабочих, специалистов, средний класс и общества взаимопомощи[5]. Пресс-релиз, разосланный Нью-Йоркским комитетом народной делегации в Биро-Биджан, призвал членов ИКОРа в их городах создавать «народные комитеты», чтобы организовывать конференции по выбору делегатов. Кроме того, необходимо было собрать по 350 долларов на каждого делегата, чтобы покрыть расходы на путешествие в Биробиджан, которое должно было состояться в сентябре 1936 года[6].

---

[4] Спонсоры народной делегации в Биро-Биджан // Ежегодник ИКОРа. 1936. С. 5. См. также письмо Эпштейна Уильяму Эдлину от 5 декабря 1935 г., Нью-Йорк, в котором Эпштейн призывает своего адресата присоединиться к работе по организации народной делегации (YIVO, US Territorial Collection, RG251, B. 8, F. 82 «Letter from Icor»). Один из спонсоров, Гарри Элмер Барнз, тогда сотрудник газеты «Нью-Йорк Уорлд Телеграм», впоследствии присоединился к отрицателям Холокоста. Эпштейн умер в марте 1943 г., см.: Лея Штейнберг. Аб. Эпштейн и его вклад в еврейскую жизнь в Америке // Найлебн — Нью Лайф. 1943. 17. № 7, июль. С. 20 (на идише).

[5] Приглашаем к участию в народной делегации в Биро-Биджан // ИКОР Йорбух. 1936. № 4.

[6] Пресс-релиз Нью-Йоркского комитета по подготовке народной делегации в Биро-Биджан, б. д. (YIVO, Фонд Филипа Сандлера, RG420, B. 4, «Материалы кампании ИКОРа по организации народной делегации»).

Большая конференция, которая привлекла 300 делегатов от 200 организаций, прошла в отеле «Пенсильвания» в Нью-Йорке 17 мая 1936 года под эгидой «Амбиджана». В числе спикеров были Коэн, Голдберг и судья Мэй; последний отмечал, что «в Советском Союзе еврей рассматривается как полноправный гражданин, иммигрант там будет иметь все возможности построить защищенный дом и мирную жизнь». Другая конференция по выбору делегатов была созвана 24 мая 1936 года в отеле «Астор». Фишер, секретарь Нью-Йоркского комитета народной делегации в Биро-Биджан, призвал евреев Америки посылать представителей на конференцию, чтобы не упустить «эту историческую возможность» помочь строительству Биробиджана, территории, «которая больше Голландии и Бельгии, втрое больше, чем Нью-Джерси», и на которой уже живут 20 тысяч евреев. Конференция собрала 370 делегатов от 184 организаций и призвала всех евреев ознакомиться с тем, как три миллиона советских евреев становятся народом-производителем[7].

Каждая группа-участница могла номинировать пять членов в список, из которого будут выбираться члены делегации от Нью-Йорка. В список вошли 50 человек, из которых надо было отобрать шесть делегатов, представляющих Нью-Йорк. Алмазов в отчете об этой конференции заявил, что собравшиеся в отеле «Астор» представляли 125 тысяч евреев, в том числе 55 тысяч членов рабочих организаций. Там были самые разные люди: члены «Арбетер Ринг», раввины, коммунисты, профсоюзные чиновники, беженцы из Германии, женщины из синагогальных

---

[7] Письмо от Нью-Йоркского комитета по организации народной делегации в Биро-Биджан к Уильяму Эдлину, Нью-Йорк, 13 мая 1936 г.; письмо от Алмазова Моррису Штерну, 19 мая 1936 г. (YIVO, Фонд Морриса Штерна, RG231, B. 1); Резолюция по народной делегации в Биробиджан // Найлебн — Нью Лайф. 1936. 10. № 6, июнь (на идише). Доктор Фишер был также главой англоязычного отделения ИКОРа в Нью-Йорке. См. его письмо Брайнину от 8 марта 1937 г., Нью-Йорк, в котором он просит Брайнина принять участие в подготовке брошюры о Биробиджане (Еврейская публичная библиотека в Монреале (JPL), Фонд Рувима Брайнина, Group II, Box b., folder 26, «Брайнин и СССР — ИКОР — Объявления и листовки»).

сестринств. Эти разношерстные группы собрались, утверждал он, потому что каждый понимал, что Биробиджан — это луч света в мире, в котором из-за кризиса капитализма с каждым днем растет антисемитизм. Советский Союз — единственное исключение, где евреи не сталкиваются со всевозрастающей опасностью, а Биробиджан развивается при всесторонней поддержке разнообразных национальных групп в «самой большой стране на свете»[8].

В брошюре, рассказывающей о конференции, приведены слова Э. Груздя, редактора журнала *B'nai B'rith Magazine*:

> Те евреи, которые еще веруют в силу молитвы, должны поблагодарить Господа, что в сегодняшнем мире существует Биро-Биджан — обширная страна, которая зовет их, которой нужны их силы и таланты. В эти дни печали для народа Израиля Биро-Биджан может оказаться единственной безопасной тихой гаванью для них.

Голдберг заметил:

> Биро-Биджан будет великим, полноправным и процветающим Еврейским государством, хотим мы того или нет. Если сегодня мы объединим усилия с первопоселенцами, завтра мы сможем иметь влияние на решение государственных вопросов[9].

Была развернута деятельность по всей стране. Согласно редакционной статье в *Nailebn — New Life*, к июню 1936 года конференции по избранию делегатов прошли в Нью-Йорке, Бостоне, Чикаго, Кливленде, Детройте, Филадельфии, Питтсбурге, Лос-Анджелесе и в других городах. Статья гласила:

---

[8] Алмазов Ш. Великий сбор ради великого дела // Найлебн — Нью Лайф.1936. 10. № 6, июнь. С. 7–8 (на идише).

[9] Цитаты приводятся по брошюре б. д. «Биро-Биджан», которая рассылалась с целью распространения информации о Нью-Йоркской конференции по организации народной делегации в Биро-Биджан (YIVO, US Territorial Collection, RG117, B. 57, «Биробиджан»).

> Тысячи людей страстно желают, чтобы им выпала эта честь — стать членами первой народной делегации от еврейского народа Америки к первой и единственной в мире Еврейской автономной территории.

К августу к списку присоединились Буффало, Вашингтон, Цинциннати, Хартфорд, Миннеаполис и Сент-Пол[10].

В самом Нью-Йорке были мобилизованы разные подразделения ИКОРа. М. Стерн из подразделения еврейской культуры на идише, офис которого расположился в Бронксе, был приглашен Алмазовым на встречу особого департамента, образованного Национальным исполнительным комитетом для формирования делегации, которая состоялась 24 октября 1935 года[11]. Клуб ИКОРа в «Купс» на Аллертон-авеню в Ист-Бронксе 1 марта 1936 года собрался на конференцию, на которой национальный организатор ИКОРа А. Эпштейн произнес длинную речь, посвященную прогрессу, уже достигнутому в Биробиджане. Конференция приняла резолюцию: поддержать создание народной делегации и помочь избрать кандидатов, а также собрать пять тысяч подписей для «Народной книги»[12].

В Баффало Р. и С. Облец, секретарь и президент местного ИКОРа соответственно, 17 мая заявили, что приглашают делега-

---

[10] Народная делегация в Биро-Биджан обретает форму // Найлебн — Нью Лайф. 1936. 10. № 6, июнь, С. 3. Алмазов Ш. По-настоящему народная делегация в Биро-Биджан // Там же. № 8, авг. С. 15.

[11] Письмо Алмазова Штерну от 23 октября 1935 г., Нью-Йорк (YIVO, Фонд Морриса Стерна, RG231, В. 1. Штерн родился в Пинске (совр. Беларусь) в 1884 г., работал ювелиром в Бронксе, Нью-Йорк, активно участвовал в деятельности 24-го отделения «Рабочего кружка» в Нью-Йорке. Штерн дружил с Житловским, стал членом Нью-Йоркского комитета в 1936 г. и казначеем ИКОРа на национальном уровне в 1941 г. После «Амбиджана» он принимал активное участие в деятельности Еврейского совета Общества помощи России в войне (Russian War Relief). Штерн умер 6 сентября 1949 г. См.: Некрологи // Найлебн — Нью Лайф. 1949. 22. № 8, сент. — окт. С. 22 (на идише).

[12] Отчет конференции ИКОРа в «Купс» // Найлебн — Нью Лайф. 1936. 10. № 4, апр. С. 34 (на идише).

тов на конференцию, посвященную организации народной делегации. Многие местные еврейские организации приняли участие в подготовке; раввины М. Адлер из синагоги Эмануэль и Р. Магил из синагоги Бет Эль, а также Дж. Парк, декан Университета Буффало, поддержали конференцию своим авторитетом[13]. На собрании 12 июня Р. Облетц выдвинули в качестве делегата. В благодарственной речи она назвала этот момент «вершиной восторга и счастья» и рассказала о своей недавней поездке в Советский Союз: там она видела, как придумывается и строится новый мир, «цель которого — приносить радость жизни всем живущим». Она противопоставила этот мир «несчастьям множества людей», которые она наблюдала во Франции, в Германии, Финляндии, Турции, Греции, Египте и Палестине[14].

В Детройте, на долю которого приходилось два места в делегации, на конференцию 12 января явились представители 25 «массовых организаций». Голдберг выступал перед аудиторией в 900 человек, так как поддержка народной делегации увеличивалась[15]. 9 февраля участники такой же конференции в Кливленде постановили помогать в сборе денег и подписей для «Народной книги»[16]. В Цинциннати народную делегацию поддержали многие сотрудники Еврейского колледжа, включая известного историка Дж. Райдера Маркуса, который и был избран делегатом от этого города[17].

8 июня состоялась конференция в Бостоне, присутствовали 95 человек. С рассказом о своей работе в Биробиджане выступил

---

[13] Молодежь общины при синагоге Бет Цион тоже поддержала этот план — в отличие от ее раввина Джозефа Л. Финка. См.: Новости англоязычных отделений ИКОРа // Там же. 1. № 6, июнь.

[14] Роуз Облетц. Большая привилегия быть членом народной делегации в Биро-Биджан // Там же. 10. № 7, июль. С. 5.

[15] На собрании ИКОРа // Там же. № 5, март. С. 28 (на идише); Народная конференция по Биробиджану в Детройте // Там же. № 7, июль (на идише).

[16] Кливлендская конференция по народной делегации в Биробиджан // Найлебн — Нью Лайф. 1936. 10. № 3, март. С. 30 (на идише).

[17] Довид Швау. Кампания за народную делегацию охватила еврейскис массы // Там же. № 7, июль. С. 36 (на идише).

профессор Кунц. Был образован комитет, которому поручили предложить всем еврейским организациям в городе выдвинуть своих кандидатов. 15 июля из 101 делегата были избраны 13 человек[18].

В Питтсбурге выдвижение кандидатов состоялось 21 июня. Профессор экономики Н. Миллер из Технологической школы Карнеги говорил о том, как важно отправить делегацию в Биробиджан; выступили также другие спикеры[19]. Конференция в Милуоки прошла 26 июня[20]. В Сент-Поле, штат Миннесота, 4 июля на конференции должны были выбрать одного представителя от штата. Выбрали доктора В. Левина, декана факультета биологической химии в Крейтонском университете в Омахе[21].

«Амбиджан» и ИКОР пользовались большой поддержкой в Чикаго, от которого планировалось три кандидата. В нашем распоряжении много информации о поддержке Биробиджана в этом городе, так как документы «Амбиджана» сохранились в Чикагском еврейском архиве при Институте иудаики Спертуса. Декан Э. Эббот и профессора Карлсон, Л. Вирт, Ф. Л. Шульман из Чикагского университета стали членами комитета спонсоров народной делегации в Биро-Биджан, как и судьи Г. М. Фишер и С. Хеллер и раввины Дж. Фокс (синагога Саут-Шор) и Н. Будзинский (синагога Бней-Моше). Также в работе комитета приняли участие артист Я. Бен-Ами, адвокат Я. Гроссберг, один из основателей Американского еврейского конгресса, выдающиеся евреи Чикаго доктор Дж. Гельперин, Б. Горович, доктор Г. Рихтер, доктор Б. Вольф из Польского еврейского союза и ряд еврейских журналистов. 19 января на конференции присутствовали 128 делегатов из 74 землячеств, синагог, еврейских клубов и других организаций.

---

[18] Бостонская конференция по народной делегации в Биробиджан // Там же; Письмо из Бостона // Там же. № 8, авг. С. 14.

[19] Питтсбургская конференция по биробиджанской делегации // Там же. № 7, июль. С. 8 (на идише).

[20] Конференция по биробиджанской народной делегации в Милуоки, Висконсин // Там же. № 8, авг. С. 29 (на идише).

[21] Новости англоязычных отделений ИКОРа // Там же. С. 8–9.

В феврале адвокаты Гроссберг и Г. Д. Кониг встретились с видными представителями еврейского сообщества, чтобы сформировать чикагское отделение «Амбиджана». Среди последних были Н. Дж. Прицкер, доктор Дж. Шаффнер, Г. Зарбин, который вернулся из Биробиджана и восторженно отзывался об этом регионе. Чтобы помочь в организации отделения, из Нью-Йорка прибыл Сол Лоу, на собрании выступил Дж. У. Уайз. Гроссберг стал почетным председателем нового отделения, А. Айзенберг — президентом. Кониг и другой адвокат, С. Джезмер, стали вице-президентами. Джезмер, коммунист, родившийся в России, занимался организацией поездок в Советский Союз. Зарбин стал казначеем, а Шафнер — финансовым секретарем. Другие должности заняли Ч. Дж. Комайко, В. Дж. Хекер, Р. Шапиро и А. Вайнреб. 10 мая кандидатами на три места в делегации, отведенные Чикаго, были выдвинуты 20 человек[22].

28 июня в клубе «Медина» был дан банкет на 500 человек. С. Вагман, еврейский журналист из Варшавы, описывал тяжелое положение польских евреев и убеждал собравшихся поддержать программу «Амбиджана»: «Только американские евреи могут помочь своим страдающим собратьям». Кроме него, выступали профессор Э. Бурджесс из Чикагского университета и раввины Дж. Фокс и Д. Сингер из синагоги Мицпа. Как сказал один из присутствовавших, «выступления выдающихся спонсоров этого предприятия потрясли меня до глубины души»[23]. 26 июля по

---

[22] Чикагский комитет спонсоров народной делегации в Биробиджан. Нью-Йорк, 17 января 1936 г. (YIVO, Фонд Филипа Сандлера, RG420, B. 4, «Материалы о кампании ИКОРа по народной делегации»); В Чикаго проходит конференция по отправке делегации в Биробиджан // Найлебн — Нью Лайф. 1936. 10. № 3, март. С. 32 (на идише); [Birobidjan 1936b: 21, 37]; [Jesmer 1948: 101, 112]; Луис Берлин. Биро-Биджан: потенциальная еврейская республика // Сентинел. Чикаго. 1936. 12 нояб. С. 3; Президент «Амбиджана» назначает комитеты // Там же. 24 дек. С. 13.

[23] Сбор для Биро-Биджана на конференции и торжественном обеде // Там же. 2 июля. С. 22; Берта Лэнг. Этот хлопотливый мир // Там же. 9 июля. С. 14; Обед в честь участников конференции еврейских организаций Среднего Запада, устроенной «Амбиджаном». Брошюра в коллекции № 20 (Американ-

случаю выбора трех чикагских делегатов были устроены торжества. Делегатами стали городской судья С. Хеллер, доктор Дж. Берд и доктор Дж. Рубин[24].

Чикагская еврейская англоязычная газета *Sentinel* («Часовой») публиковала статьи и письма от энтузиастов, поддерживающих «Амбиджан». Один из авторов отметил «активную финансовую поддержку и здесь, и повсюду». Другой утверждал, что усилия «Амбиджана» «станут лучом света для наших единоверцев, которые вынуждены существовать в несчастье и мраке» в Европе. Сохранялась, однако, и доля скептицизма: в письме в *Sentinel* Гроссберг упрекал членов сообщества, которые злонамеренно подвергали сомнениям цели и мотивы «Амбиджана». Он считал их попытки дискредитировать «Амбиджан» «непростительным ущербом, который они наносят своим преследуемым, страдающим братьям в Польше и в других местах»[25]. В письме, опубликованном в августе в популярном журнале *News Week* («Новости недели»), Кониг писал:

Еврейские поселенцы в Биробиджане, включая некоторых прибывших из-за рубежа, были заняты с утра до ночи освоением этой территории, богатой углем, железной рудой, графитом, известняком, мрамором, золотом и другими минералами, ценными сортами древесины, горячими серными источниками и прочим.

ский Биробиджанский комитет, серия В, чикагское отделение. Фонд Этель Озри (из коллекции № 82). Папка 10: программы и брошюры 1936–1948 гг. Еврейские архивы Чикаго, Библиотека Эшера, Институт еврейских исследований Спертуса; далее — Еврейские архивы Чикаго).

[24] Конференция по народной делегации в Биробиджан в Чикаго // Найлебн — Нью Лайф 1937. 10. № 7, июль. С. 37 (на идише); Секуляр Ш. О народной делегации в Биробиджан: Чикаго // Там же. 1936. 10. № 8, авг. С. 13–14 (на идише); Представители Чикаго, избранные в национальную делегацию в Биро-Биджан // Сентинел. Чикаго. 1936. 6 авг. С. 19.

[25] Фриландер А. А. Зов Биро-Биджана // Сентинел. Чикаго. 1936. 25 июня. С. 4; Берлин. Биро-Биджан: потенциальная еврейская республика // Там же. 12 нояб. С. 3; письмо редактору от Джейкоба Гроссберга. См.: Там же. 1937. 28 янв. С. 17.

По мнению Конига, климат был «здоровым», погода «бо́льшую часть года солнечной», а лето — теплым и «достаточно долгим» для вызревания хороших урожаев. «На возможности этой территории как убежища для европейских евреев обратил наше внимание лорд Марли, член Британского парламента, около двух лет назад», пишет Кониг. Он выражал надежду, что чикагский «Амбиджан» к концу 1937 года дорастет до тысячи членов: «Мы уверены, что соберем много тысяч долларов, чтобы наши нуждающиеся заокеанские братья поселились в Биробиджане».

29 ноября чикагское отделение устроило обед в «Палмер Хаус» в честь лорда Марли. «Талантливому оратору внимала полная энтузиазма» аудитория в 600 человек. Среди гостей были судьи Г. М. Фишер, С. Хеллер и Дж. Сэбет, конгрессмен от пятого чикагского избирательного округа А. Сэбет и мэр Чикаго Дж. Келли. Судья Фишер сказал, что он «сионист старой закалки», но не видит «никакого противоречия между Биробиджаном и Палестиной». Он рассказал о равноправии евреев в Советском Союзе и добавил, что, по его мнению, Конституция СССР — «это не просто документ, но живая действительность». Кониг отметил, что их отделению уже удалось заручиться поддержкой многих раввинов, которые «привлекают к участию в нашем деле свою паству»[26]. Чикагское отделение организовало второй ежегодный обед 20 июня 1937 года в «Стэндард-Клубе». Почетным гостем был Чарльз Рехт, который недавно ездил в Биробиджан. Он мог поделиться «самой последней информацией из первых рук о небывалом в истории движении, которое должно повлиять на судьбы миллионов европейских евреев»[27].

В Лос-Анджелесе среди выдающихся людей — членов «Амбиджана» — был судья А. Пахт, вошедший в состав совета дирек-

[26] Там же.

[27] Второй ежегодный обед Американского комитета за переселение евреев в Биробиджан, чикагское отделение. Брошюра в коллекции № 20 (Американский биробиджанский комитет, серия B, чикагское отделение. Фонд Этель Озри (из коллекции № 82). Папка 10: программы и брошюры 1936–1948 гг. Еврейские архивы Чикаго).

торов этой организации. Он говорил, что лорд Марли проявляет отвагу, «защищая дело расовой терпимости, добрососедства и взаимопонимания» [Ibid.: 20]. Но агитацией за народную делегацию больше занимался Лос-Анджелесский городской комитет ИКОРа. В 1936 году он состоял из 12 подразделений, включая три молодежные группы, в которых состояло примерно 1 200 членов[28]. Секретарь комитета Крупин заявил, что этот момент предопределит историю организации. Результатом поездки народной делегации в Биробиджан станут известия о грандиозных успехах, достигнутых в этом месте, и противоядие против «отравы», которую буржуазная еврейская пресса распространяет в статьях об СССР. Кроме того, активисты ИКОРа по всей стране смогут воспользоваться агитационной кампанией по поводу делегации и «Народной книги», чтобы снискать больше сторонников в других организациях и собрать около 50 тысяч долларов на развитие культурных учреждений в Биробиджане, в том числе на приобретение современного типографского оборудования. «Нам предстоит испытание. Сможем ли мы выполнить свой долг? Все в наших руках»[29].

В брошюре, которую ИКОР распространял по еврейским организациям Лос-Анджелеса, говорилось, что Биробиджан «строится при всевозможной широчайшей поддержке правительства и народов СССР». У евреев появляется новый образ жизни, с собственной культурой и самодостаточной экономикой, а информация, что поселиться в Биробиджане позволят, вероятно, четырем тысячам евреев из Польши, еще сильнее подогревала общественный интерес. 31 марта на оргсобрание прибыли 55 человек, представлявших целый ряд профсоюзов, отделения ИКОРа и Международного рабочего ордена, землячества, культурные организации, с целью организовать конференцию, кото-

---

[28] Программа народной конференции по народной делегации в Биробиджан. Сувенирная брошюра, выпущенная ИКОРом в Лос-Анджелесе, 1936 г. С. 5, 7, 9, 12, 15 (на англ.). С. 4–5, 11 (на идише).

[29] Крупин Н. Историческая миссия народной делегации // Найлебн — Нью Лайф. 1936. 10. № 2, февр. С. 13 (на идише).

рая избрала бы двух делегатов, которых Лос-Анджелес мог включить в делегацию; конференция состоялась 19 мая[30].

В журнале *Nailebn — New Life* Крупин поздравил членов ИКО-Ра в Лос-Анджелесе с достигнутыми успехами. ИКОР занял «почетное место» среди еврейских организаций города. Крупин заявил:

> Наше самое горячее желание, чтобы члены делегации, увидев собственными глазами достижения <Биробиджана>, не только сами стали преданными друзьями Биробиджана, но и помогли распространить эти знания среди самых широких еврейских народных масс, чтобы Биробиджан сделался не просто проектом ИКОРа, но проектом всех слоев еврейского общества. Тогда эта делегация выполнит свою историческую миссию.

Лос-анджелесское отделение ИКОРа предупреждало, что работа народной конференции не должна завершиться выбором делегатов, которые отправятся в Биробиджан; заседания должны продолжаться, чтобы организовать помощь евреям в фашистских странах[31]. Один из членов Лос-Анджелесского исполнительного комитета народной конференции по делегации в Биробиджан, доктор У. Островский, заявил, что в эти времена фашизма и антисемитизма «для евреев остался лишь один луч надежды в нашем мире… Это не библейская земля обетованная — это Еврейская автономная область, будущая Еврейская социалистическая советская республика», сегодняшний «предмет обсуждения всего

---

[30] Программа народной конференции… С. 17; Лос-анджелесская народная конференция по народной делегации в Биробиджан // Там же. № 5, май. С. 360 (на идише); брошюра б. д. авторства Х. Шапиро и В. Островского из лос-анджелесского ИКОРа, письма Островского в различные организации от 20 апреля, 26 мая, 16 июня 1936 г. (YIVO, Фонд Филипа Сандлера, RG420, Box 4, Материалы кампании ИКОРа по народной делегации).

[31] Натан Крупин. ИКОР — организация широкой общественности. Программа народной конференции… С. 4 (на идише); Отделения ИКОРа в Лос-Анджелесе за работой // Найлебн — Нью Лайф. 1936. 10. № 6, июнь. С. 36 (на идише).

мира и надежда миллионов евреев во многих странах». Самое удивительное — это изменения, которые происходят с самими переселенцами.

> Вчерашний еврей, живший хитростью, торговлей и чем угодно, но не производительным трудом, неожиданно меняется. Он стал производителем, живет собственным трудом и в поте лица своего строит свое сияющее будущее в своей стране — социалистической стране... Даже его физический облик меняется: спина выпрямилась, мускулы затвердели, исчез запуганный озабоченный вид[32].

Евреи в Филадельфии страдали от антисемитизма, который достиг пика между 1930 и 1940 годами, поэтому большинство филадельфийских евреев поддерживали демократическую партию, очень многие были связаны с леволиберальными движениями [Friedman 2003: XXV, XXXII]. В документах Ф. Сандлера, секретаря Филадельфийского городского комитета ИКОРа, которые хранятся в архиве YIVO в Нью-Йорке, есть подробные записи о повседневных делах этого комитета[33].

Среди филадельфийских коммунистов было чрезвычайно много евреев, в этих условиях и приходилось действовать таким организациям, как ИКОР[34]. Местная еврейская газета *Yidishe*

---

[32] Островский В. Наша делегация в Биро-Биджан. Программа народной конференции... С. 1.

[33] Сандлер родился на территории совр. Литвы в 1905 г., в возрасте 10 лет перебрался в США, впоследствии писал на идише для газеты «Моргн Фрайхайт» и других левых изданий. После событий 1956 г. порвал с просоветским движением, стал сионистом-лейбористом. Умер в 1981 г.

[34] В [Lyons 1982: 60–61, 64] перечислены многие филадельфийские организации, которые находились под контролем коммунистов и способствовали тому, что КП США в Филадельфии стала «маленьким, но важным элементом» политики «Нового курса» и Народного фронта, но ИКОР и «Амбиджан» там не упоминаются. К 1929 г. район Стробери Мэншн в Филадельфии был населен на 80 % евреями и на 34% новыми иммигрантами [Lyons 2000: 58]. В послевоенное время из таких районов, как Стробери Мэншн и западная часть Филадельфии, евреи начали перемещаться в пригороды. Этот процесс имел место в большинстве американских городов.

Welt — Jewish World («Еврейский мир») практически с самого момента образования ИКОРа поддерживала все проекты в Советской России, которыми занимался ИКОР. Народный комитет по строительству Биробиджана организовал конференцию в здании Ивритской молодежной ассоциации в январе 1936 года; филадельфийцам объявили, что «подавляющее большинство евреев из разных стран Европы видят теперь в Биробиджане главную свою надежду». Комитет призвал филадельфийские еврейские «народные движения», «организованных еврейских рабочих» и прочие организации *посмотреть своими глазами на строительство Биробиджана*[35]. В свою очередь, организация сформировала инициативный комитет по народной делегации в Биробиджан: президент — доктор М. В. Леоф, который ездил в СССР и общался по поводу Биробиджана со многими влиятельными людьми, секретарь — Б. Эппельбаум, известный писатель на идише, и партийный организатор — Ф. Сандлер. Этот комитет должен был выбрать трех делегатов, которые будут представлять Филадельфию в группе из 50 человек во время поездки в Биробиджан. Среди участников были не только коммунисты, но и, например, помощник окружного прокурора А. Берковиц, который был выбран вице-президентом, и несколько журналистов, пишущих на идише, в частности Д. Б. Тиркель, главный редактор филадельфийского филиала «Дер Тог»; они настаивали на отсутствии у комитета партийной принадлежности.

Решено было назначить конференцию на 14 июня. 28 апреля Сандлер в письме Алмазову выражал свою радость от того, что многие видные филадельфийцы выказали интерес к проекту. Он также сообщил национальному секретарю, что принял участие в симпозиуме по Биробиджану и Палестине, который был организован Еврейским национальным рабочим альянсом («Союзом сионистов») и, «кажется, неплохо поработал». Леоф организовал встречу в отеле «Бенджамин Франклин» 13 мая, чтобы ознакомить

---

[35] Курсив сохранен. Объявление о конференции (на идише и англ.). Йешива-Юниверсити, Фонд Общества помощи России в войне, ящ. 2, папка «Биробиджан».

участников с проделанной работой и составить планы на будущее. Эппельбаум отчитался о тех встречах, которые уже были проведены; кроме того, участники утвердили необходимость оповестить общественность о предстоящей 14 июня конференции[36].

Комитет выпустил брошюру, в которой говорилось, что Советы провозгласили Биробиджан открытым для въезда «множества еврейских семей из других стран». В то время как фашисты преследовали евреев и вынуждали их покидать свои дома в Европе, Биробиджан «быстро становится не только лучом света, указывающим на новую жизнь, но и убежищем для еврейского скитальца». Он сможет вместить *сотни тысяч евреев*. Подготовить Биробиджан к притоку множества «наших людей из тех стран, в которых они сейчас подвергаются преследованиям и гонениям», — долг евреев[37]. На конференцию 14 июня собрались более 300 делегатов, представляющих 90 организаций, к которым принадлежало 35 тысяч евреев. Все испытывали большой энтузиазм: Леоф сказал делегатам, что, будь он моложе, он бы бросил свою врачебную практику и посвятил бы себя «Биробиджану со всей энергией, на которую только способен»[38]. Такие сцены восторга по поводу Биробиджана разыгрывались во многих еврейских общинах.

К лету выдвижение кандидатов было завершено. В номере *Nailebn — New Life* за август 1936 года опубликован список номинантов из Бостона, Чикаго, Кливленда и Питтсбурга. В их

---

[36] Письмо от Филипа Сандлера членам ИКОРа, Филадельфия, 4 февраля 1936 г., многие другие письма различным адресатам, отправленные в январе и феврале 1936 г.; письма Алмазова Сандлеру, Нью-Йорк, 20 марта, 29 апреля, 22 и 29 мая 1936 г.; письма Сандлера Алмазову, Филадельфия, 28 апреля, 4 и 28 мая 1936 г.; протоколы встреч инициативного комитета по народной делегации в Биро-Биджан (Фонд Филипа Сандлера (YIVO), RG420, ящ. 4 «Материалы по кампании ИКОРа по народной делегации»).

[37] Курсив сохранен. Инициативный комитет по народной делегации в Биро-Биджан «Призыв... ко всем еврейским организациям!» (на идише) (Фонд Филипа Сандлера. Там же).

[38] Вагнер Н. Движение за народную делегацию в Филадельфии // Найлебн — Нью Лайф. 1936. 10. № 8, авг. С. 18.

числе — раввин Дж. Фокс (Чикаго), фабрикант, стойкий приверженец ИКОРа Дж. Моргенштерн (Кливленд), профессор Н. Миллер (Питтсбург) и А. Брин, издатель *Jewish Advocate* (Бостон)[39]. ИКОР заявил, что на различных массовых собраниях, симпозиумах и дебатах в избрании делегатов приняло участие более четверти миллиона евреев, в том числе 45 тысяч в Нью-Йорке, несмотря на противодействие социал-демократов из «Арбетер Ринг» и «Форвертса». «Мы дожили до этого великого момента: еврейские массы могут отправить своих представителей собственными глазами посмотреть на то, как вчерашние гонимые и преследуемые» евреи теперь стали «строителями собственной страны»[40].

Сентябрьский выпуск *Nailebn — New Life* опубликовал фотографии 23 человек из тех, кто был избран в народную делегацию от разных городов; еще пять фотографий были опубликованы в октябре[41]. В числе шестерых избранных от Нью-Йорка были конгрессмен Уильям Сирович и Дж. У. Уайз[42]. Даже всемирный еврейский конгресс в августе 1936 года в Женеве принял резолюцию в поддержку организаций, помогающих еврейским переселенцам в Биробиджане [Szajkowski 1972: I, 428]. Но отправление делегации, которое сначала было назначено на сентябрь, сдвинулось на декабрь[43]. Между тем ИКОР занялся другим проектом, нацеленным на агитацию за Биробиджан среди американских евреев. В августе 1934 года, чтобы отметить придание Биробиджану статуса автономии, нью-йоркское отделение Клуба Джона Рида (организации, объединявшей американских прокоммуни-

---

[39] Голосование за народную делегацию в Биро-Биджан // Там же.

[40] Алмазов Ш. Только в Нью-Йорке за биробиджанскую народную делегацию голосуют 45 тысяч // Там же. С. 4–5 (на идише) [Almasov 1938: 28].

[41] Члены народной делегации в Биробиджан // Там же. № 9, сент. С. 15–18; № 10, окт. С. 7 (на идише).

[42] Посетить Биро-Биджан // Нью-Йорк таймс. 1936. 25 июля. С. 14; Приветствие Нью-Йоркской народной делегации в Биробиджан // Найлебн — Нью Лайф. 1936. 10. № 9, сент. С. 29 (на идише).

[43] На съезде ИКОРа // Найлебн — Нью Лайф. 1936. 10. № 10, окт. (на идише).

стических и других просоветских писателей и людей искусства),
в которое входили большей частью евреи, учредило Биробиджанский комитет по искусству. Оно информировало ИКОР, что начинает собирать коллекцию произведений искусства для созда-
ваемого Биробиджанского государственного музея: «Мы планируем организовать выставку работ во время съезда ИКОРа и еще
одну выставку в Москве, перед ее отправкой в Биро-Биджан»[44].
Этот проект получил дополнительный импульс в ноябре 1935 года, когда два нью-йоркских художника сформировали Комитет
искусств ИКОРа. Ф. Кирк, известный нью-йоркский живописец,
родившийся в Житомире (Украина) в 1889 году и приехавший
в США в 1910 году, стал секретарем этого комитета; председателем назначили скульптора А. Вольфа. Отделения в Чикаго
и Филадельфии тоже потрудились, и к марту 1936 года было собрано 203 предмета искусства, работы 119 авторов, из которых
евреями была примерно половина. Среди них — Д. Блох, Й. Кат-
лер, Т. Геллер, М. Гликман, М. Гарькави, Ф. Горовиц, М. Кантор,
Я. Кунийоси, Л. Лозовик, З. Мауд, У. Меерович, Х. К. Ороско,
А. Портнофф, М. Сипорин, М. и Р. Сойеры, М. Вебер и У. Зорах.
(Среди картин было два портрета Ч. Кунца.) В каталоге этой
выставки отмечалось, что «больше ста художников разных школ
и направлений протянули руку дружбы народу Биробиджана»[45].

Кунц выразил свою радость от того, что художники «благодаря растущему интересу к Биробиджану все больше сближаются
с ИКОРом»[46]. Он назвал этот «приличествующий дар» «выраже-

---

[44] Клуб Джона Рида организует сбор произведений искусства для еврейского
музея в Биробиджане // ИКОР. 1934. 7. № 8, сент. С. 17 (на идише); Клуб
Джона Рида подарит коллекцию произведений искусства Еврейскому музею
в Биро-Биджане // Там же. С. 27. См. также: Коллекция произведений искусства для Биро-Биджана // Найлебн — Нью Лайф. 1936. 10. № 1, янв. С. 13.
Этот проект описан в [Weinstein 2001; Borodulin 2002]. Подробнее о еврейских
художниках-коммунистах см. [Mendelson 2004].

[45] Цит. по: Первый музей искусств в Биро-Биджане // Найлебн — Нью Лайф.
1935. 9. № 8, дек. С. 6.

[46] Чарльз Кунц. Коллекция произведений искусства для Биро-Биджана // Там
же. 10. № 6, июнь. С. 8.

нием дружбы». Алмазов высоко оценил вклад участников в «прокладывание пути к налаживанию крепких культурных связей между народными массами в этой стране и еврейскими первопоселенцами в Биробиджане» и выразил надежду, что коллекция изобразительных искусств послужит ядром для «крупного художественного музея» в Биробиджане. Редактор *Morgen Freiheit* Ольгин предположил, что коллекция картин, скульптур и гравюр — это выражение благодарности советской системе «за то, что она сделала, освободив притесняемые народы вообще и евреев в частности». Для тех евреев, которые выросли в царское время и сейчас, при Советах, увидели новую жизнь, «изменения кажутся практически чудом», «историческим романом, более захватывающим, чем любой плод ума драматурга». Он заявил, что выставка «войдет в историю как великий шаг друг другу навстречу Америки и Советов, прогрессивных интеллектуалов Америки и освобожденных евреев»[47].

В марте выставка была перевезена в Нью-Йорк, а в апреле — в Бостон, где стала частью программы съезда ИКОРа[48]. В конце декабря работы в сопровождении Кирка были морем отправлены в Москву и в течение шести недель выставлялись в Музее современного западного искусства. Эта выставка была с восторгом принята критикой, ее сочли «потрясающе успешной»[49]. Однако дальнейшая судьба работ до сих пор неизвестна [Weinberg 1998: 52, 57]. В Биробиджан они так и не попали.

Советы, как и «Амбиджан» и ИКОР, пытались заручиться поддержкой «Джойнта» в деле переселения евреев из-за рубежа в Биробиджан. Доктор Д. А. Розен, который в «Джойнте» был специалистом по еврейским поселениям в СССР, поначалу не

---

[47] См. заметки Кунца «Биробиджан и культура», с. 3, Алмазова «Комиссии художников, собирающих коллекцию для Биробиджанского музея», с. 3, Ольгина «Прекрасный пример американских художников», с. 4 в [Birobidjan 1936c].

[48] Бостон приветствует коллекцию произведений искусства для Биробиджана // Найлебн — Нью Лайф. 1936. 10. № 4, апр. С. 13.

[49] Кирк. С выставкой ИКОРа в Москве // Там же. 1937. 11. № 6, июнь. С. 20.

одобрял биробиджанский проект[50]. Но после прихода Гитлера к власти в Германии отношение Розена к Биробиджану улучшилось, и он допустил участие «Джойнта» в финансировании проекта [Szajkowski 1972: IV, 179–185]. Похоже, доктор даже «попытался — правда, безуспешно — убедить Вашингтон поддержать крупную волну миграции евреев из Германии в Еврейскую автономную область, намекая, что это могло бы способствовать увеличению американского экспорта в Россию, который в последнее время сократился» [Dekel-Chen 2003: 373]. В декабре 1936 года на конференции «Джойнта» Розен рассказывал о своей летней поездке в Биробиджан. Хотя он признал, что «для иммиграции из других стран имеются значительные возможности», «в связи со сложностями сегодняшней международной обстановки до сих пор ни одна семья из-за рубежа туда не переселилась». Он добавил: если ситуация изменится, «Джойнт» обязательно сделает все, что от него зависит. *Forverts*, как водится, тут же бросился в атаку: ссылаясь на Розена в передовице «Биро-Биджан» от 16 декабря, газета заявила, что на волне энтузиазма агитаторы сильно преувеличили истинные успехи Биробиджана. На самом деле, ехидничал *Forverts*, в этом проекте почти ничего нет, кроме агитки, задача которой — привлечь симпатии американских евреев-коммунистов.

ИКОР парировал удар привычным оружием: в СССР побежден антисемитизм, а Биробиджан, по площади равный Бельгии и Голландии, вместе взятым, идет от к победе к победе: уже сейчас его население — 25 тысяч евреев, в том числе «переселенцы из всех стран мира». Территория изобилует природными ресурсами, пригодна для рыболовства, сельского хозяйства и добычи полезных ископаемых, а столица уже может похвастаться многими культурными и образовательными учреждениями и литературными объединениями. А. Хельд, известный еврейский социалист, президент ассоциации «Форвертс», сам ездил в Биробиджан от ОРТа летом 1936 года и «собственными глазами видел

---

[50] Доктор Розен испытывает сомнения по поводу сибирского плана // Нью-Йорк таймс. 1928. 12, февр. Раздел 3. С. 8.

евреев, родившихся за границей, которые живут припеваючи в Еврейской автономной области». Почему, задавался вопросом ИКОР, *Forverts* всеми силами старался опорочить Биробиджан? Очевидно, «из-за одержимости слепой ненавистью к Советскому Союзу». Доколе, вопрошал ИКОР, еврейские трудящиеся будут терпеть, когда их выставляют на посмешище?[51]

На Пленуме Национального исполнительного комитета ИКОРа, который состоялся в Нью-Йорке 28 февраля 1937 года, делегаты в принятой резолюции выражали надежду, что Советский Союз «как можно скорее сможет распахнуть двери перед еврейскими пролетариями из европейских стран»[52]. Алмазов, в частности, демонстрировал на публике уверенность, что все идет как надо. Он объявил, что бюджет ЕАО за три года увеличился в пять раз и что 17 тысяч новых переселенцев, в том числе тысяча еврейских семей из-за рубежа, поселятся в Биробиджане в течение этого года. Третий пятилетний план советского правительства предусматривал, что к 1942 году население области достигнет 150 тысяч человек, в том числе 60 тысяч будет составлять население столицы. Поскольку весь Советский Союз заинтересован в развитии этой территории, Биробиджан скоро обретет по праву положенный ему статус полноценной Советской Социалистической Республики. Он станет «средоточием культурной деятельности» и «вырастет в центр еврейской культуры, который будет работать на нужды не только собственного населения, но всего трехмиллионного еврейского народа СССР»[53]. В августе

---

[51] «Не позволяйте больше себя дурачить! Ознакомьтесь с самыми истинными фактами! Разоблачайте предателей!» — заглавие брошюры Национального исполкома ИКОРа, изданной в Нью-Йорке в декабре 1936 г. (на идише), в которой размещена передовица «Форвертса», а также комментарии Розена, высказанные им в письме к Алмазову от 17 декабря 1936 г.

[52] Протокол пленума ИКОРа // Найлебн — Нью Лайф. 1937. 11. № 4, апр. С. 29 (на идише).

[53] Алмазов Ш. Биробиджан шагает вперед! // Там же. № 2, февр. С. 5. В названии статьи Алмазова «Облик грядущего в Биробиджане» использовано название романа Герберта Уэллса — знаменитого британского писателя, придерживавшегося социалистических взглядов, неоднократно бывавшего в СССР,

1937 года «Амбиджан» опубликовал 29-страничную брошюру под названием «Что сулит Биробиджан?»[54].

Тем не менее в частных беседах коммунисты-евреи все чаще стали говорить, что в реализации замысла есть проблемы: несмотря на бурную пропаганду, переселение тысячи еврейских семей из-за рубежа, похоже, застопорилось. В письме КомЗЕТу «Амбиджан» убеждал московских чиновников, ответственных за переселение, что европейским евреям срочно нужна помощь, и призывал ускорить процесс. Работа «Амбиджана», подчеркивалось в письме, даже в лучшие времена сталкивалась с «очень серьезными трудностями и безжалостным противодействием» среди американских евреев, а в последнее время стала «сильнейшим образом осложнена задержками в переселении тысячи еврейских семей из-за рубежа, о котором была изначальная договоренность»; эта задержка «вызывает недоумение и тревогу»[55].

Чтобы разобраться в этом вопросе, в Россию были командированы Будиш и Дж. Сегал, вице-президент «Амбиджана». Они встречались с чиновниками КомЗЕТа и ОЗЕТа в Москве 19 и 25 мая, 5 и 9 июня 1937 года. Делегаты доложили о результатах своей поездки на заседании совета «Амбиджана» 4 августа. Советские чиновники заверили их, что задержка вызвана трудностями в логистике, с которыми можно справиться: требуется

встречавшегося с Лениным и со Сталиным. — *Примеч. пер.* (Там же. № 8, авг. С. 57–59). Как часто делалось в таких статьях, Алмазов подробно пересказывает планы развития сельского хозяйства, промышленности и культуры в Еврейской АО.

54 Что сулит Биробиджан: Итоги встречи совета управляющих директоров, руководителей подразделений и спонсоров // Олдайн Клаб. 1937. 4 авг. (брошюра, выпущенная «Абмиджаном» в 1937 г.). См.: The Promise of Birobidjan: Summary of Proceedings of Meeting of Board of Governors, Directors, Chairmen of Divisions, and Sponsors of the American Committee for the Settlement of Jews in Birobidjan Held at the Aldine Club, New York City (August 4 1937). New York: American Committee for the Settlement of Jews in Birobidjan, 1937.

55 Заявление Американского комитета по переселению евреев в Биробиджан для вручения нашей делегацией советскому правительству через КомЗЕТ. Нью-Йорк, 12 апреля 1937 г., с. 4–5 (переписка Стефанссона, Stefansson Correspondence, MSS 196, Box 43, 1937 — USSR A-B Folder, Stefansson Collection).

выделить больше средств, чтобы улучшить транспортное сообщение и ускорить строительство домов, пригодных для приема переселенцев. Эти меры позволят принять растущее число переселенцев как изнутри России, так и из-за рубежа. После заседания исполком «Амбиджана» направил С. Е. Чуцкаеву, главе КомЗЕТа, письмо «с благодарностью» за то, что КомЗЕТ развеял их страхи[56]. Несколько месяцев спустя в Москве побывал А. Липпер, глава бюджетной комиссии. Он тоже встречался с Чуцкаевым. Годом раньше Липпер утверждал, что тысячи восточноевропейских евреев «вопиют о переселении в Биробиджан. Для них это слово означает "надежда" и "земля обетованная"». По возвращении на торжественном обеде, который устроил «Амбиджан», Липпер сказал, что только нехватка жилья препятствует переселению евреев из-за рубежа в Биробиджан, а с этой проблемой, по словам советских чиновников, будет покончено в течение шести месяцев. Коэн, Голдберг и Стефанссон, также выступавшие на этом обеде, при этих словах испытали несомненное облегчение[57]. Коэн заявил, что с оптимизмом ожидает «быстрой победы над трудностями, которые задерживают начало переселения»[58].

Региональные отделения «Амбиджана» также были обеспокоены умышленными, как им казалось, проволочками со стороны Советов. В Чикаго избрали новый исполнительный комитет из 18 человек (председатель — Кониг, казначей — Вайнреб), он был утвержден 30 июня 1937 года. 7 июля члены комитета получили сообщение от Будиша, только что вернувшегося из Советского Союза. По его словам, советские чиновники сообщили, что «из-за

---

[56] «Что сулит Биробиджан...», с. 8–19, письмо от «Амбиджана» в КомЗЕТ от 4 августа 1937 г. (Stefansson Correspondence, MSS 196, Box 43, 1937 — USSR A-B Folder, Stefansson Collection).

[57] [Birobidjan 1936b: 20]. Выделено в оригинале. Сообщения о Биробиджане // Нью-Йорк таймс. 1937. 5 дек. С. 39. Липпер, юрист по профессии, член бруклинского отделения «Амбиджана», был президентом Кэй Маньюфекчуринг Корп., сталепрокатной компании. Он умер в 1939 г. Аарон Липпер, глава сталепрокатной компании // Там же. С. 27.

[58] Коэн. Ни следа антисемитизма в СССР // Найлебн — Нью Лайф. 1937. 11. № 11, нояб. С. 33.

сложной международной обстановки» они не могут обещать ничего определенного. Сам Будиш надеется, что переселение может начаться в 1938 году. Чикагский исполком выразил озабоченность и предложил провести встречу для прояснения этого вопроса в Чикаго; исполнительный директор М. Э. Мур отправился в Нью-Йорк, чтобы договориться с Будишем о возможном визите.

В это же время, 14 июля, к верхушке чикагского отделения приехал Липпер. Он объяснил, что «нынешняя неудача с переселением притесняемых евреев из-за границы в Биробиджан» вызвана «проблемами на международном уровне, которые требуют внимания русского правительства». Он заверил комитет, что от проекта переселения не отказываются и что СССР полностью уверен в том, что «соглашение <с "Амбиджаном"> вновь возвратится к жизни». Тем не менее некоторые члены комитета решили, что сбор пожертвований лучше прекратить до тех пор, «пока общая ситуация не прояснится». 21 июля на собрании исполкома выяснилось, что и отдельные организации, собиравшие деньги для «Амбиджана», решили придержать собранные фонды «под замком до тех пор, пока не начнется переселение».

Тем не менее Гроссберг уговаривал своих соратников не падать духом. Он настаивал, что, несмотря на текущие трудности, «основная работа по переселению в Биробиджан» идет полным ходом: «...то, что нельзя сделать сегодня, может стать вполне осуществимым завтра». В своих высказываниях неоднократно отмечал, что сионисты в Палестине сталкивались с более трудными проблемами. Поэтому даже в сложившихся тяжелых условиях «со всей страстью призывает всех работать над биробиджанским проектом как над самым простым способом решить еврейский вопрос». Согласно протоколу заседания 21 июля, комитет «был глубоко вдохновлен словами мистера Гроссберга»[59].

---

[59] Список должностных лиц и членов исполнительного комитета чикагского подразделения Американского биробиджанского комитета, 30 июня 1937 г.; протоколы, 7 июля 1937 г., 14 июля 1937 г., 21 июля 1937 г. (Collection № 20: Chicago Chapter, American Birobidjan Committee, Chicago Jewish Archives. Series A. Minutes 1. Minute Book 1936–1939, Chicago Jewish Archives).

Будиш прибыл в Чикаго 30 июля и на следующий день встретился с исполнительным комитетом в отеле «Палмер Хаус». Многие были настроены пессимистически: Б. Дж. Хекеру, главе подразделения по профсоюзам, профессионалам и землячествам, казалось, что эти проволочки «предрекают крах всех наших усилий», а Ф. А. Клапману, секретарю, хотелось знать, почему, собственно, из-за нехватки жилья для переселенцев «советские чиновники не могут четко указать момент, в который переселение сможет начаться».

Будиш отвечал, что откладывание переселения обусловлено не отсутствием заинтересованности со стороны Советов, а двумя другими факторами: постоянной нехваткой жилья в ЕАО и проблемами на международном уровне. «Мир во всем мире совершенно необходим для этого проекта», — сказал он. Уже проделана огромная работа по развитию Биробиджана, сейчас надо стремиться «ускорить прогресс». Основываясь на своем общении с чиновниками в Москве, Будиш не сомневался, что «Россия по-прежнему решительно намерена приступить к переселению из-за рубежа, как только это станет возможным». Он умолял своих слушателей продолжать работу, «чтобы, когда двери в Биробиджан откроются и деньги понадобятся», «Амбиджан» был немедленно готов предоставить финансирование.

Хотя некоторые члены исполкома сохраняли скепсис, Гроссберг поблагодарил Будиша за «любезность и предупредительность» в «разъяснении некоторых сомнительных моментов в нынешней позиции советского правительства». Г. Зарбин тоже сохранил преданность делу: «Разве существует, кроме Биробиджана, такое место, куда евреи могли бы отправиться сегодня? Какая страна сегодня готова приютить их?» Он пришел к выводу, что «Биробиджан — величайший дар и величайшая возможность, которая выпала евреям. Биробиджан — это жизнь и надежда для духа гонимого народа. Мы не должны сдаваться и не должны сворачивать с пути сегодня». Подобные мнения высказывались голосом большинства, так что Будиш приобрел «уверенность, что чикагское отделение может и будет двигаться вперед к решительной победе»[60].

Хотя в Чикаго Будиш косвенно сообщал, что корень проблем региона отчасти заключается в «невежестве, косности и сабота-же»[61], активисты «Амбиджана» и ИКОРа в Америке все еще не были осведомлены о реальной ситуации в СССР, несмотря на красноречивые намеки о «расследовательских комиссиях», которые занимались вопросами управления в Биробиджане. По всей стране проходила волна ксенофобии и национализма. Уже начались сталинские великие чистки, во время которых иммиграция была невозможна; таким образом, проект переселения евреев из-за рубежа в Биробиджан ожидало политическое забвение.

ЕАО сильно пострадала: в трех последовательных волнах чисток с 1936 по 1938 год культурная и политическая элита региона была практически уничтожена. Профессор И. Либерберг, глава местного совета, был арестован в августе 1936 года, первый секретарь местного отделения компартии М. П. Хавкин — осенью 1937 года. Функционеров, занимавших более скромные должности, обвинили в контрреволюционной деятельности, сионизме, сепаратизме и заговорщичестве[62]. Обвинения в еврейском национализме, шпионаже в пользу Германии и Японии и прочих противогосударственных замыслах были выдвинуты также бывшим членам Евсекции, КомЗЕТа и ОЗЕТа; они погибли в сталинских лагерях. КомЗЕТ и ОЗЕТ ликвидировали в 1938 году. В СССР начали уничтожать еврейскую культуру. Планы, связанные с народной делегацией, тихо сошли на нет. Время для визита иностранных коммунистов и зарубежных сторонников советской власти было неподходящим[63].

---

[60] Протоколы, 31 июля 1937 г. (Collection № 20: Chicago Chapter, American Biro-bidjan Committee, Chicago Jewish Archives. Series A. Minutes 1. MinuteBook 1936–1939, Chicago Jewish Archives).

[61] Там же.

[62] См. [Weinberg 1993]. Репрессиям подверглись также многие биробиджанские писатели, которых на многие годы отправили в сталинские тюрьмы и лагеря.

[63] Эпштейн утверждал, что в реальности план все равно так и не был выполнен: вместо 250 тысяч подписей, которые в ИКОРе планировалось собрать для «Народной книги», было собрано около 50 тысяч [Epstein 1959: 314–315].

Известия о сталинских чистках достигли Нью-Йорка 7 марта 1937 года благодаря статье Э. Табенкина. Он жил в СССР в 1933 году и посещал Биробиджан в 1935 году по поручению Розена из «Джойнта». Первое впечатление Табенкина от Биробиджана было чрезвычайно положительным, но, когда он узнал истории людей, подвергшихся «чисткам», его эмоции стали более сдержанными. Согласно воспоминаниям, из-за арестов в Биробиджане планам о превращении ЕАО в советскую республику в начале 1938 года не суждено было сбыться. Табенкин пишет, что большинство из 19 тысяч евреев в регионе, почти половина из которых проживали в главном городе, приняли решение о переезде под влиянием отчасти национального чувства, отчасти желания вырваться из унылого гетто. Биробиджан находился на территории, «на которую зарятся японские милитаристы», и это оказалось одной из причин, по которой Советы обживали его «в лихорадочной спешке». В статье отмечается, что Биробиджан превращался в важный промышленный центр советского Дальнего Востока: «На некоторых из этих заводов работают станки, купленные на деньги, собранные американскими евреями»[64].

Журналистская работа Тобенкина была вполне позитивной, однако Будиш счел необходимым отреагировать на нее и опубликовал ответ в *The Times* три недели спустя. Он одобрял, что в статье представлены факты, доказывающие «стремительное развитие» Биробиджана, это «должно способствовать отказу от старых предрассудков» и демонстрировать, насколько Биробиджан «идеален для массового заселения таким народом, как евреи». Встречались и противоречивые моменты: согласно Будишу, Тобенкин преувеличивает опасность японского нашествия, необходимо повторить мнение лорда Марли: «Биробиджан — практически самое безопасное место на советском Дальнем Востоке».

В хвалебной статье Чарльза Рубина о «Народной книге» об этом упоминается вскользь. См.: Книга радости и надежды // Найлебн — Нью Лайф. 1937. 11. № 8, авг. С. 11–12.

[64] Табенкин. Главы Биробиджана арестованы за участие в заговоре // Нью-Йорк таймс. 1937. 7 марта. Раздел 2. С. 7, см. [Szajkowski 1972: IV, 163–164].

Примечательно, что Будиш не сказал ни слова о народной делегации, которой пора было отправляться в Биробиджан[65].

2 декабря 1937 года в советском посольстве в Вашингтоне состоялась встреча лидеров «Амбиджана» с Трояновским. Советский посол сообщил Липперу, Левину и Сегалу, что советское правительство по-прежнему планирует допустить определенное количество евреев из-за рубежа в Биробиджан, но реализация плана откладывается из-за нехватки стройматериалов и «других временных особенностей ситуации на Дальнем Востоке, о которых мы все осведомлены»[66]. В этом регионе раскрыта целая сеть японских агентов, подчеркнул он, так что иммиграция сейчас вряд ли возможна [Nedava 1972: 215].

8 мая 1938 года на пленарной сессии Национального исполкома ИКОРа в отеле «МакАльпин» Алмазов сказал, что относительно народной делегации следует запастись терпением. Враги ИКОРа ухватились за эту отсрочку, чтобы поливать ИКОР грязью и проклинать Советский Союз, заявил он, но делегация, возможно в неполном составе, все же отправится в Биробиджан. Область «строится не за день», в будущем будет достаточно времени, чтобы направить туда еще множество делегаций[67]. И 17 апреля в манхэттенском «Опера-хаусе» в Нью-Йорке на праздновании 10-летия Биробиджана советскому послу Трояновскому была торжественно вручена «Народная книга», которую он обязался переправить в Биробиджан[68].

---

[65] Будиш. Биробиджан называют землей обетованной // Там же. 28 марта. Раздел 2. С. 3.

[66] Подтверждение заявления посла Трояновского о переселении евреев из-за пределов СССР в Биро-Биджан // Найлебн — Нью Лайф. 1938. 12. № 3, март. С. 11.

[67] Отчет Национального исполкома ИКОРа перед пленумом // Там же. № 6, июнь. С. 25 (на идише).

[68] Алмазов Ш. ИКОР и Биробиджан // Найлебн — Нью Лайф. 1938. 12. № 4, апр. С. 14–15 (на идише). В «Найлебн — Нью Лайф» (1938. 12. № 5, май. С. 3) опубликовано фото вручения «Народной книги» Трояновскому. Посол заявил, что «еврейский вопрос в целом может быть разрешен лишь общими усилиями цивилизованных наций, чтобы победить современные реакцион-

В июне 1938 года в газете *The New York Times* вышло сообщение, что в Биробиджане за «шпионаж» и «вредительство» расстреляли 17 человек. В октябре в том же издании появилась новость, что несколько недель назад в Биробиджане был раскрыт «сепаратистский заговор»: евреи-заговорщики готовили «шпионов и вредителей, в чьих интересах — не сообщается»[69]. В *Nailebn — New Life* стали печататься статьи о «вредителях», которые занимались «саботажем» и пытались помешать тем, кто строил ЕАО: у СССР не было другого пути, кроме тщательной проверки всех приезжающих, чтобы среди них не оказались японские шпионы или прочие сообщники фашистов[70].

На праздновании 10-летнего юбилея Биробиджана Житловский назвал основание Биробиджана «важнейшим событием современной истории еврейского народа» и «примером того, как должен решаться еврейский вопрос в странах с большим еврейским населением». Все евреи, заявил Житловский, должны надеяться на максимально быстрое и успешное развитие Биробиджана и верить, что через пять или десять лет он станет «чудом среди народов»[71]. Однако в конце 1938 года Житловский признал, что непосредственная поддержка Биробиджана недавно была прекращена в связи с «нестабильной политической ситуацией в мире» (вероятно, он имел в виду прекращение всех проектов «Джойнта» в СССР летом 1938 года). Он постарался доказать, что это не связано с нежеланием советской власти принимать помощь от тех, кто не готов был встать под ее знамя. То, что въезд евреев из-за рубежа до сих пор не разрешается, также, по его

ные настроения». Попытки фашизма разрушить СССР провалились, заверил он, и силы реакции будут повержены народными массами. См.: Трояновский о преследовании евреев // Нью-Йорк таймс. 1938. 18 апр. С. 15.

[69] Еврейская советская автономия впервые подвергается чистке // Там же. 15 июня. С. 4.

[70] Биглер Н. Биро-Биджан становится сильнее // Найлебн — Нью Лайф. 1936. 12. № 9, окт. С. 11–12. Николай Бишлер был членом Верховного Совета РСФСР от Еврейской АО.

[71] Житловский. Лучшего ответа на еврейский вопрос и быть не может // Там же. № 4, апр. С. 9 (на идише).

мнению, объяснялось международной ситуацией, которая требовала тщательной проверки всех потенциальных иммигрантов. Житловский возлагает большие надежды на скорое окончание этого сложного периода, по его мнению, «советская власть распахнет двери в Биробиджан». Он ссылается на опыт Палестины, иммиграция в которую тоже прекращена, но это не лишает сионистов веры в успех их предприятия[72]. Подобные аргументы повторяли все евреи-коммунисты. В листовке в честь 10-летия Биробиджана, которую в начале марта 1938 года в Джамейке (Квинс, Нью-Йорк) выпустило отделение ИКОРа, возглавляемое Брайниным, говорилось, что «ситуация неопределенности, сложившаяся сейчас на Дальнем Востоке», препятствует организации переселения евреев из Германии, Польши и Румынии в Биробиджан[73].

Новик, который ездил в Биробиджан в 1936 году[74], теперь утверждал, что советская власть никогда и не планировала превращать Биробиджан в «Красную Палестину», в которую собрались бы евреи «из так называемой диаспоры к себе домой». Он предположил, что Советы уступили просьбам «Амбиджана» и ИКОРа, позволив некоторому числу польских евреев поселиться в Еврейской АО. План не осуществился в полную меру из-за «ухудшившихся международных отношений». Например, из-за того, что с 1931 года советский Дальний Восток подвергался угрозе японского вторжения. Возникла необходимость вкладывать ресурсы в развитие обороны, а не промышленности и сельского хозяйства. «На самом деле существуют трудности, которых некоторые предпочитают не замечать»[75].

---

[72] Житловский. Что может принести завтрашний день // Там же. 12. № 10, нояб. С. 13 (на идише). Это репринт статьи, которая была опубликована в «Дер Тог» 23 октября 1938 г.

[73] 10-летие Биробиджана: грандиозный концерт, организованный Рувимом Брайниным. ИКОР, Джамейка (Group II, Box b., folder 28, Reuben Brainin ICOR of Jamaica Branch (Long Island) — Flyers. Reuben Brainin Collection, JPL).

[74] См. [Новик 1937] (на идише).

[75] Новик П. «Нью-Йорк таймс» становится жертвой антибиробиджанской пропаганды // Найлебн — Нью Лайф. 1039. 13. № 2, февр. С. 5–6.

ИКОРу пришлось противостоять обвинениям в том, что цель всей кампании по организации народной делегации состояла просто в сборе денег. В письме Алмазову от 1 мая 1937 года Сандлер интересуется судьбой денег, собранных в Филадельфии. Поскольку делегация так и не была отправлена, многие организации хотели, чтобы им вернули их средства. 8 мая Алмазов пишет ответное письмо, соглашаясь вернуть 500 долларов, которые получил нью-йоркский офис на покрытие расходов делегатов от Филадельфии перед их поездкой в Биробиджан. Не желая соглашаться с тем, что проект похоронен, Алмазов добавляет:

> Надеемся, что деньги будут у вас наготове к тому моменту, когда делегации пора будет выезжать в Биробиджан. Надо заметить, что мы ожидаем этого в ближайшем будущем. Мы убеждены, что наше решение вернуть деньги развеет любые подозрения со стороны ваших людей, которые поверили злонамеренным обвинениям, выдвинутым врагами Биробиджана, будто деньги были присвоены, и не сомневаемся, что, как только делегация будет отправлена, доверие к нашей работе на пользу Биробиджана еще возрастет.

Затем Сандлер разослал организациям письмо, сообщавшее, что комитет готов вернуть деньги, но просит, если это возможно, оставить средства на хранении в комитете на случай, если делегацию в скором времени потребуется отправить в Биробиджан[76]. Местные отделения «Амбиджана» тоже столкнулись с кризисом доверия. В феврале 1937 года Будишу пишет Кониг из Чикаго, сообщая, что, пока не начнется иммиграция в Биробиджан, нет смысла организовывать приемы в честь советского посла

---

[76] Письмо Сандлера Алмазову, Филадельфия, 1 мая 1937 г.; письмо Алмазова Сандлеру, Нью-Йорк, 8 мая 1937 г.; циркулярное письмо б. д. от Сандлера организациям, участвующим в инициативном комитете по подготовке народной делегации в Биро-Биджан (in the Philip Sandler papers, RG420, Box 4, Materyaln vegn der ICOR kampanye far a folks-delegatsye, YIVO). Вообще-то многие считали кампанию «Амбиджана» по переселению польских евреев в Биробиджан просто «уловкой для сбора денег» [Baron 1976: 198].

Трояновского: «Есть ощущение, что нам сейчас нечего предложить публике» и «в настоящее время появление Трояновского не имеет смысла». В ответном письме Будиш вынужден признать, что разумнее будет отложить визит Трояновского до тех пор, пока национальный офис не получит от Москвы свидетельств того, что сформулирован внятный «план на долгосрочную перспективу... относительно переселения существенного числа евреев из Центральной и Восточной Европы в течение примерно пяти лет»[77].

Поскольку иммиграция в Биробиджан никак не могла сдвинуться с мертвой точки, чикагское отделение «Амбиджана» на заседании исполнительного комитета 20 февраля 1939 года наконец приняло решение рекомендовать общему собранию организации передать оставшиеся фонды ОРТу, который стремится достичь целей, наиболее близких тем, ради которых был основан «Амбиджан». На общем совещании 1 марта была зачитана телеграмма от Будиша, в которой он приветствовал решение передать оставшиеся средства ОРТу; чикагское отделение «Амбиджана», хотя и не было распущено официально, прекратило свою деятельность[78]. Приостановилась работа и других отделений по всей стране.

В июне 1939 года — когда Сталин начал восстановление отношений с правительствами западных стран и постепенное сближение с Гитлером — формально была прекращена вся деятельность национальной организации[79]. На встрече 14 июня принято решение передать часть собранных средств ОРТу,

---

[77] Письмо Конига Будишу, Чикаго, 4 февраля 1937 г.; письмо Будиша Конигу, Нью-Йорк, 11 февраля 1937 г., Collection № 20: Chicago Chapter, American Birobidjan Committee, Series C. Other Organizational Records. Folder 14: Files of Harry Koenig, Chicago Jewish Archives.

[78] Протоколы 20 февраля и 1 марта 1939 г. (Collection № 20: Chicago Chapter, American Birobidjan Committee, Chicago Jewish Archives. Series A. Minutes 1. Minute Book 1936–1939, Chicago Jewish Archives).

[79] «Американский комитет по переселению евреев в Биробиджан», циркулярное письмо всем членам, конец октября 1941 г. (Stefansson Correspondence, MSS 196, Box 56, 1941 — USSR General Folder, Stefansson Collection).

поскольку «Амбиджан» не мог больше стремиться к заявленной цели — переселению евреев из-за рубежа в Биробиджан. Все-таки ОРТ, в отличие от «Джойнта», с энтузиазмом приветствовал основание Биробиджана на съезде своего исполнительного комитета в Париже в 1934 году и впоследствии закупал для ЕАО технику и сырье, обеспечивал обучение для будущих переселенцев[80]. Юрист российского происхождения Дж. Аронофф, заметный деятель «Амбиджана», входил в совет директоров ОРТа[81]. Кроме того, как уже говорилось, лорд Марли тоже активно участвовал в его деятельности [Ivanov 2009: 372–376, 379]. Алмазов в 1940 году говорил, что «Амбиджан» в итоге вернул дарителям около 30 тысяч долларов, остальные деньги были переданы ОРТу[82].

Несколько лет спустя Будиш признавал, что «Амбиджан» был вынужден прекратить заниматься непосредственно переселением евреев из-за рубежа в Биробиджан уже в начале 1938 года в связи с «напряженной международной ситуацией», которая в результате «привела ко Второй мировой войне»[83]. ИКОР пытался переложить часть ответственности на власти Польши, которые, как утверждалось, не позволили советским чиновникам въехать в Польшу с целью выбрать подходящих переселенцев[84]. Но, несмотря на ретроспективные замечания и интерпретации произо-

---

[80] По деятельности ОРТа в Биробиджане см. [Shapiro 1980: 156–160; Ivanov 2009]. Краткую историю ОРТа в 1920–1930-х гг. можно найти в [Karavanough 2008].

[81] См. с. 1–2 (24-page FBI report of Sept. 19, 1945, submitted by E. E. Conroy, Special Agent in Charge, originally in NY File 100–42538. File 100–99898, Section 1, FOIPA № 416152, Ambijan).

[82] Алмазов Ш. Открытое письмо раввину Давиду Аронсону в Миннеаполис // Найлебн — Нью Лайф. 1940. 14. № 5, июнь. С. 12. При этом ОРТ был вынужден прекратить свою деятельность в СССР к концу 1938 г.

[83] Будиш Я. Членам и друзьям «Амбиджана» // Бюллетень «Амбиджана». 1943. 2. № 3, апр. С. 5: Биробиджан — Еврейская автономная область и послевоенная реабилитация евреев // Бюллетень «Амбиджана». 1944. 3. № 2, февр. С. 10–14.

[84] Там же. С. 12.

шедших событий, эпизод с народной делегацией оставался сомнительным, и враги биробиджанского проекта не позволяли сторонникам Биробиджана забыть о нем [Epstein 1959: 313–317]. Тем не менее приверженцы Советов продолжали настаивать, что ЕАО когда-нибудь станет убежищем для евреев, вынужденных бежать из Восточной Европы, спасаясь от нацизма[85]. Только после Второй мировой войны Будиш признал, что не более ста семей беженцев переселились туда к 1939 году[86].

---

[85] См., напр., книгу двух просоветских «попутчиков» [Davies, Steiger 1942], в которой воспроизводится утверждение Советского Союза о том, что Биробиджан «готовился принять 50 тысяч иммигрантов к 1940 г.» и что многие евреи из Восточной Европы, бежавшие от Гитлера, переселились в Биробиджан после вторжения нацистов в СССР в 1941 г. [Davies, Steiger 1942: 2].

[86] Будиш Я. Национальная конференция вновь собирает американских евреев вокруг Биробиджана // Бюллетень «Амбиджана». 1946. 5 сент. С. 4.

Приглашение чикагского отделения «Амбиджана» на обед в честь лорда Марли, ноябрь 1936 г. (Чикагский еврейский архив, Спертус-институт еврейского образования, Чикаго)

Приглашение на конференцию по выбору народной делегации, Лос-Анджелес, май 1936 г. (архив YIVO, Нью-Йорк)

Делегаты пленума Национального комитета ИКОРа, 28 февраля 1937 г., Нью-Йорк (*Nailebn — New Life*, April 1937)

Обложка «Найлебн — Нью
Лайф», апрель 1938 г., сторона
на английском

Обложка «Найлебн — Нью
Лайф», апрель 1938 г., сторона на
идише

Шлойме Алмазов (*Nailebn —
New Life*, April 1939)

Глава 3
Помощь Советскому Союзу в военное время: ИКОР

Несмотря на некоторые репутационные потери, которые ИКОР и «Амбиджан» понесли в связи с неудавшейся «народной делегацией», численность обеих организаций росла после 1934 года: многие евреи присоединялись к ним из страха перед немецким нацизмом или благодаря политике широкого Народного фронта. В предвоенный период «Амбиджан», согласно собственным оценкам, насчитывал тысячу членов в восьми отделениях, а ИКОР — 12 тысяч в 110 отделениях [Jewish 1939: 450, 471–472]. Однако нельзя не признать, что все еврейское коммунистическое движение пережило сильный удар, когда 23 августа 1939 года был подписан договор о ненападении между Германией и Советским Союзом, известный как пакт Молотова — Риббентропа или Гитлера — Сталина, за которым последовало разделение сфер влияния, в частности Польши. С 3 сентября 1939 года, когда Великобритания и Франция объявили Германии войну, и до 22 июня 1941 года, когда нацисты напали на Советский Союз, коммунисты критиковали не столько гитлеровскую Германию, сколько Англию и Францию. Как отметил Иссерман:

> Заявления партии оставляли у слушателей впечатление, что нацисты в некоторых отношениях предпочтительнее союзников. Гитлер заключил мир с Советским Союзом, а планы Англии и Франции на этот счет непонятны и, вполне возможно, зловещи [Isserman 1982: 45–46].

На британский и французский империализм набрасывались с бо́льшим воодушевлением, чем на фашизм, а про разорванную на части Польшу заявляли, что она была не более чем искусственным образованием. Коммунистическая партия США была против поддержки Франции и Великобритании и отправки американских войск на поля сражений. Особое смятение среди коммунистов-евреев вызвала официальная поддержка пакта Молотова — Риббентропа со стороны Коммунистической партии США. Эпштейн вспоминал «бурные споры» в отделениях ИКОРа и письма протеста от некоторых его членов, печатавшиеся в газетах. Эпштейн в числе тысяч других вышел из Коммунистической партии США; М. Надир и другие авторы прекратили сотрудничество с *Morgen Freiheit*. ИКОР продолжал функционировать даже в тяжелых условиях, но «Амбиджан» был вынужден прервать всякую деятельность на несколько лет[1]. В начале 1941 года Б. Голдберг и еще 11 «попутчиков» были изгнаны из *Peretz Shrayber Fareyn* («Союз писателей им. И. Л. Переца») за просоветские взгляды. В *Der Tog* закрыли колонку Голдберга и сместили его с позиции выпускающего редактора; ему ставили в вину возможность публикации статей коммунистов[2]. Алмазов вспоминал, что, когда появилось известие о пакте Молотова — Риббентропа, телефон в его кабинете в ИКОРе разрывался от звонков. Телеграммы, в которых взволнованные люди требовали разъяснений, сыпались одна за другой. Лидеры ИКОРа прилагали огромные усилия для верного истолкования произошедшего; рядовым членам требовались железные нервы, чтобы выдержать обвинения, которые в невероятных количествах обрушивались на Советский

---

[1] [Epstein 1959: 369]. См. также с. 349–370, где Эпштейн описывает разногласия в рядах коммунистической партии и различные внутрипартийные еврейские группы.

[2] Битва за «День» // Нью Массес. 1941. 38. № 10, 25 февр. С. 21; Бухвальд Н. Черный «День» // Там же. 39. № 2, 1 апр. С. 11–12, см. [Epstein 1959: 376], [Redlich 1982: 110]. Голдберг впоследствии утверждал, что его политика заключалась в том, чтобы «осуждать пакт Молотова — Риббентропа, но не позволять прикрываться им в очернении Советского Союза» (машинопись, Фонд Голдберга, ящ. 72, личные дела, папка «Биография — BZG»).

Союз. Алмазов отправился в тур по стране с разъяснениями относительно пакта Молотова — Риббентропа; он объяснял, что СССР вовсе не собирается становиться союзником Гитлера, правительство Союза старается выиграть время и разрушить планы Англии и Франции перенаправить Гитлера на восток. Встречали его речи с крайней враждебностью; он писал, что «распространители лживых слухов, внушающие населению страх и ненависть, были невероятно сильны». В некоторых городах, которые посещал Алмазов, не удавалось снять помещение для встречи, в других типографии отказывались печатать билеты[3]. Тиражи *Morgen Freiheit* катастрофически снизились; еврейские коммунисты, проводящие уличные митинги, опасались за свою безопасность [Buhle 1991: 134]. К концу 1940 года ИКОР был полностью разорен. Алмазов объявил, что отказывается от должности секретаря; доктор Л. Шатцов оставил пост казначея, его сменил М. Штерн. Национальным председателем остался Кунц[4]. Тиражи изданий ИКОРа, в том числе *Nalieben — New Life*, были арестованы до выплаты долгов и не доставлялись подписчи-

---

[3] [Алмазов 1947: 299–304]. Отделению ИКОРа в Лос-Анджелесе удалось провести «массовый митинг» 24 октября 1939 г. в «Эмбасси». См. [Reynolds 1939]. Но весной 1940 г. «Брит Ахим» — организация, ранее сочувственно относившаяся к ИКОРу, — отказалась предоставить для мероприятий ИКОРа свое помещение в Филадельфии. См.: Алмазов Ш. Письмо, которое выводит на чистую воду делишки фашистских вожаков среди евреев // Найлебн — Нью Лайф. 1940. 14. № 5, июнь. С. 22 (на идише).

[4] См. письмо от Морриса Штерна к членам отделения культуры на идише ИКОРа, Нью-Йорк, 31 декабря 1940 г., с сожалением уведомляющего адресатов о планируемом уходе Алмазова с поста секретаря (Фонд Морриса Штерна, RG231, Box 1, unnamed folder, YIVO). «Найлебн — Нью Лайф» связывает уход Алмазова с поста с ухудшением его здоровья, см.: ИКОР за новые задачи и формы работы // Найлебн — Нью Лайф. 1941. 15. № 1, март. С. 4–5 (на идише). Согласно осведомителю ФБР, официально уход Алмазова с поста секретаря состоялся на заседании Национального исполкома 17 января 1941 г. Возможно, он перешел к выполнению особого поручения от Национального совета еврейских коммунистов. Эта информация содержится на с. 5–6 8-страничного доклада ФБР от 5 августа 1947 г., поданного Эдуардом Шайдтом, специальным агентом (NY File 100–14454. File 100–2074, FOIPA Release of Organization for Jewish Colonization).

кам[5]. В апреле номер *Nalieben — New Life* все-таки был доставлен, но после этого публикации прекратились, и новые выпуски не выходили до октября — декабря 1941 года. Вскоре организация переехала в более тесный штаб по адресу 213–214, Уан Юнион-сквер Вест[6].

Разумеется, ситуация изменилась после нападения Гитлера на СССР 22 июня 1941 года. Практически сразу ИКОР вновь начал активную деятельность: 2 июля на массовом собрании, организованном Американским советом по отношениям с СССР в Нью-Йорке, была принята резолюция, обещавшая «полную и безграничную поддержку Советскому Союзу в его борьбе за защиту земли, народа и свободы». Кунц сообщил восьми тысячам человек, собравшимся на Мэдисон-сквер-гарден, что это уже не «империалистическая война» — это война между фашистскими силами с одной стороны и народами с другой; возглавлять борьбу будет Советский Союз». 9 и 28 июля Национальный исполком ИКОРа и новый административный комитет созвали срочные заседания, чтобы спланировать действия на ближайшие месяцы[7].

На своих новых бланках ИКОР называет себя Ассоциацией по информации об экономической, о культурной и социальной жизни евреев всего мира[8]. На национальной конференции 25–

---

[5] Письмо Габриэля Альмана Морису Штерну, Нью-Йорк, апрель 1941 г. (Фонд Морриса Штерна, RG231, Box 1, unnamed folder, YIVO). Альман временно исполнял обязанности национального секретаря. С 1938 г. он был ответственным за агитацию на местах, см.: Альман Г. назначен ответственным за агитацию на местах // Найлебн — Нью Лайф. 1938. 12. № 3, март. С. 14.

[6] Подробнее об ИКОРе в 1939–1941 гг. см. мою статью [Srebrnik 2009].

[7] 8 000 человек на митинге требуют помочь России // Нью-Йорк таймс. 1941. 3 июля. С. 5; циркулярное письмо от Г. Альмана, Нью-Йорк, 5 июля 1941 г. (Фонд Морриса Штерна, RG231, Box 1, unnamed folder, YIVO).

[8] Решение о перемене названия было принято на собрании Национального исполкома в старом офисе (Бродвей, 799). Заявление на сертификат о перемене названия было подано 16 декабря 1941 г., и ИКОР стал называться «ИКОР — Ассоциация по информации об экономической, о культурной и социальной жизни евреев всего мира, Инк.». Эта информация содержится на с. 11 32-страничного доклада ФБР от 27 июля 1942 г., поданного специальным агентом П. Фоксуортом (NY File 100–14454. File 100–2074, FOIPA Release of Organization for Jewish Colonization).

26 октября 1941 года в Нью-Йорке новый национальный секретарь Дженофский признал, что в течение двух последних лет ИКОР «позабыл о своей изначальной цели — просвещать еврейские массы насчет строительства еврейской жизни в Советском Союзе, насчет решения национального вопроса в Советском Союзе, в особенности касательно евреев».

Дженофский сообщил собравшимся, что 6 млн евреев Советского Союза представляют собой луч надежды для 17 млн евреев всего мира. «Глядя на них, мы некоторым образом утешались в своих страданиях, которым подвергались на протяжении тысячелетий нашей истории, страданиях, которым подвергались 600 тысяч евреев в нацистской Германии. И вот уже не сотни тысяч, а миллионы евреев страдают под пятой этого чудовища — Гитлера. Теперь речь идет о судьбе всего еврейского народа». Красная армия и советская власть сражаются, чтобы спасти мир от гитлеризма.

> Наши братья и сестры сражаются, сотни тысяч героев ставят на карту свою жизнь, чтобы защитить Советский Союз и избавить мир от этого величайшего бедствия... Кровью своей они платят за честь еврейского народа и за его прошлое, настоящее и будущее.

В августе в Москве был сформирован Еврейский антифашистский комитет (ЕАК). Дженофский говорил о том, что долг американских евреев — откликнуться на его призыв о помощи, на призыв Д. Бергельсона, И. Г. Эренбурга и других, как откликнулись уже евреи Англии и Палестины. Дженофский и ИКОР призывают объединиться все еврейские организации страны, независимо от их идеологии: «Мир охвачен пожаром, и все мы должны объединиться, чтобы помочь погасить его».

Дженофский отметил, что ИКОР в последнее время находится в сложной финансовой ситуации. Он подчеркнул, что, несмотря на это, новое положение в мире требует возобновления работы, особенно в таких городах, как Чикаго, Филадельфия, Лос-Анджелес и Бостон. Надо вновь привлечь десятки тысяч активистов и сочувствующих. Житловский стал почетным президентом организации, Ш. Левин и Д. Познер — вице-президентами, М. Штерн — казначеем[9]. В начале 1942 года Национальный комитет решил «подготовить рабочий аппарат ИКОРа к осуществлению необходимой деятельности». Прежде всего надо было связаться с теми членами ИКОРа, которые разорвали связь с организацией, и убедить их вернуться. Кроме того, одной из важнейших задач был поиск новых членов среди американских евреев. Олкен был назначен ответственным за привлечение людей в организацию[10].

Осенью 1941 года делегация ИКОРа посетила советское посольство и выразила готовность собрать 50 тысяч долларов для «героических воинов» Красной армии; часть денег предназначалась для строительства полевого госпиталя. ИКОР призвал своих сторонников продемонстрировать солидарность с Советским Союзом, отделения ИКОРа по всей стране приступили к сбору денег. В Лос-Анджелесе заявили о планах получить 2 тысячи долларов от своих членов, в Бостоне — вдвое больше[11].

Дженофский отправился в тур по 14 городам, чтобы помочь отделениям ИКОРа привлечь сторонников и увеличить сборы. Он утверждал, что для ИКОРа всегда было важно благополучие СССР и его еврейского населения. Сейчас, когда СССР не на жизнь, а на смерть сражается с нацизмом, совершенно необхо-

---

[9] Отчет Национальному комитету ИКОРа, Нью-Йорк, 25–26 октября 1941 г., рукопись (Фонд Абрама Дженофского, RG734, Box 1, folder 6, YIVO).

[10] Доклад П. Фоксуорта, помощника директора, Нью-Йорк, 7 апреля 1942 г., директору ФБР, в котором содержится информация, полученная от осведомителя 31 марта (originally in File 100–13257. File 100–2074, FOIPA Release of Organization for Jewish Colonization). См.: Олкен М. Л. — ответственный за агитацию на местах в ИКОРе // Найлебн — Нью Лайф. 1942. 16. № 9, сент. С. 3. Олкен (иногда Олкин) родился в России в 1901 г., перебрался в США в 1910 г. Он умер в 1953 г., см.: Абрам Олкин // Джуиш Лайф. 1953. 7. № 9, июль. С. 19.

[11] См. статьи А. Дженофского: ИКОР за работой // Найлебн — Нью Лайф. 1941.15. № 3, окт. — нояб. С. 14–16; 15. № 4, дек. С. 15; Акция ИКОРа для Красной армии // Там же. 1942. 16. № 1, янв. С. 3 (на идише).

димо, чтобы две крупнейшие еврейские диаспоры: в СССР и в США — объединились ради победы над врагом[12].

Выступление Голдберга 10 мая 1942 года в Лос-Анджелесе насчитывало тысячу человек, было собрано 700 долларов. Во время трех других встреч ему удалось получить еще 300 долларов. Отделения ИКОРа тоже не останавливались в поиске средств. Они сумели набрать 2 тысячи долларов, так что к концу месяца сумма составила 3 тысячи долларов. На встрече Национального исполкома в Нью-Йорке 13 июля ИКОР объявил, что 15 тысяч долларов, собранные на полевой госпиталь, переданы еврейскому отделению Общества помощи России в войне, которое было создано в феврале 1942 года благодаря, в частности, усилиям ИКОРа. Между тем 24 мая ЕАК в Москве обратился к еврейским организациям западных стран с призывом собрать деньги на 500 самолетов и тысячу танков. 13 августа ИКОР запустил новую кампанию по сбору денег, чтобы приобрести, со своей стороны, один новый танк и один новый аэроплан[13].

Этот просоветский энтузиазм не остался незамеченным. Уже 11 мая осведомитель ФБР сообщал, что Коммунистическая партия США получила инструкции по распространению просоветских настроений среди еврейского населения[14]. В июле того же года агент ФБР в Нью-Йорке П. Фоксуорт представил подробный 32-страничный доклад по ИКОРу. Он отмечал, что эта организация, противница сионизма, прежде всего занимается агитацией в пользу Советов. Фоксуорт заключил, что Коммунистическая партия США использует «контролируемый коммунистами» ИКОР

---

[12] См. статьи А. Дженофского (на идише): ИКОР за работой // Найлебн — Нью Лайф. 1942. 16. № 4, апр. С. 15; ИКОР на земле — его функция и задачи // Там же. № 5, май. С. 7, 16; Кампания ИКОРа для полевого госпиталя // Там же. № 6, июнь. С. 12 (на идише).

[13] См. статьи Н. Крупина: Лос-анджелесский ИКОР указывает путь // Там же. № 7, июль. С. 14; ИКОР начинает кампанию по приобретению танков и самолетов для Красной армии // Там же. № 8, авг. С. 2; ИКОР: краткая сводка // Там же. С. 14 (на идише).

[14] Эта информация содержится на с. 14 17-страничного доклада, датированного 7 сентября 1944 г., поданного специальным агентом Конроем (originally in NY File 100–14454. File 100–2074, FOIPA Release of Organization for Jewish Colonization).

для пропаганды и рекрутирования новых членов. По словам одного из его информаторов, состоявших как в Коммунистической партии США (отделение в Бронксе), так и в ИКОРе (отделение им. Шолом-Алейхема), партийцам рекомендовали активно вербовать рядовых членов в отделениях ИКОРа[15]. Несколько месяцев спустя главе ФБР Э. Гуверу была направлена записка о том, что ИКОР «может предпринять попытку проникнуть в более широкие слои еврейского населения». Утверждалось, что, хотя нет ничего плохого в сборе денег для Советского Союза, необходимо «положить какой-то предел» объему помощи, который американские граждане могут оказывать другим странам, «пусть даже и дружественным». В любом случае «ради национальной безопасности» за ИКОРом необходимо постоянное наблюдение[16].

14 сентября состоялась встреча Национального исполкома и Комитета городского отделения ИКОРа в Нью-Йорке. Доктор Л. Шатцов, глава комитета нью-йоркского отделения, заявил, что, снабдив Красную армия 500 самолетами и тысячей танков, евреи выполнят свой долг и смогут заявить о правах евреев на мирной конференции после победы[17]. Через три дня Дженофский сообщил, что ИКОР уже собрал 7 тысяч долларов на приобретение танка и еще 1 600 долларов для Еврейского совета Общества помощи России в войне; в общей сложности Еврейскому совету было отправлено 17 тысяч долларов[18].

---

[15] Эта информация содержится на с. 1, 16, 31–32 32-страничного доклада, датированного 27 июля 1942 г., поданного специальным агентом Фоксуортом (originally in NY File 100–14454. File 100–2074, FOIPA Release of Organization for Jewish Colonization).

[16] Внутренний документ ФБР по ИКОРу и «Найлебн — Нью Лайф» (File 100–2074, FOIPA Release of Organization for Jewish Colonization).

[17] Письма от Абрама Дженофского, Чарльза Кунца и доктора Л. Шатцова, председателя Нью-Йоркского городского комитета ИКОРа, Моррису Штерну, Нью-Йорк, б. д.; вероятно, середина августа и начало сентября 1942 г. (Фонд Морриса Штерна, RG231, Box 1, unnamed folder, YIVO). См.: Шатцов Л. Нынешняя ситуация и ИКОР // Найлебн — Нью Лайф. 1942. 16. № 9, сент. С. 10 (на идише); Олкен М. Л. ИКОР и его непосредственные задачи // Там же. № 10, окт. С. 23–24.

[18] Лос-анджелесское отделение ИКОРа собрало 3 500 долларов. См.: ИКОР за работой // Там же. С. 19.

На национальной конференции 10–11 октября в присутствии 189 делегатов от 116 организаций и 1 200 других гостей национальный секретарь Дженофский заявил, что атака нацистов на Советский Союз привела к ужасному опустошению еврейских поселений в СССР. Разрушены еврейские колхозы в Крыму. «Эти поселения не чужие нам, поскольку ИКОР принимал участие в их строительстве. А теперь повсюду на этой земле кровожадные нацисты сеют смерть и разрушение».

Дженофский обращался к слушателям с рассказом о том, что Советы спасают не только советских евреев, но и беженцев с оккупированных нацистами территорий: евреи из Польши, Румынии и стран Балтии эвакуированы в Ташкент, Самарканд и Алма-Ату (Средняя Азия). Согласно информации национального секретаря, более миллиона евреев находились в период Второй мировой войны в Узбекистане.

ИКОР также планировал напомнить президенту Рузвельту о его обещании открыть второй фронт, согласно запросу советского министра иностранных дел В. М. Молотова. Для этого следовало порекомендовать людям как можно чаще отправлять телеграммы и письма президенту. Дженофский полагал, что судьба порабощенной Европы и всего еврейского народа зависит от исхода Сталинградской битвы. В то время как 90 % гитлеровской армии заняты на востоке, открытие второго фронта может привести к разгрому Германии в течение нескольких месяцев. Он подчеркивал, что ИКОР должен привлекать еще больше внимания к этому «неотложному вопросу». Дженофский заверял делегатов:

> Мы убеждены, что придет время, когда вклад ИКОРа в самоорганизацию евреев будет занимать особое, почетное место в общей истории нашего народа. ИКОР окажется в числе первопроходцев, благодаря которым еврейская жизнь была устроена на новых, здоровых началах[19].

---

[19] Отчет Национальному исполкому ИКОРа и Организационный план дальнейшей работы, Нью-Йорк, 10–11 октября 1942 г., рукопись (Фонд Абрама Дженофского, RG734, Box 1, folder 6, YIVO). На обложке номера «Найлебн — Нью Лайф» за сентябрь 1942 г. с идиш-язычной стороны был рисунок разрушенных еврейских поселений в Крыму, сделанный Фрэнком Горовицем.

Изменились цели сбора средств: М. М. Литвинов, советский посол в Вашингтоне, в декабре 1941 года предложил ИКОРу помогать Красной армии другими способами, более эффективными, чем покупка танков. Национальный исполком принял решение открыть новый сбор: 15 тысяч долларов на десять мобильных рентгеновских установок[20].

20 декабря ИКОР спонсировал концерт в честь 25-летия Советского Союза в «Манхэттен Центре». В числе докладчиков был раввин А. Бик. Он возглавлял Варшавский центр в Нью-Йорке, был президентом Союза американских евреев украинского происхождения и раввином общины Хаима Соломона в Нью-Йорке, активно поддерживал работу ИКОРа и писал в Nailebn — New Life. Как отмечал Н. Майзель, Бик, хорошо знавший раввинистическую и хасидскую литературу, мог в одном предложении совмещать изречение из Мишны и цитату из Ленина, пример из притчи польского магида (проповедника в синагоге) и афоризм Максима Горького[21]. Конечно, такой человек был ценным приобретением в период сближения с сионистами и религиозными евреями. Бик назвал Советский Союз «оплотом» борьбы против фашизма. Совершенно естественно для евреев принять участие в героической борьбе Красной армии. С давних пор евреям

[20] Дженофский А. ИКОР за работой // Найлебн — Нью Лайф. 1942. 16. № 12, дек. С. 18–19 (на идише); Шатцов Л. Почему ИКОР посылает Красной армии мобильные рентгеновские установки? // Там же. 17. № 1, янв. С. 8 (на идише). Кампания была успешно завершена 22 мая 1943 г., состоялся торжественный обед в отеле «Пиккадилли», Нью-Йорк. См.: Дженофский А. Две новые кампании ИКОРа // Там же. № 6, июнь. С. 15–16 (на идише); Сводки ИКОРа // Там же. С. 21.

[21] Письмо от Абрама Дженофского и Чарльза Кунца Якобу Местелю и Саре Киндман, Нью-Йорк, 29 сентября 1942 г.; листовка ИКОРа с объявлением «Концерт и салют», 20 декабря 1942 г. (Фонд Филипа Сандлера, RG420, Box 8, file 17, «ICOR»). См.: Майзель Н. Абрам Бик // Вохенблат. 1948. 18 марта. С. 7. Бик «начинал как ортодоксальный раввин и закончил так же» (интервью, Итче Голдберг, Нью-Йорк, 12 июня 1996 г.). Голдберг — бессменный в течение многих лет редактор «Идише Культур», литературного журнала, выпускавшегося «Идише Культур Фарбанд», — добавил, что Бик в тот период, когда его симпатии были на стороне коммунистов, тоже входил в президиум «Идише Культур Фарбанд». Голдберг скончался в декабре 2006 г.

приходилось сражаться и мученической смертью гибнуть за свои убеждения.

> В год 25-летия Советского Союза независимо от политических или религиозных убеждений мы, евреи, должны признать, что благодаря русской революции и советскому режиму мы сделались равными всем остальным гражданам и народам в этой шестой части света, которая раньше была империей погромщиков[22].

15-летие Биробиджана как еврейского поселения отмечалось отделениями ИКОРа по всей стране. В феврале 1943 года при поддержке «Амбиджана» ИКОР организовал юбилейный комитет, состоящий из 150 «выдающихся личностей» из самых разных сфер, чтобы запланировать торжества, которые намечались в «Манхэттен Центре» в Нью-Йорке 25 апреля. Там собрались около трех тысяч человек, включая дипломатов СССР, Чехословакии, Норвегии и Греции. В числе выступавших была судья А. Кросс, которая отметила, что в 1943 году этот юбилей совпадает с другим великим праздником освобождения — иудейской Пасхой. Советский вице-консул в Нью-Йорке М. С. Вавилов говорил о «благородной деятельности американских евреев по... поддержке героического русского народа». Новик делился воспоминаниями о своей поездке в Биробиджан в 1936 году. Он сообщил слушателям, что Советский Союз не только отдал евреям Биробиджан, но и снабдил их средствами для его развития. «Что за пример всему миру!»[23]

---

[22] Бик А. Советский Союз — оплот борьбы против фашизма // Найлебн — Нью Лайф. 1943. 17. № 1, янв. С. 3–4 (на идише).

[23] Дженофский А. Мы празднуем 15-летие Биробиджана // Там же. 17. № 4, апр. С. 17–18 (на идише); Мойше Шифрес. Празднование 15-летия Биробиджана в Нью-Йорке // Там же. № 5, май. С. 5–6 (на идише); Новик П. Значение Биробиджана // Там же. № 6, июнь. С. 233; Циркулярные письма от Абрама Дженофского, национального секретаря ИКОРа, Нью-Йорк, 20 февраля, 1 апреля, 15 апреля и 14 мая 1943 г. (Фонд Филипа Сандлера, RG420, Box 8, file 17, «ICOR,» YIVO); Приглашение на торжественное заседание комитета по юбилею Биробиджана с активом ИКОРа, письма от Житловского, Кунца

Национальный партийный организатор Олкен присутствовал и на других церемониях в целом ряде городов, в частности в Милуоки, Чикаго, Толедо, Цинциннати, Миннеаполисе — Сент-Пол и в Трентоне (Нью-Джерси). Повсюду его встречали с большим энтузиазмом: переполненные залы, банкеты, хорошие отзывы по радио и в газетах, включая интервью с ним, поддержка со стороны многих известных евреев, толпы новых членов ИКОРа и щедрые пожертвования, которые ИКОР собирал от имени Общества помощи России в войне. Было очевидно, заключал Олкен, что американские евреи встали стеной за Советский Союз и отдавали себе отчет в важной роли Биробиджана[24].

Житловский, ставший членом редколлегии журнала *Nailebn — New Life*, продолжал поддерживать ИКОР, подчеркивая, что евреям необходимо объединиться. Он утверждал, что ради еврейского народа в этот критический момент необходимо, чтобы все социалисты *«всем сердцем»* поддерживали советскую власть в ее борьбе с нацизмом. Житловский называл себя «другом» сталинской России и считал, что глава Советского Союза придерживается правильной позиции по национальному вопросу; он предсказывал, что СССР постепенно разовьется в более демократическое федеративное государство. «Фронт всемирной борьбы за мир и прогресс сейчас проходит в Советском Союзе»[25].

Житловский также упрекнул тех левых, которые не хотели объединяться с другими евреями. Создавалось впечатление, что они не разделяли социалистические взгляды в момент, когда все евреи оказались под угрозой геноцида. Было важно помнить призыв ЕАК ко «всем их братьям — евреям всего мира» объединиться, чтобы дать отпор гитлеризму. Единство евреев необхо-

и Дженофского Калмену Мармору (Фонд Калмена Мармора, 1873–1955, Microfilm group 495, folder 546. Icor-korespondents, 1938–1946, YIVO), письмо от Дженофского к Житловски, Нью-Йорк, 19 апреля 1943 г. (Фонд Абрама Дженофского, RG734, Box 3, folder «Letters by Jenofsky», YIVO).

24 Олкен М. Биробиджанские торжества по всей стране // Найлебн — Нью Лайф. 1943. 17. № 5, май. С. 12–13.

25 Житловский Х. Ответ моим критикам // Нью-Йорк.: Издано Международным рабочим орденом, декабрь 1942. С. 3–6, 13–16.

димо в течение войны, настаивал он, и главная обязанность евреев сейчас — шагать в ногу «с нашими братьями» в Советском Союзе[26].

Житловский пишет, что ни одна еврейская община не может сравниться с евреями Советского Союза. Им не нужно бояться антисемитизма и погромов, которые полностью прекращены. Они не беспокоятся о деньгах и благодаря большевистской революции имеют не только теоретическую возможность по закону, но и практические средства для сбережения своей культуры. Ради этого были созданы еврейские районы в европейской части страны и выделена особая территория для еврейского национального, политического и культурного самоопределения в Биробиджане. Таким образом, «они стоят *на самом высоком уровне* из всех еврейских общин» и ведут «*самый счастливый*» еврейский народный образ жизни. В Советском Союзе евреи «перестраивают свою жизнь на основе продуктивизации и социализма и пользуются таким же уважением, как и все остальные народы страны»[27].

Житловский обращался ко многим; в речи 23 февраля 1943 года он говорил: «У нашего еврейского народа есть две страны, в которых строится новая еврейская жизнь, нормальная жизнь», такая, в которой евреи могут жить в еврейских городах, «как все остальные народы на свете. Эти две страны — Биробиджан и *Эрец Исроэл (страна Израиля)*». В обеих странах, утверждал он, еврейская жизнь станет «нормальной». Не надо рассматривать их как взаимоисключающие варианты; каждая может стать «крепостью <...> национального возрождения и нормального развития <...> национальной культуры». Правда, признавал Житловский, в Биробиджане пока еще меньше евреев, чем в па-

---

[26] Житловский Х. Проблема единства евреев в настоящее время // Найлебн — Нью Лайф. 1942. 16. № 12, дек. С. 3–4; 1943. 17. № 1, янв. С. 9–11, курсив сохранен (на идише).

[27] Житловский Х. О советском еврействе // 25-летие Советского Союза. 15-летие Биробиджана. Альманах ИКОРа / под ред. Исаака Ронтча. 1943. Май. С. 17–25, курсив сохранен (на идише), см. [Житловский 1943: 4–10, 12–13, 26–27, 31].

лестинском *ишуве* (еврейское население подмандатной Палестины), но Биробиджану всего 15 лет, а современное сионистское движение за переселение в Палестину началось с первых поселенцев 1882 года.

> Каждое достижение евреев в обеих странах делает нас смелее в борьбе за наше выживание, повышает престиж нашего народа в глазах нееврейского мира и усиливает наше стремление к полному национальному освобождению нашего народа, со всеми правами и преимуществами статуса одного из братской семьи народов. Долгой жизни, свободы и процветания еврейскому народу Биробиджана![28]

Истинный масштаб и размах Холокоста к этому времени были уже известны. В *Nailebn — New Life* за январь 1943 года Новик писал, что «миллионы евреев уже убиты или их убивают прямо сейчас». Половину евреев Польши уже уничтожили, то же и в Бессарабии. Новик призывал всех евреев сделать все, что в их силах, для спасения тех, кто еще жив, агитируя за открытие второго фронта в Западной Европе. Он утверждал: если бы второй фронт был открыт безотлагательно, нацисты, возможно, были бы уже разбиты, а евреи, заточенные в концлагерях, освобождены. Вместо этого нацисты искореняют еврейское население одной страны вслед за другой. «Снова и снова мы должны говорить, мы должны кричать... *Время работает на Гитлера и против наших братьев и сестер. Каждый день, каждый час работает против них*»[29].

Евреи-коммунисты увязывали гитлеровский геноцид со своей просоветской линией. Когда Левин и Дженофский написали на

---

[28] Житловский Х. Биробиджан и Эрец Исроэл // Там же. С. 38–39. Весной 1943 г. Житловский планировал на время переехать из Кротона-на-Гудзоне (штат Нью-Йорк) в Лос-Анджелес, по пути заехав в Чикаго, а потом совершив лекционный тур по Канаде с выступлениями в Виннипеге, Калгари, Эдмонтоне и Ванкувере. Приезд в Лос-Анджелес планировался 15 мая, но 6 мая в Калгари Житловский скончался. См.: Перлман Л. Последний день доктора Житловского в Калгари // Канадер Идише Вохенблат. 1943. 13 мая. С. 5.

[29] Новик П. Народ в страдании, народ в беде // Найлебн — Нью Лайф. 1943. 17. № 1, янв. С. 12, курсив сохранен (на идише).

идише и английском свое «Воззвание к еврейским землячествам, обществам, профсоюзам, синагогам, общинам, культурным объединениям и т. д. по случаю 15-летия Биро-Биджана», они заявили, что остановить гитлеровские массовые убийства сможет советское оружие:

> В то время, когда кровавый гитлеризм грозит истреблением миллионам евреев, когда два миллиона наших братьев и сестер уже безжалостно убиты, а миллионы сталкиваются с голодом, унижением и гибелью, когда небо сплошь затянуто ужасными тучами, которые грозят потопить мир в еврейской крови, Советский Союз и его могучая Красная армия, в рядах которой и наши, еврейские, герои, возвышаются, как маяк, как луч надежды для еврейского народа и всего цивилизованного мира[30].

Об этом стали говорить еще больше в середине 1943 года, когда Американский комитет еврейских писателей, художников и ученых спонсировал поездку по Северной Америке двух самых выдающихся членов ЕАК: артиста С. Михоэлса и поэта И. Фефера. Комитет возглавляли Житловский, председатель, Голдберг, секретарь, Ш. Аш, президент. Новик, Алмазов, доктор Малер и доктор Розен из «Джойнта» были членами комитета наряду с такими выдающимися личностями, как Альберт Эйнштейн, почетный президент, профессор Ф. Боас, писатели Л. Фейхтвангер и У. Фрэнк, актер М. Шварц и художник Марк Шагал. Шагал был заметной фигурой на левом прокоммунистическом фланге уже в 1941 году, когда перебрался в Нью-Йорк из Франции[31]. Несмотря на этот длинный список официальных лиц и знамени-

---

[30] Левин М., Дженофский А. Воззвание к еврейским землячествам, обществам, профсоюзам, синагогам, общинам, культурным объединениям и т. д. по случаю 15-летия Биро-Биджана. Издание юбилейного комитета 15-летия Биробиджана, Нью-Йорк, б. д.

[31] [Harshav 2004: 470, 522]. Антрополога Франца Боаса из Колумбийского университета подозревали в прокоммунистических взглядах, и ФБР много лет вело на него обширное досье [Price 2004: 111, 142, 228–229, 260].

тостей, фактическим руководителем комитета был Дж. Брайнин — коммунист, сын Р. Брайнина[32].

Михоэлс и Фефер прибыли в США 17 июня, а уехали 20 октября. Кроме Нью-Йорка в их тур входили остановки в Ньюарке, Бостоне, Филадельфии, Вашингтоне, Милуоки, Цинциннати, Кливленде, Детройте, Чикаго, Питтсбурге, Лос-Анджелесе и Сан-Франциско. Их поездка также включала в себя Британию, Канаду и Мексику. Раввин С. Уайз, президент Американского еврейского конгресса, представил Михоэлса и Фефера 50 тысячам собравшихся на Поло Граундз в Манхэттене 8 июля. На трибуне с ним был и Н. Голдман, президент Всемирного еврейского конгресса. Встреча началась с исполнения «Звездно-полосатого знамени», гимна сионистов «Атиква» и «Интернационала»[33]. Среди выступавших были Л. Адлер, Э. Кантор и П. Робсон, они пели на русском и идише. Главной темой было открытие второго фронта в Европе; Фефер указал, что советское правительство занимается спасением евреев Европы от истребления[34].

Пребывание Михоэлса и Фефера в США подробно освещалось в *Eynikayt* («Единство») — газете на идише, которую выпускал ЕАК в Москве. В Чикаго их принимал мэр города Э. Дж. Келли, а также делегаты от 140 еврейских организаций. Визит произвел «колоссальное впечатление». В Бостоне актер Еврейского театра М. Шварц представил прибывших массовому собранию в Симфони-холл. В Филадельфии собралось около десяти тысяч человек и вышли специальные номера местных газет на идише.

---

[32] Джозеф Брайнин родился в Вене в 1895 г., умер в 1970 г. Он основал «Севен Артс Фиче Синдикат» и с 1921 по 1938 гг. был его управляющим. В начале 1950-х гг. Брайнин возглавил Национальный комитет по защите правосудия в деле Розенбергов — контролируемую компартией организацию, защищавшую Юлиуса и Этель Розенбергов, которых судили за шпионаж в пользу СССР. Впоследствии стал вице-президентом Американского комитета Института Вейцмана в Реховоте (Израиль). См.: Джозеф Брайнин, консультант Института Вейцмана, скончался в возрасте 74 лет // Нью-Йорк таймс. 1970. 9 июля. С. 39.

[33] «Знамя, усыпанное звездами» — гимн США, «Интернационал» — гимн СССР до 1944 г., «Атиква» станет впоследствии гимном Израиля. — *Примеч. пер.*

[34] Советские делегаты призывают немедленно объединиться // Нью-Йорк таймс. 1943. 9 июля. С. 5.

В Лос-Анджелесе Михоэлса и Фефера принимал судья А. Пахт на митинге, где семь тысяч человек наградили их «неистовыми овациями». В Голливуде с ними встречались артисты Э. Кантор, Чарли Чаплин, Дж. Гарфилд, П. Муни и Э. Робинсон, писатели Теодор Драйзер, Томас Манн и Эптон Синклер, владельцы киностудий Д. Селзник и Гарри и Джек Уорнеры. Студия «Уорнер Бразерс» сделала запись их выступлений в Лос-Анджелесе[35].

Михоэлс сказал Брайнину, который возглавлял официальный Национальный комитет по встрече и сопровождал советских гостей к Альберту Эйнштейну в Принстон (Нью-Джерси), что в Красной армии евреи проявляют «беспримерный героизм» и «никому не уступают в храбрости, отваге и решимости отдать свои жизни за народ... Только полное уничтожение фашистов может вновь принести мир и покой». Фефер добавил, что «история будет измерять участие народов в этой <войне> в первую очередь числом уничтоженных фашистских тварей!»[36]

Когда Михоэлс и Фефер были в Нью-Йорке, руководство ИКОРа купалось в отраженных лучах их славы. Два еврея из Советского Союза красовались на обложках июльского, августовского и сентябрьского номеров *Nailebn — New Life* на идише за 1943 год, а также на обложке номера *Yidishe Kultur* за июнь — июль того же года (здесь они были сфотографированы у могилы Шолом-Алейхема в Нью-Йорке)[37]. На собрании ИКОРа в отеле «Эдисон» в Нью-Йорке Михоэлс сидел за столом с Дженофским и Олкеном. Согласно передовицам в *Nailebn — New Life*, Михоэл и Фефер воплощали «лучшее, что есть в советском еврействе». Они прибыли в Америку, чтобы вдохновить евреев «на максимально возможное единение» ради сражения с общим врагом,

---

[35] В Еврейском антифашистском комитете: Наши посланники Михоэлс и Фефер укрепляют боевое единство всех слоев еврейского населения в Америке. М.: Эйникайт, 1943. 9 сент. С. 4. О Филадельфии см. также [Rosen et al. 2003: 14].

[36] Брайнин Дж. Посланники из Москвы // Совьет Раша Тудэй. 1943. 12. № 4, авг. С. 10–11, 34.

[37] Первые два выступления опубликовало в своем журнале объединение «Идише Культур Фарбанд», см.: Первые речи посланников от советских евреев // Идише Культур. 1943. № 6–7, июнь — июль. С. 63–65 (на идише).

Гитлером. Как, должно быть, завидовали скептики из антисоветского *Forverts* при виде такого энтузиазма и единения, которые на все лады воспевали редакторы *Nailebn — New Life*[38].

Около пяти тысяч активистов ИКОРа присутствовали на приеме в отеле «Эдисон» 12 августа. Звучали проникновенные слова Михоэлса:

> Дорогие друзья из ИКОРа, вы нам ближе, чем брат или сестра, — заявил Михоэлс. — Приветствуем вас с фронтов войны, где наш народ в едином порыве с другими советскими народами выступает против врага, имя которого будет навечно стерто из истории человечества. В нашей стране каждый знает о деятельности ИКОРа. В вашем лице мы видим преданных друзей, вы деятельно, не жалуясь, помогали нам. Мы знаем, с какой энергией вы просвещали людей, рассказывая о важнейшей роли Биробиджана. Велик ваш вклад, вклад ИКОРа в строительство Биробиджана.

Михоэлс также объяснил, что советская власть планировала сделать Биробиджан полноправной советской республикой, но была вынуждена отложить эти планы из-за войны[39].

Как отмечает биограф Шагала, визит Михоэлса и Фефера вызвал массовый отклик:

> Здесь сошлись ностальгия по покинутой стране, принятие на веру утопической советской пропаганды и благодарность советской власти за спасение по меньшей мере полутора миллионов евреев от нацизма[40].

---

38 Еврейская делегация из Советского Союза // Найлебн — Нью Лайф. 1943. 17. № 7, июль. С. 2, 17 (на идише); Исторический месяц // Там же. № 8, авг. С. 2.

39 Прощальный привет от еврейской советской делегации // Там же. 1944. 18. № 1, янв. С. 21; Историческая роль Биробиджана для еврейского народа и задачи организации ИКОР // Там же. 1943 17. № 9, сент. С. 2–3 (на идише); ИКОР: сводка // Там же. С. 21. В том же номере (с. 21–24) вышла в переводе на английский статья советского писателя Ильи Эренбурга «Убийство еврейского народа», документирующая массовые убийства евреев на оккупированных нацистами территориях СССР.

40 [Harshav 2004: 88], это издание включает репринт первой книги о Шагале, изданной А. Эфросом и Я. Тугендхольдом в издательстве «Геликон» (Москва, 1918).

Майзель пишет, что отклик превзошел все ожидания, несмотря на злопыхательства заблудших пасквилянтов из *Forverts*. Михоэлс и Фефер встречались с евреями и неевреями из самых разных кругов — в общей сложности, по оценкам Майзеля, они поговорили примерно с 200 000 человек. Они принесли с собой послание «от <...> братьев, героически сражающихся на фронте». Майзель, кроме того, был потрясен тем, что языком этого тура был идиш. Он выражал надежду, что в результате связи между евреями Америки и России окрепнут и евреи смогут выступить единым фронтом на мирных переговорах, которые последуют за окончательным разгромом гитлеризма[41]. Похожие мысли можно встретить в заметках Олкена. Он писал, что «триумфальный тур советской еврейской делегации» помогал упрочить единство США и СССР[42]. «Американские евреи приветствовали дорогих гостей с раскрытыми объятиями и приняли их всей душой», сообщает читателям московской газеты *Eynikayt* Кац. На сотнях встреч с самыми разными людьми Михоэлс и Фефер доносили до Америки «боевой дух советского еврейства», а их блистательные речи повышали языковой престиж идиша[43].

30 января 1944 года в «Питиан Плаза» в Нью-Йорке состоялся Национальный пленум ИКОРа. Дженофский напомнил делегатам, что визит Михоэлса и Фефера имел огромный успех. Благодаря этому судьбоносному событию две трети еврейского народа наладили между собой более тесные физические и духовные связи. «На еврейской улице осталось лишь незначительное число реакционеров», объединившихся вокруг *Forverts*; они ставят свою эгоистичную политику и «зоологическую ненависть» к Советскому Союзу выше, чем интересы еврейского народа, отвергая послание, доставленное советскими эмиссарами. «Тем не менее

---

[41] Майзель Н. Визит советской еврейской делегации // Там же. № 10, окт. С. 9–10 (на идише).

[42] Олкен М. Значение ИКОРа в настоящий момент // Там же. С. 22–23 (на идише).

[43] Кац М. Советская еврейская делегация в Америке — историческое событие. М.: Эйникайт, Москва, 1944, 30 марта. С. 3 (на идише).

мы верим», заявил Дженофский, что «влияние этих скептиков сойдет на нет», а то, что «их политика лжива и губительна», станет очевидно для всех евреев. Историческое собрание в «Поло Граундз» и другие встречи в США, Мексике и Канаде продемонстрировали пламенное стремление американских евреев к дружбе с советскими братьями и сестрами. ИКОР сыграл важную роль в подготовке и организации тура. В результате ИКОР, давний друг Советского Союза, стяжал славу, «которой должен гордиться каждый ИКОРовец».

В течение 15 месяцев, предшествовавших пленуму, ИКОР провел три крупные кампании по сбору помощи для Советской армии. Во-первых, было собрано 15 тысяч долларов на десять мобильных рентгеновских установок. Затем ИКОР отличился в кампании по финансированию палаты в Ленинградском эвакуационном госпитале № 1117, которой было присвоено имя Житловского, скончавшегося в мае 1943 года. Эта кампания прошла с необычайным успехом: было собрано 20 тысяч долларов — достаточно для финансирования не одной, а двух палат в госпитале. Третья кампания проводилась от имени национального Общества помощи России в войне, ограничивалась преимущественно Нью-Йорком и принесла 5 тысяч долларов. В общей сложности, заявил Дженофский, в последние два года ИКОР собрал для Красной армии и Общества помощи России в войне почти 100 тысяч долларов. «Сегодня наши комитеты и отделения есть в 50 городах, расположенных в 20 штатах. *Nailebn* рассылается в 153 города по всей стране». Дженофский сообщил делегатам, что ИКОР предложил биробиджанским властям план по поддержке территории в будущем, после войны[44].

---

[44] Дженофский А. Пятнадцать месяцев работы ИКОРа // Найлебн — Нью Лайф. 1944. 18. № 3, март. С. 13–15 и 18; 1944. № 4, апр. С. 15–17 (на идише); Циркулярное письмо от Кунца и Дженофского, Нью-Йорк, 7 января 1944 г. (United States Territorial Collection, RG117, Box 57, folder «Icor» 17/16, YIVO); Письмо от Дженофского Мармору, Нью-Йорк, 28 января 1944 г. (Фонд Калмена Мармора 1873–1955, RG205, Microfilm group 495, folder 546. Icor-korespondents, 1938–1946, YIVO).

Празднование десятой годовщины образования ЕАО состоялось в Таун-холле в Нью-Йорке 14 мая. Церемония включала концерт, на котором дирижировал В. Хейфец, и два театральных представления от «АРТЕФа»: «Еврей едет в Биробиджан» и «Свадьба в Биробиджане». Днем раньше Дженофский выступал на нью-йоркской радиостанции WHOM с рассказом о предстоящем празднестве. Он сказал, что «Биробиджан сейчас готовится принять несколько тысяч сирот, а в недалеком будущем Биробиджан примет тысячи беженцев, которые поселятся там и будут строить прекрасное будущее»[45].

25 декабря 1944 года ИКОР отмечал 20-летие в том же Таун-холле. Праздники были устроены и в других городах, они принесли крупные сборы. На торжестве в Нью-Йорке Дженофского слушали полторы тысячи гостей. «Можно с уверенностью утверждать, что ИКОР займет важное место в работе по восстановлению и возвращению к нормальной жизни после войны». Дженофский отметил, что Национальный исполком ИКОРа обратился в администрацию Биробиджана за разрешением на помощь в переселении нескольких тысяч сирот в Биробиджан. Он также напомнил о роли, которую ИКОР сыграл во время визита двух советских эмиссаров летом 1943 года. Были упомянуты «сердечные и братские приветы», которые Михоэлс передал ИКОРу от евреев Советского Союза. Советский консул генерал Е. Д. Киселев также выступал на митинге. Призыв Дженофского к пожертвованиям принес 4 665 долларов[46].

---

[45] Праздник и концерт — 10-я годовщина Биро-Биджана, еврейской автономной территории в СССР. Листовка. 14 мая 1944 г. (Фонд Филипа Сандлера, RG420, Box 8, file 17, ICOR, YIVO); Дженофский. Значение праздника по поводу Биробиджана // Найлебн — Нью Лайф. 1944. 18. № 6, июнь. С. 5 (на идише).

[46] Дженофский. ИКОР и его срочные задачи // Там же. № 12, дек. С. 2–4; Дженофский. ИКОР за работой // Там же. 1945. 19. № 2, февр. С. 16–20; Доклад директору ФБР Гуверу от специального агента Конроя, датирован 5 февраля 1945 г., отправлен 28 февраля (originally in NY File 100–14454. File 100–2074, FOIPA Release of Organization for Jewish Colonization).

Когда война заканчивалась, ИКОР начал публиковать истории о достижениях Биробиджана в образовательной, промышленной и технической сферах во время войны. «Интерес американских евреев к Биро-Биджану растет день ото дня», констатировал Дженофский[47]. В 1945 году, когда окончились военные действия, ИКОР выпустил брошюру секретаря Биробиджанского обкома А. Н. Бахмутского «Новые достижения в Биробиджане» на английском языке. Статья Бахмутского воспроизводила стандартные описания прогресса в Биробиджане: строительство десятков фабрик с 1934 года, сооружение новых транспортных путей, быстрое развитие земледелия. Сегодня, добавлял он, Биробиджан выделяет около трех миллионов рублей на строительство двух детских домов[48].

[47] Дженофский. Биробиджан достиг больших успехов в последние несколько лет // Моргн Фрайхайт. 1945, 20 июля. С. 3.

[48] Бахмутский А. Новые достижения в Биробиджане. Несколько лет спустя Бахмутский был репрессирован.

Соломон Михоэлс (*слева*) у могилы
Шолом-Алейхема, Нью-Йорк,
1943 (*справа* — сын Б. Голдберга
Митчелл) (Библиотека
Шоттенстайн — Джессельсона при
Центре углубленного изучения
иудаики Г. Д. Каца в Университете
Пенсильвании, Филадельфия)

פראָם. טש. קונץ, נאַציאָנאַלער פֿאָרזיצער פֿון „איקאָר",
אַדרעסירט דעם בּיראָ־בּידזשאַנער יוֹטוֹב אין האָטעל
קעפּיטאָל, ניו יאָרק, מאַי דעם 25טן, 1940.

Профессор Чарльз Кунц
(*Nailebn — New Life*, June 1940)

Глава 4
Помощь Советскому Союзу в военное время: «Амбиджан»

После пакта Молотова — Риббентропа ИКОР, пусть его позиции и существенно ослабли, все-таки продолжил работу, в отличие от «Амбиджана», которому пришлось полностью прекратить свою деятельность. Но в 1941–1945 годах для обеих просоветских групп настал период возрождения. «Амбиджан» был переименован в Комитет «Амбиджана» по срочной помощи Советскому Союзу (после войны он будет называться Американский Биробиджанский комитет). Его основными задачами стали привлечение поддержки для воюющего Советского Союза и противостояние изоляционистским настроениям, в особенности в течение шести месяцев, прошедших между нацистским вторжением в СССР и нападением японцев на Перл-Харбор.

Посоветовавшись с В. А. Федюшиным, генеральным консулом СССР в Нью-Йорке, Э. Аронов — нью-йоркский юрист, который исполнял обязанности секретаря и казначея «Амбиджана», — в начале октября 1941 года созвал совещание совета директоров. На нем решили организовать обед для генерального консула СССР, а собранные средства направить в Общество помощи России в войне — просоветскую организацию, которую возглавлял Э. Картер[1]. Заранее всем членам «Амбиджана» было разосла-

---

[1] Циркулярное письмо от Эдуарда Аронова, Нью-Йорк, 3 октября 1941 г.; Письмо Аронова Стефанссону, Нью-Йорк, 23 октября 1941 г. (Stefansson Correspondence, MSS 196, Box 56, 1941 — USSR General Folder, Stefansson Collection).

но пространное письмо; в нем упор делался на необходимость срочного сбора «огромных сумм», которые требуются России для участия в войне. Кроме того, не стоило забывать об укреплении сотрудничества между США, СССР «и всеми остальными миролюбивыми странами». Чтобы американские евреи ощутили свою причастность и жертвовали охотнее, рекомендовалось распространять информацию о «беспримерных подвигах» советских евреев, сражающихся на Восточном фронте, и публиковать «краткие сводки по систематическому хладнокровному истреблению беспомощных евреев гитлеровскими войсками во всех странах, которые томятся под пятой нацистов»[2]. Обед состоялся 3 декабря, на нем присутствовали лорд Марли и сенатор от штата Юта Э. Д. Томас; было собрано 5 тысяч долларов на покупку рентгеновских установок для Красной армии, как заявил С. Де Витт, на тот момент возглавлявший «Амбиджан»[3].

«Амбиджан» начал обращаться к выдающимся американцам, которые когда-либо в прошлом интересовались его работой, в том числе к Альберту Эйнштейну[4]. Эйнштейн, будучи беженцем из Германии, поддержал биробиджанский проект[5]. В 1930-е годы он одобрил антинацистскую позицию, которую заняла компартия. В 1940–1950-е годы настроение Эйнштейна становилось все более подавленным из-за царивших в Америке антикоммунистических репрессивных настроений, которые нанесли ущерб многим его коллегам — преподавателям и ученым. В течение Второй мировой войны Эйнштейн, выражавший искреннее со-

---

[2] Американский комитет по переселению евреев в Биробиджан, циркулярное письмо всем членам; конец октября 1941 г. (Stefansson Correspondence, MSS 196, Box 56, 1941 — USSR General Folder, Stefansson Collection).

[3] Евреи отправляют военную помощь // Нью-Йорк таймс. 1941. 5 дек. С. 2.

[4] Письмо совета директоров «Амбиджана» Альберту Эйнштейну, Нью-Йорк, 31 октября 1941 г. (Stefansson Correspondence, MSS 196, Box 56, 1941 — USSR General Folder, Stefansson Collection).

[5] См., напр., отзыв Эйнштейна на обложке брошюры «Биробиджан: Еврейская автономная область в СССР», в котором он говорит о «щедрой помощи», которую оказывает советское правительство «в развитии этой колонии», что «чрезвычайно важна для многих евреев».

чувствие Советскому Союзу, не возражал, чтобы «Амбиджан» и другие просоветские организации использовали его имя. Он стал почетным президентом просоветского Американского комитета еврейских писателей, художников и ученых[6].

Стефанссон сразу принял активное участие в деятельности многочисленных организаций, которые занимались привлечением разного рода поддержки для Советского Союза, в том числе материальной. В частности, он посвящал много времени Американскому совету по отношениям с СССР и Обществу помощи России в войне[7]. Стефанссон выступал на большом благотворительном приеме Общества помощи России в войне в Мэдисон-сквер-гарден 27 октября 1941 года; там же выступили бывший посол США в Москве Дж. Э. Дэвис, архитектор Ф. Л. Райт и журналист *The New York Times* У. Дюранти[8]. Он согласился встретиться и с генеральным консулом Федюшиным на обеде 3 декабря. Де Витт благодарил Стефанссона за это, а М. Левин, председатель совета директоров, впоследствии поздравлял с «блистательным выступлением»[9]. Стефанссон также принимал участие в Конгрессе американо-советской дружбы, который проходил в Нью-Йорке в Мэдисон-сквер-гарден и отелях поблизости 7–8 ноября 1942 года, в 25-ю годовщину большевистской революции; к конгрессу обратились посол Дэвис, вице-президент Г. Уоллес, советский посол Литвинов, сенатор от Флориды К. Пеппер и другие известные люди[10].

---

[6] См. [Romerstein and Breindel 2000: 278–279, 397–399] и подробное исследование [Jerome 2002].

[7] Группа по оказанию помощи Советам получает поддержку // Нью-Йорк таймс. 1941. 1 июля. С. 4; Америка отзывается на нужды России // Совьет Раша Тудэй. 1942. 11. № 2, июнь. С. 17.

[8] Нью Массес. 1941. 41. № 4, 28 окт. С. 25.

[9] Письмо Де Витта Стефанссону, Нью-Йорк, 29 ноября 1941 г.; Письмо Левина Стефанссону, Нью-Йорк, 11 декабря 1941 г. (Stefansson Correspondence, MSS 196, Box 56, 1941 — USSR General Folder, Stefansson Collection).

[10] Конгресс по советско-американской дружбе // Совьет Раша Тудэй. 1942. 11. № 7, нояб. С. 6–7, 38; Джессика Смит. Конгресс американо-советской дружбы // Там же. № 8, дек. С. 8, 11; Речь Литвинова на английском языке была напечатана в альманахе ИКОРа за 1943 г. / ред. Айзек Ронч. С. 5.

Помощь СССР стала первоочередной задачей для евреев, заявляли члены «Амбиджана», потому что «судьба евреев всего мира решается <...> на Восточном фронте».

> Только решительная победа над Германией позволит евреям Европы обрести спасение, надежду и будущее. Даже сражаясь за свое существование, Россия остается убежищем для евреев, потерявших дом. Миллион еврейских беженцев из Балтийских стран, Бессарабии, Буковины, Восточной Галиции, Белоруссии и Украины... нашел приют в тылу в Советском Союзе.

Но эти евреи «полностью зависят от помощи со стороны советского правительства». «Амбиджан» отметил, что в Москве создан ЕАК, который сейчас зовет на помощь и обращается к американским евреям с просьбой:

> Сделать все возможное, чтобы оказать Советскому Союзу максимальную поддержку в нынешней тяжелейшей ситуации... Русский народ сейчас сражается *за нас*. Если проиграют они, проиграем и *мы*. Если они выиграют, *мы* выиграем[11].

Отделения «Амбиджана» со всей энергией включились в сбор и отправку в Советский Союз одежды и медикаментов. Организовали также сбор наручных часов для Красной армии. «Пожертвуйте часы для Красной армии — помогите перевести стрелки назад, на Рейн», «Каждые наручные часы — это часовой механизм бомбы, на которой взорвется Гитлер» и «Они отдают свою кровь... вы даете им Время!» — вот несколько лозунгов этой кампании. О том, что на фронте не хватает наручных часов, Левину написал

---

[11] «Помочь России — высший долг всех евреев», «Лидеры российских евреев обращаются к американским евреям», «Наша программа и планы», «Ваша судьба висит на волоске» в брошюре «Долг и привилегия американских евреев: поможем защитить Америку, поддержав Советский Союз», выпущенной Комитетом «Амбиджана» по срочной помощи Советскому Союзу, б. д. [1941], с. 4–5, 6–7, 10, 12, курсив сохранен.

генеральный консул Федюшин в октябре 1942 года. На торжественном обеде 7 декабря в «Хорайзон Клаб» в Нью-Йорке Федюшину и М. М. Гусеву, главе «Амторга» (советского агентства, занимавшегося торговлей между СССР и США) в Нью-Йорке, были переданы около 2 300 пар наручных часов[12].

В 1943 году при «Амбиджане» была сформирована торгово-промышленная комиссия под руководством Липсетта, президента издательской компании «Атлас Паблишинг», которая выпускала журналы о промышленности и торговле. Липсетт был также советником в военном министерстве США. Торгово-промышленная комиссия поставила перед собой цель собрать 10 000 часов, как подержанных, так и новых. Но обеде 1 апреля Д. И. Заикин, преемник Федюшина в Нью-Йорке, высоко оценил работу «Амбиджана» и отметил «героизм и самоотверженность» советских евреев, которые сражаются в Красной армии. 11 апреля в Карнеги-холле состоялся концерт, который спонсировала торгово-промышленная комиссия «Амбиджана»; о нем написали крупные журналы, например *The New Yorker*. Дж. Гиббс пела «Blue Skies» И. Берлина и «Embraceable You» Дж. Гершвина, оркестр Т. Уилсона играл «I Got Rhythm». На большом открытом собрании, которое финансировало недавно организованное отделение «Амбиджана» в Бронксе, часы были вручены командам советских торговых судов, стоявших в нью-йоркском порту. Эта кампания поддерживалась Национальной ассоциацией ювелиров, торгующих в кредит, и широко освещалась в специализированной прессе — *Jewerly News* («Новости ювелирного дела»), *National Jeweler* («Национальный ювелир») и *Jewelers Circular — Keystone* («Рассылка для ювелиров, округ Кистоун»). Пункты приема часов были организованы по всей Америке, и многие часовщики и ювелиры — среди них, разумеется, преобладали евреи — безвозмезд-

---

[12] «Сдавайте часы для Красной армии» (брошюры, выпущенные Комитетом «Амбиджана» по срочной помощи Советскому Союзу в октябре 1942 и феврале 1943 гг.); Часы для Красной армии // Совьет Раша Тудэй. 1943. 11. № 10, февр. С. 6; Письмо Будиша Стефанссону, Нью-Йорк, 1 декабря 1942 г. (Stefansson Correspondence, MSS 196, Box 60, 1942 — USSR General Folder; MSS 196, Box 62, 1943 — USSR General Folder, Stefansson Collection).

но чинили и приводили в порядок старые часы. «Промышленники и бизнесмены по всей стране решительно поддерживают кампанию по сбору часов для Красной армии», — объявил «Амбиджан».

«Амбиджан» ускорил кампанию созданием специальной Американской комиссии ювелиров по сбору часов для Красной армии, в которую вошли, по его словам, 22 ведущих ювелира страны. Было объявлено о планах мобилизовать 30 тысяч ювелиров по всей стране, чтобы собрать 100 тысяч пар часов. Советские военные принимали участие во многих акциях комиссии, подчеркивая, как необходимы часы на войне. Комиссия переправляла часы Е. Д. Киселеву, новому советскому генеральному консулу в Нью-Йорке, который 10 мая выразил *самую искреннюю и глубокую признательность* за это. Липсетт опубликовал выражение благодарности от маршала Георгия Жукова, главного сталинского военачальника. «Живой отклик американских ювелиров по всей стране вселяет уверенность, что эта работа, которую теперь одобрил маршал Жуков, будет благополучно доведена до конца». 20 сентября в советское консульство в Нью-Йорке были переданы еще 100 пар часов. Дж. Г. Баттл, который принял титул действующего президента «Амбиджана» после смерти Коэна в 1940 году, 29 сентября разослал циркулярное письмо, в котором призывал членов «Амбиджана» помочь комиссии деньгами, поскольку многие часы нуждались в починке. К концу 1943 года в Россию было отправлено 8 000 пар часов[13].

---

[13] Липсетт Ч. Маршал Жуков благодарит граждан Америки. Пресс-релиз торгово-промышленной комиссии «Амбиджана», Нью-Йорк, [19] июня 1943 г. (United States Territorial Collection, RG117, Box 57, folder «Icor» 17/16, YIVO); Часы могут стрелять // Биробиджан и евреи в послевоенном мире: Сборник выступлений по поводу визита проф. Микоэлса и И. С. Фефера из СССР в США. Издание «Амбиджана», 1943, С. 17–20; Деятельность «Амбиджана» // Бюллетень «Амбиджана». 1943. 2. № 3, апр. С. 7–8, 15–19; Речь господина Д. И. Заикина // Там же. С. 18–19; Программа // Там же. С. 16–17; Кампания по сбору часов для Красной армии проходит успешно // Бюллетень «Амбиджана». 1943. 2. № 4, июнь. С. 1, 4 (курсив сохранен); Оживленное собрание отделения в Бронксе // Там же. С. 4; Лидеры ювелирной промышленности создают Американский ювелирный комитет по сбору часов для

Еще одна кампания «Амбиджана», «чтобы выразить <...> признательность и благодарность за победу при Сталинграде», заключалась в спонсировании «Серебряных Прудов» — детского дома и санатория в Сталинграде. В этом городе, несмотря на разрушения, к которым привела Сталинградская битва, к июню 1943 года размещались 500 еврейских детей-сирот. Эту кампанию вело женское отделение, которое возглавляла Л. Левин и поддерживали такие известные женщины, как Э. Стефанссон и судья А. М. Кросс. Кросс родилась в России в 1891 году, в возрасте двух лет ее привезли в Америку, в 1933 году она стала первой женщиной-судьей в Нью-Йоркском магистрате.

Стефанссон сказала, что эта идея поддержки детских учреждений Сталинграда «неотразима», и 5 июня устроила обед, на котором было собрано 3 тысячи долларов.

> Иметь возможность отправить послание нашей любви и восхищение детям героев Сталинграда — это большая честь и привилегия. «Амбиджан» гордится, что ему дана возможность принять участие в заботе о сталинградских детях.

К делу привлекли и ведущих педиатров Нью-Йорка, таких как доктор Б. Шик, — они организовали свою комиссию, которая занималась рекомендациями по закупкам лекарств и витаминов для детей-сирот. Даже голливудские киностудии не остались в стороне: там организовали «Комиссию знаменитых американских детей», председателем которой стал Дж. В. Хомейер (С. Хо-

русской армии // Там же. № 5, июль. С. 1, 4; «Амбиджан» вручает часы командующему Красным флотом // Там же. № 6, окт. С. 1; Ювелиры устраивают сбор часов в «Уолдорф-Астории» // Там же. С. 4; Вручение часов героям флота в советском консульстве // Там же. № 7, нояб. С. 1; Еще 1 000 пар часов отправлена на русский фронт // Там же. 1944. 3. № 1, янв. С. 1; Обзор протоколов национальной конференции Американского биробиджанского комитета («Амбиджана») // Там же. 1945. 4. № 1, июнь. С. 13–14, 18; У всех на устах: Часы для России // Нью-Йоркер. 1943. 10 апр. С. 14; Циркулярное письмо Баттла, Нью-Йорк, 29 сентября 1943 г. (FBI File 100–99898, Section 1, FOIPA № 416152, Ambijan).

мейер). Ранее он играл в антинацистской пьесе на Бродвее и в фильме «Завтра, мир!», а теперь выступил в программе «Мы, люди» радиостанции «Си-Би-Эс нетворк» с рассказом о поддержке «Серебряных Прудов».

Женское отделение объявило, что в дополнение к сбору суммы в сто долларов на каждого ребенка планируется приобретение электрогенератора. «Наши хорошие друзья Г. Блум и С. де Витт позаботятся о том, чтобы добыть все необходимое оборудование», заявил Будеш. «Амбиджан» выступил продюсером короткометражного фильма о «Серебряных Прудах». Это было своего рода «Письмо из Сталинграда», которое было сделано «с помощью волонтеров, работающих в киноиндустрии». Фильм показывали на многих собраниях, концертах и даже в коммерческих кинотеатрах. Когда его демонстрировали в Карнеги-холле 28 декабря 1943 года, в программу входили также выступление З. Мостела и кантата «Мы ответим: "Сталинград"» (композитор — Ч. Кингсфорд, исполнитель — П. Робсон). Журнал *Soviet Russia Today* выпустил иллюстрированное приложение о приобретениях, сделанных «Амбиджаном» для детского дома[14].

---

[14] «Амбиджан» берет на себя финансирование детского дома в Сталинграде // Бюллетень «Амбиджана». 1943. 2. № 4, июнь. С. 1; Американские дети-знаменитости возглавляют кампанию по поддержке детей «Серебряных Прудов» // Там же; «Серебряные Пруды» // Там же. С. 2; Женское отделение дает обед, открывающий сбор средств для «Серебряных Прудов» в Нью-Йорке // Там же. С. 3; «Амбиджан» планирует отправить электрогенератор в сталинградский детдом // Там же. № 5, июль. С. 1; «Амбиджан»: Программа и деятельность // Там же. № 4, июнь. С. 2; Укрепление дружбы детей США и СССР // Там же. № 5, июль. С. 3; Говорят «Серебряные Пруды» // Там же. С. 4; Детские лагеря — «Серебряным Прудам» // Там же; Электрогенератор и оборудование отправлены в Сталинград // Там же. № 6, окт. С. 5; Час русского радио на радиостанции WHOM // Там же. С. 6; Американские родители на летних курортах участвуют в кампании «Амбиджана» для «Серебряных Прудов» // Там же; Не пропустите новый фильм «Письмо из Сталинграда» // Там же; Праздник в пользу детей Сталинграда в Карнеги-холле // Там же. № 7, нояб. С. 1; «Приветствуем детей Сталинграда»: большой успех // Там же. 3. № 1, янв. с. 1; 25 тонн продуктов и других товаров, собранных «Амбиджаном», отправлены в «Серебряные Пруды» // Там же. 1944. № 3, апр. С. 1, 4; Рояль для детей «Серебряных Прудов» // Там же. С. 7; Американский детский дом в Сталинграде // Совьет Раша Тудэй. 1944. 13. № 8, дек. С. 11; Юные звезды сцены

В течение военных лет «Амбиджан» собирал деньги для осиротевших еврейских детей по всему Союзу. К 1943 году в девяти детских лагерях в штате Нью-Йорк прошли сборы средств для сирот. На курортах Лонг-Айленда тоже организовали сборы, например, на курорте «Мод'з Саммер-Рэй» (Салливан, Нью-Йорк), владельцы которого были художниками левого толка[15], а среди гостей преобладали левые, говорившие на идише, часто устраивались благотворительные сборы[16]. Согласно «Бюллетеню "Амбиджана"», в общей сложности летом 1944 года в местах отдыха было собрано около 16 тысяч долларов[17].

и экрана помогают сиротам Сталинграда обрести дом // ПМ. 1943. Нью-Йорк, 6 июня. С. 26; 12-летний красный партизан — заочный гость праздника «Приветствуем детей Сталинграда» // Нью-Йорк таймс. 1943. 29 дек. С. 19; Наш долг Сталинграду. Издание «Амбиджана», Нью-Йорк, б. д. [1944]. С. 3–6 24-страничного доклада ФБР от 19 сентября 1945 г., подданного специальным агентом Конроем (originally in NY File 100–42538. File 100–99898, Section 1, FOIPA № 416152, Ambijan). Рецензия на фильм «Завтра, мир!» вышла в «Вэрайти» (20 декабря 1944 г., с. 8).

15 Рекламные объявления «Ждем гостей в "Мод'з Саммер-Рэй"» (Stay and Play at Maud's Summer-Ray) выходили в «Нью-Массес» в течение летних сезонов во время войны, см., например: Нью-Массес. 1941. 39. № 11, 3 июня. С. 26. В «Мод'з Саммер-Рэй» приезжали многие левые художники, в частности Йосл Котлер и Зуни Мауд (семья которого и владела отелем). Котлеру и Мауду принес известность кукольный театр «Модикат Паппет», который они организовали в Нью-Йорке, выступавший в Европе и СССР; иногда они выступали и в «Мод'з Саммер-Рэй». См. [Portnoy 1999]. Портной в ходе своего исследования обнаружил неоднократные сборы в пользу ИКОРа и Биробиджана в «Мод'з Саммер-Рэй» (электронное письмо от Эдварда Портноя автору, Нью-Йорк, 11 ноября 1996 г.) Зуни Мод, родом из Василькова под Белостоком (современная Польша), скончался в 1956 г. О летних базах отдыха и курортах, на которых собирались левые, см. [Brown 2002; Blumberg 1996; Shargel 1995].

16 Телефонное интервью с Эдвардом Крамером, Энглвуд, Нью-Джерси, 5 ноября 1996 г. Его отец, Израиль Крамер, производитель текстиля, член Совета предпринимателей «Амбиджана», в годы войны проводил лето в «Мод'з Саммер-Рэй».

17 Летние мероприятия «Амбиджана» // Бюллетень «Амбиджана». 1944. 3. № 7, нояб. С. 8. В докладе ФБР цитируется информатор, который описывает Фар Рокауэй как «центр деятельности прокоммунистических массовых организаций» (P. 2 of a 13-page report dated April 29–30, 1946, submitted by E. E. Conroy, Special Agent in Charge, originally in NY File 100–42538. File 100–99898, Section 2, FOIPA № 416152, Ambijan).

«Амбиджан» тоже активно участвовал в организации поездки Михоэлса и Фефера по стране. Розенберг, который в это время исполнял множество обязанностей: вице-президента и главы совета директоров «Джойнта», главы «Агро-Джойнта», главы совещательной комиссии Еврейского совета при Обществе помощи России в войне, члена Национального комитета этого общества, — выступал на приеме в честь Михоэла и Фефера в отеле «Астор» в Нью-Йорке 1 июля. «О том, как Сталинград переломил ситуацию и спас мир от гитлеровских полчищ, будут рассказывать в учебниках. Для евреев это слово бессмертно», — сказал Розенберг. Он назвал Советский Союз «необъятной, величественной страной», в которой «антисемитизм — это преступление против государства». Это «краеугольный камень советской политики», и отчасти поэтому Гитлеру не удалось завоевать Россию[18].

«Амбиджан» организовал для советских гостей особое собрание Национального комитета в танцзале отеля «Савой-Плаза» 12 июля. На этом «поистине знаменательном событии» присутствовала вся верхушка организации. Михоэлса и Фефера приветствовали Баттл, Розенберг, Левин и Будиш. Розенберг вспоминал свою поездку в Россию, еврейские сельскохозяйственные поселения в 1926 году и слухи «о еврейской республике или еврейском штате, которые, возможно, будут созданы в России». Розенберг отмечал: «Биробиджан может сыграть важную роль в послевоенном обустройстве евреев, переживших гитлеровские преследования». Он выразил восхищение советской властью, которая уже сохранила жизнь примерно 1,6 млн евреев, и сказал, что американские евреи должны благодарить Советский Союз за его военные успехи.

Будиш выступил с рассказом, адресованным Михоэлсу и Феферу, о работе, которую ведет «Амбиджан» в интересах Советского Союза — «страны, в которой антисемитизм стал таким же презираемым, как каннибализм, и таким же невозможным». Будиш напомнил слушателям, что до войны «Амбиджан» и советская власть сумели договориться относительно переселения

---

[18] Розенберг Дж. Советская Россия и евреи // Менора Джорнел. 1943. 31. № 3, окт. — дек. С. 296–299.

евреев из Восточной Европы в Биробиджан, взаимопонимание по этому вопросу сохраняется и после войны эту работу можно продолжить. Он объявил, что сформирован специальный комитет из «выдающихся публичных людей» под управлением «видного ученого Стефанссона», задача которого — определить роль «Амбиджана» в послевоенном восстановлении жизни евреев в СССР. Будиш заявил, что на 1 июля 1943 года «Амбиджан» собрал 150 тысяч долларов на неотложные задачи. «Разумеется, — продолжал он, — мы никогда не сможем выплатить долг благодарности советскому народу и Советской армии». Левин сказал: члены «Амбиджана» «были друзьями и доброжелателями советского народа и правительства задолго до начала войны... Мы всегда понимали и горячо приветствовали то, как ваша страна решает вопрос национальных меньшинств, указывая путь другим странам» к достижению полного освобождения национальных меньшинств и этнических групп.

Михоэлс и Фефер в своих выступлениях отозвались о создании еврейской автономии в Биробиджане как об «одном из величайших достижений национальной политики Советского Союза». Они упомянули участие биробиджанских евреев в военных действиях «их родины, Советского Союза», и их вклад в «мировую сокровищницу еврейской культуры». Михоэлс сказал, выступая перед членами «Амбиджана»: образование Биробиджана «имело огромное значение для решения еврейского вопроса... В картину еврейской жизни в СССР входят теперь элементы государственности. Мы, евреи, стали народом, имеющим политические права, государственные права, а не только народом, имеющим равные права со всеми советскими гражданами». Фефер прочитал свою поэму «Свадьба в Биробиджане» и, в свою очередь, выразил признательность «Амбиджану» за кампанию по сбору наручных часов для СССР[19].

---

[19] [Rosenberg 1927: 7]. Профессор Соломон Михоэлс и Ицик Фефер — почетные гости специального заседания Национального комитета «Амбиджана» // Бюллетень «Амбиджана». 1943. 2. № 5, июль. С. 1, 3; «Амбиджан»: Программа и деятельность // Там же. С. 2; «Элементы государственности входят в жизнь еврейского народа», — говорит профессор Михоэлс // Там же. № 6,

17 сентября 1 200 нью-йоркских школьников слушали выступление Михоэлса на идише в Таун-холле. Председательствовал Хомейер; на трибуне рядом с ним находились советский генеральный консул Киселев и С. Смолл, секретарь «Международной трудовой защиты»[20]. Михоэлс говорил о дружбе и любви между всеми 172 народностями Советского Союза и о детях-партизанах, героически сражающихся с нацистами[21].

Тур двух советских посланников по США принес 16 млн долларов для Советской армии. В передовице *Ambijan Bulletin* позже сообщалось, как Михоэлс и Фефер рассказывали о «криках детей, о горе в глазах их матерей, о том, что <...> взывают все пожертвовавшие собой ради своего народа, своей отчизны и свободы всего человечества». Там же говорилось, что приезд из Советского Союза укрепил братские отношения между американскими и советскими евреями, придал больше решимости евреям в Америке и «подарил крылья вдохновения членам и друзьям» «Амбиджана». Авторы передовицы желали Михоэлсу и Феферу «счастливого возвращения в их великую страну и многих-многих лет плодотворной работы»[22].

окт. С. 4; Каблограмма Стефанссона // Там же. № 7, нояб. С. 2; Левин М. Представители еврейской культуры: Делегация из СССР // Биробиджан и евреи в послевоенном мире, б. д. [1943]. С. 3–4; Розенберг Дж. Миру на заметку // Там же. С. 23. О неодобрительном отношении Розенберга к строительству Еврейского государства в Палестине см. также [Bauer 1974: 116; Kolsky 1992: 40–41].

[20] «Международная трудовая защита» (*англ.* International Labor Defence) — американское отделение Международной организации помощи борцам революции (МОПР), созданной Коминтерном в 1922 г. — *Примеч. пер.*

[21] Американские дети приветствуют профессора Михоэлса в Таун-холле // Бюллетень «Амбиджана». 1943. 2. № 6, окт. С. 1, 4; Ваши детские глаза увидят победу // Там же. С. 3. Речи Хомейера, Киселева и Михоэлса опубликованы в 16-страничной книжке «Дядя Вася — герой и другие истории юных героев СССР» авторства Скиппи Хомейера и др. (Изд-во «Амбиджана», 1943).

[22] Профессору Соломону Михоэлсу и Ицику Феферу // Бюллетень «Амбиджана». 1943. 2. № 6, окт. С. 2. Пожелание не сбылось: Михоэлс был убит в 1948 г., а Фефер расстрелян в «ночь убитых поэтов» в 1952 г. по обвинению в «еврейском национализме», которое было выдвинуто именно из-за таких речей, как те, которые он произносил в Северной Америке.

«Амбиджан» воспользовался тем фактом, что около 1,6 млн евреев Европы нашли убежище в СССР. «Героизм и отвага советского народа и Красной армии спасли от уничтожения» евреев, которых эвакуировали целыми общинами накануне нашествия нацистов. Сам Биробиджан вкладывал все силы в приближение победы над кровавыми фашистскими захватчиками: фабрики производили оборудование, колхозы — продукты для фронта. Десятки тысяч нашли убежище в Биробиджане, утверждал «Амбиджан», и они сыграют важную роль в послевоенном восстановлении: «"Амбиджан" ожидает, что ему вновь будет дана привилегия участвовать в создании поселений для евреев в Биробиджане и в других местах СССР, когда это станет возможным». Однако «Амбиджан» был встревожен тем, что его не пригласили на Американскую еврейскую конференцию, которая прошла в Нью-Йорке в августе 1943 года. На ней встретились более 500 делегатов от 64 еврейских организаций, чтобы решить, какую роль американские евреи будут играть после войны в представлении еврейских интересов. «Учитывая огромную важность Биробиджана, способного принять большую часть из 1,6 млн еврейских беженцев», спасшихся от нацистов, «участие "Амбиджана" представляем необходимым»[23].

В ноябре 1943 года «Амбиджан» вновь заявил о своей позиции: Биробиджан должен быть включен в число мест, где выжившие евреи Европы поселятся после войны. Отметив, что Гитлер уже убил более трех миллионов евреев, «Амбиджан» подчеркнул, что «только благодаря доблести Красной армии и политике Советского Союза» около 1,8 млн евреев (более ранняя оценка повысилась на 200 тысяч человек) нашли убежище в СССР. В ответ на рост влияния сионистов в Америке в «Амбиджане» заявляли, что

---

[23] Членам и друзьям «Амбиджана» // Там же. № 3, апр. С. 5–6; Продукты и Биробиджан // Там же. № 4, июнь. С. 2; Биробиджан мобилизуется для победы — репортаж из первых рук // Там же. С. 3; Еврейская конференция // Там же. С. 2. В одной статье утверждалось, что около ста тысяч евреев уже нашли убежище в Биробиджане, см.: Биробиджан — гавань для еврейских беженцев // Там же. Об Американской еврейской конференции, см. [Berman 1992: 108–112].

«даже в самом лучшем случае» Палестина не сможет принять всех евреев, нуждающихся в переселении. Полезные ископаемые, плодородная почва, строевые леса, рыба и пушнина, «здоровый, бодрящий климат» делают ЕАО, несомненно, «одной из самых подходящих территорий, на которой могут поселиться евреи». И снова «Амбиджан» напоминает еврейскому сообществу о своем довоенном соглашении с Россией: «Мы можем с полным основанием рассчитывать, что, как только военные действия прекратятся, "Амбиджан" снова будет иметь честь участвовать в деле переселения евреев в Биробиджан»[24].

В начале января 1944 года Будиш попросил Стефанссона написать статью в честь приближающегося 10-летия провозглашения Биробиджанского района ЕАО[25]. В этой статье Стефанссон описал центральную роль Биробиджана:

> Евреи Центральной и Восточной Европы возвращаются к жизни... Политика Советского Союза — равноправие для всех расовых и национальных меньшинств не только в теории, но и на практике — дала им единство, которое стало одним из главных источников силы, что они выказали в войне... К своему десятилетию Биробиджан — земля обетованная — уже выполнил обет[26].

«Бюллетень "Амбиджана"» за февраль 1944 года вышел с подзаголовком «Салют Красной армии!» и представлял собой панегирик Советам, одержавшим победу в Сталинградской битве. Советский Союз — «первое великое многонациональное государство в мире», и в Биробиджане евреям «предоставлена их

---

[24] Послевоенное восстановление еврейской жизни // Бюллетень «Амбиджана». 1943. 2. № 7, нояб. С. 2.

[25] Письмо Будиша Стефанссону, Нью-Йорк, 13 января 1944 г. (Stefansson correspondence, MSS 196, Box 33, 1944 — USSR-Ambijan Committee Folder, Stefansson Collection).

[26] Стефанссон В. 10-летие Биробиджана, 10-летие Еврейской автономной области. май 1944 г. Издание юбилейного комитета «Амбиджана», Нью-Йорк, 1944. С. 1. См. также: Будиш. ЕАО, СССР. Издание «Амбиджана», б. г. [1944].

собственная государственность»[27]. Левин составил историю «Амбиджана» и написал об основателях организации и ее вдохновителях, в том числе о Липпере, Коэне, чье «беззаветное служение» укрепляло дух окружающих, и Баттле, чья «любовь к свободе» стала ведущим принципом организации после того, как он сменил Коэна на посту президента[28].

К весне 1944 года, согласно заявлению «Амбиджана», он насчитывал 6 000 членов по всей стране, и многие американские евреи признавали его роль посредника в деле послевоенной реабилитации европейских евреев в СССР. Еврейский антифашистский комитет тоже заявил об официальном признании «Амбиджана». В апреле у организации появился новый штаб — на Парк-авеню, 103. 19 апреля Будиш сказал Стефанссону, что получил из Москвы телеграмму о том, что ЕАО начинает прием еврейских беженцев из Восточной Европы, и первыми прибудут 3 500 еврейских сирот. «Амбиджан» и другие просоветские еврейские организации отметили 10-летие образования ЕАО многочисленными торжествами, включая обед в отеле «Коммодор» 4 апреля 1944 года и званый вечер в «Уолдорф-Астории» 16 мая. На вечере было около тысячи гостей, которые выражали «чувство глубокой любви к героическому народу Советского Союза и восхищения перед ним». Будиш сказал хвалебную речь в адрес Баттла, покидающего пост президента «Амбиджана». Кросс «говорила, как пламенная сионистка», и выразила уверенность, что все евреи должны поддержать «Амбиджан». Советский генеральный консул Киселев высоко оценил работу «Амбиджа-

---

[27] «Приветствуем Красную армию!» // Бюллетень «Амбиджана». 1944. 3. № 2, февр. С. [4].

[28] Левин. Американский комитет по переселению евреев в Биробиджан («Абиджан») // Там же. С. [5]. Сообщение о смерти Коэна см.: Скончался бывший конгрессмен У. У. Коэн // Нью-Йорк таймс. 1940. 13 окт. Раздел 1. С. 49. Хотя в этой статье уделяется много внимания целому ряду благотворительных и связанных с еврейской культурой начинаний Коэна, а также его членству в различных клубах и организациях, в том числе в Американском еврейском конгрессе и в масонской ложе «Бнай Брит», об «Амбиджане» там не сказано ни слова.

на», «старейшего среди многочисленных друзей <...> страны в Соединенных Штатах». Он также рассказал о военных подвигах советских евреев, которые «занимают равное почетное место среди отважных воинов Красной армии».

На вечер были приглашены Э. Д. Томас, сенатор от Юты, и Ф. С. Харрис, президент Университета Бригема Янга, оба давние сторонники Биробиджана. Харрис описал богатые природные ресурсы Биробиджана и отдал дань отваге и мастерству еврейских первопоселенцев. Томас говорил о том, что СССР — первая страна, которая «призывает разрозненный мир к единству» против «общего врага» — фашизма. Он назвал Биробиджан «выдающимся примером прозорливой политики» Советского Союза по отношению к национальным меньшинствам.

> Настоящее, истинное равенство, в котором живут все народы Советского Союза, показывает путь всему миру. Это надежная опора для еврейских бойцов Красной армии, которым она дает силы так героически сражаться — сражаться, напрягая все силы, — против палачей, которые истребляют братьев-евреев.

По его словам, антисемитизм серьезно наказывался в Советском Союзе, так как это преступление против всего народа. Слова сенатора Томаса были внесены в «Конгрешнл Рекорд»[29] другим сенатором от Юты, Э. Мердоком.

Выступал также Левин, который отметил, что, по мере того как война приближается к концу, «приходит время разработать план переселения в Биробиджан евреев из-за рубежа». Конечно, те, кому посчастливилось избежать «нацистских палачей» и найти убежище в Советском Союзе, — значительное число людей — захотят постоянно поселиться в Биробиджане, и «Амбиджан» поддержит советское правительство, которому придется помогать Биробиджану в их адаптации. Аронов объявил, что «Амбиджан» планирует собрать миллион долларов на различные меры под-

---

[29] Официальное издание Конгресса США, выходит каждый день во время сессий Конгресса. — *Примеч. пер.*

держки. В заключение «Стефанссон призвал всех встать, чтобы почтить маршала Сталина; это было принято единодушно и с овациями»[30].

С многочисленными успехами на фронтах войны, которые, безусловно, приближали победу, «Амбиджан» планировал первую национальную конференцию — она должна была состояться в Нью-Йорке 25–26 ноября 1944 года. Для подготовки конференции 12 октября созвали совещание в отеле «Билтмор» под руководством Липсетта. С помощью промышленников, например Ароноффа, активиста «Амбиджана», удалось привлечь к работе многих крупных бизнесменов; их «сердечно приветствовал» Д. Янг. Разные предприятия передавали пожертвования Биробиджану, например 50 000 ярдов шерсти, комплект оборудования для вязальной и обувной фабрик, две мастерские по ремонту техники[31]. Теоретик коммунизма Биттельман в докладе на первой

---

[30] Приветствуем Красную армию // Бюллетень «Амбиджана». 1944. 3. № 3, апр. С. 4; «Амбиджан» отмечает свое 10-летие // Там же. № 7, нояб. С. 4–5; Циркулярное письмо «Амбиджана» 31 марта 1944 г., письмо Будиша Эвелин Стефанссон, Нью-Йорк, 5 апреля 1944 г.; Протоколы заседания 7 апреля 1944 г.; Каблограмма от Стефанссона Франклину Харрису, Нью-Йорк, 12 апреля 1944 г.; Письма Будиша Стефанссону, Нью-Йорк, 19 апреля и 17 мая 1944 г. (Stefansson Correspondence, MSS 196, Box 65, 1944 — USSR-Ambijan Committee Folder, Stefansson Collection); Левин М. Речь для произнесения на обеде «Амбиджана» в «Уолдорф-Астории» 16 мая 1944 г. (рукопись, United States Territorial Collection, RG251, Box 8, folder «Speech by Max Levin», YIVO); Сенатор Томас воспевает русских // Нью-Йорк таймс. 1944. 17 мая. С. 7. Речь Томаса напечатана в «Конгрешнл Рекорд» от 29 мая 1944 г. (Congressional Record: Proceedings and Debates of the 78th Congress, Second Session, Appendix, Volume 90 — Part 9, March 24, 1944 to June 12, 1944 (Washington: United States Government Printing Office, 1944): A2627–2628). В 1950 г. Томас на выборах уступил Уоллесу Ф. Беннетту после жесткой предвыборной борьбы, в ходе которой его обвинили в симпатиях к коммунистам. Томас голосовал за либеральные законопроекты, защищал интересы трудящихся и сочувствовал Советскому Союзу — все это привело его к поражению. См. также [Tobler 1992].

[31] При «Амбиджане» создан Совет предпринимателей // Бюллетень «Амбиджана». 1944. 3. № 7, нояб. С. 1, 8; Комиссия по технике отправляет подарки в Биробиджан и Сталинград // Там же. С. 7; Протоколы заседания Совета «Амбиджана» (Stefansson Correspondence, MSS 196, Box 65, 1944 — USSR-Ambijan Committee Folder, Stefansson Collection).

общей конференции *Morgen Freiheit* Assotiation 30 сентября 1944 года упомянул об особых биробиджанских проектах, организованных «Амбиджаном», в которых ИКОР намеревался принять участие[32].

24 октября в отеле «Коммодор» состоялось собрание директоров, на котором председательствовал М. Левин. Он, выступая перед 60-ю собравшимися, отметил важность послевоенного периода для «Амбиджана». Перед организацией встанут сложные задачи; Левин выразил надежду, что удастся собрать миллион долларов наличными и еще больше — готовой продукцией. Будиш заявил, что на национальной конференции в ноябре члены «Амбиджана» обсудят «историческую роль, которую, видимо, сыграет» Биробиджан в послевоенном восстановлении жизни еврейского народа:

> После войны еврейский народ будет пребывать в такой нужде, что даже самые ревностные сионисты, вероятно, не смогут отказаться от совместной работы по переселению в Биробиджан тех беспомощных евреев, которые нашли приют в СССР и которые сейчас умоляют дать им возможность обосноваться и начать жизнь заново в ЕАО.

«Не так уж часто стучатся возможности у дверей еврейского народа, который перенес столько страданий. Мы не можем, не должны упустить эту возможность». Будиш сказал: конференция станет началом «новой эры человеческого братства, которое все мы так жаждем построить после Холокоста»[33].

На ноябрьскую конференцию «Амбиджана» прибыли 403 делегата из США, Канады, Мексики и Кубы, а также еще тысяча гостей из разных стран. В единогласно принятой «декларации принципов» было установлено, что «Амбиджан» «с самого нача-

---

[32] Александр Биттельман. Еврейский народ выживет! Издание «Морнинг Фрайхайт Асс.», Нью-Йорк, 1944. С. 32.

[33] Будиш Я. Национальная конференция «Амбиджана» 25–26 ноября в Нью-Йорке // «Амбиджан» бюллетень. 1944. 3. № 7, нояб. С. 2.

ла приравнивал антисемитизм к фашизму». Вновь выразили восхищение Советским Союзом, который открыл свои двери для 1,8 млн евреев, бежавших от Гитлера. Участники конференции были солидарны в необходимости собрать миллион долларов на поддержку беженцев в Сталинграде и Биробиджане и ускорить промышленное и культурное развитие ЕАО. В частности, «Амбиджан» решил удвоить усилия по переселению в Биробиджан 3 500 еврейских сирот, а также продолжить поддерживать «Серебряные Пруды».

Среди спикеров и гостей были такие известные личности, как сенатор Томас, который в своем выступлении воздал должное национальной политике Советского Союза и назвал Биробиджан убежищем для еврейского народа; Розенберг, говоривший о советской политике как о «луче света» — он «освещает путь, которым должны пойти все страны для защиты национальных меньшинств»; генеральный консул Киселев, который высоко оценил «выдающийся вклад в победу над врагом», сделанный советскими евреями; советский посол в Вашингтоне Громыко — им была высказана горячая благодарность «Амбиджану» за помощь, предоставленную СССР и Биробиджану в частности; конгрессмен от Нью-Йорка Э. Селлер, член Национального комитета «Амбиджана». Раввин А. Ландман из синагоги Бет-Элоким в Бруклине обратился к делегатам, заверяя их, что многим евреям, бежавшим от Гитлера, «очень поможет переселение в Биробиджан». Он назвал «постыдным» тот факт, что США впустили во время войны лишь тысячу еврейских беженцев, тогда как СССР спас полтора миллиона.

Обед, на котором присутствовали все делегаты и тысяча гостей, организовали Стефанссоны. На конференции лорда Марли избрали почетным президентом, Стефанссона и Липсетта — вице-президентами. Было собрано около 96 тысяч долларов наличными и по подписке. Кроме того, во время конференции удалось подписать обязательства о пожертвованиях в виде техники и разного рода установок, в том числе швейных машин, оборудования для обувной и трикотажной фабрик, машинно-тракторной станции и типографии, в общей сложности на 100 тысяч долларов[34].

На национальной конференции заключили, что при помощи предпринимателей, ставших членами «Амбиджана», можно как заняться расширением имеющихся промышленных и других специализированных отделений, так и создать новые. Уже функционировала торгово-промышленная комиссия под руководством Ч. Липсетта. В 1945 году было основано отделение по металлообрабатывающим станкам с подразделениями в Нью-Йорке, Чикаго и Кливленде. В нем 15 крупных промышленников, таких как Хаймлих, Сигал и Де Витт, работали совместно с двумя представителями Объединенного профсоюза работников электрорадиотехнической промышленности и машиностроения (United Electrical, UE). Профсоюз находился под контролем коммунистов ради общей цели — отправки в ЕАО различных станков, швейных машин и других орудий труда. Были сформированы отделение полиграфии, в которое входили представители 26 различных компаний, занимавшихся типографским и издательским делом, рекламой и производством канцелярии; отделение одежды и текстиля, во главе которого стояли 12 крупных производителей одежды, вместе с ними — Дж. С. Потофски из Объединенного профсоюза работников швейной промышленности (ACWA), тогда занимавший должность секретаря-казначея; отделение швейных и вязальных станков, возглавляемое Н. Минкоффом, в которое вошли семь предпринимателей и один член Объединенного профсоюза механиков. Новое отделение сельского хозяйства возглавили два человека, которые в 1929 году ездили в Биробиджан: доктор М. Л. Уилсон, он воз-

---

[34] Национальная конференция «Амбиджана» по срочной помощи жертвам фашизма. Нью-Йорк: «Амбиджан» [ноябрь 1944]; Будиш Я. Приветствие Еврейскому антифашистскому комитету СССР и Еврейской автономной области // «Амбиджан» бюллетин. 1945. 4. № 1, июнь. С. 2; Розенберг Дж. Н. Меньшинства в послевоенном мире // Там же. С. 11; Краткое содержание материалов национальной конференции Американского Биробиджанского комитета («Амбиджана») // Там же. С. 13–27.

главлял службу по распространению агропромышленных знаний при министерстве сельского хозяйства США, и Ф. С. Харрис, президент Университета Бригема Янга. Новое отделение пищевой промышленности возглавили трое рыботорговцев. Были созданы такие отделения, как русское, мебельное, врачей, а также музыкальное, в которое вошли сэр Т. Бичем, Л. Бернстайн, М. Гульд, У. Моррис и Б. Вальтер[35].

24 ноября 1945 года состоялся обед в честь директора «Амторга» М. М. Гусева, под руководством которого эта организация, по словам Будиша, «проявила неоценимую готовность к сотрудничеству». Почетными гостями были Розенберг, сенатор от Западной Вирджинии X. М. Килгор, конгрессмен Селлер и недавно избранный мэр Нью-Йорка У. О'Дуайер. Килгор отметил, что развитие Биробиджана — «заслуга еврейского народа» и что это «один ответ на многие неотложные существенные потребности евреев Европы в восстановлении и возвращении к нормальной жизни после войны». Председатель Стефанссон представил Гусева как нью-йоркского представителя советской комиссии по закупкам во время войны. Гусев в своем выступлении говорил о восстановлении СССР после военных разрушений; явно обращаясь к собравшимся предпринимателям, он напомнил, что СССР может стать как крупным рынком для продукции американской промышленности, так и «ценным источником сырья, полуфабрикатов и других товаров для промышленности и широкого потребления в США». Он выразил надежду, что «взаимопонимание будет углубляться на основе нормальных экономических связей и взаимной заинтересованности». Также выступили Л. М. Неллис из компании *College Inn Food Products* (Чикаго) и Ч. Липсетт, консультант Комиссии по излишкам военного имущества (Вашингтон). На обеде было собрано в общей сложности 87 937 долларов наличными и по подписке, включая

---

[35] Будиш Я. Национальная конференция объединяет американских евреев вокруг Биробиджана // «Амбиджан» бюллетен. 1946. 5. № 3, сент. С. 4–5; Пресс-релиз «Амбиджана» от 26 февраля 1946 г. (United States Territorial Collection, RG117, Box 57, folder «Icor» 17/16, YIVO).

20 000 от Дж. Моргенштерна из Кливленда, президента *Electroline Manufacturing Company*[36].

«Мы должны помочь» — гласила одна из брошюр «Амбиджана». 6 сентября 1945 года Будиш объявил, что в Биробиджан отправлены товары на сумму в 100 тысяч долларов для 3 500 сирот[37]. В общей сложности в течение 1945 года Комитет «Амбиджана» по срочной помощи Советскому Союзу отправил в СССР одежду, продукты, лекарства и медицинские инструменты, а также другие разнообразные товары на сумму в 456 779 долларов[38].

---

[36] Обед в отеле «Рузвельт» // Там же. № 1, февр. С. 4–5; Условия Потсдама смягчаются // Нью-Йорк таймс. 1945. 25 нояб. Раздел 1. С. 32; Отчет специального агента Конроя Эдгару Гуверу, Нью-Йорк, 11 декабря 1945 г. (File 100–99898, Section 1, FOIPA № 416152, Ambijan). Стефанссон связался с Гарольдом Икесом, министром внутренних дел, и пригласил его выступить, но выступление не состоялось. Письма от Будиша Стефанссону, Нью-Йорк, 24 октября и 15 ноября 1945 г.; Телеграмма от Стефанссона Икесу, Нью-Йорк, 15 ноября 1945 г.; Копия программы обеда и машинопись вступительной речи и выступлений из архива Стефанссона (Stefansson Correspondence, MSS 196, Box 67, 1945 — USSR-Ambijan and American Russian Institute Folder, Stefansson Collection). Во время холодной войны Чарльз Липсетт отошел от прокоммунистических движений и впоследствии написал ряд книг о том, как служил государственным советником в военное время. См., например, [Lipsett 1969]. Его некролог см. в «Нью-Йорк таймс» от 22 ноября 1978 г.

[37] Наш долг протянуть руку помощи. Нью-Йорк: Американский Биробиджанский комитет («Амбиджан»), [1945]; Товары первой необходимости отправляются к нуждающимся в Биробиджан // Нью-Йорк таймс. 1945. 7 сент. С. 5.

[38] Отправка грузов Американского Биробиджанского комитета в СССР до 31 декабря 1945 г. // «Амбиджан» бюллетин. 1946. 5. № 1, февр. С. 16. В "Амбиджан" бюллетин за февраль 1946 г., с. 15, говорится также о суммах, собранных отделением полиграфии (25 тысяч долларов), отделением одежды (10 тысяч долларов) и сельхозотделением (2 тысячи долларов).

Часы для Красной армии
(Ambijan Bulletin, April 1943)

Реклама «Мод'з Саммер-Рэй»
(New Masses, June 3, 1941)

Национальный съезд «Амбиджана», 25–26 ноября 1944 г. Слева
направо: Я. М. Будиш, Вильялмур Стефанссон, советский посол
А. А. Громыко, Макс Левин (Ambijan Bulletin, June 1945)

Глава 5

Кампания
по послевоенному
устройству сирот и слияние
«Амбиджана» и ИКОРа

Поддержка кампании по переселению сирот в Биробиджан быстро росла. Кунц писал в августе 1944 года, что Биробиджан, как единственный регион СССР с многочисленным еврейским населением, не пострадавший от бесчинств нацистов, должен сыграть центральную роль в послевоенном восстановлении страны. Для большого числа евреев, эвакуировавшихся в Среднюю Азию, Биробиджан отныне станет центром притяжения; в частности, дети, оставшиеся без родителей, найдут здесь «дом, в котором нет следов войны, причиняющих боль этим израненным впечатлительным душам»[1].

В конце 1944 года была издана брошюра, в которой сообщалось, что «ИКОР проводит кампанию по помощи в обустройстве еврейских сирот-беженцев в Биробиджане». На задней странице обложки отмечалось, что «100 долларов — это жизнь одного сироты в течение года, 50 долларов — в течение 6 месяцев, 25 долларов — в течение 3 месяцев»[2].

---

[1] Чарльз Кунц. Биро-Биджан и послевоенное восстановление // Найлебн — Нью Лайф. 1944. 18. № 8, авг. С. 23–24.

[2] Профессор Чарльз Кунц, президент ассоциации ИКОР, Инк. Брошюра в Фонде Морриса Стерна (RG231, Box 1, unnamed folder, YIVO).

В другой брошюре говорилось, что возвращение к нормальной жизни сотен тысяч осиротевших детей, родителей которых зверски убили «гитлеровские людоеды», — это самая серьезная задача, с которой когда-либо сталкивался еврейский народ. Биробиджан готовит места для расселения этих сирот, обеспечивая им «идеально еврейскую среду» в «быстро растущей еврейской автономии, которая скоро станет Еврейской республикой, в стране, способной навсегда решить так называемый еврейский вопрос». ИКОР отмечал, что маршал Иосиф Сталин выразил Биробиджану свое одобрительное отношение к реализуемому проекту и шлет «свой братский привет и благодарность от советской власти Еврейской автономной области»[3].

В январе 1945 года в передовице в *Nailebn — New Life* рассказывалось о «крупных суммах денег, которые ИКОРу необходимо найти в ближайшее время», чтобы помогать в переселении сирот. Эти дети, «[наше] самое дорогое сокровище», воплощают надежду на лучшее будущее[4]. Письмо, разосланное членам ИКОРа, гласило, что «Биробиджан уже сейчас принимает 30 тысяч беженцев, начато строительство жилья для сирот». ИКОР решил собрать средства на переселение в Биробиджан тысячи еврейских сирот-беженцев[5].

16 января 1945 года около 70 «главных активистов» собрались в ресторане «Рапапорта» в Нью-Йорке, чтобы организовать кампанию по сбору 100 тысяч долларов[6]. 25 февраля в отеле

---

[3] Вы можете помочь переселению еврейских беженцев — военных сирот в Биробиджан. ИКОР помогает переселить тысячи еврейских беженцев — военных сирот в Биробиджан. Брошюра б. г. (United States Territorial Collection, RG117, Box 57, folder «Icor» 17/16, YIVO); письмо от Чарльза Кунца и Абрама Дженофского Калмену Мармору, Нью-Йорк, 26 апреля 1945 г. (Kalmen Marmor papers, 1873–1955, RG205, Microfilm group 495, folder 546 «Icor-korespondents, 1938–1946,» YIVO).

[4] 30 тысяч еврейских сирот в Биро-Биджане // Найлебн — Нью Лайф. 1945. 19. № 1, янв. С. 2.

[5] Письмо от Чарльза Кунца и Абрама Дженофского Калмену Мармору, Нью-Йорк, 26 апреля 1945 г. (Kalmen Marmor papers, 1873–1955, RG205, Microfilm group 495, folder 546 «Icor-korespondents, 1938–1946», YIVO).

[6] Дженофский А. ИКОР за работой // Найлебн — Нью Лайф. 1945. 19. № 2, февр. С. 16–20.

«Пенсильвания» (Нью-Йорк) была проведена конференция «по способам максимально широкого распространения кампании для завершения начатого благородного проекта в кратчайшие сроки». В приглашении на конференцию говорилось о «священной обязанности способствовать обретению дома осиротевшими детьми». По словам Дженофского:

> В Биробиджане создается такая среда, что даст детям воспитание и образование, благодаря которым они станут здоровыми членами общества еврейской автономии. Основное бремя работ ложится на Советское государство, так как неправительственная организация, каким бы бюджетом она ни располагала, не может основывать города и переселять миллионы человек. Тем не менее мы должны рассматривать возможность поддержать его работу как высочайшую привилегию.

Основная цель конференции, по словам Дженофского, состояла в привлечении различных видов поддержки к новому проекту переселения еврейских сирот-беженцев в Биробиджан.

> Можем ли мы даже представить себе, сколько усилий, денег и энергии потребуется, чтобы привести в порядок поломанные жизни этих детей, вырастить и обучить их, одеть и накормить, лечить и беречь, стремясь избавить их от последствий ужасной катастрофы, которые могут сопровождать их из детства во взрослую жизнь и перейти по наследству следующему поколению? Найти дом для сирот — это по традиции священная обязанность, особенно для нас, евреев... История требует, чтобы мы... выплатили долг тем, кто пострадал больше всего, кто отдал самое дорогое, что есть у человека, — жизнь.

Далее Дженофский рассказал, что Национальный исполком решил создать фонд в 100 тысяч долларов на переселение тысячи еврейских сирот-беженцев в Биробиджан. С начала года уже собрана немалая сумма. Он упомянул имя Моргенштерна из Кливленда, который пожертвовал 3 750 долларов и обещал не ограничиваться только этой суммой.

Конференция закончилась банкетом в «Питиан Плаза», на котором 300 гостей пожертвовали в общей сложности 7 тысяч долларов. Был организован Национальный комитет по переселению еврейских сирот-беженцев в Биробиджан. Среди 200 членов комитета следует отметить конгрессмена Э. Селлера, В. Маркантонио и А. Клейтона Пауэлла-младшего (штат Нью-Йорк), Дж. М. Коффи (штат Вашингтон) и С. А. Вейсса (штат Пенсильвания)[7].

В честь 11-летия ЕАО «Амбиджан» и ИКОР организовали совместное заседание национальных исполкомов в Таун-холле в Нью-Йорке 19 мая 1945 года. На заседании выступил генеральный вице-консул СССР в Нью-Йорке А. А. Яковлев, которому от имени ИКОРа был вручен чек на 35 000 долларов, предназначенных для переселения 350 сирот в Биробиджан[8]. К концу года нью-йоркское отделение ИКОРа почти полностью собрало недостающие до запланированной суммы 75 000 долларов[9].

Деньги приходили от еврейских общин всей страны. Весной Кунц, Дженофский и Олкен, национальный организатор ИКОРа, ездили в Балтимор, Бостон и на Средний Запад, рассказывая о сборе средств для сирот. Как писал Олкен, в Бостоне, Чикаго, Филадельфии, Вашингтоне, Лос-Анджелесе и других городах были запланированы собрания, «повсюду в <...> великих Соединенных Штатах люди охотно жертвовали деньги», желая «помочь самым младшим жертвам гитлеровских людоедов — еврейским

---

[7] Ассоциация ИКОР приглашает на конференцию. Брошюра в Фонде Морриса Стерна (RG231, Box 1, unnamed folder); Отчет о конференции // Найлебн — Нью Лайф. 1945. 19. № 3, март. С. 11–15; Отчет о конференции ИКОРа по поддержке переселения еврейских сирот // Там же; Отчет о конференции ИКОРа по помощи еврейским сиротам в переселении // Там же. С. 19–20; Олкен М. Л. Впечатляющая конференция // Там же. С. 22–23; Дженофский А. ИКОР в нашу историческую эпоху: Рост и перспективы. Нью-Йорк: ИКОР, 1945. С. 3–16.

[8] Для сирот в Биробиджане. Архив Морриса Стерна (RG231, Box 1, unnamed folder, YIVO).

[9] Письмо А. Дженофского Моррису Стерну, Нью-Йорк, 12 ноября 1945 г. Архив Морриса Стерна (RG231, Box 1, unnamed folder, YIVO); Дженофский А. ИКОР за работой // Найлебн — Нью Лайф. 1945. 19. № 12, дек. С. 18–20.

сиротам»[10]. Раввин Д. Л. Генут из Кливленда, духовный лидер ортодоксальной общины «Бнай Якоб Кол Исраэль», прислал 300 долларов. В Уокигане (Иллинойс) было собрано 254 доллара[11]. В числе бостонских активистов была 87-летняя Э. С. Блекуэлл, всемирно известная суфражистка, дочь Л. Стоун. В конце марта бостонское отделение ИКОРа организовало конференцию, на которой запланировали собрать 10 000 долларов. 24 июня состоялось еще одно собрание; перед собравшимися выступал Дженофский, туда пришли многие представители землячеств. К 1 июля бостонское отделение собрало 9 000 долларов[12]. В Балтиморе к концу 1945 года собрали 10 000 долларов[13]. Отделение в Лос-Анджелесе, чтобы увеличить сборы, организовывало обеды, устраивало концерты и спектакли. Благодаря «горячему и глубокому участию», которое еврейские массы приняли в деле организации жизни сирот войны, писал Крупин, исполнительный секретарь лос-анджелесского отделения ИКОРа, к 22 июля было собрано 30 тысяч долларов. Помогали в сборах и многие отделения Международного рабочего ордена, местные профсоюзы, землячества и другие общества. К концу года лос-анджелесские подразделения отправили в штаб ИКОРа около 50 тысяч долларов[14]. Но, несмотря на такие впечатляющие успехи в сборе средств, ИКОР должен был вскоре уйти в историю — очевидно, под давлением со стороны советской власти, настоявшей на его слиянии с «Амбиджаном»[15].

---

[10] Олкен М. Л. Мы — сторожа братьям своим // Там же. № 4, апр. С. 23.

[11] Компания ИКОРа по устройству сирот // Там же. С. 21–22.

[12] Фелл-Еллин С. Элис Стоун Блэкуэлл призывает помочь еврейским сиротам в Биро-Биджане // Найлебн — Нью Лайф. 1945. 19. № 6, июнь. С. 11; Бостонский сбор на сирот превзошел все ожидания // Там же. С. 16–17.

[13] Дженофский. ИКОР за работой // Там же. № 12, дек. С. 18–20.

[14] Крупин Н. Лос-анджелесский комитет отправил в помощь сиротам в Биро-Биджане 30,3 тысяч долларов // Там же. № 8, авг. С. 14–15; Отчет национального исполкома ИКОРа специальному съезду ИКОРа и национальной конференции по Биробиджану, 9–10 марта 1946 г. (рукопись). Архив А. Дженофского (RG734, Box 1, folder 6, YIVO).

[15] Интервью Шлойме Алмазова, Нью-Йорк, 21 июля 1971 г.

В марте 1946 года, как раз перед слиянием, ИКОР провел последний национальный съезд, на котором присутствовали около 200 делегатов из более чем 20 городов. Дженофский выступил с краткой историей деятельности ИКОРа с 1924 года, сделав акцент на материальной помощи, которая была направлена еврейским поселенцам, сначала в Крыму, потом в Биробиджане; помощи Красной армии во время войны и средствах, которые были недавно собраны для еврейских сирот. Дженофский напомнил о десятках тысяч книг, брошюр и других изданий, которые опубликовал ИКОР, о бесчисленных открытых встречах, праздниках, конференциях, лекциях и симпозиумах, которые он провел.

Дженофский рассказал о недавнем интервью «всесоюзного старосты» Калинина Голдбергу. Калинин заверил журналиста, что Биробиджану отведена важная роль в развитии Дальнего Востока. Сейчас планируется расселить в регионе 35 000 еврейских сирот, сказал Дженофский; 3 500 из них уже прибыли. В течение 1954 года ИКОР направлял большие усилия на финансирование переселенцев, к тому моменту было собрано 200 тысяч долларов. В завершение Дженофский заявил, что делегаты должны с надеждой смотреть на предстоящее объединение с «Амбиджаном», которое позволит построить еще более обширную и эффективную организацию по помощи Биробиджану[16].

«Амбиджан» также сосредоточил свою деятельность на помощи еврейским военным сиротам. «Мы знаем, что вы готовы на любой труд, любое самопожертвование ради этих детей», говорилось в брошюре, опубликованной «Амбиджаном» в 1944 году. Отмечалось, что на 100 долларов один ребенок может прожить один год.

> В Биробиджане они смогут вырасти здоровыми, полезными для общества, гордыми гражданами страны, где обеспечено истинное равенство всех людей независимо от расы, веры, цвета кожи или национальности[17].

---

[16] Дженофский. Быстрые успехи Биробиджана // «Амбиджан» бюллетень. 1946. 5. № 3, сент. С. 5–6.

[17] 4 500 сирот — наш долг. Нью-Йорк: Амбиджанский комитет, [1944]. С. [2–4]. В это число включались 3 500 еврейских беженцев и тысяча сталинградских сирот, которых планировал поддерживать «Амбиджан».

В июле 1945 года «Амбиджан» создает Эйнштейновский фонд по обеспечению поселения и реабилитации военных сирот-беженцев в Биробиджане и сирот города-героя Сталинграда, прибегая к имени Эйнштейна, которое «пользуется почетом и популярностью». В первой половине года «Амбиджан» организовал три крупных благотворительных концерта в Нью-Йорке, прибыль от которых предназначалась «Серебряным Прудам»: 13 апреля — вечер русской музыки в Карнеги-холле с Л. Бернстайном и Нью-Йоркским филармоническим оркестром; 22 апреля — программу «Все звезды», также в Карнеги-холле, в честь 11-летия ЕАО, сбор в пользу 4,5 тысяч сирот; 13 мая — Весенний фестиваль музыки в пользу русских сирот войны. Это последнее мероприятие вдохновило вновь открытое отделение «Амбиджана» в Бруклине, созданное в январе 1946 года под руководством доктора Дж. Светлова, проводить ежегодные концерты в пользу сирот[18].

«Амбиджан» наращивал присутствие и в Бронксе. 28 апреля 1943 года в отеле «Конкурс Плаза» было создано отделение, в которое вошли около 200 членов под руководством судьи окружного суда Бронкса Г. Стэкелла. Над привлечением большего числа членов работала З. Гетманская при поддержке Ф. Бакст, еще в апреле 1945 года она стала национальным организатором кампаний. Весной 1945 года отделение провело первый прием Эйнштейновского фонда[19].

В крупных городах, таких как Бостон, Чикаго, Кливленд и Ньюарк открывались новые отделения «Амбиджана» и увеличивались существующие. Встречу отделения в Ньюарке 13 июня

---

[18] Объявления в «Нью Массес» (1945. 55. № 4, 24 апр. С. 27; № 7, 15 мая. С. 29); Три концерта для наших детей // «Амбиджан» бюллетин. 1945. 4. № 1, июнь. С. 6; Бруклинское отделение // Там же. 1946. 5. № 1, февр. С. 13–14. По сведениям ФБР, в бруклинском отделении в 1945 г. состояли известные врачи, судьи, адвокаты и преподаватели. См. с. 20–21 24-страничного отчета ФБР от 19 сентября 1945 г. от специального агента Конроя (NY File 100–42538. File 100–99898, Section 1, FOIPA № 416152, Ambijan).

[19] Отделение в Бронксе // «Амбиджан» бюллетин. 1946. 5. № 1, февр. С. 13–14. Данные по отделению в Бронксе содержатся на с . 6–7 33-страничного отчета от 5 ноября 1944 г. от специального агента Конроя (NY File 100–42538. File 100–99898, Section 1, FOIPA № 416152, Ambijan).

1944 года посетило 500 человек; еще больше собралось на первый ежегодный обед, который это отделение давало 18 февраля 1945 года. На обеде выступал радиоведущий и журналист У. С. Гейлмор; среди слушателей были мэр города В. Дж. Мерфи, раввин общины «Бней Авраам» И. Принц, один из лидеров Американского еврейского конгресса, и Г. Пайн, «видный сионист», участвовавший в деятельности Общества по оказанию помощи России в войне. Отделение в Нью-Джерси организовало съезд в масштабах штата 17–18 июня в Трентоне, на который собрались 100 делегатов от 18 сообществ, чтобы начать кампанию по сбору 50 тысяч долларов. На съезде выступал профессор Э. Леви, сотрудник Принстонского университета, где работал и Эйнштейн. Он был избран членом комитета штата. Сельскохозяйственное отделение «Амбиджана» организовало сбор средств в фермерских хозяйствах Нью-Джерси, в частности в Фармингдейле, Вайнланде и Томс Ривер. На заседании этого отделения 27 января 1946 года выступал министр сельского хозяйства К. П. Андерсон; он отметил «большое гуманитарное значение» помощи, которую «Амбиджан» оказывает беженцам-сиротам[20].

В Бостоне почетным председателем отделения стал доктор А. Майерсон, известный невролог, а исполнительным директором — бывший ранее исполнительным директором ряда еврейских общинных центров в Новой Англии А. Резник. К концу

---

[20] Конференция штата Нью-Джерси // «Амбиджан» бюллетин. 1945. 4. № 1, июнь. С. 3; В наших подразделениях // Там же. С. 7–8; Отдел по сельскому хозяйству // Там же. 1946. 5. № 1, февр. С. 8; Отделение в Ньюарке // Там же. С. 14; Письмо от Будиша Вильялмуру Стефанссону, Нью-Йорк, 27 января 1945 г. с приглашением на обед, который отделение в Ньюарке дает 18 февраля 1945 г., Архив Стефанссона (MSS 196, Box 67, 1945 — USSR-Ambijan and American Russian Institute Folder, Stefansson Collection). Существует также очень полный отчет ФБР по отделению «Амбиджана» в Ньюарке от 3 мая 1945 г. (File 100–99898, Section 1, FOIPA № 416152, Ambijan). См. также об отделении в Нью-Джерси с. 8 и 31–32 44-страничного отчета ФБР от 4 февраля 1947 г. специального агента Эдуарда Шейдта (NY File 100–42538. File 100–99898, Section 2, FOIPA № 416152, Ambijan). Подробнее о сообществе еврейских фермеров-эмигрантов в Фармингдейле, штат Нью-Джерси, которые внесли на благотворительность в Биробиджане специально собранную сумму денег, см. [Wishnik Dubrovsky 1992: 218].

1944 года бостонское отделение запустило кампанию по сбору 50 000 долларов под руководством А. С. Кибрика. В комитет кампании, стремившийся привлечь «известных и влиятельных» представителей бизнеса, вошел Дж. Брин, редактор газеты *Boston Jewish Advocate*, освещавшей деятельность комитета. 1 февраля 1945 года Аронофф, член совета директоров «Амбиджана», в присутствии примерно 60 бизнесменов во время обеда в отеле «Кенмор» объявил кампанию открытой. Аронофф заявил, что даже заядлые сионисты «вынуждены признать значимость советской национальной политики» и «неоценимый вклад» ЕАО. 22 марта на приеме в «Кавендиш Клаб» было создано объединение людей из бизнеса, торговли и различных профессиональных сфер. Его члены поставили себе цель собрать 50 тысяч долларов. Зимой и весной 1945–1946 годов во многих городах Новой Англии проводились собрания, 19 мая 1946 года на конференцию в Бостоне съехались 200 делегатов со всей Новой Англии; 28 мая на благотворительном обеде, на котором присутствовали 300 человек, было собрано 18 тысяч долларов[21].

Чикагское отделение «Амбиджана» было создано 22 марта 1945 года, сразу после визита Ароноффа и Будиша. Оно сформировалось из активных местных жителей, многие из которых принимали участие и в деятельности Американского еврейского конгресса, «Бней-Брит», «Хадассы», ХИАС[22], синагогальных общин и сионистских организаций. Управление отделением взяли на себя судья Чикагского муниципального суда Г. М. Фишер (почетный президент), С. Джезмер (президент), Д. Гальперин (вице-президент), Г. Зарбин (казначей), Г. Д. Кениг (секретарь) и Э. Озри (исполнительный директор). Озри ранее являлась президентом районного отделения женской секции «Бней-Брит», ее мужем был Арон Озри, член исполнительного комитета. Джезмер ранее занимал пост чикагского еврейского отделения Обще-

---

[21] В наших подразделениях // «Амбиджан» бюллетень. 1945. 5. № 1, июнь. С. 7; В наших подразделениях // Там же. 1946. 5. № 1, февр. С. 10. Очень подробный отчет ФБР по бостонскому отделению от 30 июня 1945 г. (File 100–99898, Section 1, FOIPA № 416152, Ambijan).

[22] Известные еврейские благотворительные организации. — *Примеч. пер.*

ства помощи России в войне. Кроме них, деятельность отделения обеспечивали М. Бресслер, президент чикагского отделения Американского еврейского конгресса, А. Айзенберг, А. Гальперин, доктор Дж. Гальперин, Г. Маркин, Л. М. Неллис, доктор Д. Шаффнер, Д. Юрец и Р. Закариас. Членами отделения стали Н. Дж. Прицкер, Г. и М. Спертус, а также раввин реформистской общины «Кегилат Аншей Маарив» Дж. Дж. Вайнштейн, в прошлом возглавлявший Организацию американских раввинов-реформистов. Братья Спертусы владели компанией *Interfact Industries* и щедро поддерживали Еврейский колледж в Чикаго, впоследствии переименованный в Еврейский институт им. Спертусов. Д. Гальперин, Джезмер, Кениг и Зарбин входили не только в чикагский, но и в Национальный исполнительный комитет.

К сентябрю 1946 года *Ambijan Bulletin* называл чикагское отделение «сильнейшим отделением за пределами Нью-Йорка». Сначала чикагский «Амбиджан» сосредоточил свои усилия на сборе 100 тысяч долларов наличными на больницу и стоматологический кабинет для детдомов в Сталинграде и Биробиджане. Сбор анонсировала брошюра «30 000 еврейских детей-беженцев начинают жизнь в Биробиджане». Ф. Митчелл, президент чикагского отделения «Бней-Брит», и Сидней Хиллман, президент объединенного профсоюза ACWA, поддержали эту кампанию. Хиллман отозвался о деятельности «Амбиджана» как о «великом гуманитарном предприятии, достойном поддержки всех просвещенных людей <...> страны. Это блистательный пример эффективной деятельности по обеспечению людей, лишившихся жилья и имущества в разоренной войной Европе»[23].

---

[23] Новый комитет Биробиджана в понедельник встречается в первый раз // Сентинель. Чикаго. 1945. Сентинель, 22 марта. С. 15; Американский Биробиджанский комитет открывает офис в Чикаго // Там же. 28 июня. С. 30; В наших подразделениях // «Амбиджан» бюллетень. 1945. 4. № 1, июнь. С. 8; Организационные мероприятия // Там же. 1946. 5. № 3, сент. С. 15; Письмо от Сиднея Хиллмана Солу Джезмеру, Чикаго, 29 ноября 1945 г.; Для 30 тысяч еврейских детей-беженцев жизнь начинается в Биробиджане (Collection № 20: Chicago Chapter, American Birobidjan Committee, Series B. Papers of Ethel Osri (From Collection № 82). Folder 11: Einstein Fund Dinners 1945–47, Chicago Jewish Archives).

На первом заседании исполнительного комитета чикагского отделения, которое состоялось 27 июня 1945 года, Л. Неллис предложил устроить обед для предпринимателей в сфере машиностроения; Джезмер сообщил, что Гальперин и Закариас уже наладили контакты с представителями этой индустрии и сформировали комитет по машиностроению. 1 октября состоялся обед, на который пригласили 128 видных предпринимателей и активных представителей общественности; кроме того, на обеде присутствовал П. П. Михайлов, генконсул СССР, а выступал перед собравшимися Липсетт, рассказывавший о сборе денег для сирот. Аронофф приехал 21–22 ноября и выступил на обеде перед 35 торговцами оборудованием, прося о поддержке; один из собравшихся пожертвовал в пользу Биробиджана целую мастерскую стоимостью около 25 тысяч долларов[24].

Первый обед Фонда Эйнштейна 2 декабря привлек более тысячи человек и принес около 50 тысяч долларов наличными и по подписке. На обеде выступал сенатор от Западной Виргинии Х. М. Килгор; он поблагодарил собравшихся за «замечательную работу» и назвал Биробиджан «очевидным единственным ответом» на тяжелую ситуацию, в которой оказались европейские евреи. Судья Г. М. Фишер отметил, что, как «пламенный сионист», он считает своим долгом поддержать движение помощи Биробиджану: по его мнению, оно ни в коей мере не пытается встать на пути у палестинского движения. Он назвал Биробиджан «убежищем». ФБР, от которого не укрылось, что в чикагское отделение вошло немало весьма состоятельных членов, отмечает,

---

[24] Американский Биробиджанский комитет организует обед // Сентинель. 1945, 27 сент. С. 8; Сбор 50 тысяч долларов на помощь сиротам // Чикаго Сан. 1945. 26 окт. С. 10, см. [Fishbein 1948: 101, 112]; Протоколы от 27 июня, 15 августа, 6 октября, 20 ноября, 27 ноября 1945 г. (Collection № 20: Chicago Chapter American Birobidjan Committee, Series A. Minutes. Folder 2: Minutes, 1945, Chicago Jewish Archives). На первом собрании исполнительному комитету сообщили, что в течение 1945 г. в национальный офис в Нью-Йорке отправлены 30 тысяч долларов. Протокол от 17 января 1946 г. (Collection № 20: Chicago Chapter, American Birobidjan Committee, Series A. Minutes. Folder 3: Minutes, 1946, Chicago Jewish Archives).

что судья Фишер, который до войны бывал в СССР, имеет «большой опыт деятельности в различных левых организациях Чикаго». Кроме того, состоял в Национальной гильдии юристов, возглавляемой коммунистом, и выступал на съездах коммунистической партии[25]. Однако чикагских евреев это не беспокоило: они чествовали судью Фишера на банкете по поводу 48-й годовщины его служения обществу в отеле «Стивенс» 2 мая 1946 года, а *Sentinel* поместил его фотографию на обложку[26].

Чтобы дать старт кампании по сбору 100 тысяч долларов наличными и 50 тысяч долларов станками и оборудованием, предназначавшихся для поселения в Биробиджане 6 500 сирот войны, а также чтобы отметить 18-ю годовщину образования еврейской колонии в Биробиджане, чикагский «Амбиджан» организовал городскую конференцию и концерт в «Палмер-хаус» 18 мая. По всем еврейским организациям Чикаго было разослано циркулярное письмо на английском и идише, в котором утверждалось, что «поддержка беспомощных сирот» является «нашим общим священным долгом, от которого, несомненно, не отречется ни один сознательный еврей, ни одна еврейская организация... Это Богом данная нам возможность продемонстрировать на практике нашу человечность, наше милосердие, благородство наших сердец». К участникам конференции обратился О. Баркли,

---

[25] Килгор обращается к тысяче [присутствующих] на обеде «Амбиджана» // Сентинель. Чикаго. 1945. 13 дек.; В наших подразделениях // «Амбиджан» бюллетин. 1946. 5. № 1, февр. С. 9; Программа обеда Фонда Альберта Эйнштейна (Collection № 20: Chicago Chapter, American Birobidjan Committee, Series B. Papers of Ethel Osri (From Collection № 82). Folder 11: Einstein Fund Dinners 1945–47, Chicago Jewish Archives). Документы ФБР по «Амбиджану» от 19 ноября 1946 и 10 февраля 1947 г. (Chicago file 100–18113, are in File 100–99898, Section 2, FOIPA № 416152, Ambijan). Девизом «Сентинеля» было «Во имя объединения в еврейской жизни».

[26] Тот, кто любит ближнего своего // Сентинель. Чикаго. 1946. 2 мая. С. 7, 22. См. также: The Sentinel на торжественном обеде в честь судьи Фишера // Там же. 9 мая. С. 31, где можно найти целую страницу фотографий с этого мероприятия, в том числе фото мэра Эдварда Дж. Келли, который выражает свое почтение судье Фишеру «от имени всего города Чикаго». «Сентинель» в этот период имел несомненный левый уклон. См. [Fishbein 1986].

сенатор от Кентукки, глава сенатского большинства; по его словам, участие в сборе — это прямая обязанность народа Америки[27].

В преддверии конференции Дж. Фишбейн, редактор *Sentinel* и член исполкома чикагского отделения «Амбиджана», выпустил специальный номер, посвященный Биробиджану, с портретом Эйнштейна на обложке. В своей колонке Фишбейн резко осуждал тех, кто упорно не желал участвовать в кампании по поддержке сирот:

> Казалось бы, каждый еврей должен с энтузиазмом поддержать это гуманитарное предприятие, независимо от классовых или политических убеждений. В спасении детей нет места партийным спорам.

Спасение еврейских жизней, будь то в Биробиджане, Палестине или где угодно еще, «важно для всех евреев». В ЕАО, утверждает Фишбейн, «эти невинные жертвы Гитлера смогут вырасти в мире и безопасности, имея все возможности вести счастливую, полезную жизнь» в атмосфере «полного равенства, не зная страха». *Sentinel* приветствует возможность посвятить этот номер святому труду «Амбиджана». Губернатор Иллинойса Д. Грин от всей души пожелал «успеха <...> конференции и <...> гуманитарной программе»[28].

1 декабря в отеле «Стивенс» чикагское отделение организовало второй обед Фонда Эйнштейна. В преддверии этого события *Sentinel* опубликовал передовицу о еврейских сиротах, переселенных в Биробиджан. Гвоздем программы было выступление сена-

---

[27] «Амбиджан» начинает сбор для военных беженцев-сирот // Сентинель. Чикаго. 1946. 2 мая. С. 16; Люди в новостях // Там же. 30 мая. С. 40; Протокол от 5 июня 1946 г. (Collection № 20: Chicago Chapter, American Birobidjan Committee, Series A. Minutes. Folder 3: Minutes, 1946, Chicago Jewish Archives). Циркулярное письмо от 4 мая 1946 г. (Collection № 20: Chicago Chapter, American Birobidjan Committee, Series B. Papers of Ethel Osri (From Collection № 82). Folder 12: Press Releases, Articles, Speeches, Chicago Jewish Archives).

[28] Фишбейн Дж. Новости читает редактор // Сентинель. Чикаго. 1946. 16 мая. С. 5; Что говорят о переселении по проекту «Амбиджана» главные люди Америки // Там же. С. 10; Комментарии некоторых выдающихся граждан Чикаго по поводу Биробиджана // Там же. С. 13.

тора от Флориды К. Пеппера, который назвал помощь военным сиротам, оказываемую «Амбиджаном», «одним из благороднейших поприщ благотворительности». Пеппер выразил свой восторг перед Советским Союзом: именно эта страна положила в Биробиджане начало «Еврейскому государству в пределах Советского Союза». Он также отметил важную роль ЕАО в улучшении взаимопонимания между народами. Дж. Фокс, раввин синагоги Сауз Шор, выступил с воззванием; в своей колонке в *Sentinel* на следующей неделе Фокс отозвался о собравшихся как о «самом возвышенном обществе, которое когда-либо собиралось в <...> городе». Он поздравил, в частности, С. Джемера и Э. Озри с достижениями в их благородной работе на «Амбиджан», который сейчас стал «полноценной благотворительной организацией», творящей «несказанное благо». Объявили, что Новик, который в тот момент находился в Москве, выяснил: в Биробиджане запланировано строительство новой синагоги. 1 200 собравшихся гостей пожертвовали 47 тысяч долларов[29].

В Миннеаполисе еврейские коммунисты и популярные еврейские организации смогли объединить усилия ради общего дела — кампании по помощи еврейским сиротам в СССР. Еврейские организации Миннеаполиса заявили о себе под названием Миннеаполисская федерация еврейского служения. В 1945 году они решили организовать благотворительный «Объединенный еврейский сбор» в масштабах одного города. Но ни ИКОР, ни «Амбиджан» к акции не присоединились. Двое основных жертвователей «Амбиджана» и ИКОРа среди евреев Миннеаполиса

---

[29] К собравшимся на обеде Фонда Эйнштейна обратится сенатор Пеппер // Там же. 21 нояб. С. 19; Биробиджанская гавань для еврейских военных сирот // Там же. 28 нояб. С. 1, 3; Тысяча гостей на обеде «Амбиджана» и Фонда Эйнштейна // Там же. С. 21; Фокс Дж. Сторожевая башня // Там же. 12 дек. С. 6; Люди в новостях // Там же. С. 32; Сенатор Пеппер горячо одобряет труд «Амбиджана» ради мира во всем мире // «Амбиджан» бюллетень. 1947. 6. № 1, февр. С. 6; Обед в Чикаго // Там же. С. 7; Американский Биробиджанский комитет, чикагский комитет: финансовый отчет Фонда Эйнштейна по сбору средств и обеду (Collection № 20: Chicago Chapter, American Birobidjan Committee, Series B. Papers of Ethel Osri (From Collection № 82). Folder 11: Einstein Fund Dinners 1945–47, Chicago Jewish Archives).

были Г. Супак и Л. Локец — оба владельцы миннеаполисских компаний по производству одежды[30].

Локец написал в «Федерацию» 18 апреля 1945 года и объяснил, что местное отделение ИКОРа, председателем которого он являлся, взяло на себя обязательство собрать 10 тысяч долларов на устройство военных сирот; 3 тысячи были уже собраны.

> Но многие уважаемые горожане, к которым мы обращались, настаивали, чтобы мы договорились с «Федерацией» и вели бы сбор совместно. Они полагали, что «Федерация» одобрительно отнесется к нашему труду в этой области и включит наш сбор в кампанию 1945 года.

Локец обещал: ИКОР «сделает все возможное для оказания поддержки, но мы вынуждены просить не затягивать с ответом, так как необходимо действовать согласованно и разъяснять потенциальным жертвователям нашу позицию». «Федерация» после этого выделила «Амбиджану» 3 500 долларов[31].

Однако в декабре 1946 года Локец, ставший председателем объединенной городской организации ИКОР — «Амбиджан», выразил свое разочарование по поводу того, что в наступающем году «Федерация» планирует выделить лишь 4 тысячи долларов на военных сирот в России. Он жаловался президенту федерации Джозефу на «лидеров миннеаполисских евреев», которые идеологически «настолько зачерствели, что неспособны воспринять никакие новые идеи, независимо от того, насколько они важны для евреев всего мира». Локец говорил о необходимости протянуть руку помощи евреям разоренной России: каким «выражением благодарности, которую мы питаем к России, спасшей

---

[30] Электронные письма автору от Линды М. Шлофф, директора Еврейского исторического общества Верхнего Среднего Запада в Миннеаполисе, Миннеаполис, штат Миннесота, 21 февраля и 11 марта 2005 г.

[31] Письмо Луиса Локеца Гарольду Голденбергу, Миннеаполисская федерация еврейского служения, Миннеаполис, 18 апреля 1945 г., письмо от Чарльза Купера Генри Супаку, Миннеаполис, 16 октября 1945 г., письмо от Генри Супака Чарльзу Куперу, Миннеаполис, 18 октября 1945 г. (Archives of the Jewish Historical Society of the Upper Midwest, Minneapolis, MN).

полтора миллиона евреев от нацистской бойни», это послужит. В ответ Джозеф заявил, что, хотя он тоже надеется, что американские евреи «способствуют распространению дружеского отношения» к России, «Федерация» не может выделить «Амбиджану» больше денег, пока не получит «информацию из первых уст о том, сколько еврейских детей получили жилье в рамках кампании "Амбиджана" и сколько денег на них тратится»[32]. Тем не менее Миннеаполисская федерация продолжала сочувствовать Биробиджанскому проекту и выделила «Амбиджану» 4 тысячи долларов, которые удалось привлечь в ходе «Объединенного еврейского сбора» 1947 года, несмотря на то что Ч. Купер, исполнительный секретарь федерации, в ноябре 1947 года писал Джозефу: «Отправляя деньги через "Амбиджан", мы допускаем к своим фондам отъявленных коммунистов»[33].

Городское отделение «Амбиджана» в Лос-Анджелесе было организовано в 1946 году.

Исполнительным секретарем стал Н. Крупин, а президентом — С. Розенфельд. Крупин родился в 1886 году в городе Высоке-Мазовецке (современная Польша), участвовал в деятельности

---

[32] Письмо от Луиса Локеца А. С. Джозефу, Миннеаполис, 4 декабря 1946 г., письмо от Джозефа Локецу, Миннеаполис, 20 декабря 1946 г. (Archives of the Jewish Historical Society of the Upper Midwest, Minneapolis, MN).

[33] Письмо от Купера Джозефу, Миннеаполис, 21 ноября 1947 г. (Archives of the Jewish Historical Society of the Upper Midwest, Minneapolis, MN). «Федерация» продолжала выражать недовольство тем, что, хотя «Амбиджан» получает собранные ею средства, данные о том, каким образом эти средства расходуются в Биробиджане, к ней не поступают. Купер в записке Джозефу в июле 1948 г. отмечает: «Ни одна федерация в нашей стране никогда не была так щедра по отношению к этой организации. Пиар-отдел "Амбиджана" выжал все, что мог, из нашей акции». Локец и Супак не оценили такого отношения и вели себя не вполне «достойно по отношению к федерации в этом году, что может произвести невыгодное впечатление на совет федерации». Письмо Купера Джозефу, Миннеаполис, 7 июля 1948 г. (Archives of the Jewish Historical Society of the Upper Midwest, Minneapolis, MN). Локец в этот момент возглавлял миннеаполисское отделение «Амбиджана», а Супак был казначеем; объявление в «Найлебн — Нью Лайф» (1948. 21. № 3, март. С. 36). «Амбиджан» не пожелал ничего менять, и поддержка со стороны «Миннеаполисской Федерации» прекратилась.

отделения ИКОРа в Уилшире, в 1937 году вступил в Коммунистическую партию США. Розенфельд родился в Минске в 1885 году, состоял в биробиджанском отделении ИКОРа в Лос-Анджелесе, член Коммунистической партии США с марта 1936 года. С. Клапперман, вице-президент, родился в Балте (современная Украина) в 1892 году, вступил в Коммунистическую партию США в 1937 году, также ранее был членом ИКОРа. А. Кертман, организатор, был коммунистом, как и его жена Роза, участник ИКОРа и Голливудской антинацистской лиги в довоенное время. Г. Голдштейн, секретарь, родился в Витебске в 1888 году, был членом городского комитета ИКОРа, член партии с 1932 года. Э. Майрес, секретарь голливудского отделения, также входила в ИКОР, как и многие другие бывшие члены ИКОРа, чьи имена теперь стояли на бланках отделений «Амбиджана» в Лос-Анджелесе[34].

За первое полугодие 1946 года «Амбиджан» собрал по всей стране 259 078 долларов 58 центов деньгами и 195 377 долларов товарами первой необходимости. На обеде, который «Амбиджан» организовал в отеле «Уолдорф-Астория» 27 января, квислендский промышленник Дж. Моргенштерн, президент *Elecroline Manufacturing Co.* и крупнейший жертвователь «Амбиджана», внес 68 040 долларов на приобретение четырех дизельных генераторов у Государственного управления по учету и приобретению излишков, которое действовало при *Reconstruction Finance Corp.*[35] Разумеется, Липсетт тоже поучаствовал в сделке, благодаря которой в Биробиджане появлялись электрические мощности, достаточные для строительства нового завода и сельскохозяйственных предприятий. Прочее оборудование на сумму более 30 тысяч долларов было также передано официальным образом В. А. Казаньеву, исполняющему обязанности генерального консула СССР.

---

[34] Информация со с. 2 и 0 23 страничного отчета ФБР от 22 октября 1947 г. и с. 3–8 22-страничного отчета ФБР от 29 апреля 1948 г. от специального агента Р. Б. Гуда (LA File 100–23652. File 100–99898, Section 3, FOIPA № 416152, Ambijan).

[35] Правительственное учреждение по поддержке частных компаний, созданное во время Великой депрессии. — *Примеч. пер.*

Работа вашей организации, направленная на помощь Еврейской автономной области в деле реабилитации еврейских беженцев-сирот, — благородное дело, которое вызывает сочувствие и благодарность советского народа[36].

На национальной конференции по Биробиджану, которая прошла в зале заседаний Хантер-колледжа в Нью-Йорке 9–10 марта 1946 года, ИКОР и «Амбиджан» объединились под названием Американский Биробиджанский комитет («Амбиджан»). На конференции присутствовало 669 делегатов, представляющих 272 организации, в том числе 46 отделений ИКОРа и «Амбиджана», а также 1 500 гостей и представителей общественности. Делегаты прибыли из четырех городов Канады и из Мексики. В приглашении на конференцию говорилось, что Биробиджан — «расцветающее самоуправляемое Еврейское государственное образование», должным образом представленное в Совете национальностей при Верховном Совете СССР. «Изобилующий природными ресурсами Биробиджан стал "жемчужиной Дальнего Востока"». Это «высшее проявление» советской политики по отношению к национальным меньшинствам, так как Советский Союз «положил конец всем формам национальной или расовой дискриминации и искоренил всякие пережитки антисемитизма», а евреи повсюду «заинтересованы в методах и стратегиях, которые позволяют покончить с антисемитизмом, какое бы государство их ни применяло». Биробиджан внес свой вклад в победу над нацистской Германией, отправив в Красную армию 35 000 солдат. Биробиджан приютил множество осиротевших во

36 Циркулярное письмо от Будиша, Нью-Йорк, 12 января 1946 г., письмо от Будиша Вильялмуру и Эвелин Стефанссон, Нью-Йорк, 21 января, 1946 г. (Архив Стефанссона MSS 196, Box 67, 1946 — Ambijan Folder, Stefansson Collection); Приглашение на восточную региональную конференцию Американского Биробиджанского комитета («Амбиджана») по послевоенному восстановлению (Нью-Йорк: Американский Биробиджанский комитет («Амбиджан»), 1946 г.); Труд вашей организации — благородное дело // «Амбиджан» бюллетень. 1946. 5, № 1, февр. С. 6–7; Доходы и расходы // Там же. № 3, сент. С. 2; «Электростанция в городе Биробиджан» — обложка «Амбиджан" бюллетень (1947. 6, № 2, март).

время войны еврейских детей со всей Европы, которые оказались в Советском Союзе, и, «несомненно, окажет еще более значительную поддержку многим тысячам других еврейских беженцев, которые вынуждены начинать жизнь с чистого листа». Реабилитация беженцев и их обустройство потребуют «мобилизации всех ресурсов еврейского народа, в особенности в <…> стране, которая счастливо избежала непосредственных военных разрушений»[37].

Будиш сообщил собравшимся, что Биробиджан «на пути к тому, чтобы стать Еврейской автономной республикой», и что у него в скором времени появится статус полноценной республики Советского Союза; он заявил, что пятеро депутатов от Биробиджана в Совете национальностей при Верховном Совете СССР днем ранее прислали телеграмму с приветствием от «Еврейской Республики Советского Союза». Биробиджан «возвысил достоинство» еврейского народа, сказал Будиш; он призвал всех евреев, религиозные они или светские, сионисты или антисионисты, вовлечься в работу объединившихся ныне «Амбиджана» и ИКОРа, которые представляют собой «движение еврейского народа в целом», без «узкопартийных противоречий».

Будиш упомянул некоторых «выдающихся американцев» и «друзей народной демократии» — участников «Амбиджана», таких как бывший вице-президент и министр торговли Г. Уоллес, министр сельского хозяйства К. П. Андерсон, судья Верховного суда Ф. Мерфи, сенаторы от штата Вашингтон О. Баркли, Х. М. Килгор и У. Магнусон. Магнусон — приглашенный спикер — сопоставил положительное отношение Советского Союза к евреям в Биробиджане с негативной политикой Великобритании по отношению к палестинским евреям. Англичанам стоило бы поучиться у советского правительства, поскольку его политика в Биробиджане «составляет столь резкий контраст с империалистической политикой, которую осуществляет Британская империя

---

[37] Приглашение на национальную конференцию по Биробиджану. Листовка (Архив United States Territorial Collection, RG117, Box 57, folder «Icor» 17/16, YIVO). Письмо-приглашение от Будиша, 22 января 1946 г., в архиве Калмена Мармора (1873–1955, RG205, Microfilm group 495, folder 585 «Ambidzhan-korespondents, 1946–1950», YIVO).

по отношению к национальным меньшинствам и колонизированным народам на своей территории». Магнусон подчеркнул: «Советская Россия подает миру пример того, как следует обращаться с национальными меньшинствами. Я хочу, чтобы Англия сумела последовать этому примеру». Он также добавил, что видит в Биробиджанском проекте «символ большой всемирной дружбы и сотрудничества между народами СССР и Америки».

В Декларации принципов и программе, принятых по итогам конференции, говорилось об ужасающих потерях, которые понес еврейский народ во Второй мировой войне. Отмечалось, что 70 % выживших евреев были спасены благодаря Советскому Союзу. Но оставшимся в живых, в том числе множеству детей, осиротевших во время войны, необходима поддержка, чтобы вернуться к нормальной жизни.

> В эти трудные времена Еврейская автономная область является источником воодушевления и обновленной веры в долго страдавший еврейский народ. История Биробиджана — это история победы разума над предрассудками, прозорливой политики народной демократии над прискорбным наследием расовых и национальных гонений и дискриминации.

На конференции почетным президентом был избран Альберт Эйнштейн, а вице-президентами — Дж. Аронофф, Ш. Левин, Липсетт, Леви, Кунц и Стефанссон. М. Левин стал президентом совета директоров, доктор Л. Шатцов — вице-президентом совета директоров, Будиш — исполнительным вице-президентом, Дженофский — исполнительным секретарем, Б. Парелхоф — секретарем, Дж. Гринбаум — казначеем, А. Аронофф — финансовым контролером, а М. Л. Олкен и Дж. М. Бернштейн — национальными организаторами.

Некоторые чиновники ИКОРа, в частности Кунц, Ш. Левин, доктор Шатцов, Олкен, Дженофский, были выбраны в совет директоров новой объединенной организации, но многие не вошли в него, в том числе такие активисты ИКОРа, как Алмазов. В число 195 членов Национального комитета были включены люди со всех Соединенных Штатов, а также ряд представителей Канады, Кубы и Мексики. Среди них — художники, предприниматели, антрепренеры, писатели: Л. Бернстайн, М. Карновский, Марк Шагал, С. Юрок, А. Мальц, С. Орниц, П. Робсон и М. Унгер; ученые: Дж. Б. Дэвидсон, Ф. Харрис, Э. Леви, Р. Малер, Дж. Р. Маркус; а также политики и раввины, в том числе Э. Селлер.

Будиш надеялся, что «Амбиджан» сможет собрать два миллиона долларов наличными и миллион товарами для Биробиджана; делегаты приняли бюджет в два миллиона 25 тысяч товарами и один миллион оборудованием, которые должны быть отправлены в Биробиджан в течение года. Будиш выразил восхищение ИКОРом, члены которого стали «инициаторами, пионерами в распространении вести от Биробиджана евреям <...> страны и всему американскому народу»; «Амбиджан», в свою очередь, «был основан людьми, которые не чувствовали того давления дискриминации, которое обрушивалось на широкие еврейские массы», то есть состоятельными ассимилированными евреями[38]. Будиш, по-видимому, намекал на то, что члены «Амбиджана» благодаря своим финансовым возможностям и контактам с влиятельными людьми стали главенствовать в деятельности по под-

---

[38] Пресс-релиз «Амбиджана» (United States Territorial Collection, RG117, Box 57, folder «Icor» 17/16, YIVO); Магнуссон не допускает антисоветского пакта // Нью-Йорк таймс. 1946. 10 марта. Раздел 1. С. 2; Биробиджанские организации объединяются, чтобы помочь евреям // Там же. 11 марта. С. 12; Приглашение на национальную конференцию по Биробиджану (Нью-Йорк: Американский Биробиджанский комитет («Амбиджан»), 1946 г.); Письмо от профессора Эйнштейна // «Амбиджан» бюллетин. 1946. 5, № 2, апр. С. 2; Материалы национальной конференции по Биробиджану // Там же. С. 7–10; Декларация принципов и программа // Там же. С. 11–12; Будиш. Национальная конференция объединяет евреев вокруг Биробиджана // Там же. № 3, сент. С. 3–5; Доклад ФБР по мероприятиям, связанным с национальной конференцией «Амбиджана», от 13 марта 1946 г. (File 100–99898, Section 2, FOIPA № 416152, Ambijan). См. также поздравительное письмо от Марка Шагала в честь 18-й годовщины существования «Амбиджана»: Письма и телеграммы, приветствующие конференцию // «Амбиджан» бюллетин. 1946. 5, №2, апр. С. 4. Эйнштейн заменил лорда Марли, который, по-видимому, к этому времени разорвал связи с «Амбиджаном» (Тейлор. Загадка лорда Марли // Джуиш Квотерли. 2005, 198. С. 68).

держке Биробиджана. Была и еще одна причина, по которой ИКОР утратил влияние. Он так никогда и не оправился от удара, нанесенного его репутации пактом Молотова — Риббентропа в 1939 году. Это случилось во многом потому, что входившие в ИКОР местечковые евреи-эмигранты, которые поначалу достаточно горячо поддерживали Советскую Россию, после испытали куда более сильное ощущение предательства, чем члены «Амбиджана». Очевидно, что теперь они были гораздо упорнее в нежелании простить Советскому Союзу его ошибки и заблуждения[39].

«Амбиджан» организовал конференции в Хантер-колледже интенсивную рекламу: перед заседаниями в газетах *The New York Times* и в *The New York Herald-Tribun* появилось объявление на полстраницы «Что такое Биробиджан?». В нем сообщалось, что Биробиджан — это «Еврейское государственное образование» в СССР, и вкратце излагалась его история. Согласно этому тексту, ЕАО «сейчас движется к тому, чтобы стать Еврейской автономной республикой». Также подчеркивалась важная роль, которую Биробиджан сыграл «во время небывалой катастрофы, обрушившейся на евреев Европы», протянув «руку помощи еврейским беженцам из других земель», в том числе осиротевшим детям, которые таким образом «не пропали для еврейского народа». Из 175 тысяч человек, проживающих в Биробиджане, евреи составляют 115 тысяч. «Эта развивающаяся еврейская страна служит материальной и моральной поддержкой для всех, кто верит в народную демократию». Там же были напечатаны

---

[39] В связи со всеми этими обстоятельствами СССР явно начал отдавать предпочтение «Амбиджану» перед ИКОРом незадолго до их слияния. Согласно информатору ФБР, Анатолий Яковлев, зам генерального консула в Нью-Йорке, в советском посольстве в Вашингтоне в 1945 г. получил инструкции добиваться сотрудничества между «Амбиджаном» и ИКОРом. Похоже, представители ИКОРа ощущают пренебрежение, так как официальное одобрение от СССР получил «Амбиджан». Яковлев сообщил представителям обеих организаций, что каждая из них играет важную роль в объединении евреев Соединенных Штатов: ИКОР — среди еврейских масс, «Амбиджан» же — среди более богатых. См. с. 1 9-страничного отчета от специального агента Конроя от 19 июля 1945 г. (File 100–14454. File 100–2074, FOIPA Release of Organization for Jewish Colonization).

слова поддержки от Альберта Эйнштейна, советского посла в США Громыко, сенатора О. Баркли, С. Хиллмана, У. О'Дуайера, Розенберга, Андерсона и Уоллеса[40]. Журнал *The Times*, однако, не разделял этого энтузиазма: «Жемчужина Дальнего Востока остается в чреве холодной сибирской устрицы»[41].

На заседании совета директоров 20 июня «Амбиджан» решил расширить кампанию помощи военным сиротам, включив поддержку детского дома для еврейских сирот в Польше[42]. В рамках этого сбора были организованы публичные обеды: 16 сентября — в Сан-Франциско и 18 сентября — в Лос-Анджелесе, где почетным гостем был Липсетт. Сенатор Магнусон выступил специальным докладчиком на обедах в тех же городах 15 и 16 октября. Концерты и другие мероприятия прошли в Бостоне, Балтиморе и Майами[43]. В общем письме 8 октября Будиш и Эйнштейн призывают американских евреев «мобилизовать свою энергию и ресурсы» ради «этого подвига во имя человечности», чтобы вернуть к жизни тысячи военных сирот, которые переселяются в Биробиджан, а также помочь региону в его «великом индустриальном развитии, которое сделало возможным это переселение». ЕАО получает «тысячи заявлений на переселение от еврейских беженцев в СССР и за его пределами»[44].

---

[40] Что такое Биробиджан? // Нью-Йорк таймс. 1946, 6 марта. С. 19. «Амбиджан» утверждал, что эти объявления принесли пожертвований на 800 долларов. См.: Отклик на газетные объявления // «Амбиджан» бюллетин. 1946. 5, № 2, апр. С. 4. Конечно, на самом деле в Биробиджане проживало гораздо меньше евреев, чем было указано в объявлении.

[41] Жемчужина культуры // Таймс. 1946, 18 марта. С. 34.

[42] Собрание совета директоров // «Амбиджан» бюллетин. 1946. 5, № 3, сент. С. 14.

[43] Предстоящие мероприятия // Там же. С. 2.

[44] Циркулярное письмо от Эйнштейна и Будиша, Нью-Йорк, 8 октября 1946 г., архив Калмена Мармора (Kalmen Marmor papers, 1873–1955, RG205, Microfilm group 495, folder 585 «Ambidzhan-korespondents, 1946–1950», YIVO); Бюллетень организационных мероприятий (Новости Американского Биробиджанского комитета («Амбиджана»), ноябрь 1946 г., с. 1–2); Голдберг. Сталинградские сироты в «Серебряных Прудах» // «Амбиджан» бюллетин. 1946. 5, № 3, сент. С. 12–13; Утверждает, что Россия хочет мира // Нью-Йорк таймс.

На прием национального масштаба, который «Амбиджан» устроил 11 ноября в отеле «Уолдорф-Астория», собралась тысяча гостей из таких далеких мест, как Лос-Анджелес, Миннеаполис и Чикаго. Им рассказали о работе, которую ведет «Амбиджан», чтобы организовать переселение в Биробиджан 30 тысяч еврейских детей, осиротевших во время войны. Кроме того, «Амбиджан» помогает 2 500 сирот в «Серебряных Прудах» под Сталинградом и поддерживает приют в Польше. Б. Голдберг съездил в «Серебряные Пруды» в прошлом году и написал проникновенный отзыв. Он писал, что в Сталинграде каждый «так ясно чувствует поддержку “Амбиджана”, так признателен за нее... На это не жаль никаких миллионов, собранных благодаря доброй воле американцев и евреев». К собравшимся обратились, кроме прочих, Стефанссон и сенатор от Флориды К. Пеппер. Пеппер годом раньше побывал в СССР. Он заявил:

Вероятно, нигде в мире национальные меньшинства не имеют больше свободы, признания и уважения, чем в Советском Союзе, [и] нет в мире мест, где так мало конфликтов между меньшинством и большинством или между разными меньшинствами.

Пеппер отзывался о Сталине как о величайшем человеке всех времен. Он восхвалял «великий труд» «Амбиджана», который, как он надеялся, «поможет каждому гражданину лучше понять, что такое на самом деле Россия». Было собрано 200 000 долларов наличными и 75 000 по подписке[45].

30 января 1947 года Будиш заявил, что «Амбиджан» отметит четвертую годовщину победы при Сталинграде кампанией по

1946, 12 нояб. С. 3; Сенатор Пеппер горячо одобряет труд «Амбиджана» ради мира во всем мире // Там же. 1947. 6, № 1, февр. С. 6; Ежегодный обед в Нью-Йорке // Там же. С. 7; Еврейская автономная область и Американский Биробиджанский комитет в 1946 г. // Там же. С. 8–10; См. также с. 22–24 42-страничного отчета ФБР 4 февраля 1947 г. от специального агента Шейдта (NY File 100–42538. File 100–99898, Section 2, FOIPA № 416152, Ambijan).

45 Там же.

сбору еще 100 тысяч для «Серебряных Прудов». Он отметил, что
с июня по декабрь 1946 года «Амбиджан» отослал для сирот
Сталинграда и Биробиджана грузов (таких как продукты, одежда,
школьные принадлежности, станки и грузовики) на 300 тысяч
долларов. В обоих городах люди были глубоко тронуты «отече-
ской заботой», которую демонстрирует «Амбиджан» по отношению к «осиротевшим детям»[46].

---

[46] «Амбиджан» планирует собрать сто тысяч долларов // Нью-Йорк таймс. 1947.
31 янв. С. 21. Через несколько лет после смерти Будиша в 1966 г. поэт Да-
вид Зельцер и Бернард Роллер, глава майамского отделения «Амбиджана»
в 1940-х гг., организовали комитет, задачей которого было почтить память
Будиша как важнейшего участника кампании по поддержке «Серебряных
Прудов». Они распространяли листовку, в которой деятельность Будиша
была названа «одним из самых благородных деяний» военного времени.
Задумав в память Будиша опубликовать книгу, они в мае 1965 г. организовали поездку в Волгоград (к тому моменту Сталинград носил уже это имя)
группы американских туристов, которая встречалась с некоторыми из тех,
кто в детстве жил в детдоме «Серебряные Пруды». Книга так и не вышла.
Спонсорский комитет по публикации книги об «Амбиджане» "Дядя Амбиджан" и сталинградские дети: Сага об американо-советской дружбе. Посвя-
щается памяти Я. М. Будиша». Листовка в архиве Бенциона Голдберга
(B. Z. Goldberg papers, Box 70, Soviet Union, folder «American Birobidjan
Committee», 1948).

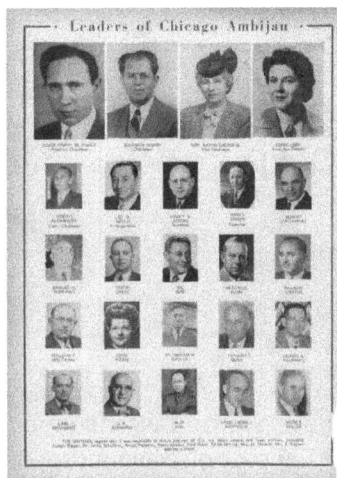

Руководство чикагского
отделения «Амбиджана»
(Sentinel, Chicago, May 16, 1946)

Сенатор Клод Пеппер на
обложке «Сентинел» (Sentinel,
Chicago, June 20, 1946)

Национальная конференция по Биробиджану, 9–10 марта 1946 г.
Слева направо: Макс Левин, советский генеральный консул
В. А. Казаньев, сенатор У. Г. Магнуссон, судья Анна Кросс,
профессор Чарльз Кунц, Я. М. Будиш (Ambijan Bulletin, April 1946)

Глава 6
Годы процветания, 1946–1948

Что сейчас для «Амбиджана» важнее всего? Такой вопрос в ноябре 1946 года Дженофскому задал Стерн, отдыхавший тогда в Майами. Дженофский ответил, что он обсудил это с Медем и они оба предположили, что в данный момент, возможно, будет лучше «сделать акцент на значении Биробиджана для еврейского народа, чем на поддержке осиротевших детей». Медем по возвращении в Нью-Йорк из лекционного тура заявила, что ее слушатели хотели узнать как можно больше о Еврейской автономной области: «Могу сообщить, что мы в Национальном комитете отнюдь не сводим свое участие в построении Еврейской автономной области лишь к поддержке сирот»[1].

Впоследствии Дженофский писал Стерну, что получил из Биробиджана фотографии, запечатлевшие «выдающиеся достижения промышленности и культуры… Мы стараемся распространить эти последние новости как можно шире и надеемся выпустить "Биробиджанскую книгу дружбы" к тринадцатой годовщине образования Еврейской автономной области»[2].

Дженофский одобрял размещение в ежегоднике Американского еврейского комитета за 1946–1947 годы информации, положительно освещавшей происходящее в Биробиджане.

---

[1] Письмо Дженофского к Стерну от 19 ноября 1946 г., Нью-Йорк (Morris Stern papers, RG231, Box 1, unnamed folder, YIVO).

[2] Письмо Дженофского к Стерну от 12 марта 1947 г., Нью-Йорк (Morris Stern papers, RG231, Box 1, unnamed folder, YIVO).

«Амбиджан» выпустил этот раздел ежегодника отдельной брошюрой[3]. В своей просветительской деятельности «Амбиджан» все чаще упоминал Биробиджан, продолжая в то же время привлекать внимание к бедственному положению сирот и собирать средства для них: на концертах, приемах и других мероприятиях обязательно подчеркивалась роль «Амбиджана» в переселении и обустройстве в Биробиджане сирот, оставшихся без дома во время войны.

К примеру, 28 апреля 1946 года за счет «Амбиджана» было организовано мероприятие в «Америкен Лейбор Пати Холл» на Аллертон-авеню в Бронксе. Там выступил историк Р. Малер. 18 мая нью-йоркское отделение организовало «Концерт и чествование Биробиджана» в Таун-холле на Манхэттене, где выступали Р. Резник из «Метрополитен-опера компани», пианист Р. Лев и скрипач М. Мишакофф[4].

Э. Стефанссон устраивала первый ежегодный обед для женщин, состоящих в бронксском отделении, в «Уолдорф-Астории» 8 мая. Собралось 275 человек, перед которыми выступила С. Адлер, звезда Бродвея и Голливуда, с чтением стихов Фефера. За этот вечер было собрано 2 500 долларов[5].

---

[3] Письмо Дженофского к Стерну от 19 июня 1947 г., Нью-Йорк (Morris Stern papers, RG231, Box 1, unnamed folder, YIVO). Упомянутый раздел ежегодника — это статья Генри Франкеля из Департамента иностранных дел Американского еврейского комитета «Евреи в Советском Союзе и Биробиджане» (New York: American Birobidjan Committee (Ambijan), [1946]), представлявшая собой часть его же статьи «Обзор 5706 года — Восточная Европа» в книге [Schneiderman, Maller 1946: 48, 322–334].

[4] В программе три артиста // Нью-Йорк таймс, 1945, 19 мая. См.: 3 Artists in Program // New York Times. 40, 19 (May 1945); рекламные брошюры «Биробиджанский концерт» и «Концерт и празднование в честь Биробиджана» (Morris Stern papers, RG231, Box 1, unnamed folder, YIVO).

[5] Предстоящие события // Бюллетень «Амбиджана». 1946, сент. См.: Forthcoming Events // Ambijan Bulletin. 5, 3 (September 1946): 2; Организационные мероприятия // Там же; Organizational Activities // Ambijan Bulletin. 5, 3 (September 1946): 14. В общей сложности бронксское отделение собрало 5 825 долларов за 1946 г. Organizational. См.: Activities // Ambijan Bulletin. 6, 5 (October 1947): 15.

22 марта бруклинское отделение «Амбиджана» организовало встречу с Д. Смит, редактором *Soviet Russia Today*. 17 мая это же отделение провело свой второй Вечерний музыкальный фестиваль в Бруклинской музыкальной академии, где выступали В. Ривкин (фортепиано) и Д. Диксон с Американским молодежным оркестром, а также А. Кан, известный коммунист. Было собрано около 6 тысяч долларов. На обеде в Ньюарке выступал сенатор от штата Монтана Д. Мюррей; было собрано около 4 тысяч долларов.

В Бостоне, Чикаго, Филадельфии и Вашингтоне прошли съезды городских отделений. 200 делегатов, собравшиеся на региональном съезде в Новой Англии (Бостон, 19 мая), постановили начать кампанию по сбору 150 тысяч долларов. 28 мая на торжественном приеме с выступлением сенатора О. Баркли было собрано 18 тысяч. 24 ноября перед аудиторией в 700 человек выступал Голдберг, было собрано 2 500 долларов. В Филадельфии 28 апреля 75 делегатов собрали обязательств на 25 тысяч долларов; 7 ноября на концерте во «Флейшер одиториум» — больше 2 тысяч долларов, часть из них наличными[6].

Будиш побывал на Западном побережье в апреле и мае, заезжая в Лос-Анджелес, Петалуму, Беркли, Окленд и Сан-Франциско. Поездка была напряженной. Будиш заранее обратился к А. Мальцу, писателю и сценаристу, с просьбой организовать ему встречу в Голливуде. В письме от 15 апреля 1946 года Будиш объясняет: «Я хотел бы заручиться поддержкой нашего движения среди тех кругов общества, которые в нем пока не участвуют, в частности людей из Голливуда. Должен сказать, что до сих пор мы практически не получаем поддержки от Голливуда, хотя от Лос-Анджелеса получили в прошлом году около 60 тысяч». 17 мая в Голливуде Будиш встретился с Мальцем, который предложил канди-

---

6   Текущие события // Бюллетень «Амбиджана». 1946, апрель. См.: Current Events // Ambijan Bulletin. 5, 2 (April 1946): 2; Наша программа и ближайшие задачи // Там же; См.: Our Program and Immediate Tasks // Ambijan Bulletin. 5, 2 (April 1946): 3; Организационные мероприятия // Бюллетень «Амбиджана». 1946, сент.; Organizational Activities // Ambijan Bulletin. 5, 3 (September 1946): 14–15; Ibid. 6, 1 (February 1947): 14. Мюррей, сенатор с 1934 г., в 1954 г. с трудом избежал поражения на выборах, когда противники обвинили его в симпатии к Советскому Союзу.

датуру Э. Робинсона. Вскоре был организован Голливудский комитет «Амбиджана».

За три дня до этого Будиш, а также 150 «выдающихся граждан города» были приглашены на прием в советском консульстве в Сан-Франциско. В том же году 15 октября в Сан-Франциско в отеле «Фермонт» состоялся гала-прием, на котором выступал сенатор У. Магнусон и присутствовал советский генеральный консул К. А. Ефремов. Среди других приглашенных были писатели Томас Манн и Лион Фейхтвангер, которые бежали в Америку из Германии, спасаясь от нацизма. Было собрано 11 тысяч долларов.

На следующий день сенатор Магнусон выступал в отеле «Беверли-Хиллз»; этот прием спонсировали деятели искусств: Л. Фейхтвангер, Б. Шнайдер, Э. Робинсон, Р. Каммингз, А. Мальц, П. Хенрейд, А. Шоу и др. 17 октября в «Филармоник одиториум» в Лос-Анджелесе состоялась встреча, на которой присутствовали более тысячи человек. Распорядителем был Дж. Джессель, актер театра и кино. Сенатор Магнусон выступил с речью, в которой отметил, что более глубокое взаимопонимание между США и СССР является основой для мира во всем мире, и осудил «пророков Апокалипсиса и вещуний ненависти», враждебно настроенных по отношению к СССР. Судья А. Пахт, председатель собрания, заявил, что с прискорбием наблюдает за попытками «разогнать антисоветскую истерию» со стороны реакционеров, которых он сравнил с нацистами. Выступил также Евгений Туманов, советский консул. Пахт объявил о сборе средств, и на дальнейшую поддержку сирот в Биробиджане и Сталинграде было собрано 20 тысяч долларов[7].

---

[7] Организационные мероприятия // Бюллетень «Амбиджана». 1946, сент. См.: Organizational Activities // From Our Mail Bag. *Nailebn — New Life*. 20, 1 (January 1947): 23; Организационные мероприятия // Бюллетень «Амбиджана». 1947, февр. См.: Organizational Activities // Ambijan Bulletin. 6, 1 (February 1947): 14–15. Информация по Голливуду и Лос-Анджелесу содержится на с. 2, 5–6, 19 23-страничного доклада ФБР от специального агента Р. Б. Хука 22 октября 1947 г. (изначально LA File 100–23652, впоследствии File 100–99898, Section 3, FOIPA № 416152, Ambijan). Альберт Кан был соавтором книги «Великий заговор: Тайная война против Советской России», в которой оправдывались сталинские чистки в Москве в 1930-х гг. [Kahn, Sayers 1946].

В 1946 году возникло балтиморское отделение «Амбиджана».
В Балтимор приехал Аронофф, член совета директоров «Амбиджана», чтобы 24 июня выступить в «Меркантайл Клаб». По
данным ФБР, поначалу Аронофф испытывал сложности
с «местными состоятельными евреями и сионистами, так как
они не были склонны помогать евреям в России». Некоторые
еврейские организации в Балтиморе, в том числе «Арбетер
Ринг», были против того, чтобы поддерживать просоветские
организации, такие как «Амбиджан», в частности, местное
отделение Молодежной еврейской ассоциации (Young Men's
Hebrew Association) отказало «Амбиджану» в аренде помещения. Представитель Ассоциации еврейских благотворительных
организаций заявил, что «все собранные деньги, несомненно,
пойдут на поддержку России, а не нуждающихся». Но «Амбиджан» при поддержке местной ячейки коммунистической
партии не сдавался и, согласно данным ФБР, привлек на свою
сторону некоторых «высокоморальных людей», которые «не
вполне представляли себе, что значит на самом деле иметь
близость с коммунистами». 26 октября был проведен концерт,
принесший пожертвований на полторы тысячи долларов;
27 апреля 1947 года состоялся банкет в отеле «Сазерн», на который пришли 135 человек[8].

В начале 1947 года в «Амбиджане» насчитывалось 20 тысяч
членов. Отделения «Амбиджана» действовали в 60 городах по
всей стране. М. Олкен отмечал, что к этому времени многие еврейские общинные центры и организации заинтересовались
деятельностью «Амбиджана»; он был уверен, что организация
продолжит процветать и расширяться. Усилиями тысяч предан-

---

[8]   Организационные мероприятия // Бюллетень «Амбиджана». 1947, март. См.:
Organizational Activities // Ambijan Bulletin. 6, 2 (March 1947): 13–14. См.
также с. 15–16 42-страничного доклада ФБР от специального агента Эдварда Шейдта 4 февраля 1947 г. (изначально NY File 100–42538, впоследствии
File 100–99898, Section 2, FOIPA № 416152, Ambijan) и 16-страничный доклад
от специального агента Фреда Холлфорда 29 августа 1947 г. (изначально
Baltimore File 100–2298, впоследствии также File 100–99898, Section 2, FOIPA
№ 416152, Ambijan).

ных активистов в течение 1946 года было собрано полмиллиона долларов[9]. На собрании совета директоров 18 февраля Будиш заявил, что с 12 декабря 1946 года уже организовано шесть новых отделений: три — в Нью-Йорке, вспомогательное женское отделение — в Балтиморе, второе отделение — в Майами-Бич и отделение еврейских фермеров — в Петалуме (Калифорния)[10]. На встрече чикагского отделения 31 марта Будиш отметил, что активные отделения действуют в 35 городах страны[11].

На страницах бюллетеня «Амбиджана» и *Nailebn — New Life* запечатлена деятельность отделений «Амбиджана» — больших и малых, от многолюдных обществ в Нью-Йорке, Бостоне, Лос-Анджелесе, Филадельфии и других крупных центрах до скромных периферийных в таких городах, как, например, Мемфис и Омаха. Нам не хватит места, чтобы перечислить все их мероприятия, но я приведу несколько примеров, чтобы показать, какую большую работу проделали даже небольшие отделения. На обеде, организованном в Уилмингтоне (Детройт) в конце 1946 года, было собрано 505 долларов. В начале 1947 года отделение в Гловерсвилле (Нью-Йорк) собрало 820 долларов на помощь жертвам войны. В Трентоне (Нью-Джерси) организация «Сыновья и дочери Израиля: Дом престарелых» собрали 50 долларов для перемещенных сирот, а клуб Лилиан Уолд в Хартфор-

---

[9]   Олкен М. «Амбиджан» за народ // Найлебн — Нью Лайф. 1947, янв. См.: Der ambidzhan farn folk // *Nailebn — New Life*. 20, 1 (January 1947): 16, 21. Олкен надеялся, что организация будет и дальше расти до тех пор, пока «в каждом еврейском доме» по всей стране не будут знать о Биробиджане.

[10] Обзор детельности Американского Биробиджанского комитета // Бюллетень «Амбиджана». 1947, март. См.: Review of Activities of American Birobidjan Committee // Ambijan Bulletin. 6, 2 (March 1947): 7–8. Петалума, оплот еврейских левых просоветских масс, была основана и заселена фермерами, которые разводили кур, говорили на идише и придерживались социалистических взглядов, и не менялась десятилетиями. Как сказала писателю Кеннету Канну Анна Розенфильд Гольден, «мы всегда отправляли деньги на поддержку еврейских фермеров в Биробиджане», см. [Kann 1993: 95–96, 175, 210].

[11] Протоколы 31 марта 1947 г. (Collection № 20: Chicago Chapter, American Birobidjan Committee, Series A. Minutes Folder 4: Minutes, 1947, Chicago Jewish Archives).

де собрал 500 долларов, организовав три кинопоказа, которые посетили 900 человек[12].

Первый обед, организованный «Амбиджаном» в Канзас-Сити (Миссури) 12 января 1947 года, принес 3 200 долларов. Председателем был раввин С. Майерберг из «Бней Йегуда» — старейшей и самой крупной синагоги в Канзас-Сити. Майерберг, известный своими левыми взглядами (в 1932 году на него было совершено покушение в связи с его борьбой против империи Т. Пендергаста, распространившего свое влияние на весь Канзас-Сити), выразил уверенность, что народ Соединенных Штатов не останется в долгу перед советской властью и советским народом, которые пошли на такие жертвы, чтобы избавить мир от фашизма. Он заявил, что долг каждого еврея — «помочь этим невинным, пострадавшим от устроенного Гитлером Холокоста, получить еду, одежду и кров, чтобы вернуть им здоровье и нормальную жизнь». На следующий день Голдберг, который недавно вернулся из поездки в Палестину, Восточную Европу и СССР, и Э. Озри, исполнительный директор чикагского отделения, подробно обсудили различные программы по реабилитации и реконструкции, в финансировании которых участвовал «Амбиджан». Отделение в Канзас-Сити обязалось собирать в год сумму, на которую в Биробиджане могут прожить сто сирот из расчета по сто долларов в год на ребенка[13].

Бронксское отделение «Амбиджана» усердно занималось организацией различных мероприятий, в том числе образовательных, с помощью которых оно смогло бы выполнить свое обязатель-

---

[12] Из нашей почты // Найлебн — Нью Лайф. 1947, янв. См.: From Our Mail Bag // *Nailebn — New Life*. 20, 1 (January 1947): 22–23; Клуб Лилиан Уолд в Хартфорде занимается усыновлением пяти сирот // Найлебн — Нью Лайф. 1947, февр. См.: Lillian Wald Club of Hartford Adopts Five Orphans // *Nailebn — New Life*. 20, 2 (February 1947): 23.

[13] Организационные мероприятия» в «Бюллетене "Амбиджана"» за февраль, март и май — июнь 1947 г. См.: Organizational Activities // Ambijan Bulletin. 6, 1 (February 1947): 14; Ibid. 2 (March 1947): 13–14; Ibid. 4 (May — June 1947): 12; письмо от Раи Осадчей к Этель Озри, Канзас-Сити (Миссури), от 17 января 1947 г. (letter from Rae Osadchey to Ethel Osri, Kansas City, MO, January 17, 1947, in Collection № 20: Chicago Chapter, American Birobidjan Committee, Series B. Papers of Ethel Osri (From Collection № 82). Folder 7: Correspondence, 1944–1949, Chicago Jewish Archives).

ство — собрать сумму, достаточную для обеспечения 50 сирот в течение 1947 года. 21 мая в «Уолдорф-Астории» состоялся второй обед Фонда Эйнштейна. 9 июня в отеле «Конкур Плаза» было объявлено, что бронксское отделение уже собрало 7 950 долларов и насчитывает в своих рядах более ста человек. Главным спикером был доктор Дж. Сомервиль, специалист по советской философии в Хантер-колледже. Вместе с женой, известной коммунисткой Р. Маурер, он жил в Советском Союзе в 1935–1937 гг.[14]

В Майами 15 января 1947 года перед переполненным залом раввин А. Бик выступал с лекцией «Судьба евреев Европы. Палестина и Биробиджан». 13 апреля в отеле «Рони Плаза» состоялся обед — первое публичное мероприятие нового, уже второго, отделения в Майами-Бич. Почетным гостем этого обеда был Я. М. Ломакин, советский генеральный консул в Нью-Йорке. Ломакин выступал по-русски, переводил выступление Будиш. Г. Терк, бывший президент «Бней-Брит», обратился к аудитории в 200 человек с призывом жертвовать средства на поддержку обездоленных; было собрано 3 тысячи долларов[15].

Дженофский совершил поездку на Средний Запад с 8 по 22 февраля и посетил шесть городов. В еврейском центре в Цинциннати 9 февраля он прочитал лекцию о Биробиджане; в Чикаго провел пять дней — с 11 по 15 февраля, выступил в нескольких отделениях и встретился с чикагским советом директоров, чтобы запланировать съезды, обеды и мероприятия по сбору средств. С 16 по 18 февраля он был в Милуоки, где выступил на собрании местного отделения с речью о новых достижениях ЕАО. Эту речь

---

[14] Сведения о бронксском отделении содержатся на с. 53–55 82-страничного отчета ФБР от специального агента Эдварда Шейдта 23 февраля 1949 г. (изначально NY File 100–42538, впоследствии File 100–99898, Section 3, FOIPA № 416152, Ambijan). Сомервиль — автор книги [Somerville 1946]. Он выступал в качестве свидетеля на нескольких судебных процессах против коммунистов в эпоху маккартизма, см. [Sommerville 1956], а также [Somerville 1949].

[15] Дженофский А. Организация и ее работа // Найлебн — Нью Лайф. 1947, март. См.: Abraham Jenofsky. Organizatsye un arbet // *Nailebn — New Life*. 20, 3 (March 1947): 21; Организационные мероприятия // Бюллетень «Амбиджана». 1947, май — июнь. См.: Organizational Activities // Ambijan Bulletin. 6, 4 (May — June 1947): 13.

опубликовала местная еврейская англоязычная газета, и вскоре после этого ее редактор написал Дженофскому, что «Амбиджан» может способствовать изменению советской политики или хотя бы может достучаться до нашего друга "дяди Джо" (Сталина). Если удастся убедить Советский Союз открыть въезд в Биробиджан евреям из-за рубежа, я был бы в числе крупнейших доноров проекта»[16].

Ежегодный обед в Ньюарке 23 февраля 1947 года посетили 300 человек. Сенатор Х. М. Килгор говорил о «блестящей работе» «Амбиджана» по поддержке сталинградских сирот и организации их переезда в Биробиджан. Еврейская автономная область, сказал он, это «большой успех, живой памятник, способный вдохновлять людей во всем мире». Было собрано около 5 тысяч долларов наличными и векселями. Мэр Ньюарка В. Мерфи и губернатор Нью-Джерси Х. Проктер выразили «Амбиджану» благодарность за его «благородный труд по переселению сирот, обездоленных войной, в Биробиджан»[17].

---

[16] Там же. С. 19–20; Там же. С. 14–15; Наш гость вкратце описывает деятельность Биробиджанского комитета // Висконсин Джуиш Кроникл, Милуоки. 1947, 21 февр. См.: Visitor Here Outlines Work of Birobidjan Committee // Wisconsin Jewish Chronicle, Milwaukee. (Feb. 21 1947); Письмо Б. Тусмана, редактора «Висконсин Джуиш Кроникл», Милуоки, 29 марта 1947 г. (letter from B. C. Tousman, editor, Wisconsin Jewish Chronicle, Milwaukee, March 29, 1947; Jenofsky papers, RG734, Box 3, folder «letters», YIVO).

[17] Обращения от действующего губернатора Нью-Джерси Хайдена Проктера и мэра Ньюарка Винсента Мерфи, «Найлебн — Нью Лайф», март 1947 г. См.: Messages from Acting Governor of New Jersey Hayden Procter and Newark Mayor Vincent J. Murphy // Nailebn — New Life. 20, 3 (March 1947): 22; Деятельность «Амбиджана» помогает беречь мир во всем мире, утверждает сенатор Килгор // Бюллетень «Амбиджана». 1947, март. См.: Work of Ambijan Helps Secure World Peace, Says Senator Kilgore // Ambijan Bulletin. 6, 2 (March 1947): 4; Организационные мероприятия // Бюллетень «Амбиджана». 1947, март. См.: Organizational Activities // Ambijan Bulletin. 6, 2 (March 1947): 14–15; Мэр Ньюарка считает жизненно необходимым труд «Амбиджана» // Бюллетень «Амбиджана». 1947, апр. См.: Mayor of City of Newark, N. J. Considers Work of Ambijan Vital Need // Ambijan Bulletin. 6, 3 (April 1947): 15; Организационные мероприятия // Бюллетень «Амбиджана». 1947, окт. См.: Organization Activities // Ambijan Bulletin. 6, 5 (October 1947): 14. Впоследствии Килгор подвергся нападкам за свои политические взгляды, см. [Smith 2007].

В кливлендском отделении была в разгаре интенсивная образовательная кампания. 2 апреля Дж. Моргенштерн, председатель кливлендского отделения, открыл сбор средств в объеме 60 тысяч долларов на приобретение 15 сборных домов и оборудования для электростанции, которые должны были доставить в Биробиджан морскими путями. Кроме того, Моргенштерн помогал организовывать комитеты «Амбиджана» в Толидо, Юнгстауне, Питтсбурге и Детройте[18].

В Чикаго шел сбор средств на организацию радиотехникума в Биробиджане, который будет готовить технических специалистов, и 28 марта советский генеральный консул в Нью-Йорке, Я. М. Ломакин, отправился в Чикаго, чтобы участвовать в открытии кампании по сбору 75 тысяч долларов. В июле в Чикаго приехал Будиш и распорядился начинать закупку оборудования; вскоре после этого чикагское отделение направило в Нью-Йорк 5 тысяч долларов на эти расходы[19].

На 8 июня в отеле «Мидлэнд» был назначен городской съезд чикагского отделения «Амбиджана» по помощи детям, осиротевшим во время войны. В преддверии съезда редактор *Sentinel* заявил, что помощь биробиджанским беженцам ни в коей мере не

---

[18] Обзор деятельности Американского Биробиджанского комитета // Бюллетень «Амбиджана». 1947, март. См.: Review of Activities of American Birobidjan Committee // Ambijan Bulletin. 6, 2 (March 1947): 7–8; Организационные мероприятия // Бюллетень «Амбиджана». 1947, апр. См.: Organizational Activities // Ambijan Bulletin. 6, 3 (April 1947): 13–14; Организационные мероприятия // Бюллетень «Амбиджана». 1947, окт. См.: Organizational Activities // Ambijan Bulletin. 6, 5 (October 1947): 13.

[19] Байрон Ф. Дж. Совершенно секретно // Сентинель. Чикаго. 1947, 27 марта. См.: Biron P. J. Strictly Confidential // Sentinel. Chicago. 8 (March 27 1947); «Амбиджан» организует съезд в Чикаго, чтобы помочь детям, осиротевшим во время войны // Сентинель. Чикаго. 1947, 15 мая. См.: Ambijan Proclaims Chicago-Wide Conference to Aid War Orphans // Sentinel. Chicago.16 (May 15 1947); Организационные мероприятия // Бюллетень «Амбиджана». 1947, март, апр., май — июнь. См.: Organizational Activities // Ambijan Bulletin. 6, 2 (March 1947): 13; Ibid. 3 (April 1947): 120; Ibid. 4 (May — June 1947): 11–12; Протоколы. См.: Minutes (March 13 1947; March 1, 1947; May 29 1947; July 9 1947; July 31 1947, in Collection № 20: Chicago Chapter, American Birobidjan Committee, Series A. Minutes Folder 4: Minutes, 1947, Chicago Jewish Archives).

противоречит «возрождению Эрец Исроэл». «Мы должны благодарить Господа, что существует такое место, как Биробиджан, где еврейские дети имеют возможность построить для себя собственную свободную жизнь», — сказал он. На конференцию съехались около 300 делегатов из разных землячеств, кружков, культурных и профессиональных объединений и союзов, которые взяли на себя обязательство собрать для Биробиджана 100 тысяч долларов наличными и оборудования на 25 тысяч долларов. Кроме того, 3 068 долларов 30 центов было собрано на месте. После конференции Озри заявила, что покидает пост исполнительного директора: «Наша организация уже твердо стоит на ногах», — сказала она исполнительному комитету. Ее заменил колумнист *Sentinel* А. Таппер[20].

Чрезвычайно активное отделение «Амбиджана» в Лос-Анджелесе профинансировало организацию конференции 2 февраля с участием А. Мальца в качестве приглашенного спикера. Годовщину образования Биробиджана 29 марта праздновали в «Эмбасси одиториум». Это мероприятие, председателями которого выступили С. Розенфельд и Е. Майерс, принесло 5 500 долларов. Будиш во время своей очередной поездки на Западное побережье выступил в Лос-Анджелесе 19 июля, а через два дня исполнительный секретарь «Амбиджана» в Лос-Анджелесе Крупин и казначей «Амбиджана» Южной Калифорнии И. Левит преподнесли Будишу чек на 5 тысяч долларов, предназначенные для детей, осиро-

---

[20] Фишман Дж. Обзор новостей от редактора // Сентинель. Чикаго. 1947, 29 мая. См.: Fishbein J. I. The Editor Views the News // Sentinel. Chicago. 5 (May 29 1947); Люди в новостях // Сентинель. Чикаго. 1947, 3 июля. См.: People in the News // Sentinel, Chicago. 24 (July 3 1947); Конференция «Амбиджана» принимает резолюцию о сборе ста тысяч долларов для Биробиджана // Сентинель. Чикаго. 10 июля 1947 г. См.: Ambijan Conference Adopts $100,000 Goal for Birobidjan // Sentinel. Chicago. (July 10 1947): 16; Протоколы. См.: Minutes (June 17, 1947, July 17, 1947; Aug. 28, 1947, in Collection № 20: Chicago Chapter, American Birobidjan Committee, Series; Minutes A. Folder 4: Minutes, 1947, Chicago Jewish Archives); Напоминание: Американский Биробиджанский комитет. См.: Reminder: American Birobidjan Committee (Flyer in Collection № 20: Chicago Chapter, American Birobidjan Committee, Series B. Papers of Ethel Osri (From Collection № 82). Folder 10: Programs and Brochures, 1936–1948, Chicago Jewish Archives).

тевших во время войны. Всего лишь за несколько месяцев Лос-Анджелес принес организации 15 тысяч долларов.

Советское консульство в Лос-Анджелесе устроило прием в честь Будиша 29 июля. Гостей заверили, что Советский Союз делает все возможное, чтобы организовать еврейскую автономию в Биробиджане. В тот же день ФБР удалось застать чиновника советского консульства за отправкой письма в «Амбиджан»; позже выяснилось, что письмо содержало список из 48 «еврейских и просоветских организаций» в Лос-Анджелесе и его окрестностях[21].

В Нью-Йорке 17 мая в Таун-холле прошел ежегодный концерт «Амбиджана» в честь празднования годовщины основания Биробиджана и в знак «укрепления дружеских связей между евреями <...> страны и еврейским народом Биробиджана». Бруклинское отделение организовало третий ежегодный концерт в пользу биробиджанских сирот в Бруклинской академии музыки 21 мая. В концерте участвовал певец Ян Пирс, было собрано 4 тысячи долларов. Недавно открывшееся отделение на Манхэттене организовало встречу в «Уолдорф-Астории» 23 апреля. Председатель этого отделения Ф. Чайкин, активистка «Хадассы», женской сионистской организации, выступила с заявлением о предстоящих задачах, а С. Адлер читала стихи[22].

---

[21] Дженофский. Организация и ее работа // Найлебн — Нью Лайф, апрель. 1947, сент. — окт. См.: [Jenofsky A.] J. A. Organizatsye un arbet // *Nailebn — New Life*. 20, 4 (April 1947): 18; [Jenofsky A.] J. A. Organizatsye un arbet // *Nailebn — New Life*. 20, 8 (September — October 1947): 18–20; Еще пять тысяч долларов от «Золотого штата» // Найлебн — Нью Лайф. 1947 , сент. — окт. См.: $5,000 More from the Golden State // *Nailebn — New Life*. 20, 8 (September — October 1947): 26; Организационные мероприятия // Бюллетень «Амбиджана». 1947, май — июнь, окт. См.: Organizational Activities // Ambijan Bulletin. 6, 4 (May — June 1947): Ibid. 5 (October 1947): 13–15. Сведения о Калифорнии содержатся на с. 7–16 23-страничного отчета ФБР от специального агента Р. Б. Худа, 22 октября 1947 г. (изначально LA File 100–23652, впоследствии File 100–99898, Section 3, FOIPA № 416152, Ambijan).

[22] Приглашение от Будиша, Нью-Йорк, 7 апреля 1947 г. (United States Territorial Collection, RG117, Box 57, folder «Icor» 17/16, YIVO); Сбор пожертвований в помощь детям // Нью-Йорк таймс. 1947, См.: Benefit to Aid Children // New York Times (May 14 1947). P. 22; Организационные мероприятия // Бюллетень «Амбиджана». 1947, май — июнь, окт. См.: Organizational Activities // Ambijan Bulletin. 6, 4 (May — June 1947): 14 ; Ibid. 5 (October 1947): 14.

Между тем, откликаясь на нужды СССР, «Амбиджан» удвоил усилия по сбору средств на строительство жилья для переселенцев в Биробиджане. «Амбиджан» сообщал, что советское правительство описывало этот регион как «столь дорогой сердцу советских еврейских рабочих масс», что его «невозможно отделить от советского еврейского народа — это их гордость, их слава, их будущее». Очень скоро «весь Биробиджан будет покрыт сетью заводов, шахт и рудников». Советское правительство также заверило, что новые переселенцы «получат всю необходимую поддержку»[23].

14 января 1947 года на общем собрании, где присутствовали 150 членов «Амбиджана», Будиш выступил с речью о необходимости закупать сборные дома для Биробиджана. «Амбиджан» организовал серию региональных конференций, чтобы донести эту задачу до всех отделений и собрать деньги: в Нью-Йорке 23 марта собрались делегаты 200 организаций, в Чикаго 9 июня — делегаты 102 организаций, в Лос-Анджелесе 12 октября — делегаты более 200 организаций, в Ньюарке 23 ноября — делегаты 17 организаций. Во всех этих городах, а также в Бостоне, Канзас-Сити, Майами, Сан-Франциско и Вашингтоне состоялись торжественные обеды.

Перед съездом в Нью-Йорке, назначенным на 23 марта, каждому из 500 делегатов сообщили, что главной темой обсуждения будут мероприятия, осуществленные в последнее время по переселению в Биробиджан военных сирот и «десятков тысяч» других, в том числе тех, кого удалось спасти из концлагерей. Делегатам обещали также диафильм, иллюстрирующий «исполинские», только что построенные «индустриальные, сельскохозяйственные и культурные сооружения». Было заявлено, что «прямая обязанность американских евреев» состоит в том, чтобы помогать евреям ЕАО «в их героических усилиях» по развитию региона «с таким же безграничным, жертвенным рвением и героизмом, который они продемонстрировали во время войны».

Олкен демонстрировал фотографии детских домов в городе Биробиджане, поселках Бире, Лондоко и Валдгейм. Муниципаль-

---

[23] См. [JAR 1948: 5–6, 15], а также [Weinberg 2002; Goldberg 1961: 202–205; Levin 1988: 488–492].

ный депутат от Манхэттена С. Айзекс выразил восхищение тем, что «Амбиджан» помогает «братьям евреям» в Биробиджане, «делая их жизнь в будущем более счастливой и благополучной». Дженофский доложил, что во втором полугодии 1946 года «Амбиджан» отправил в Биробиджан и Сталинград грузов на 317 тысяч долларов. Делегаты проголосовали за сбор 500 тысяч долларов на тысячу или более сборных домов для новых переселенцев. Будиш огласил подробный план бюджета «Амбиджана» в два миллиона долларов на 1947 год. Планировалось, что «Амбиджан» будет финансировать 3 500 сирот, которые на тот момент уже находились в Биробиджане, и принимать участие в переселении туда детей из других разоренных войной регионов, а также поддерживать иных беженцев и эвакуированных, чьи дома лежали в руинах, а родственники погибли. На следующем собрании, которое прошло в Хантер-колледже 3 июня в присутствии 400 человек, Будиш опять объявил, что в Биробиджане не хватает жилплощади для всех желающих туда перебраться. Он обратился к аудитории с призывом принять участие в сборе от 750 тысяч до миллиона долларов, чтобы «Амбиджан» мог отправить в Еврейскую автономную область 200 сборных домов, выпускаемых в Швеции[24].

---

[24] Обращение к нью-йоркскому территориальному съезду // Найлебн — Нью Лайф. 1947, март. См.: Call to New York Area Conference // *Nailebn — New Life*. 20, 3 (March 1947): 24; Нью-йоркская территориальная конференция // Бюллетень «Амбиджана». 1947, март. См.: New York Area Conference // Ambijan Bulletin. 6, 2 (March 1947): 3; Нью-йоркская территориальная конференция по Биробиджану // Бюллетень «Амбиджана». 1947, апр. См.: New York Area Birobidjan Conference // Ambijan Bulletin. 6, 3 (April 1947): 10–11, 15; Циркулярное письмо от Л. Шатцова, председателя, и Г. Уолкер, секретаря, Комитет по организации нью-йоркской территориальной конференции, Нью-Йорк, 13 марта 1947 г. (Circular letter from Dr. Lewis Schatzov, chairman, and Gussie Walker, secretary, New York Area Conference Arrangement Committee, New York, March 13, 1947, in United States Territorial Collection, RG117, Box 57, folder «Icor» 17/16, YIVO). Записки от 9 июня, 23 июля и 22 сентября 1947 г. от Эдуарда Шейдта, специального агента, к Эдгару Гуверу (Memos of June 9, July 23, and Sept. 22, 1947, from Edward Scheidt, Special Agent in Charge, to J. Edgar Hoover; File 100–99898, Section 2, FOIPA № 416152, Ambijan). См. также с. 48 82-страничного доклада от Эдуарда Шейдта, специального агента (изначально NY File 100–42538, впоследствии File 100–99898, Section 3, FOIPA № 416152, Ambijan).

На Западном побережье тоже собирали средства на сборные дома. К середине 1947 года в Лос-Анджелесе собрали 85 тысяч долларов и планировали собрать еще 35 тысяч на приобретение десяти сборных домов для Биробиджана. 11–12 октября 1947 года состоялся съезд «Амбиджана» штата Калифорния, на котором присутствовал 51 делегат, под председательством С. Розенфельда, возглавлявшего лос-анджелесское отделение. Знаменательным событием стало выступление раввина Бика. Было собрано 4 тысячи долларов. 20 декабря в «Эмбасси одиториум» состоялось празднество 30-летней годовщины Советского Союза. По сообщению Крупина, в общей сложности за 1947 год было собрано 109 тысяч долларов. В Петалуме 20 октября «выдающаяся» лекция раввина Бика «тронула сердце каждого фермера», и к концу месяца отделение в Петалуме собрало для Биробиджана 1 200 долларов[25].

Кроме того, «Амбиджан» обратился к еврейским благотворительным организациям по всей стране с призывом выделять деньги «на поддержку еврейских детей, осиротевших из-за войны», которые «надеются на вашу помощь в возвращении к нормальной жизни». Ф. Бакст посетила Всеамериканский съезд Еврейских федераций и благотворительных фондов, проходивший в Атлантик-Сити 30 января — 2 февраля 1947 года, и организовала прием, на котором Будиш выступал с речью о деятельности «Амбиджана». Дженофский во время своей поездки по Среднему Западу тоже пытался договориться о финансировании с федерациями еврейских организаций. 13 февраля на встрече с исполнительным комитетом в Чикаго он отметил, что бюджет Джойнта на 1947 год общим объемом 120 млн долларов не предусма-

---

[25] Крупин Н. «Амбиджан» в Лос-Анджелесе — это живительная сила в еврейской жизни // Найлебн — Нью Лайф. 1947, июль — авг. См.: Krupin N. Der 'ambidzhan' in los angeles iz a lebediker koyekh in yidishn lebn // *Nailebn — New Life.* 20, 7 (July — August 1947): 9–10; Дженофский. Организация и ее работа // Найлебн — Нью Лайф. 1947, сент. — окт. См.: [Jenofsky A.] J. A. Organizatsye un arbet // *Nailebn — New Life.* 20, 8 (September-October 1947): 18–20; Новости организации // Найлебн — Нью Лайф. 1947, нояб. См.: Organization News // *Nailebn — New Life.* 20, 9 (November 1947): 23; Организационные мероприятия // Бюллетень «Амбиджана». 1948, янв. С.: Organizational Activities // Ambijan Bulletin. 7, 1 (January 1948): 15.

тривает выделение средств Советскому Союзу. 18 февраля
в Мэдисоне Дженофский призвал Еврейский благотворительный
фонд поучаствовать в программе «Амбиджана» по поддержке
детей, осиротевших во время войны. На следующий день в Сент-
Поле он обратился с просьбой о финансировании к городскому
Объединенному еврейскому фонду, а 20 февраля выступил
в Миннеаполисе, в котором на тот момент «Амбиджан» получал
финансирование Объединенного еврейского фонда (ОЕФ).
В конце февраля Озри приехала в Канзас-Сити, чтобы способствовать обращению местного отделения «Амбиджана» к городской федерации еврейских организаций о выделении 20 тысяч
долларов. 19–20 апреля 1947 года в Новом Орлеане прошел съезд
еврейских федераций и благотворительных организаций Юго-
Запада. Представители «Амбиджана» имели возможность обсудить программу организаций и бюджет с делегатами сорока еврейских общин[26]. Однако, к неудовольствию Будиша, многие
лидеры общин заявили, что «никакого финансирования Американскому Биробиджанскому комитету» они выделить не могут.
Несмотря на эту неудачу, которая, несомненно, объяснялась тем,
что «Амбиджан» рассматривали как просоветскую организацию,

---

[26] Дженофский А. Организация и ее работа // Найлебн — Нью Лайф. 1947,
март. См.: Abraham Jenofsky. Organizatsye un arbet // *Nailebn — New Life*. 20,
3 (March 1947): 19–20; Организационные мероприятия // Бюллетень «Амбиджана». 1947, март. См.: Organizational Activities // Ambijan Bulletin. 6, 2 (March
1947): 14–15; К еврейским благотворительным организациям // Бюллетень
«Амбиджана». 1947, март. См.: To Jewish Welfare Fund Organizations // Ambijan Bulletin. 6, 2 (March 1947): 2; Обзор деятельности Амбиджанского Биробиджанского комитета // Бюллетень «Амбиджана». 1947, март. См.: Review
of Activities of American Birobidjan Committee // Ambijan Bulletin 6, 2 (March
1947): 8; Организационные мероприятия // Бюллетень «Амбиджана». 1947,
май — июнь. См.: Organizational Activities // Ambijan Bulletin. 6, 4 (May — June
1947): 13; Наш гость вкратце описывает деятельность Биробиджанского
комитета // Висконсин Джуиш Кроникл. Милуоки. 1947, 21 февр. См.: Visitor Here Outlines Work of Birobidjan Committee // Wisconsin Jewish Chronicle.
Milwaukee (Feb. 21 1947); Архив А. Дженофского (RG734, Box 3, folder «letters»,
YIVO); Протоколы. См.: Minutes (Feb. 13, 1947; Feb. 20, 1947; Feb. 27, 1947, in
Collection № 20: Chicago Chapter, American Birobidjan Committee, Series A.
Minutes Folder 4: Minutes, 1947, Chicago Jewish Archives).

Будиш остался убежден, что многие американские евреи начинают проникаться уважением к деятельности «Амбиджана» и осознают, что «дальнейшая дискриминация <...> организации была бы несправедливой и к тому же причиняла бы ущерб делу возрождения евреев в целом»[27].

Местные отделения «Амбиджана» тоже обращались за финансированием. 8 июня 1947 года съезд «Амбиджана» в Чикаго принял резолюцию с обращением к чикагскому Еврейскому благотворительному фонду об адекватном финансировании работы «Амбиджана» в Биробиджане. Запрос о финансировании был отклонен С. А. Голдсмитом, председателем фонда. Будиш приехал в Чикаго, чтобы выступить на заседании фонда 8 октября, но не смог изменить решение Голдсмита. На собрании функционеров чикагского «Амибджана» на следующий день Будиш предложил разослать жертвователям «Амибджана» письмо «с предложением потребовать, чтобы Еврейский благотворительный фонд выделил справедливую долю финансирования <...> организации». *Sentinel* выделил целый разворот в номере от 6 ноября 1947 года для статьи С. Джезмера в поддержку «Амбиджана». Джезмер пишет, что Еврейский благотворительный фонд должен представлять всех, а не только некоторые слои общества. «Амбиджан» получает пожертвования от более чем двух тысяч человек, а также от нескольких сотен еврейских организаций, которые представляют «десятки тысяч евреев Чикаго». Они «неоднократно выражали желание», чтобы «Амбиджан» вошел в число получателей финансирования фонда. Чикагское отделение «Амбиджана» запланировало продолжить борьбу за выделение финансирования на национальной конференции еврейских федераций и благотворительных фондов в Чикаго 24–26 января 1948 года.

Возможно, эти требования были услышаны: хотя «Джойнт» наотрез отказывался от сотрудничества, а чикагский Еврейский благотворительный фонд еще раз отклонил запрос чикагского отделения «Амбиджана», «Амбиджан» объявил, что 27 еврейских

---

[27] Будиш Я. М. Биробиджан пробуждает американских евреев // Бюллетень «Амбиджана». 1947, окт. См.: Budish J. M. American Jews Awaken to Birobidjan // Ambijan Bulletin. 6, 5 (October 1947): 6–7.

благотворительных фондов выделили ему финансирование в 1947 году, а другие запланировали сделать это в 1948 году. В докладе ФБР от 27 октября 1947 года говорится, что обращение к еврейским федерациям имело значение не только с точки зрения финансирования, но и по той причине, что любое сотрудничество между «Амбиджаном» и еврейскими федерациями будет уменьшать политическое предубеждение против «Амбиджана» как «советской прокоммунистической организации»[28].

В преддверии ежегодной встречи Национального комитета, назначенной на ноябрь 1947 года, Будиш сформулировал главные задачи «Амбиджана»: участвовать в обустройстве новой жизни еврейских детей, осиротевших во время войны, в Биробиджане; поддерживать новых переселенцев, прибывающих в Биробиджан из европейской части СССР, в частности финансировать строительство жилплощади (3 500 долларов за дом); в целом поддерживать развитие культуры в ЕАО; способствовать экономическому росту, который даст Биробиджану возможность принимать новых переселенцев[29].

[28] Джезмер С. Американский Биробиджанский комитет и Еврейский благотворительный фонд // Сентинель. Чикаго. 1947, 6 нояб. См.: Jesmer S. The American Birobidjan Committee and the Jewish Welfare Fund // Sentinel. Chicago. 5 (Nov. 6 1947); Заметки с конференции 8 июня 1947 г. (Notes from the June 8, 1947 conference); Протоколы (minutes of Sept. 11, 1947; Oct. 2, 1947; Oct. 9, 1947, in Collection № 20: Chicago Chapter, American Birobidjan Committee, Series A. Minutes Folder 4: Minutes, 1947, Chicago Jewish Archives); доклад ФБР от Эдуарда Шейдта Эдгару Гуверу, главе ФБР, 27 октября 1947 г., Нью-Йорк (FBI report from Edward Scheidt, Special Agent in Charge, New York, to J. Edgar Hoover, FBI director, Oct. 27, 1947, NY File 100–42538. File 100–99898, Section 2, FOIPA № 416152, Ambijan).

[29] Циркулярное письмо от Макса Левина, Нью-Йорк, 5 мая 1947 г., и письмо от Вильялмура Стефанссона Максу Левину, Нью-Йорк, 7 мая 1947 г., архив Стефанссона (Circular letter from Max Levin, New York, May 5, 1947; letter from Vilhjalmur Stefansson to Max Levin, New York, May 7, 1947; Stefansson Correspondence, MSS 196, Box 72, 1947, USSR-American Committee for the Settlement of Jews in Birobidjan (Ambijan) Folder, Stefansson Collection); Письмо от Я. М. Будиша членам Национального комитета «Амбиджана», Нью-Йорк, 7 октября 1947 г., архив Калмена Мармора (Kalmen Marmor papers, 1873–1955, RG205, Microfilm group 495, folder 585 «Ambidzhan-korespondents, 1946–1950», YIVO); Встреча Национального комитета // Бюллетень «Амбиджана». 1947, окт. См.: The Meeting of the National Committee // Ambijan Bulletin. 6, 5 (October 1947): 3.

8–9 ноября в отеле «Коммодор» состоялась конференция, на которую прибыли делегаты 45 отделений из 32 городов со всей Америки. Будиш сообщил 150 слушателям, что в организации на данный момент 79 отделений в 58 городах. С марта 1946 года открыты 20 новых отделений, в том числе женские в Нью-Йорке, Чикаго, Бостоне и Сан-Франциско, а сейчас организуются департаменты еще в 24 городах. Выпускаются журналы *Бюллетень "Амбиджана"*, *Nailebn — New Life*, различные брошюры и другая литература общим тиражом около 250 тысяч.

Будиш также заявил, что в Биробиджане скоро откроется «полноценный государственный университет с преподаванием на идише». Открытие университета и дальнейшая поддержка сирот войны будут «накладывать <...> священную обязанность удвоить <...> усилия, чтобы все могли сделать весомый вклад в это историческое деяние еврейского народа». Он отметил, что американские евреи относятся к работе «Амбиджана» «с возрастающим сочувствием и пониманием».

Д. Гринбаум, национальный казначей, представил финансовый отчет: за период, истекший с предыдущего всеамериканского собрания, общий доход организации составил 517 тысяч 413 долларов 29 центов. На благотворительность потрачено 430 тысяч 138 долларов 33 цента, административные расходы составили 66 тысяч 259 долларов 80 центов. Объявили, что организация должна и далее усердно работать, собирая два миллиона долларов на поддержку сирот в Биробиджане и Сталинграде. М. Левин сообщил, что за последние полгода в СССР было отправлено грузов на 100 тысяч долларов.

Широко рекламировался ежегодный обед в «Уолдорф-Астории» 11 ноября. В *The New York Times* разместили рекламу на четверть страницы. На обед собралась тысяча гостей, в том числе С. Адлер, советский генеральный консул Я. М. Ломакин, профессор Э. Леви. Депутат городского совета Нью-Йорка С. Айзекс, председательствовавший на обеде, рассказал о «глубоком чувстве благодарности», которое евреи должны испытывать к Советской России, победившей антисемитизм, создавшей Еврейскую автономную область и предоставившей убежище полумиллиону еврейских беженцев от немецкого террора во время войны. Сенатор Баркли отметил, что видел в Биробиджане «нечто сродни божественной искре, которая возгоралась в сердцах взрослых и детей, переживших столько невзгод, когда они обретали самоуважение и возможность самим управлять своей жизнью». Он заключил, что Биробиджан — это символ свободы, равенства и демократии. Этот город «достоин <...> поддержки, к коей тем не менее не сводится та ответственность, каковую человечество должно возложить на себя» за разрушения, от которых страдает мир после войны. Было собрано 106 тысяч долларов наличными и 176 000 долларов по подписке[30].

Дженофский сообщил Стерну, что активисты «Амбиджана» единодушно признали съезд и банкет 1947 года превосходящими все предыдущие[31].

На ежегодном обеде отделений региона Сан-Франциско — Окленд 23 ноября выступал Баркли, будущий кандидат в вице-президенты при Гарри Трумэне. Там собрались более 500 человек, сборы достигли 8 000 долларов. Присутствовали представители научного сообщества, политических кругов и религиозных организаций, в том числе Л. Андервуд, заместитель генерального прокурора штата Калифорния, судья Р. МакВильямс, председатель «Конференции евреев и христиан» в Сан-Франциско, Л. Кросс,

---

[30] Объявление. Ежегодный национальный обед Американского Биробиджанского комитета // Нью-Йорк таймс. 1947, 5 нояб. См.: Advertisement for the «Annual National Dinner of the American Birobidjan Committee» // New York Times. 24 (Nov. 5 1947); Баркли призывает разрешить въезд перемещенным лицам // Нью-Йорк таймс. 1947, 12 нояб. См.: Barkley Advocates Admission of DP's // New York Times. 13 (Nov. 12 1947); Отчет о расширенном заседании Национального комитета 8–9 ноября и о ежегодном обеде 11 ноября 1947 г. // Бюллетень «Амбиджана». 1947, янв. См.: Report of the Enlarged Meeting of the National Committee November 8 and 9 // Annual National Dinner (November 11 1947); Ambijan Bulletin. 7, 1 (January 1948): 5–8; Баркли О. У. Биробиджан — символ мира и равенства // Бюллетень «Амбиджана». 1948, янв. См.: Barkley A. W. Birobidjan — Symbol of Peace and Equality // Ambijan Bulletin. 7, 1 (January 1948): 10–11.

[31] Письмо Дженофского Моррису Стерну, Нью-Йорк, 14 ноября 1947 г., архив Морриса Стерна (Morris Stern papers, RG231, Box 1, unnamed folder, YIVO).

мэр Беркли и Д. Картер, член Верховного суда Калифорнии, который возглавлял собрание[32].

Баркли выступал и на ежегодном обеде Фонда Эйнштейна, который чикагское отделение провело 6 декабря в «Стивенс-отеле». Его фотография украшала обложку номера *Sentinel* от 4 декабря. В циркулярном письме, которое в преддверии обеда разослали жертвователям «Амбиджана», сообщалось, что число еврейских беженцев, нашедших кров в Биробиджане, постоянно растет. «Переселение и адаптация станут происходить еще быстрее, если мы будем предоставлять еще более существенную поддержку», — заявил Джезмер собравшимся, среди которых был недавно избранный мэр Чикаго М. Кеннелли. Докладчик добавил, что чикагское отделение уже отправило в национальный офис 15 тысяч долларов на приобретение оборудования для радиотехникума. Судья Г. М. Фишер говорил о том, что реабилитация беженцев является неотложной задачей. На обеде было собрано более 33 тысяч долларов наличными и по подписке[33].

Мечта о создании на территории СССР еврейской автономии, где пережившие Холокост обрели бы дом, была близка многим американским евреям. В Чикаго С. Лансберг, рядовой член «Амбиджана», 25 лет проработавшая медсестрой в больнице Маунт

---

[32] Организационные мероприятия // Бюллетень «Амбиджана». 1947, окт.; 1948, янв. См.: Organizational Activities // Ambijan Bulletin. 6, 5 (October 1947): 14; Ibid. 7, 1 (January 1948): 13–16. См. также с. 1–2, 14 22-страничного отчета Р. Б. Худа, специального агента, 29 апреля 1948 г. (изначально LA File 100–23652, впоследствии File 100–99898, Section 3, FOIPA № 416152, Ambijan).

[33] Невозможно переоценить значение Биробиджана как тихой гавани для множества еврейских беженцев // Сентинель. Чикаго 1947, 18 дек. См.: Birobidjan Proves Vital in Providing Haven for Many Refugee Jews // Sentinel, Chicago. 6, 31 (Dec. 18, 1947); Джезмер С. Биробиджан — крупнейший еврейский центр. См.: Jesmer. Birobidjan is A Great Jewish Center // Ambijan Bulletin. 7, 2 (March — April 1948): 6; Организационные мероприятия // Бюллетень «Амбиджана». 1948, янв., март — апр. См.: Organizational Activities // Ambijan Bulletin. 7, 1 (January 1948): 13; Ibid. 2 (March — April 1948): 12–13; циркулярное письмо от С. Джезмера, Чикаго, 25 ноября 1947 г. (Collection № 20: Chicago Chapter, American Birobidjan Committee, Series B. Papers of Ethel Osri (From Collection № 82). Folder 11: Einstein Fund Dinners 1945–1947, Chicago Jewish Archives).

Синай, финансировала несколько сирот в Биробиджане. После смерти она завещала 25 % своего состояния на помощь Биробиджану и просила развеять свой пепел в ЕАО. Другой член «Амбиджана» Г. Герцман завещал организации 500 долларов[34].

С началом нового года «Амбиджан» продолжал распространять информацию о развитии Биробиджана. 29 января 1948 года Будиш разослал жертвователям письмо, в котором сообщалось, что в течение 1947 года в Биробиджан прибыли три волны переселенцев, каждая — около тысячи семей, и примерно столько же приехали поодиночке или небольшими группами. Желающих переселиться в Биробиджан еще больше. Территория с такими природными ресурсами при наличии необходимого оборудования и инфраструктуры «легко может прокормить четыре миллиона человек», писал он[35]. В информационном письме в феврале 1948 года рассказывалось о том, что новые еврейские переселенцы прибывают в Биробиджан из Евпатории, других городов Крыма, а также из Херсона и Николаева на Украине. Сообщалось, что «на перевозку крымского контингента требуется 66 вагонов», и подробно описывались профессиональные навыки переселенцев. «Новые еврейские переселенцы, едущие в Биробиджан, с нетерпением ждут возможности улучшить свое знание идиша». Биробиджанские власти делают все возможное для обустройства переселенцев на новом месте, но требуются дополнительные средства на лекарства, одежду, а также инструменты и оборудование для строительства жилья[36]. Из Биробиджана приходят «достаточно оптимистичные» новости, писал Стерну Дженоф-

---

[34] Организационные мероприятия // Бюллетень «Амбиджана». 1947, март. См.: Organizational Activities // Ambijan Bulletin. 6, 2 (March 1947): 13; Протоколы. См.: Minutes (Jan. 30, 1947, in Collection № 20: Chicago Chapter, American Birobidjan Committee, Series A. Minutes Folder 4: Minutes, 1947, Chicago Jewish Archives).

[35] Циркулярное письмо от Я. М. Будиша, Нью-Йорк, 29 января 1947 г., архив Калмена Мармора (Kalmen Marmor papers, 1873–1955, RG205, Microfilm group 495, folder 585 «Ambidzhan-korespondents, 1946–1950», YIVO).

[36] Новости Биробиджана. Новостная рассылка Амриканского Биробиджанского комитета («Амбиджана»), февраль 1948 г. См.: Birobidjan News. News from American Birobidjan Committee (Ambijan) // Organizational Newsletter. 2, 1 (February 1948): 1–3.

ский в марте. ЕАК сообщал, что 1 100 семей из Николаевского и Днепропетровского районов Украины планируют перебраться в Биробиджан. Если приток переселенцев будет и в последующие годы продолжаться с той же интенсивностью, «в скором времени Биробиджан расцветет еще больше и поднимется на новую ступень развития еврейского самоуправления»[37].

В «Бюллетене "Амбиджана"» за март — апрель 1948 года Будиш подтверждал, что Биробиджан превратился из «совершенно дикой местности в процветающую Еврейскую автономную область». Он описывал впечатляющий прогресс, достигнутый в промышленности и сельском хозяйстве; 123 550 акров возделываемых полей, красивые здания и нарядные улицы столичного города, различные учебные заведения, учреждения культуры и прочие объекты инфраструктуры по всей области. Это «самоуправляемая еврейская община» со «всеми функциями государства», и в течение всего лишь одного поколения она стала «одним из самых активных центров еврейской культуры во всем мире». Кроме того, здесь возник важный центр возвращения евреев к жизни после войны, который дает «воодушевление и надежду» и «возрождает веру» в расовое и национальное равенство[38]. В мае Моргенштерн и кливлендское отделение «Амбиджана» отправили в Биробиджан трактор, прицеп, автомобиль, два лесовоза и оборудование для лесопилки[39].

---

[37] Письмо от А. Дженофского Морису Стерну, Нью-Йорк 17 марта 1948 г. (Letter from Abraham Jenofsky to Morris Stern, New York, March 17, 1948; in the Morris Stern papers, RG231, Box 1, unnamed folder, YIVO).

[38] [Будиш]. Биробиджану 20 лет // Бюллетень «Амбиджана». 1948, март — апр. См.: B[udish] J. M. Twenty Years of Birobidjan // Ambijan Bulletin. 7, 2 (March — April 1948): 3–5, 8; В Биробиджане евреи как народ впервые в истории имеют возможность завоевывать девственную землю. Биробиджан: Вклад в мировую историю // Бюллетень «Амбиджана». 1948, июнь — июль. См.: In Birobidjan the Jews as a people are given an opportunity to conquer the primitive earth for the first time in recorded history. Birobidjan: A Contribution to World History // Ambijan Bulletin. 7, 4 (June — July 1948): 3.

[39] Организационные мероприятия // Бюллетень «Амбиджана» 1948, май. См.: Organizational Activities // Ambijan Bulletin. 7, 3 (May 1948): 13; Будиш Я. М. Отчет о деятельности «Амбиджана» с ноября 1947 г. по ноябрь 1948 г. // Бюллетень «Амибджана». 1948, дек. См.: Budish J. M. Report on the Activities of Ambijan. Nov. 1947 to Nov. 1948 // Ambijan Bulletin. 7, 7 (December 1948): 15.

Отдельной брошюрой в 48 страниц были опубликованы две статьи Будиша «Новый еврей в Советском Союзе» и «В Биробиджане расцветает Еврейское государство», которые планировалось распространять как можно шире. В обеих статьях он давал очень высокую оценку прогрессу, которого добились евреи в СССР после 1917 года, победе над антисемитизмом и послевоенному развитию Биробиджана [Novick, Budish 1948]. «Амбиджан» выпустил также альбом из двадцати фотографий открыточного формата, иллюстрировавший жизнь в Биробиджане [20th Anniversary, 1948]. Известный идишист А. А. Робак написал для «Бюллетеня "Амбиджана"» статью о советской литературе на идише, в которой он утверждал, что Биробиджан «займет почетное место в еврейской литературе СССР»[40].

Осенью того же года «Амбиджан» выпустил брошюру, представлявшую собой перепечатку иллюстрированного разворота, посвященного жизни в Биробиджане, из прокоммунистического издания *New York Star*. На обложке сообщалось, что Биробиджан стал «одним из самых наполненных жизнью центров еврейской культуры и послевоенного восстановления евреев в Советском Союзе» и что туда прибывают около двух тысяч новых еврейских переселенцев ежемесячно. На последней странице в переводе на английский размещалась статья X. Меламуда, советского еврейского писателя. Меламуд, который тогда жил в Биробиджане, писал, что присланная «Амбиджаном» фабрика по производству сборных домов позволила развернуть масштабное жилищное строительство в ЕАО[41].

---

[40] Робак А. А. Тенденции в советской еврейской литературе // Бюллетень «Амбиджана». 1949, янв. — февр. См.: Roback A. A. Trends in Soviet-Yiddish Literature // Ambijan Bulletin. 8, 1 (January — February 1949): 7–10.

[41] [Life 1948]. Подборка иллюстраций вышла в номере за 21 сентября 1948 г. (с. 12–13) недолго просуществовавшей газеты «Нью-Йорк стар», которая пришла на смену другой ежедневной газете левого толка «Пи-Эм», основанной в 1940 г. Статья Меламуда была также опубликована на идише: Меламуд X. Строительство жилья в Еврейской автономной области // Найлебн — Нью Лайф. 1948, сент. — окт. См.: Khaim Melamud. Di hayzer-boyung un der yidisher autonomye gegnt // *Nailebn — New Life*. 21, 8 (September — October 1948): 2–3.

Отделения «Амбиджана» по-прежнему отчитывались о высоком уровне активности. 19 февраля на встрече в отеле «Конкурс-Плаза» отделение в Бронксе отметило победу Л. Айзексона на внеочередных выборах в Конгресс, состоявшихся двумя днями ранее. Айзексон, кандидат от лейбористов, которого поддерживала коммунистическая партия, прошел в Конгресс от 24-го округа в Бронксе, одержав победу над демократом К. Проппером в борьбе за место покинувшего Конгресс ранее избранного демократа Б. Дж. Рабина. 14 марта на съезде бронксского отделения «Амбиджана» было решено собрать 20 тысяч долларов в Фонд сирот и привлечь 500 новых членов. 30 апреля 1948 года в зале жилого массива «Купс» в Бронксе состоялись торжества и концерт по случаю 20-летия, где выступал Дженофский.

25 мая в «Уолдорф-Астории» прошел третий ежегодный обед Фонда Эйнштейна, организованный совместно бронксским и манхэттенским отделениями. Насчитывалось 200 человек приглашенных, среди которых специальным гостем была кинозвезда К. Медфорд. Сэм Уонамейкер, «звезда экрана и сцены», рассказывал о задачах, которые хотел выполнить, как еврей и человек прогрессивных взглядов. Он более не чувствовал себя «евреем, не имеющим своей страны», благодаря советской власти и настаивал, что для поддержки Биробиджана должно быть сделано все возможное (впоследствии он переберется в Англию, спасаясь от маккартизма)[42].

---

[42] Дженофский. Организация и ее работа // Найлебн — Нью Лайф. 1948, апр., июнь. См.: [Jenofsky A.] J. A. Organizatsye un arbet // *Nailebn — New Life*. 21, 4 (April 1948): 20; Ibid. 6 (June 1948): 18–19; Организационные мероприятия // Бюллетень «Амбиджана». 1948, май — июль. См.: Organizational Activities // Ambijan Bulletin. 7, 3 (May 1948): 14; Ibid. 4 (June — July 1948): 14–15; Брошюра с рекламой «Концерт и празднование», архив Морриса Стерна («Kontsert un fayerung — Concert and Celebration»; in the Morris Stern papers, RG231, Box 1, unnamed folder, YIVO). Информация о собрании бронксского отделения содержится в отчетах ФБР от Эдуарда Шейдта, специального агента, Эдгару Гуверу, Нью-Йорк, 24 февраля и 10 марта 1948 г. (изначально NY File 100–42538, впоследствии File 100–99898, Section 3, FOIPA № 416152, Ambijan). Информация об обеде 25 мая 1948 г. содержится на с. 58–59, 61 82-страничного отчета ФБР от Эдуарда Шейдта, специального агента, 23 февраля 1949 г. (изначально NY File 100–42538, впоследствии File 100–99898, Section 3, FOIPA № 416152, Ambijan).

Объявляя о том, что 28 мая состоится четвертый ежегодный концерт в пользу детей, осиротевших во время войны, бруклинское отделение указывало, что в Биробиджане в течение полугода поселились 1 500 семей, в том числе «много детей, чьи родители погибли в концлагерях. На долю каждого ребенка выпало много невзгод»[43].

В Гловерсвилле (штат Нью-Йорк) празднование 20-летия Биробиджана организовала Э. Голдштейн 1 мая. К собравшимся обратился Олкен, который продемонстрировал недавно полученные фотографии из Биробиджана: на них были дети в момент игры, на уроках, на работе в полях и во время купания в реке Бира. Были также показаны фотографии фабрик, школ, библиотек и детских спален. Секретарь отделения Уолф Брода в отчете, опубликованном в *Nailebn — New Life,* восклицал:

> До сих пор мы лишь мысленным взором могли увидеть эти сценки в Биробиджане... в стране, которую мы любим всем сердцем! А здесь в зале так ясно звучал голос спикера, когда он говорил о новых переселенцах, которые с песнями, полные энтузиазма, едут в Биробиджан!

Для детей Биробиджана было собрано 3 300 долларов[44].

7 февраля 300 человек приняли участие в ежегодном обеде ньюаркского отделения в отеле «Роберт Трит». Слушали выступления профессора Кунца, ньюаркского юриста Д. Гросса, радиокомментатора и писателя Дж. Раймонда Уолша. В Балтиморе торжества по случаю 20-летия Биробиджана прошли 28 марта; выступал Аронофф, отметивший, что переселение евреев в Биробиджан привело к появлению «развивающейся жизнеспособ-

43 Циркулярное письмо, анонсирующее концерт Эрики Морини в пользу еврейских беженцев-сирот, от Айседоры Шпренц, исполнительного секретаря, и Дж. И. Светлова, председателя бруклинского отделения Американского Биробиджанского комитета, б. д., архив Морриса Стерна (Morris Stern papers, RG231, Box 1, unnamed folder, YIVO).

44 Дженофский. Организация и ее работа // Найлебн — Нью Лайф. 1948, июнь. См.: [Jenofsky A.] J. A. Organizatsye un arbet // *Nailebn — New Life.* 21, 6 (June 1948): 19.

ной еврейской автономии», в которой работают важные промышленные предприятия. Он предположил, что к 1952 году там возникнут современные предприятия металлургии[45]. В Филадельфии эту же годовщину праздновали 9 мая 400 человек в здании Ассоциации еврейской молодежи, где перед ними выступили профессор Кунц, Дженофский и Эпштейн, председатель филадельфийского отделения. Отделение в Новой Англии организовало в Бостоне два события: в общине «Мишкан Тефила» 14 марта под председательством А. Шор, главы отделения Роксбери-Дорчестер, и в «Нью-Ингланд Мьючел Холл» 9 мая, где 400 человек собрались послушать раввина Бика и профессора Хантер-колледжа Дж. Сомервилла[46].

Детройтское отделение организовало городской съезд 23 мая, чтобы решить, какую помощь еврейское сообщество может оказать в переселении в Биробиджан детей, осиротевших во время войны, и других беженцев и в их адаптации на новом месте. 62 делегата постановили открыть сбор на 10 000 долларов. Было решено, что эту кампанию возглавят Старр и Шифер, состоявшие в местном Еврейском совете по послевоенной помощи России и в Американском еврейском совете по помощи в восстановлении России. Раввин общины «Брис Шолем» в Бронксе Меир-Исроэл Херман призвал евреев Детройта «не жалеть сил на то, чтобы помочь еврейским сиротам переселиться в Биробиджан, и всячески поддерживать его развитие»[47].

---

[45] Организационные мероприятия // Бюллетень «Амбиджана». 1948, март — май; Найлебн — Нью Лайф. 1948, июнь. См.: Organizational Activities // Ambijan Bulletin. 7, 2 (March — April 1948): 14; Ibid. 3 (May 1948): 14; *Nailebn — New Life*. 21, 6 (June 1948): 23. О Ньюарке см. также с. 46 82-страничного отчета ФБР от Эдуарда Шейдта, специального агента, 23 февраля 1949 г. (изначально NY File 100–42538, впоследствии File 100–99898, Section 3, FOIPA № 416152, Ambijan).

[46] Дженофский. Организация и ее работа // Найлебн — Нью Лайф. 1948, июнь. См.: [Jenofsky A] J. A. Organizatsye un arbet // *Nailebn — New Life*. 21, 6 (June 1948): 19; Организационные мероприятия // Бюллетень «Амбиджана». 1948, май — июль. См.: Organizational Activities // Ambijan Bulletin. 7, 3 (May 1948): 14; Ibid. 4 (June — July 1948): 14.

[47] Организационные мероприятия // Бюллетень «Амбиджана». 1948, май — июль. См.: Organizational Activities // Ambijan Bulletin. 7, 3 (May 1948): 14–15; Ibid. 4 (June — July 1948): 13.

Олкен с февраля по апрель 1948 года осуществил поездку по Западному побережью. Важнейшим мероприятием, которое он посетил в Лос-Анджелесе, был вечер в честь одного из активистов «Амбиджана» 22 февраля — в пользу Биробиджана было собрано 1 200 долларов. 24 февраля, когда Олкен находился в Окленде, группа женщин обязалась собрать 5 тысяч долларов на организацию в Биробиджане стоматологического кабинета. Два дня спустя Олкен выступал перед студентами и преподавателями Калифорнийского университета в Беркли. 27 марта в «Эмбасси Холл» в Лос-Анджелесе состоялось празднование 20-летней годовщины со дня провозглашения Биробиджанского района Еврейской автономной областью, включавшее выступления голливудского сценариста и режиссера Г. Байбермана и поэта А. Курца, который читал свое написанное по этому случаю произведение «Палестинские и биробиджанские евреи танцуют». Присутствовало 1 500 человек, представляющие самые разные еврейские организации, было собрано 8 445 долларов.

В Сан-Франциско Олкен дал интервью местной радиостанции KGO и посетил празднование в честь Биробиджана в отеле «Уитком» 28 марта, где выступал доктор С. Дж. Херуит, президент сан-францисского отделения «Амбиджана», а также присутствовал советский консул К. А. Ефремов[48].

Олкен описал свою поездку по Калифорнии в статье в майском номере *Nailebn — New Life*. Погода была настолько теплой, что превзойти ее мог лишь теплый прием, оказанный ему всеми членами «Амбиджана», с которыми он встречался, писал Олкен. На него произвел впечатление высокий уровень активности

48 Дженофский. Организация и ее работа // Найлебн — Нью Лайф. 1948, апр. — май. См.: [Jenofsky A.] J. A. Organizatsye un arbet // *Nailebn — New Life*. 21, 4 (April 1948): 20–21; Ibid. 5 (May 1948): 19; Организационные мероприятия // Бюллетень «Амбиджана». 1948, июнь — июль. См.: Organizational Activities // Ambijan Bulletin. 7, 4 (June — July 1948): 13–14. Кертман, владелец аптеки в Лос-Анджелесе, имел большой стаж членства в ИКОРе и занимал пост секретаря лос-анджелесского отделения ИКОРа. См. объявления в ИКОР, январь 1935 г., март 1935 г. См.: ICOR 8, 1 (January 1935): 20; Ibid. 3 (March 1935): 30.

в лос-анджделесском отделении: множество людей приходили, задавали вопросы, участвовали в самой разной работе. Они не только приглашали выступать на мероприятиях «Амбиджана», но и устраивали его лекции в разных «народных организациях», обществах и землячествах. Печальным наблюдением было лишь то, что большинство местных членов «Амбиджана» говорили только на идише: «Амбиджан» все еще не представлял интереса для англоговорящих евреев, в особенности для молодежи. Но Олкен с удовлетворением отметил, что в Сан-Франциско его сумели услышать «тысячи американцев», когда он давал интервью на радио[49].

Крупин сообщает об успешном «банкете для жертвователей», который прошел в Лос-Анджелесе 1 августа в отеле «Рузвельт» в Голливуде. Он пишет, что никогда прежде ни одно мероприятие «Амбиджана» в Лос-Анджелесе не было таким «изысканным и стильным». Гости представляли все слои еврейского прогрессивного общества, приглашенным спикером был знаменитый «борец против антисемитизма и расовой дискриминации» К. МакВильямс. По его мнению, в плане выстраивания отношений с национальными меньшинствами США могут многому поучиться у Советского Союза. Советская власть справилась с этой проблемой, позволив каждому национальному меньшинству устроить у себя самоуправление. Он высказал опасение в связи с тем, что в США нарастает волна реакции, в частности, некоторые стремятся вовлечь Америку в войну с СССР. На банкете присутствовало больше 400 человек и было собрано 11 тысяч долларов.

Арон Кертман пишет в главный офис, что ежегодный съезд в Южной Калифорнии с участием раввина Бика и торжественный обед 13–14 ноября оказались «чрезвычайно успешными»: было собрано 4 600 долларов. Концерт в честь открытия съезда посетили 1 500 человек, а в самом съезде приняли участие 142 деле-

---

[49] Олкен М. Организации и друзья Биробиджана по всей стране // Найлебн — Нью Лайф. 1948, май. См.: Olken M. L. Di organizatsyes un fraynt fun birobidzhan ibern land // *Nailebn — New Life*. 21, 5 (May 1948): 7–9.

гата от 61 организации. Съезд отправил Советскому Союзу поздравление с 31-летием, в котором выражалась благодарность за спасение миллионов евреев во время войны, запрет антисемитизма и создание еврейской автономии в Биробиджане. В 1947–1948 годы в Лос-Анджелесе была собрана в общей сложности 31 тысяча 505 долларов 37 центов[50].

В сентябре 1948 года, согласно данным Будиша, отделения «Амибджана» действовали в 24 городах США[51]. «Члены и друзья Американского Биробиджанского комитета счастливы знать, что жители Биробиджана осознают, как много для них делает "Амбиджан", и что они испытывают теплое чувство глубокой признательности», писал членам организации Будиш в преддверии съезда Национального комитета 20–21 ноября в отеле «Коммодор» в Нью-Йорке. Дженофский обратился ко всем отделениям «Амбиджана» с просьбой отправить на этот ежегодный съезд и банкет как можно больше представителей. Рассчитывали на присутствие не менее тысячи гостей и сбор в 200 тысяч долларов в Фонд сирот и реабилитации. В 1949 году должен праздноваться юбилей по случаю 15-летия со дня объявления Еврейской автономной области, «Амбиджан» планировал удвоить свои усилия по осведомлению американских евреев о жизни в Биробиджане и при-

---

[50] Дженофский. Организация и ее работа // Найлебн — Нью Лайф. 1948, сент. — окт.; 1949, янв., февр., апр. См.: Jenofsky A. Organizatsye un arbet // Nailebn — New Life. 21, 8 (September — October 1948): 19–21; 22, 1 (January 1949): 22; 2 (February 1949): 19–20; Из нашей почты // Найлебн — Нью Лайф. 1948, нояб.; 1949, фев. См.: From Our Mail Bag // Nailebn — New Life. 21, 9 (November 1948): 23; 22, 2 (February 1949): 23; Приветственные послания // Бюллетень «Амбиджана». 1949, янв. — февр. См.: Messages of Greetings // Ambijan Bulletin. 8, 1 (January — February 1949): 6; Организационные мероприятия // Ibid.: 14. Кэри МакВильямс — автор книги [McWilliams 1948]. В 1955–1975 гг. он был редактором левого журнала «Нейшн». См. [McWilliams 1978, Richardson 2005].

[51] Письмо Я. М. Будиша от 28 сентября 1948 г., Нью-Йорк, в Консультативный совет по добровольной помощи иностранным государствам при Государственном департаменте США (Letter from J. M. Budish, New York, Sept. 28, 1948, to the Advisory Committee of Voluntary Foreign Aid of the U.S. State Department; Case Control № 200002702, NY File 100–42538; FOIPA № 416152, Ambijan).

влечь тысячи новых сторонников с помощью лекций, симпозиумов, встреч, концертов и чтений, а также благодаря публикации и распространению печатных изданий, в том числе «Бюллетеня "Амбиджана"» и *Nailebn — New Life*[52].

Съезд Национального комитета состоялся в отеле «Коммодор» 20–21 ноября. Будиш выступил с обзором достижений предшествующих 12 месяцев. Хотя в Германии и в других странах реакционеры силились прорваться к власти, были и хорошие новости: восстановление еврейских общин в восточноевропейских странах народной демократии, где «антисемитизм стал преступлением» и еврейская культура «процветает», и быстрые успехи в Биробиджане, достигнутые благодаря тому, что «евреи воодушевлены надеждой добиться полного равенства с другими народами, строить еврейскую автономию в своем многонациональном государстве и вносить свой вклад, вклад гения еврейского народа, в многонациональную культуру своей советской родины». Далее Будиш приводил статистику по сельскохозяйственной и промышленной продукции области и по развитию образования, а также подробности о деятельности «Амбиджана» в Польше и в Биробиджане, отметив, что в 1947–1948 годах «Амбиджан» собрал 20 тысяч долларов для сирот в Польше.

Национальный комитет постановил, что «Амбиджан» должен закупить станки и прочее оборудование для завода по изготовлению кирпича в Биробиджане на 75 тысяч долларов, чтобы новые поселенцы, прибывающие туда, были обеспечены жильем. Постановили также закупить оборудование для птицефермы на 12 тысяч долларов и продолжить поставки потребительских

---

[52] Циркулярное письмо от Я. М. Будиша, Нью-Йорк, 27 сентября 1948 г., архив Морриса Стерна (Circular letter from J. M. Budish, New York, Sept. 27, 1948; in the Morris Stern papers, RG231, Box 1, folder «ICOR-Birobidzhan», YIVO); Дженофский. Организация и ее работа // «Найлебн — Нью Лайф. 1948, сент. — окт. См.: Jenofsky A. Organizatsye un arbet // *Nailebn — New Life*. 21, 8 (September — October 1948): 18; Приветствуем делегатов съезда Национального комитета // Бюллетень «Амбиджана». 1948, окт. — нояб. См.: Welcome, Delegates, to the Meeting of the National Committee // Ambijan Bulletin. 7, 6 (October — November 1948): 3.

товаров в Биробиджан и Сталинград. Комитет птицефабрик Лейквуда и окрестностей, организованный в Нью-Джерси весной 1947 года, уже собрал 10 тысяч долларов на оборудование для птицефабрики и распространял свои усилия по сбору средств на соседние штаты[53].

Сенатор Пеппер обратился к присутствующим во время ежегодного обеда 21 ноября. Он предсказал, что скоро Биробиджан станет независимой республикой с преобладающим еврейским населением, «которая будет отражать их характер, дух народа и их мечты». Он призвал делегатов «не прекращать борьбу, продолжать работу, не изменять своей старой крепкой вере». В конце он выразил восхищение Советским Союзом как «страной, в которой уважается достоинство каждого человека», «страной, где любая расовая дискриминация стоит вне закона», и страной, «в которой высоко ценят прогресс человечества». На банкете было собрано 132 747 долларов по подписке[54]. За несколько дней

---

[53] Национальный комитет планирует расширенную программу сотрудничества с Еврейской автономной областью Биробиджаном // Бюллетень «Амбиджана». 1948, дек. См.: National Committee Maps Extended Program of Cooperation with Jewish Autonomous Region of Birobidjan // Ambijan Bulletin. 7, 7 (December 1948): 3–5; Жизненно важные вопросы, стоящие перед Американским Биробиджанским комитетом // Бюллетень «Амбиджана». 1948, дек. См.: Vital Issues Before American Birobidjan Committee // Ambijan Bulletin. 7, 7 (December 1948): 7; Будиш Я. М. Доклад о деятельности «Амбиджана» с ноября 1947 г. по ноябрь 1948 г. // Бюллетень «Амбиджана». 1948, дек. См.: Budish J. M. Report on the Activities of Ambijan, Nov. 1947 to Nov. 1948 // Ambijan Bulletin. 7, 7 (December 1948): 8–11, 13–16; Организационные мероприятия // Бюллетень «Амбиджана». 1949, янв. — февр. См.: Organizational Activities // Ambijan Bulletin. 8, 1 (January — February 1949): 15.

[54] Моргенштерн Г. Сенатор Пеппер одобряет Советы, предсказывает мир с Америкой на банкете в честь Биробиджана // Дер Тог. Нью-Йорк. 1948, 23 нояб. См.: Herman Morgenshtern. Sen. Pepper loybt sovyet, zogt foroys sholem mit amerika, bay birobidzhan banket // Der Tog. New York (Nov. 23 1948); Перепечатано в пресс-релизе «Амбиджана» б. д., вероятно, конец ноября 1948 г., Нью-Йорк (United States Territorial Collection, RG117, Box 57, folder «Icor» 17/16, YIVO); Ежегодный национальный обед // Бюллетень «Амбиджана». 1948, дек. См.: Annual National Dinner // Ambijan Bulletin. 7, 7 (De-

до съезда Эйнштейн писал Будишу, что, хотя «нездоровье мешает» ему «принять участие в <...> торжестве», он придает этому
событию «большое значение, так как это демонстрация верности
принципу взаимной поддержки, который должен сохраняться,
несмотря на политические разногласия в нееврейском мире.
Верность этому принципу делает Американский Биробиджанский комитет еще более важным в глазах евреев в современном
мире»[55].

В феврале 1949 года Будиш объявил, что 10 февраля «Амбиджан» отправил в Советский Союз морем товары на сумму
в 65 463 доллара. Они предназначались для новых переселенцев
в Биробиджане, для детского дома в Сталинграде и для больницы
в Минске. Поставка в Биробиджан на сумму 53 604 доллара
включала 22 ящика одежды и обуви и два грузовика для перевоз-
ки стройматериалов. Более ранняя поставка на 29 107 долларов
состояла из трактора, лесовоза и оборудования для земляных
работ. Кроме того, были отправлены 61 инкубатор для птицефабрики на 9 446 долларов и оборудование для производства сборных
домов из местной древесины; в течение последнего квартала
1948 года были построены 150 домов. На станках для кирпичного завода, над поставкой которых в ЕАО «Амбиджан» работает
в данный момент, будут делаться не просто кирпичи: это кирпичи, из которых, выражаясь метафорически, будет строиться мост
дружбы и понимания между народами двух самых мощных
держав мира. В общей сложности на станки, транспортировку
и прочие расходы по кирпичному заводу требовалось 100 тысяч
долларов. 41 тысяча уже выплачена поставщикам. Обращаясь
к членам организации с просьбой увеличить поддержку, Будиш

cember 1948): 5; Пеппер К. Продолжайте свою великую битву — не прекра-
щайте свой великий труд // Бюллетень «Амбиджана». 1948, дек. См.: Claude
Pepper. Keep up Your Great Figh — Continue Your Great Work // Ambijan
Bulletin. 7, 7 (December 1948): 6–7.

55 Письмо от Альберта Эйнштейна к Будишу, Принстон (Нью-Джерси), 15 ноября 1948 г. (B. Z. Goldberg papers, Box 70, Soviet Union, folder «American Birobidjan Committee 1948»).

цитировал Х. Меламуда, который сказал, что «жители Биробиджана испытывают теплое чувство глубокой признательности за то, как много для них делает "Амбиджан", и видят в этой поддержке выражение истинной дружбы»[56].

По мнению историка Р. Вайнберга, в общей сложности в 1945–1948 годах «Амбиджан», ИКОР и родственные им организации в США отправили в СССР для Биробиджана продукты и товары на сумму около шести миллионов рублей. По курсу 5,3 рубля к доллару это составляло около 1,14 млн долларов [Weinberg 1998: 78–80].

---

[56] Циркулярное письмо Будиша, Нью-Йорк, январь 1949 г. (Circular letter from J. M. Budish, New York, January [no day], 1949; Morris Stern papers, RG231, Box 1, folder «ICOR-Birobidzhan», YIVO). Владельцы птицефабрик в Нью-Джерси приносят в дар станки // Найлебн — Нью Лайф. 1949, март. См.: New Jersey Poultry Farmers Present Machinery // *Nailebn — New Life*. 22, 3 (March 1949): 24; Кирпичный завод для Биробиджана // Бюллетень «Амбиджана». 1949, июль — авг. См.: A Brickmaking Plant for Birobidjan // Ambijan Bulletin. 8, 3 (July — August 1949): 3–4; Организационные мерпориятия // Бюллетень «Амбиджана». 1949, июль — авг. См.: Organizational Activities // Ambijan Bulletin. 8, 3 (July — August 1949): 13; Будиш Я. М. Биробиджан и «Амбиджан» // Найлебн — Нью Лайф. 1949, сент. — окт. См.: Budish J. M. Birobidzhan un ambidzhan // *Nailebn — New Life*. 22, 8 (September — October 1949): 1–2.

Make Reservations for the

EINSTEIN FUND DINNER

of the

AMERICAN BIROBIDJAN

COMMITTEE

★

SATURDAY EVENING,

DECEMBER 6, 1947

STEVENS HOTEL ::.: GRAND BALLROOM

THE AMERICAN BIROBIDJAN COMMITTEE, popularly known as Ambijan is a non-profit membership corporation registered with the Advisory Committee for Voluntary Foreign Aid of the United States Government. It devotes its activities to the rehabilitation and reconstruction of the lives of the evacuee and refugee Jews within the USSR, and primarily of the Jewish war orphans. Four Children's Homes for the Jewish War Orphans in Birobidjan City, Londoko, Waldheim and Bira, and schools, vocational training schools and farms attached to them depend on the American Birobidjan Committee for their essential marginal food supplies, medicines, clothing, blankets, school materials, equipment, etc.

SPEAKERS:

United States Senator Alben W. Barkley

Judge Harry M. Fisher

During the first six months of this year two large contingents of new Jewish settlers, with a total of 671 families and many orphans, have arrived in Birobidjan for permanent settlement. Many more new settlers came in single families and small groups. A third large contingent will arrive soon.

To: American Birobidjan Committee (Ambijan)

35 S. Dearborn St., Chicago 3

Gentlemen:

Enclosed please find $............ for........ reservations for the Dinner at the Stevens Hotel, on December 6, 1947 at $25.00 per plate.

Name...

Address..

Объявление об обеде Фонда Эйнштейна (Sentinel, Chicago, Dec. 4, 1947)

Афиша концерта
бронкского отделения
«Амбиджана»
в Таун-холле,
Нью-Йорк, май 1947 г.,
архив YIVO

Афиша концерта бронкского
отделения «Амбиджана»
к 20-летней годовщине
Биробиджана в Таун-холле,
Нью-Йорк, апрель 1948 г.,
архив YIVO

Глава 7
«Амбиджан» и рождение Израиля

На национальном съезде «Амбиджана» в ноябре 1944 года было объявлено, что даже пламенные сионисты в конце концов признали огромное значение ЕАО для жизни евреев; члены «Амбиджана», в свою очередь, «заботились о благополучии, процветании и беспрепятственном развитии еврейских поселений в Палестине». В «Амбиджане» не уставали подчеркивать, что Биробиджан не пытается «соревноваться» с Палестиной[1].

Олкен в июне 1944 года заявил, что эти два еврейских сообщества не соперники между собой:

> Совершенно напротив, палестинские поселения и Биробиджан могут и дальше строить новую жизнь еврейского народа, поддерживая друг друга. Эта взаимная поддержка не прекращалась, в особенности с тех пор, как Гитлер вторгся в СССР. И евреи Палестины, и советские евреи понимают, что именно гитлеризм является их заклятым врагом[2].

Хотя коммунисты уже не были настроены враждебно по отношению к еврейским поселениям в Палестине, куда могли пере-

---

[1] Материалы национальной конференции Американского Биробиджанского комитета («Амбиджана») // Бюллетень «Амбиджана». 1945, июнь. См.: Summary of the Proceedings of the National Conference of the American Birobidjan Committee (Ambijan) // Ambijan Bulletin. 4, 1 (June 1945): 13, 22.

[2] Олкен М. Л. Значение Биро-Биджана // Найлебн — Нью Лайф. 1944, июнь. См.: Olken M. L. The significance of Biro-Bidjan // *Nailebn — New Life*. 18, 6 (June 1944): 23–24.

браться евреи, пережившие Холокост и прозябавшие в тяжелых условиях лагерей для перемещенных лиц в Европе, объединение с сионистами оставалось для них неприемлемым. Многие евреи, поддерживающие Советский Союз, высказывались против политики Британии в Палестине. Например, на пленуме ИКОРа в январе 1944 года его участники постановили отказаться от выполнения условий «Белой книги 1939 года» — документа, принятого британским правительством в мае 1939 года, согласно которому иммиграция евреев в Палестину была существенно ограничена[3].

На национальной конференции по Биробиджану в марте 1946 года, на которой «Амбиджан» и ИКОР объединились в Американский Биробиджанский комитет, приглашенный спикер У. Магнусон, сенатор от штата Вашингтон, заявил, что политика советского правительства по отношению к биробиджанским евреям «являет собой разительный контраст с империалистической политикой по отношению к национальным меньшинствам и колонизированным народам на территориях Британской империи». От имени всей конференции сообщалось о «глубокой озабоченности уровнем жизни и экономической безопасности еврейского населения Палестины» и подчеркивалось: *Мы решительно присоединяемся к требованиям аннулировать "Белую книгу"*. Еще один сторонник «Амбиджана», сенатор Баркли, во время выступления на съезде «Объединенного еврейского призыва» в Нью-Хэвене 10 марта отметил, что «весь цивилизованный мир» должен сочувствовать бедственному положению евреев в послевоенной Европе и что Палестина должна быть открыта «голодным, неприкаянным и бездомным евреям Европы»[4].

---

[3]   Резолюции, принятые на национальном пленуме ИКОРа // Найлебн — Нью Лайф. 1944, май (на идише). См.: Rezolutsyes ongenumen bay dem natsyonaln plenum fun icor // *Nailebn — New Life*. 18, 4 (May 1944): 17.

[4]   Баркли поддерживает призыв // Нью-Йорк таймс. 1946, 11 марта. См.: Barkley Backs Appeal // New York Times (March 11, 1946): 12; Пресс-релиз «Амбиджана» в архиве YIVO (Ambijan press release in United States Territorial Collection, RG117, Box 57, folder «Icor» 17/16, YIVO); Заявление о принципах и программа // Бюллетень «Амбиджана». 1946, апр., выделено в оригинале. См.: Declaration of Principles and Program // Ambijan Bulletin 5, 2 (April 1946): 11.

М. Миллер, до Второй мировой войны занимавший пост президента Еврейского народного комитета против фашизма и антисемитизма, в брошюре «Кризис в Палестине» (сентябрь 1946 года) критиковал новое британское лейбористское правительство за политику в отношении Палестины. Британия, по мнению Миллера, на самом деле никогда не пыталась выполнить свои обещания, данные еврейскому народу, а попросту стремилась удержать Ближний Восток под своим контролем. Ее целью было превратить Ближний Восток в базу для противостояния с Советским Союзом и «в возможную военную базу, с которой можно было бы развязать войну против СССР». Коммунисты же хотят видеть независимую Палестину, «основанную на арабо-еврейском единстве», утверждал Миллер. Результатом раздела Палестины окажется такое Еврейское государство, которое будет основано лишь «на империализме и империалистической военной силе», без которых не сможет выжить. «И это — утопия, ради которой евреи покинули Европу? Какую роль в делах народов сможет сыграть это марионеточное государство?» Фактически оно окажется «пародией на государство и обманом для еврейского народа». Мечты еврейских поселенцев, по мнению Миллера, «не смогут сбыться, если будут проигнорированы справедливые и обоснованные чаяния арабов». Обоим палестинским народам необходима свобода; оба они должны вместе сражаться с империализмом, плечом к плечу с «пролетариатом и демократическими силами всего мира». Миллер предложил образовать для Палестины орган внешнего управления под эгидой ООН, под руководством которого Палестина будет двигаться к обретению полной независимости; Советский Союз должен на равных принимать в этом участие [Miller 1946: 3, 6, 11, 14–32].

А. Биттельман, видный теоретик коммунизма, редактор печатного органа Коммунистической партии США *Political Affairs*, пришедшего на смену изданию *Communist*, в 1946 году тоже выступил против раздела Палестины. Он утверждал, что раздел будет означать дробление родной для арабов и евреев земли на «произвольное количество частей» зарубежными империалистическими силами. Палестина должна оставаться независимой и свободной, основанной на арабо-еврейском единстве [Bittel-man 1946: 4–7].

На национальном съезде коммунистической партии в Нью-Йорке 29 ноября 1946 года Биттельман сформулировал позицию коммунистов по Палестине. Он призвал евреев-коммунистов «всецело поддержать строительство национального Еврейского государства в Палестине». «Мы верим, что оба народа», арабы и евреи, «имеют равные права на свободную жизнь своего народа в своем общем государстве». Еврейские поселения — это «жизненно важный компонент <...> народа, который развивается в государство». Коммунисты, утверждал он, полагают, что лучшим решением будет прием Палестины в ООН и работа над тем, чтобы еврейско-арабская территория превратилась в «независимое государство двух народов»[5].

Местные отделения «Амбиджана» к 1946 году также уже начали поддерживать евреев в Палестине. Например, когда чикагское отделение Американского сионистского экстренного совета (American Zionist Emergency Council, AZEC) 3 июля обратилось к другим еврейским организациям города с просьбой осудить арест руководителей «Еврейского агентства» в Палестине и потребовать, чтобы Британия разрешила въезд 100 тысяч перемещенных лиц из Европы на подмандатную территорию, С. Джеспер, президент чикагского отделения «Амбиджана», откликнулся немедленно, разослав более тысячи писем к членам своей организации, призывавших «всячески поддержать требования этой телеграммы». К. Бломберг, председатель отделения землячеств, на заседании исполнительного комитета предложил приложить усилия к тому, чтобы достичь соглашения с местными лидерами сионистов «ради более сочувственного отношения к <...> программе»[6].

5   См. [Bittelman 1947: 19–23, 34]. Александр Биттельман родился в 1890 г., скончался в 1982 г.

6   «Амбиджан» поддерживает дело сионизма // Сентинел. 1946, 25 июля См.: Ambidjan Aids Zionist Cause // Sentinel. Chicago (July 25, 1946): 22; Протоколы от 12 июля 1946 г. и 26 августа 1946 г., архив чикагского отделения «Амбиджана» (Minutes, July 12, 1946; Aug. 26, 1946, in Collection № 20: Chicago Chapter, American Birobidjan Committee, Series A. Minutes. Folder 3: Minutes, 1946, Chicago Jewish Archives).

Между тем годом позже позиция СССР изменилась: теперь Москва поддерживала раздел Палестины. Громыко, представитель СССР в ООН, выступил со страстной речью в защиту Еврейского государства на специальной сессии ООН 14 мая 1947 года. Он заявил:

> Опыт прошлого, особенно за период Второй мировой войны, показал, что ни одно государство в Западной Европе не оказалось в состоянии предоставить должную помощь еврейскому народу в защите его прав и самого его существования от насилия со стороны гитлеровцев и их союзников. Это тяжелый факт. Но, к сожалению, как и все факты, его необходимо признать. То обстоятельство, что ни одно западноевропейское государство не оказалось в состоянии обеспечить защиту элементарных прав еврейского народа и оградить его от насилия со стороны фашистских палачей, объясняет стремление евреев к созданию своего государства[7].

Было бы несправедливо, добавил Громыко, отказывать еврейскому народу в праве осуществить его чаяния.

Эта речь, опубликованная в *The New York Times*, «вызвала энтузиазм в еврейских кругах», особенно в связи с тем, что Громыко связал лишения, претерпеваемые еврейскими беженцами в Европе, с переселением в Палестину. «Бюллетень "Амбиджана"» опубликовал эту речь полностью, рекомендуя обратить внимание на то, что представитель Советского Союза демонстрирует «глубокое сочувствие к еврейскому народу», и расценивая его выступление как «выдающееся событие этой сессии». Но в таком случае, отмечал «Бюллетень "Амбиджана"», представляется «естественным, даже неизбежным», что Советский Союз, предоставив евреям возможность создать самоуправляемую территорию в Биробиджане, должен в отношении Палестины действовать аналогично[8].

---

⁷   Цит. по: Организация Объединенных Наций. Пленарные заседания Генеральной Ассамблеи: Стенографические отчеты 16 сентября — 24 ноября 1947 г. Том II. Нью-Йорк, 1947. С. 351.

⁸   См. о речи Громыко: Гамильтон Т. Дж. Россия призывает ООН к разделу Палестины, объединенное государство не состоялось // Нью-Йорк таймс. 1947, 15 мая. С. 1, 9. См.: Hamilton T. J. Russia Urges U.N. to Split Palestine, Failing Dual

А. Д. Лоу отметил, что в послевоенный период обстоятельства сложились так, что советская пропаганда биробиджанского проекта «оказалась в одном русле с [советской] мощной, хотя и недолговечной поддержкой интересов сионистов в ООН» [Low 1990: 212]. Поэтому просоветские группы начали более интенсивно сотрудничать с еврейскими организациями сионистского направления. Например, концерт 3 августа 1946 года в Саратога-Спрингс (штат Нью-Йорк), финансировавшийся «Амбиджаном», освещали Женская сионистская организация Америки «Адасса» и *B'nai B'rith Magazine*[9].

В октябре 1946 года Голдберг, проведя две недели в Палестине, сообщил читателям *Der Tog*, что еврейские вооруженные формирования там являются не «бандитами» или «террористами», но,

State // New York Times (May 15 1947): 1, 9; [Будиш]. [Выступление] советской делегации в ООН по поводу палестинской проблемы // Бюллетень «Амбиджана». 1947, май — июнь. С. 3. См.: B[udish] J. M. Soviet Delegation to the United Nations on the Palestine Problem // Ambijan Bulletin. 6, 4 (May — June 1947): 3; Заявление Андрея Громыко по поводу Палестины // Бюллетень «Амбиджана». 1947, май — июнь. С. 6–9. См.: Andrei Gromyko's Statement on Palestine // Ambijan Bulletin. 6, 4 (May — June 1947): 6–9; Выдержки из речи Громыко // Нью-Йорк таймс. 1947, 15 мая. С. 8. См.: Excerpts of Speeches of Gromyko, el-Khouri // New York Times (May 15, 1947): 8; Генеральная Ассамблея ООН, Первая специальная сессия, 14 мая 1947 г. (United Nations General Assembly, First Special Session, May 14, 1947, UN Document A/PV77). Позиция Советского Союза по палестинскому вопросу в этот период рассматривается во многих работах, см., например, [Krammer 1974; Ro'i 1980; Rucker 2005]. См. также двухтомный сборник документов по израильско-советским отношениям 1941–1953 гг. [Bentsur, Kolokolov 2000], который совместно выпустили израильское и российское министерства иностранных дел и израильский и российский государственные архивы. Арабский мир по большей части с сочувствием относился к нацистской Германии, что также вызывало антипатию СССР.

9 Выступление Иды Кремер, певицы, исполняющей песни на идише, слушали около 300 человек, было собрано 950 долларов. Они прослушали также выступление раввина Бика, который становился все более заметным членом «Амбиджана»; в этот период он уже был членом Национального комитета. Эта информация содержится на с. 17–18 42-страничного отчета ФБР от 4 февраля 1947 г. от Эдуарда Шейдта, специального агента на задании (FBI report dated Feb. 4, 1947, submitted by Edward Scheidt, Special Agent in Charge, originally in NY File 100–42538. File 100–99898, Section 2, FOIPA № 416152, Ambijan).

скорее, «партизанами», которые сражаются за «еврейскую свободу». Он включил в эту категорию как крайне правые организации «Иргун Цваи Леуми» и «Лехи» («Банду Штерна»), так и центристскую «Хагану»[10].

В ноябре 1947 года Будиш вопрошает, почему еврейскому народу достается не компенсация тяжелого ущерба, понесенного во время войны, а непрестанные нападки и дискриминация. Он сетует на «бесчеловечное отношение к переселенцам и проволочки, которые США чинят рассмотрению предложенного демократического решения палестинского вопроса»[11].

В декабре Медем заявила в *Nailebn — New Life*, что создание суверенного Еврейского государства в Палестине будет логическим завершением победы над Гитлером, которая началась триумфом Советского Союза в Сталинграде. Она горячо одобряла советскую власть, поддержавшую разделение Палестины. Медем в точности воспроизводила нарратив сионистского движения: двухтысячелетняя сага скитаний еврейского народа по бесчисленным странам, «в которых [евреи] были нежеланными гостями», подходит к концу. Медем пересказывала истории еврейских переселенцев (*халуцим*), которые возделывали пески и выращивали урожаи там, где раньше была пустыня; описывала три десятилетия борьбы *ишувников* против британского мандата и выражала уверенность, что арабские страны не имеют собственного мнения, а протестуют против Еврейского государства лишь по указке Британии. В заключение опять подчеркивалось, что советские победы от Сталинграда до Берлина вымостили дорогу к созданию Еврейского государства на берегах реки Иордан[12].

---

[10] Голдберг Б. Я приехал с еврейского фронта в Эрец Исроэл // Дер Тог. 1946, 12 окт. С. 5; 13 окт. С. 1 (на идише). См.: Goldberg B. Z. Ikh kum fun yidisher front in erets yisroel // Der Tog (Oct. 12 1946): 5; (Oct. 13 1946): 1.

[11] Будиш. Нынешняя годовщина и еврейский народ // Совьет Раша Тудей. 1947, нояб. С. 25. См.: Budish J. M. This Anniversary and the Jewish People // Soviet Russia Today. 16, 7 (November 1947): 25.

[12] Джина Медем. К рождению Еврейского государства // Найлебн — Нью Лайф. 1947, дек. С. 1–4 (на идише). См.: Gina Medem. Tsum geburt fun a yidisher melikhe // Nailebn — New Life. 20, 10 (December 1947): 1–4. См. также статью

Американский комитет еврейских писателей, художников и ученых под управлением Брайнина теперь поддерживал новый курс по палестинскому вопросу. Брайнин планировал расширить деятельность комитета, в частности основать международное периодическое издание на английском языке и международную конференцию. «Очевидно, — писал он Голдбергу в мае 1947 года, — что благодаря позиции СССР по палестинскому вопросу тучи расходятся и кажется вероятной реализация более масштабных проектов, чем мы ранее могли себе представить»[13]. Несколько дней спустя Голдберг с восторгом писал Михоэлсу и Феферу, что речь Громыко снизила накал «истерических антисоветских настроений, которые царят <...> в Америке». Комитет усердно работал над тем, чтобы «не допускать таких настроений среди евреев», и Голдберг был убежден, что Громыко «просто сделал чудо, выбил почву из-под ног» тех, кто пытался убедить окружающих во враждебности Советского Союза к палестинским чаяниям евреев: «Теперь сионистским собакам придется попридержать языки». Еврейские массы, по мнению Голдберга, увидели в этой речи «подтверждение того доверия, которое они питали по отношению к Советскому Союзу — стороннику евреев и вообще любого правого дела. Мы сейчас планируем увеличить усилия и хотели бы, чтобы вы знали об этом и присоединились к нам»[14].

историка: Малер Р. Арабский феодальный реакционизм атакует государство Израиль // Найлебн — Нью Лайф. 1948, июнь. С. 1–5 (на идише). См.: Raphael Mahler. Di arabishe feudale reyaktsye in atake oyf medines yisroel // *Nailebn — New Life* 21. 6 (June 1948): 1–5.

[13] Письмо Дж. Брайнина Б. Голдбергу, Наянтик, Коннектикут, от 20 мая 1947 г., Фонд Б. Голдберга в архиве Американского комитета еврейских писателей, художников и ученых (Letter from Joseph Brainin to B. Z. Goldberg, Niantic, CT, May 20, 1947; B. Z. Goldberg papers, Box 69, Jewish Antifascist Committee in the USSR; American Committee of Jewish Writers, Artists, and Scientists, Inc., folder «American Committee of Jewish Writers, Artists and Scientists»).

[14] Письмо Б. Голдберга Ицику Феферу и Шлойме Михоэлсу, Нью-Йорк, от 28 мая 1947 г. (Letter from B. Z. Goldberg to Itsik Fefer and Shloime Mikhoels, New York, May, 28, 1947; B. Z. Goldberg papers, Box 69, Jewish Antifascist Committee in the USSR; American Committee of Jewish Writers, Artists, and Scientists, Inc., folder «American Committee of Jewish Writers, Artists and Scientists»).

Брайнин написал аналитическую записку для Эйнштейна, в которой рекомендовал почетному президенту «Амбиджана» обратить внимание на крупное собрание в «Манхэттен-центре» в честь 30-летней годовщины большевистской революции 12 ноября 1947 года. Брайнин был председателем, присутствовали около 3 500 человек. Среди выступавших были как Н. Голдманн, видный сионист, президент Всемирного еврейского конгресса, так и коммунисты, например Ш. Алмазов или Б. Голд, член Международного профсоюза работников меховой и кожевенной промышленности (International Fur and Leather Workers Union, IFLWU). Собравшиеся «выразили благодарность Советскому Союзу за признание равных прав за еврейским населением, за запрет антисемитизма, создание автономной области в Биробиджане и поддержку создания Еврейского государства в Палестине». По словам Брайнина, это собрание, «несомненно, улучшило перспективы развития дружеских отношений между американским, палестинским и советским еврейством». 28 ноября «Амбиджан» организовал прием для представителей «прогрессивных еврейских организаций в Палестине».

На той же неделе на заседании Генеральной Ассамблеи ООН обсуждался раздел Палестины. 26 ноября Громыко выступил в поддержку создания Еврейского государства на Ближнем Востоке; три дня спустя СССР и все его сторонники проголосовали за Еврейское государство. Резолюция 181 была принята при 33 голосах за, 13 против, 10 воздержавшихся и одном отсутствующем. Брайнин тут же пригласил Громыко в качестве почетного гостя на прием, посвященный американо-советско-палестинской дружбе, который состоялся 30 декабря в отеле «Коммодор» в Нью-Йорке, и фотография Громыко украсила обложку брошюры, посвященной этому событию. В брошюре сообщалось: «С радостью и удовлетворением мы приветствуем решение ООН, одобряющее создание независимого Еврейского государства в Палестине. Воплощение национальной мечты еврейского народа — событие чрезвычайной важности не только для евреев, но и для всего человечества». На этом приеме выступили также доктор Э. Нью-манн, президент Сионистской организации Америки, драматург

А. Миллер и от «Амбиджана» М. Левин. Брайнин писал Эйнштейну, что речь советского посла в ООН, как и выступление Ньюмана, способствовала укреплению отношений между американскими, палестинскими и советскими евреями[15].

Между тем 12 декабря 1947 года Александр Биттельман сообщил еврейскому национальному отделению Коммунистической партии США, сформированному в 1946 году, что с целью защиты прав евреев коммунисты должны поддержать кандидата от третьей партии в лице Г. Уоллеса на президентских выборах 1948 года. Резолюция ООН об основании Арабского и Еврейского государств в Палестине, «исторический шаг к воплощению вековой мечты», была принята в первую очередь благодаря Советскому Союзу, который поддерживает национальные чаяния еврейского народа. На то, что исполнению этой резолюции будет способствовать президент Трумэн, надежды мало. Американский империализм попытается «сделать Еврейское государство своей марионеткой» и в интересах «Уолл-стрит» готов придерживаться курса на рост напряжения между арабами и евреями, «чтобы препятствовать экономическому объединению и политическому сотрудничеству двух государств». В этом ему будут содействовать как профашистски настроенные арабы, так и сионисты-реакционеры. Биттельман уделил немало времени доказательству того, что поддержка Еврейского государства в Палестине со стороны коммунистов — это не капитуляция перед «буржуазной националистической и шовинистической идеологией и официальной политикой сионизма», но подход, полностью обоснованный в рамках марксистской теории. «Ошибочное приравнивание еврейской государственности к сионизму — это корень многих ошибок, допущенных в прошлом еврейскими коммунистами»,

---

[15] Записка Альберту Эйнштейну Дж. Брайнина [начало 1948 г.], Нью-Йоркская публичная библиотека (Memorandum to Albert Einstein from Joseph Brainin, [early 1948]; microfilm ZP-*PBM n.c. Reel 122, № 28, Jewish Division, New York Public Library, New York); Американо-советско-палестинский обед дружбы, Фонд Б. Голдберга («American-Soviet-Palestine Friendship Dinner» brochure in the B. Z. Goldberg papers, Box 79, A-Antonovsky, folder «American Committee of Jewish Writers, Artists»).

исправленных партией в 1946 году, когда была создана еврейская секция[16].

Когда Л. Айзексон выиграл дополнительные выборы в Конгресс на 24-м участке в Бронксе 17 февраля 1948 года, его победа в немалой степени объяснялась тем, что СССР, как считали избиратели, поддерживал создание Еврейского государства. Айзексон, член организации «Братский орден еврейского народа» (Jewish People's Fraternal Order), вступил в Американскую лейбористскую партию в момент ее основания в 1936 году. В 1945–1946 годах он работал в Законодательном собрании штата Нью-Йорк. Известная нью-йоркская коммунистка Л. Гейтс писала в *Political Affairs,* что Айзексон выиграл выборы благодаря тому, что еврейские коммунисты и сионисты пожали друг другу руки[17]. Его победа «символизировала непримиримую борьбу, которую ведут коммунисты и беспартийные за основание Израиля, и способствовала созданию партии прогрессистов»[18].

В скором времени конгрессмен Айзексон отправился в только что созданное государство Израиль. «Как сионист с детства», говорил он по возвращении, более 30 лет он мечтал об этом путешествии. Он выступил на идише перед выжившими в Холокосте, которые обрели новую жизнь «в земле обетованной, в еврейском национальном государстве, которого так долго ждали», и чьей «радости не было предела», когда новое государство было создано. Он отметил, что многие жители этой страны были недовольны запретом на поставки оружия, который был введен

---

[16] [Bittelman 1948: 16–22, 28–36]. О поддержке, которую Уоллес получил от коммунистов, см. [Devine 2003].

[17] [Buhle, 1991: 193]. Евреи составляли не менее 35 % избирателей на этом участке, а по некоторым оценкам и 55 %, и по численности далеко опережали другие этнические группы. См. [Saposs 1960: 82].

[18] Гейтс Л. Выборы 1949 г. в Нью-Йорке // Политикл Афэйрс. 1949, дек. С. 52 См.: Lillian Gates. New York's 1949 Elections // Political Affairs 28, 12 (December 1949): 52. Шейтс отмечает, что Американская лейбористская партия потеряла много голосов на муниципальных выборах в Нью-Йорке в 1949 г., потому что не смогла опровергнуть шумиху, спровоцированную клеветническими обвинениями в антисемитизме в адрес Советского Союза.

президентом Трумэном и действовал с ноября 1947 года, а Генри Уоллеса, кандидата от партии прогрессистов на приближавшихся президентских выборах в ноябре 1947 года, считали другом Израиля. Айзексон сравнил защиту Иерусалима со Сталинградской битвой и выразил уверенность, что «еврейский народ выйдет победителем, героически защищая Израиль». Он призвал США прекратить «предавать» Израиль и немедленно признать де-юре новое государство.

Новая прогрессистская партия поддерживала прием Израиля в ООН, выделение ему финансовой поддержки и финансирование из американского бюджета переселения из Европы в Израиль тех, кто потерял дом во время войны. Кроме того, она призывала арабов согласиться с решением ООН о создании двух государств в Палестине. Арабы должны отвергнуть роль «инструмента в борьбе против Израиля, которую ведут британские и американские монополисты, поскольку они являются врагами как евреев, так и арабов»[19].

Трумэн воспринял победу Айзексона как предостережение. К маю его симпатии явственно сместились в сторону сионизма. Он признал новое государство де-факто немедленно после его провозглашения 14 мая (хотя признание де-юре было отложено до 31 января 1949 года)[20]. На выборах в ноябре 1948 года, когда Американская лейбористская партия выступила как крыло партии прогрессистов Уоллеса в штате Нью-Йорк, Айзексон проиграл кандидату от демократов. Другими кандидатами от лейбористов в Бронксе на этих выборах были А. Кан, член Коммунистической партии США и президент общества «Евреи за права собственности на огнестрельное оружие», и Л. Штраус из профсоюза работников меховой промышленности, контролиро-

---

[19] [Isacson 1948: 2–3, 5–8, 10, 14–16]. См. также [Stone 1948] — еще один текст, с помощью которого планировалось пропагандировать прогрессистов среди евреев. Положительную рецензию на него см.: Бюллетень «Амбиджана». 1948, окт. — нояб. С. 15. См.: Ambijan Bulletin. 7, 6 (October — November 1948): 15.

[20] По этому периоду существует достаточно литературы, например, [Cohen 1990; Radosh, Radosh 2009].

вавшегося Коммунистической партией США; никто из них не выиграл[21].

Уоллес и после поражения на выборах продолжал поддерживать просоветски настроенных левых евреев. 21 февраля 1949 года, выступая на ежегодном обеде «Амбиджана» в Ньюарке, он заявил, что «Бог возложил на еврейский народ священную миссию — миссию по установлению мира и взаимопонимания во всем свете». «Грандиозными вехами» на этом пути являются Израиль и Биробиджан: они исполнены важнейшего символического значения для евреев и в то же время служат «мостами между разными типами цивилизаций». Еврейскому народу в Биробиджане и в Израиле суждено «внести огромный вклад в налаживание взаимопонимания между славянским и англосаксонским миром»[22].

После заседания Генеральной Ассамблеи ООН в ноябре 1947 года, на котором состоялось историческое голосование по разделу Палестины, «Амбиджан» отправил поздравительную телеграмму Д. Бен-Гуриону, главе исполнительного комитета Еврейского агентства для Палестины в Тель-Авиве, в которой говорилось, что «вековая мечта еврейского народа близка к осуществлению» благодаря тому, что процесс возглавили совместно СССР и США. «Мы желаем Еврейскому государству в Палестине мира, процветания и благополучия»[23].

---

[21] Айзексон скончался в 1996 г. в возрасте 86 лет. См. некролог: Джуиш Карренс. 1996, нояб. С. 40. См.: Jewish Currents. 50, 10 (November 1996): 40.

[22] Уоллес Г. Американская поддержка Биробиджана — признак мира, который вселяет надежду // Бюллетень «Амбиджана». 1949, март — апр. С. 7–9. См.: Henry A. Wallace, American Support of Birobidjan Hopeful Sign Toward Peace // Ambijan Bulletin. 8, 2 (March —April 1949): 7–9; Генри Уоллес приглашен выступить на обеде в честь годовщины ньюаркского отделения // Найлебн — Нью Лайф. 1949, апр. С. 23. См.: Henry Wallace Guest Speaker at Newark Anniversary Dinner // Nailebn — New Life. 22, 4 (April 1949): 23.

[23] Пресс-релиз «Амбиджана» от 3 декабря 1947 г., фонд Калмена Мармора, архив YIVO (Ambijan press release of Dec. 3, 1947, in the Kalmen Marmor papers, 1873–1955, RG205, Microfilm group 495, folder 585 «Ambidzhan-korespondents, 1946–1950», YIVO); «Амбиджан» направляет поздравления Еврейскому агентству в Палестине // Бюллетень «Амбиджана». 1948, янв. С. 2. См.: Ambijan Cables Congratulations to Jewish Agency in Palestine // Ambijan Bulletin. 7, 1 (January 1948): 2 .

Будиш разъяснял, что решение Советского Союза поддержать Еврейское государство в Палестине логически вытекает из советской политики, предоставляющей каждой нации право на самоопределение, уже проявившей себя внутри советских границ в создании Еврейской автономной области в Биробиджане[24]. Будиш заявил, что «сотрудничество американских евреев как с Палестиной, так и с Биробиджаном внесет в дело восстановления нормальной жизни еврейского народа и сохранения и развития еврейской культуры вклад, который невозможно переоценить»[25].

В январе 1948 года Дженофский пишет, что «Амбиджан» займется подготовкой торжеств по поводу 20-летней годовщины со дня провозглашения Биробиджанского района Еврейской автономной областью. Но, добавляет он в письме к Стерну, «1948 год станет также годом основания Еврейского государства в Палестине, или, лучше сказать... в Эрец Исроэл»[26]. Рассылая приглашения на праздничный концерт в честь этой даты, который должен был состояться 17 апреля в Карнеги-холле, Будиш писал приглашенным, что «советская делегация горячо поддержала решение ООН о создании независимого Еврейского государства в Палестине, доказав тем самым со всей определенностью, что между Палестиной и Биробиджаном нет никакой конкуренции». В выпущенной «Амбиджаном» брошюре отмечалось, что «мирное развитие еврейской автономии в Биробиджане в сотрудничестве со всеми народами Советского Союза делает очевидной необходимость скорейшего воплощения в жизнь решения ООН о создании государства Израиль»[27]. В редакционной статье в «Бюл-

---

[24] [Будиш] Палестина и Биробиджан // Там же. С. 3–4, 11.

[25] Циркулярное письмо от Я. М. Будиша, Нью-Йорк, 29 января 1948 г., Фонд Калмена Мармора, архив YIVO (Circular letter from J. M. Budish, New York, Jan. 29, 1948, in the Kalmen Marmor papers, 1873–1955, RG205, Microfilm group 495, folder 585 «Ambidzhan-korespondents, 1946–1950», YIVO).

[26] Письмо от Дженофского Моррису Стерну, 7 января 1948 г., Фонд Морриса Стерна, YIVO (Letter from Abraham Jenofsky to Morris Stern, Jan. 7, 1948; in the Morris Stern papers, RG231, Box 1, unnamed folder, YIVO).

[27] Пригласительное письмо от Будиша, Нью-Йорк, 15 марта 1948 г., американская коллекция, папка ИКОР, архив YIVO (Letter of invitation from J. M. Budish, New York, March 15, 1948, in United States Territorial Collection, RG117,

летене "Амбиджана"» Будиш писал, что «тот факт, что евреи
в Биробиджане обладают всеми признаками независимого народа, очень много значил для решения ООН в пользу создания
независимого Еврейского государства в Палестине», ведь если
евреи имеют неотъемлемое право строить свою государственность в границах Советского Союза, нет никаких причин отказывать им в праве делать то же самое в Палестине[28]. Другая передовица гласила, что «укрепляются связи между народом Израиля, с одной стороны, и евреями СССР и Соединенных Штатов,
с другой». Именно этим «духом единства» должно быть проник-
нуто все еврейское сообщество[29].

Таким образом, в течение 1948 года, невзирая на возрастающее
напряжение между Востоком и Западом, дела у «Амбиджана»
шли, казалось бы, вполне благополучно. Он по-прежнему мог
рассчитывать на симпатии политиков национального уровня и на
сотрудничество с ними, в немалой степени благодаря тому, что
поддерживал создание нового Еврейского государства. Отделения
«Амбиджана» существовали в 24 городах, активисты планировали расширяться и далее. Несомненно, дальнейшее выживание
организации зависело в большей степени от работы по поддержке Еврейского государства в Палестине, чем от деятельности,
связанной с Биробиджаном. Однако у активистов на местах как
автономия в Биробиджане, так и государство в Палестине вызы-
вали равный энтузиазм.

9 марта 1948 года на собрании бронксского отделения его
председатель З. Гетманская усомнилась в перспективах Еврейского государства в Палестине; по ее мнению, Биробиджану сужде-

---

Box 57, folder «Icor» 17/16, YIVO); В пользу еврейских детей, осиротевших во
время войны, и новых еврейских поселенцев в Биробиджане // In Behalf of
Jewish War Orphans and New Jewish Settlers in Birobidjan. New York: American
Birobidjan Committee (Ambijan), [1948].

[28] [Будиш]. Двадцать лет Биробиджану // Бюллетень «Амбиджана». 1948,
март — апр. С. 5. См.: B[udish] J. M. Twenty Years of Birobidjan // Ambijan
Bulletin. 7, 2 (March — April 1948): 5.

[29] Единство евреев в мировом масштабе // Бюллетень «Амбиджана». 1948,
июнь — июль. С. 3. См.: Jewish Unity on a World Scale // Ambijan Bulletin. 7, 4
(June — July 1948): 3.

но было остаться единственной государственной автономией евреев в мире. Дженофский решительно не согласился, заявив: нет никаких сомнений в том, что в Палестине возникнет Еврейское государство. К 25 мая, когда бронксское отделение совместно с манхэттенским устраивало третий ежегодный обед Фонда Эйнштейна в «Уолдорф-Астории», Гетманская, казалось, согласилась с Дженофским: она говорила о важности для выживания всего еврейского народа «двух еврейских государств: на Дальнем и на Ближнем Востоке»[30].

14 марта победу Айзексона отмечали на конференции бронксского отделения. Собрались 150 делегатов, представлявших 32 организации. Председатель, Дж. Левенсон, заявил в своем выступлении: избрание Айзексона показывает, что электорат не одобряет политику правительства по отношению к Палестине. Левенсон подчеркнул, что Советский Союз — единственная страна, поддержавшая создание Еврейского государства в Палестине. Будиш заявил, что в США сторонников создания еврейского государства не найдется, поскольку здесь всем «важнее нефть, чем Еврейское государство в Палестине»; он призвал евреев Бронкса помочь развитию еврейской республики в СССР: по его словам, это должно способствовать и возникновению Еврейского государства в Палестине[31].

---

[30] Организационные мероприятия // Там же. С. 14–15. См.: Organizational Activities // Ambijan Bulletin. 7, 4 (June — July 1948): 14–15. Данные о собрании бронксского отделения содержатся на с. 58 82-страничного отчета ФБР от 23 февраля 1949 г. от специального агента Эдварда Шейдта (FBI report dated Feb. 23, 1949, submitted by Edward Scheidt, Special Agent in Charge, originally in NY File 100–42538. File 100–99898, Section 3, FOIPA № 416152, Ambijan).

[31] Данные о собрании бронксского отделения 14 марта 1948 г. содержатся в докладе ФБР от специального агента Эдварда Шейдта, Нью-Йорк, Эдгару Гуверу, от 8 и 17 апреля 1948 г. (FBI reports from Edward Scheidt, Special Agent in Charge, New York, to J. Edgar Hoover, dated April 8, 1948, and April 17, 1948, all originally in NY File 100–42538. File 100–99898, Section 3, FOIPA № 416152, Ambijan). См. также 4-страничную брошюру на английском и идише «Приглашение на конференцию бронксского отделения "Амбиджана"». См.: Call to Bronx Ambijan Conference — Ruf tsu der Bronx ambijan konferents. New York: Bronx Ambijan and Bronx Jewish Council, 1948.

На 2 мая был назначен симпозиум, организованный бронксским отделением, с выступлением раввинов А. Бика и М. И. Хермана из «Брит-Шалом» по вопросу: «Есть ли у двух еврейских государственных образований — Биробиджана и Палестины — общая почва для сотрудничества и взаимного интереса?» Собралось 400 человек, на открытии спели «Звездно-полосатое знамя» и «Атикву». Раввин Херман, секретарь бронксского совета раввинов, заявил, что «поддержка Биробиджана поможет усилить и Еврейское государство в Палестине». Раввин Бик с ним был согласен. Приняли резолюцию с призывом к президенту Трумэну полностью признать новое Еврейское государство в Палестине и немедленно снять запрет на поставки оружия[32].

На приеме Фонда Эйнштейна в отеле «Уолдорф-Астория» в Нью-Йорке 25 мая, который организовали бронксское и манхэттенское отделения «Амбиджана», Аронофф обратился к слушателям: «Наши сестры и братья героически сражаются за новорожденное государство Израиль. Израиль не только сражается за нашу еврейскую землю — он сейчас находится на переднем крае защиты демократии». Борьба за права евреев идет во всем мире:

> Мы должны свыкнуться с идеей двух еврейских государств. Существуют пять англосаксонских государств, семь арабских, семь славянских, три скандинавских. Учитывая, что евреи жили в рассеянии, по всему миру, не может одно государство подойти всем евреям всех стран.

Впоследствии на собрании двух отделений он заявил, что Биробиджан будет сохранять и развивать культурное наследие на идише, а Израиль — наследие, связанное с ивритом[33].

---

[32] Организационные мероприятия // Бюллетень «Амбиджана». 1948, май. С. 14. См.: Organizational Activities // Ambijan Bulletin. 7, 3 (May 1948): 14; [Дженофский]. Организация и ее работа // Найлебн — Нью Лайф. 1948, июнь. С. 18–19. См.: [Jenofsky A.] J. A. Organizatsye un arbet // *Nailebn — New Life*. 21, 6 (June 1948): 18–19.

[33] Организационные мероприятия // Бюллетень «Амбиджана». 1948, июнь — июль. С. 15. См.: Organizational Activities // Ambijan Bulletin. 7, 4 (June — July 1948): 15; Организационные мероприятия // Бюллетень «Амбиджана». 1948, окт. — нояб. С. 13. См.: Organizational Activities // Ambijan Bulletin. 7, 6 (October — November 1948): 13.

Олкен в поездке по западным штатам выступил перед преподавателями и студентами в Калифорнийском университете в Беркли с речью на тему «Биробиджан — Эрец Исроэл: две страны, один народ» 26 февраля 1948 года[34]. 5 июня на заседании лос-анджелесского отделения «Амбиджана» З. Вайнпер, пишущий на идише поэт, эссеист и редактор, генеральный секретарь Общества *Yidisher Kultur Farband* (Союз еврейской культуры) и автор выпускавшегося этим обществом журнала *Yidishe Kultur*, сказал, что евреи сейчас отмечают не только 14-ю годовщину со дня провозглашения ЕАО, но и «рождение Еврейского государства в Эрец Исроэл». Он заявил, что «двухтысячелетняя мечта воплощается в реальность прямо <...> на глазах», и напомнил: если бы нацистов не разбили под Сталинградом, ни один из присутствующих не выжил бы. Ежегодная конференция, состоявшаяся 13–14 ноября, отправила в Израиль телеграмму с выражением поддержки[35]. 10 августа в Беркли Аронофф выступал на заседании отделения Восточного побережья на тему «Еврейская государственность на Ближнем Востоке (Израиль) и на Дальнем Востоке (Биробиджан)»[36]. В номере *Nailebn — New Life* за октябрь — ноябрь 1948 года было опубликовано стихотворение под названием *Birobidzhan un Yisroel,* которое начиналось строчкой «От Иордана до Биры, от Негева до Биджана». Автором стихотворения была

---

[34] Олкен М. Организации и друзья Биробиджана по всей стране // Найлебн — Нью Лайф. 1948, май. С. 8. См.: Olken M. L. Di organizatsyes un fraynt fun birobidzhan ibern land // *Nailebn — New Life.* 21, 5 (May 1948): 8.

[35] Дженофский. Организация и ее работа // Найлебн — Нью Лайф. 1948, сент. — окт. С. 20. См.: Jenofsky A. Organizatsye un arbet // *Nailebn — New Life.* 21, 8 (September — October 1948): 20; [Дженофский] А. Организация и ее работа // Найлебн — Нью Лайф. 1949, февр. С. 19–20. См.: [Abraham Jenofsky] J. A. Oranizatsye un arbet // *Nailebn — New Life.* 22, 2 (February 1949): 19–20. Вайнпер происходил из хасидской династии Триск, родился в 1892 г. в Триске (в настоящее время Турийск, Украина), в 1920 г. переехал в Нью-Йорк. Выпустил книгу «Биробиджан» [Weinper 1935]. Он возглавлял «Идишер Култур Фарбанд», который в память о нем выпустил «Книгу Зише Вайнпера» (на идише) [Dos Z. Vaynper-bukh 1962].

[36] Из нашей почты // Найлебн — Нью Лайф. 1948, сент. — окт. С. 25. См.: From Our Mail Bag // *Nailebn — New Life.* 21, 8 (September — October 1948): 25.

С. Фелл-Йеллин, член недавно образованного «Левит Уименз Клаб» в Лос-Анджелесе и вице-президент южнокалифорнийского отделения «Амбиджана». Фелл-Йеллин, вероятно, не была великим поэтом, но свою мысль она выразила ясно: в мире есть два еврейских государства, и «Амбиджан» поддерживает оба[37].

12 мая чикагское отделение «Амбиджана» составило черновик телеграммы Бен-Гуриону с поздравлениями в связи с предстоящим провозглашением нового Еврейского государства. «В этот день, когда вот-вот возникнет Еврейское государство в Эрец Исроэл, мы шлем вновь сформированному правительству Еврейского государства и еврейскому народу Палестины наш сердечный привет и горячие пожелания мирного урегулирования, бесперебойного прогресса и развития, а также мира и безопасности»[38]. «Два еврейских государства сделают мир богаче... Палестина и Биробиджан должны поддерживать и будут поддерживать тесные культурные связи как между собой, так и с остальным миром, — утверждал Джезмер. — Мы в Соединенных Штатах должны ясно видеть историческую значимость сосуществования этих двух еврейских государств и сотрудничать с ними обоими»[39].

---

[37] Во время празднования Пурима, которое организовало отделение городов залива Сан-Франциско, 12 марта 1949 г. Сара Фелл-Йеллин назвала Биробиджан и Израиль «братскими республиками». См.: Фелл-Йеллин. Биробиджан и Израиль (на идише) // Найлебн — Нью Лайф. 1948, сент. — окт. С. 9. См.: Sarah Fell-Yellin. Birobidzhan un yisroel // *Nailebn — New Life*. 21, 8 (September — October 1948): 9; [Дженофский]. Организация и ее работа // Найлебн — Нью Лайф. 111949, апр. С. 20–21. См.: [Jenofsky A.] J. A. Organizatsye un arbet // *Nailebn — New Life*. 22, 4 (April 1949): 20–21. Несколько лет спустя вышла ее книга [Фелл-Йеллин 1957].

[38] Протоколы от 12 и 19 мая 1948 г., чикагский архив «Амбиджана» (Minutes, May 12, 1948); May 19, 1948, in Collection № 20: Chicago Chapter, American Birobidjan Committee, Series A. Minutes. Folder 5: Minutes, 1948, Chicago Jewish Archives); Фотокопия телеграммы Давиду Бен-Гуриону (Ibid. Photostat of the telegram, in Collection № 20: Chicago Chapter, American Birobidjan Committee, Series D. Miscellaneous. Folder 21: Telegram to David Ben-Gurion, Chicago Jewish Archives).

[39] Сол Джезмер. Биробиджан — великий еврейский центр // Бюллетень «Амбиджана». 1948, март — апр. С. 6. См.: Sol Jesmer. Birobidjan — A Great Jewish Center // *Ambijan Bulletin*. 7, 2 (March — April 1948): 6.

Чикагское отделение «Амбиджана» отметило эти два «исторических события» концертом 19 июня 1948 года «при впечатляющем единодушии еврейского народа в этот решительный момент». Судья Фишер говорил о значении Биробиджана и Израиля. «Еврейскому народу жизненно необходимы *оба*», — заявил он. Лично Фишер всю жизнь был стойким приверженцем сионизма и именно поэтому так высоко оценил значение еврейской автономии в Биробиджане. «Эти два еврейских государства должны жить в мире друг с другом и сотрудничать как партнеры», — сказал Джезмер, когда чикагский комитет вручал М. Суирену, президенту чикагского отделения организации «Американцы за Хагану», в дар машину скорой помощи: «Мы уверены, что между ними сложатся тесные культурные связи. Друзья Биробиджана — друзья Израиля... Желаем Израилю жить и процветать!» Суирен ответил, что этот жест доброй воли доказывает, что практически все американские евреи едины в своей поддержке Израиля. 25 июля в Цинциннати во время приема на открытом воздухе на территории Бюро еврейских федераций, согласно отчету секретаря Молли Тенехолц, было собрано 500 долларов, предназначенных как для биробиджанских сирот, так и для Израиля[40]. Дженофский заявил, что на конференции Национального комитета «Амбиджана» в ноябре 1948 года отпразднуют и 20-летие Биробиджана, и создание нового государства Израиль — будут чествовать оба еврейских государства, и на Дальнем, и на Ближнем Востоке[41]. В приглашениях на ежегодный национальный обед, который должен был состояться в отеле «Коммодор»

---

[40] Сол Джезмер. Два исторических события // Бюллетень «Амбиджана». 1948, авг. — сент. С. 9. См.: Jesmer S. Two Historic Events // Ambijan Bulletin. 7, 5 (August — September 1948): 9; Организационные мероприятия // Бюллетень «Амбиджана». 1948, авг. — сент. С. 12—14 (выделено в оригинале). См.: Organizational Activities // Ambijan Bulletin. 7, 5 (August — September 1948): 12—14; Дженофский. Организация и ее работа // Найлебн — Нью Лайф. 1948, сент. — окт. С. 21. Jenofsky A. Organizatsye un arbet // *Nailebn — New Life*. 21, 8 (September — October 1948): 21.

[41] Дженофский. Организация и ее работа // Найлебн — Нью Лайф. 1948, сент. — окт. С. 18. См.: Jenofsky A. Organizatsye un arbet // *Nailebn — New Life*. 21, 8 (September — October 1948): 18.

21 ноября, Будиш писал, что «Амбиджан» фиксирует «всеобщее признание за евреями права на собственное национальное государство. Впервые это право даровал евреям Советский Союз. В настоящее время Советский Союз остается самым последовательным и пламенным защитником независимости и территориальной целостности Израиля». Будиш был твердо убежден, что программа «Амбиджана», направленная на поддержку Биробиджана, на поддержание мира и независимости Израиля, будет осуществляться, несмотря на несомненные препятствия. Национальный комитет «испытывал равный энтузиазм» в отношении обоих еврейских государств[42].

Одна из сессий конференции посвящалась теме «Биробиджан и Израиль». Там выступили Левин, Голдберг, Моргенштерн, Р. Залцман, генеральный секретарь Братского ордена еврейского народа, и другие. Левин рассказал о том, как относится «Амбиджан» к Биробиджану и Израилю: обе эти территории, заявил он, «свидетельствуют о победах в борьбе еврейского народа за достижение подлинного равенства». Он упомянул решающую роль Советского Союза в образовании Еврейского государства и в защите его независимости и территориальной целостности, и в связи с этим, напомнил Левин, «7 мая 1934 года навсегда останется красным днем календаря в истории еврейского народа». Сенатор Пеппер говорил о «еврейских героях», которые сражаются, чтобы завоевать Негев для нового государства Израиль. Была принята резолюция, утверждавшая, что «наделение Биробиджана статусом Еврейской автономной области дало евреям право иметь собственную государственность». Признание этого права советской властью

> открыло перед евреями новые перспективы по всему миру и явилось одним из важнейших факторов, благодаря которым евреи смогли отстоять свое право на национальное государство в ООН, когда решение ООН было принято в пользу создания независимого государства Израиль.

---

[42] Циркулярное письмо от Будиша, Нью-Йорк, 27 сентября 1948 г., Фонд Морриса Стерна, архив YIVO (Circular letter from J. M. Budish, New York, Sept. 27, 1948; in the Morris Stern papers, RG231, Box 1, folder «ICOR-Birobidzhan,» YIVO).

Будиш приветствовал образование Израиля и писал, что в борьбе против внешней агрессии неоценимую поддержку Израилю оказывают вновь образованные страны народной демократии. Он заявил, что «Амбиджан» будет отныне поддерживать детский дом в Тель-Авиве и финансировать учебную переплётную мастерскую в Хайфе, чтобы девушки-беженки могли получить новую профессию[43]. Мастерская была расположена в «Хайфском доме», который содержала Лига женщин за Палестину (Women's League for Palestine). Лига выпустила бюллетень, в котором выражала надежду, что сотрудничество с «Амбиджаном» «позволит достичь существенного прогресса в объединении евреев мира с тем, чтобы вместе способствовать развитию Израиля». Э. Мейер, исполнительный секретарь лиги, в письме к Будишу от 6 декабря благодарит «Амбиджан» за чек на 3 тысячи долларов, предназначенный для мастерской[44].

---

[43] Национальный комитет планирует расширить программу сотрудничества с еврейским автономным регионом — Биробиджаном. // Бюллетень «Амбиджана». 1948, дек. С. 3–5. См.: National Committee Maps Extended Program of Cooperation With Jewish. Autonomous Region of Birobidjan // Ambijan Bulletin. 7, 7 (December 1948): 3–5; Клод Пеппер. Продолжайте свою великую борьбу — продолжайте свой великий труд // Там же. С. 6–7. См.: Claude Pepper. Keep up Your Great Fight — Continue Your Greatwork // Ambijan Bulletin. 7, 7 (December 1948): 6–7; Собрание Национального комитета, план работы, Фонд Калмена Мармора, архив YIVO («Meeting of the National Committee,» schedule, in the Kalmen Marmor papers, 1873–1955, RG205, Microfilm group 495, folder 585 «Ambidzhan-korespondents, 1946–1950», YIVO); Резолюция № 2, принятая на расширенном заседании Национального комитета «Амбиджана» 20–21 ноября 1948 г., «Коммодор-Отель», Нью-Йорк», папка ИКОРа, американская коллекция YIVO («Resolution № 2 Adopted at the Enlarged Meeting of the National Committee of Ambijan, November 20th and 21st, 1948 — Commodore Hotel, New York, N. Y.», in United States Territorial Collection, RG117, Box 57, folder «Icor» 17/16, YIVO).

[44] Пресс-релиз «Амбиджана», б. д., Нью-Йорк [вероятно, конец ноября 1948 г.]. Ibid. (Undated Ambijan press release, New York, [probably late November1948]; in United States Territorial Collection, RG117, Box 57, folder «Icor» 17/16, YIVO). Заявление Лиги было опубликовано в статье «Организация за Биробиджан подарит мастерскую Палестине». См.: Нью-Йорк Геральд Трибюн. 1948, 21 нояб. Перепечатано в пресс-релизе. См.: Birobidjan Group to Give Workshop in Palestine // New York Herald-Tribune. (Nov. 21 1948), reprinted in the press release; письмо от Эрлин Мейер Будишу, Нью-Йорк,

«Амбиджан» организовал съезд нью-йоркских отделений 5–6 марта 1949 года в Новой школе социальных исследований. Дженофский заявил, что речь Громыко открыла «новый этап в истории еврейского народа». Американское и британское правительства, напротив, отметил Дженофский, пытались помешать созданию Еврейского государства или как минимум уменьшить его территорию после провозглашения независимости. На первой сессии израильского Кнессета в феврале 1949 года в качестве гостя присутствовал представитель СССР в Израиле, тогда как послы Британии и США отказались присутствовать. Советский Союз и новые народные демократии разными путями «добавляли сил рукам героических защитников Израиля, которые добились таких впечатляющих побед». Советская политика по отношению к Израилю основана не на политическом расчете, заявил Дженофский, — она представляет собой проявление твердого намерения советской власти решить вопрос национальных меньшинств. На своей территории, продолжал он, советская власть уже решила этот вопрос. Провозгласив Биробиджанский район Еврейской автономной областью, советская власть предоставила евреям возможность стать полноценным народом. Теперь «Амбиджан» будет поддерживать различные проекты в новом еврейском государстве Израиль[45].

---

6 декабря 1948 г., перепечатано в: Организационные мероприятия // Бюллетень «Амбиджана». 1949, март — апр. С. 15 (letter from Arline Meyer to J.M. Budish, New York, Dec. 6, 1948, reprinted in: Organizational Activities // Ambijan Bulletin. 8, 2 (March — April 1949): 15. См. также: Поддержать мастерскую в Хайфе // Нью-Йорк таймс. 1948, 18 нояб. С. 6. См.: To Support Haifa Workshop // New York Times (Nov. 18 1948): 6.

[45] Обращение к съезду нью-йоркских отделений в честь 15-й годовщины Еврейской автономной области — Биробиджана; Обращение ко всем еврейским организациям, землячествам, союзам, братствам, женским обществам, конгрегациям, профсоюзам и культурным институциям, собравшимся на конференцию в Нью-Йорке на 15-летний юбилей Биробиджана как Еврейской автономной области (на англ. и идише), Фонд Морриса Стерна, папка «ИКОР — Биробиджан», архив YIVO (Call to New York Area Conference marking the 15th Anniversary of the Jewish Autonomous Region — Birobidjan; Ruf tsu ale yidishe organizatsyes, landsmanshaftn, sosayties, fraternale ordn,

В номере *Nailebn — New Life* за январь 1949 года М. Кац делает обзор первых месяцев существования Израиля. Возникновение государства и его героическая борьба с врагами, которые пытались удушить его при рождении, приковали к себе внимание евреев всего мира. Государство появилось вопреки противодействию Великобритании — страны, державшей мандат Лиги Наций; даже США всего через несколько месяцев после ноября 1947 года изменили свое отношение к разделу Палестины. После того как Вашингтон наложил оружейное эмбарго на молодое Еврейское государство, только героические усилия Советского Союза и его восточноевропейских сторонников позволили Израилю победить[46].

В редакционной статье, посвященной первой годовщине Израиля в мае 1949 года, Дженофский снова упоминает поддержку, которую взрослеющее государство получило от Советского Союза. Эта очень своевременная помощь позволила Израилю разбить врагов на поле боя, причем ими выступали не только арабы, но и сама Британия. И даже, настаивал Дженофский, США. Госдепартамент ставил палки в колеса Израилю самыми разными способами, чтобы не допустить его решительной исторической победы. И когда Израиль пожелал стать членом ООН, только СССР безоговорочно поддержал его на заседании Совета безопасности — другие великие державы не демонстрировали такой уверенности[47].

---

froyen-okzileris, kongregayshons, trayd-unyons, un kultur-institutsyes tsu der konferents in new york un umgegnt tsum 15tn yubili fun birobidzhan alts yidishe autonomye gegnt; brochure in the Morris Stern papers, RG231, Box 1, folder «ICOR — Birobidzhan», YIVO); Отчет съезду «Амбиджана», Нью-Йорк, 5–6 марта 1949 г., рукопись, Фонд Дженофского, архив YIVO (Barikht tsu der ambidzhan konferents, New York, March 5–6, 1949, mss; in the Abraham Jenofsky papers, RG734, Box 1, folder 5, YIVO).

[46] Мойше Кац. Первый год государства Израиль // Найлебн — Нью Лайф. 1949, янв. С. 1–3 (на идише). См.: Moishe Katz. Der ershte yor fun der melikhe yisroel // *Nailebn — New Life*. 22, 1 (January 1949): 1–3 .

[47] [Дженофский]. Передовицы // Найлебн — Нью Лайф. 1949, май. С. 1. См.: [Abraham Jenofsky] J. A. Leyt artiklen // *Nailebn — New Life*. 22, 5 (May 1949): 1. Осенью 1948 г. Израиль обратился с просьбой о членстве в ООН, но не набрал

Будиш встретился с левыми делегатами от Израиля на Парижской мирной конференции, которую финансировал Советский Союз, весной 1949 года. Они обсудили, какую помощь «Амбиджан» может оказать детскому дому в Тель-Авиве; Будишу были показаны фотографии оттуда. О своих трех встречах с израильтянами Будиш рассказывал на празднике в Хантер-колледже 8 мая, а потом — на конференции в «Палмер Хаус» в Чикаго 15 мая. На чикагской конференции, писала А. М. Марголис, слушали, как «великое еврейское сообщество в Израиле строит и развивает нашу еврейскую страну, вдохновляясь идеологией коллективного творческого труда»[48]. Бакст посетила Израиль осенью 1949 года. Она рассказывала о своем путешествии на собрании бронксского отделения 6 октября и на собрании бруклинского отделения в Сигейт 15 ноября[49].

На национальном съезде в декабре 1949 года Будиш сообщил, что вложения в Израиль в течение этого года превысили 11 тысяч долларов. Он считал необходимым существенно увеличить финансовую помощь, направляемую «прогрессивным институтам» в Израиле, в том числе тем, в ведении которых находились детские дома и школы. На просьбы Израиля о помощи «Амбиджан» отвечал:

необходимого большинства в Совете безопасности. Весной 1949 г. обращение было направлено вторично, и Израиль был принят в члены на заседании Генеральной Ассамблеи 11 мая при 37 голосах за, 12 против и девяти воздержавшихся.

[48] Циркулярное письмо от Бернарда Парелгоффа, секретаря совета директоров «Амбиджана», Нью-Йорк, 25 мая 1949 г., Фонд Морриса Стерна, архив YIVO (Circular letter from Bernard Parelhoff, secretary, Board of Directors, Ambijan, New York, May 25, 1949; Morris Stern papers, RG231, Box 1, unnamed folder, YIVO); Организационные мероприятия // Бюллетень «Амбиджана». 1949, июль — авг. С. 13–14. См.: Organizational Activities // Ambijan Bulletin. 8, 3 (July — August 1949): 13–14.

[49] Прием в Сигейте // Бюллетень «Амбиджана». 1949, дек. С. 13. См.: Sea Gate Luncheon // Ambijan Bulletin. 8, 4 (December 1949): 13; Фаня Бакст. Впечатления об израильских детях // Бюллетень «Амбиджана». 1949, дек. С. 14. См.: Fan Bakst. A Glimpse of the Children of Israel // Ambijan Bulletin. 8, 4 (December 1949): 14.

...с полным пониманием того, что восстановить жизнь евреев и добиться для них повсеместно подлинного равенства
возможно лишь с опорой на прочный, более широкий
фундамент — на развитие и укрепление дружбы между
народами, в особенности дружбы с Советским Союзом,
надежным оплотом мира во всем мире.

Новик указал на связь между двумя еврейскими центрами.
Советская власть создала прецедент, учредив в Биробиджане
еврейскую административную единицу, признав тем самым необходимость национального единства и самоопределения и на-
добность поддерживать угнетенные народы — это ценности,
которые впоследствии помогут евреям учредить их собственное
государство в Палестине. СССР сыграл историческую роль
в рождении Израиля, потому что не отступал от своих принципов
самоопределения и равенства всех народов. И именно из-за того,
что внешняя политика СССР тоже основана на этих принципах,
она так надежна и непоколебима, тогда как Британия закрыла
глаза на аннексию Абдуллой, королем Иордании, Восточного
Иерусалима и части Палестины, которая была в руках Арабского
легиона. В заключение Новик заявил, что «Амбиджан» должен
и далее поддерживать прогрессивные элементы в Еврейском
государстве, которые не дадут стране сползти в лагерь империа-
листов[50].

---

[50] Дженофский А. Вклад «Амбиджана» в течение последних двух лет // Найлебн — Нью Лайф. 1949, дек. С. 16–21 (на идише). См.: Jenofsky A. Der baytrog
fun ambidzhan in di letste tsvey yor // *Nailebn — New Life*. 22, 10 (December 1949):
16–21; Новик П. Биробиджан, Израиль и советская политика // Найлебн —
Нью Лайф. 1949, нояб. С. 9–12 (на идише; выделено в оригинале). См.: Novick
P. Birobidzhan, yisroel un di sovyetishe politik // *Nailebn — New Life*. 22, 9 (November 1949): 9–12; Биробиджан, Израиль и мир во всем мире // Бюллетень
«Амбиджана». 1949, дек. С. 4. См.: Birobidjan, Israel, and World Peace // Ambijan Bulletin. 8, 4 (December 1949): 4; Биробиджан и борьба за равенство народов, мир и дружбу между народами // Бюллетень «Амбиджана». 1949,
янв. — февр. С. 12. См.: Birobidjan and the Struggle for National Equality, International Friendship and Peace // Ambijan Bulletin 9, 1 (January — February 1950):
12); Национальная конференция «Амбиджана» // Бюллетень «Амбиджана».
1950, янв. — февр. С. 15. См.: Ambijan National Conference // Ambijan Bulletin.

Для того чтобы «Амбиджан» начал играть «более важную роль в борьбе за свободу и дружбу, — писал Дженофский, — работа по восстановлению нормальной жизни должна быть расширена, чтобы включить не только Биробиджан, но и прогрессивные элементы в Израиле»[51]. «Амбиджан» стал собирать средства для детского дома и школы в Тель-Авиве, для переплетной мастерской, в которой проходили обучение девушки-беженки, в Хайфе, для стоматологических кабинетов в двух кибуцах, а также поставлять канцелярские товары для Лиги за советско-израильскую дружбу. В 1950 году, перед самым распадом, «Амбиджан» отправил в Израиль делегацию, чтобы договориться о дальнейшей поддержке, в частности об увеличении ассигнований на детские дома и о помощи в создании кооператива по производству электрооборудования для строительной отрасли[52].

Некоторые местные отделения сохраняли энтузиазм. На приеме, который организовало отделение в Нью-Джерси, состоявшемся в Ньюарке 21 февраля 1950 года, выступил Будиш, который собирался в ближайшее время отправиться в Израиль по делам «Амбиджана».

9, 1 (January — February 1950): 15; Отчет для национальной конференции Комитета «Амбиджана», Нью-Йорк, 10–11 декабря, 1949 г., рукопись, Фонд А. Дженофского, архив YIVO (Barikht tsu der natsyonaler konferents fun dem ambidzhan komitet, New York, Dec. 10–11, 1949, mss; in the Abraham Jenofsky papers, RG734, Box 1, folder 5, YIVO).

[51] Письмо Дженофского Джошуа Гершману, Нью-Йорк, 25 ноября 1949 г., Фонд Джошуа Гершмана. Архив Онтарио, Торонто (Letter from Abraham Jenofsky to Joshua Gershman, New York, Nov. 25, 1949; in the Joshua Gershman papers, F1412–1, Box 2, File 19, Archives of Ontario, Toronto). Гершман — известный канадский коммунист, редактор двуязычного (на идише и английском) еженедельника «Вохенблат», возглавлял Канадский Биробиджанский комитет.

[52] Национальная конференция «Амбиджана» // Бюллетень «Амбиджана». 1950, янв. — февр. С. 15. См.: Ambijan National Conference // Ambijan Bulletin. 9, 1 (January — February 1950): 15; Возрождение евреев и мир во всем мире // Бюллетень «Амбиджана». 1950, июль — авг. С. 3. См.: Jewish Rehabilitation and World Peace // Ambijan Bulletin. 9, 2 (July —August 1950): 3. См. письмо с выражением благодарности за 5 000 долларов, отосланные в Тель-Авив: Организационные мероприятия // Бюллетень «Амбиджана». 1949, март — апр. С. 15. См.: Organizational Activities // Ambijan Bulletin. 8, 2 (March — April 1949): 15.

Натан Мак, известный человек, член отделения «Амбиджана» в Ньюарке, отправился в Израиль в середине мая 1950 года с чеком на 500 долларов для детского дома в Тель-Авиве, которому стал помогать «Амбиджан». 12 марта «Клуб матерей», входивший в отделение «Амибджана» в Атланте, устроил прием, на котором национальный организатор Олкен «выступил с чрезвычайно вдохновляющей речью» о проектах, что «Амбиджан» поддерживал в Израиле. Секретарь П. Пол написала, что члены клуба «были рады услышать, что в будущем в Израиле планируются еще более замечательные проекты»[53]. На торжественном обеде в честь Биробиджана и Израиля 30 апреля в ресторане «Голден Слиппер» в Филадельфии Г. Эпштейн, председатель местного отделения, представил Будиша, который рассказывал о своей поездке в Израиль. На этом приеме было собрано 500 долларов. Бронксское и манхэттенское отделения дали свой пятый ежегодный обед в «Уолдорф-Астории» 17 мая; выступали функционеры «Амбиджана» и С. Адлер. Аронофф и Будиш обратились к собравшимся с призывом оказать всемерную поддержку проектам «Амбиджана» в Израиле, ведь эти проекты — очень важная составляющая философии «Амбиджана» и его программы. Этот призыв был услышан: собрали 560 долларов на детский дом в Тель-Авиве[54].

---

[53] Ньюарк желает счастливого пути мистеру и миссис Натан Мак // Бюллетень «Амбиджана». 1950, июль — авг. С. 15. См.: Newark Bids 'Bon Voyage' to Mr. & Mrs. Nathan Mack // Ambijan Bulletin. 9, 2 (July — August 1950): 15; «Амбиджан» дает обед в Нью-Джерси: оглушительный успех // Найлебн — Нью Лайф. 1950, март — апр. С. 23. См.: New Jersey Ambijan Dinner Outstanding Success // Nailebn — New Life. 23, 3 (March — April 1950): 23; Превосходный вечер в Атланте, Джорджия // Найлебн — Нью Лайф. 1950, март — апр. С. 23. См.: A fine Evening in Atlanta, Georgia // Nailebn — New Life. 23, 3 (March — April 1950): 23. См. также с. 12 42-страничного доклада 27 октября 1950 г. от специального агента Эдварда Шейдта (42-page report dated Oct. 27, 1950, submitted by Edward Scheidt, Special Agent in Charge, originally in NY File 100–42538. File 100–99898, Section 6, FOIPA № 416152, Ambijan).

[54] 5-й ежегодный обед в «Уолдорф-Астории» 17 мая 1950 г. // Бюллетень «Амбиджана». 1950, июль — авг. С. 14. См.: Fifth Annual Waldorf Astoria Luncheon Held May 17, 1950 // Ambijan Bulletin. 9, 2 (July — August 1950): 14; Торжественный обед // Найлебн — Нью Лайф. 1950, март — апр. С. 21. См.: Dinner Celebration // Nailebn — New Life. 23, 3 (March —April 1950): 21.

25 марта в «Эмбасси одиториум» в Лос-Анджелесе собралось более тысячи человек, чтобы послушать А. Кана, который вернулся с сессии Всемирного совета мира, финансируемого СССР, проходившей в Стокгольме[55]. Вел собрание А. Кертман, глава отделения Южной Калифорнии. С. Розенфельд из лос-анджелесского отделения призвал собравшихся поддержать проекты «Амбиджана» в Израиле и собрал около 4 тысяч долларов. «Амбиджан» взял на себя новые обязательства — партнерство с «Агудат Тарбут Лаам», образовательным и социальным проектом. 5 августа в Лос-Анджелесе на торжестве, посвященном Биробиджану и Израилю, выступали Будиш и Медем; присутствовали 1 200 человек, была собрана 1 000 долларов. Даже 5 мая 1951 года отделение в Южной Калифорнии, которое сейчас называется Южно-Калифорнийский комитет по реабилитации евреев, устроило сбор средств для «Агудат Тарбут Лаам». Сторонники «Амбиджана» в Петалуме, в том числе некоторые члены местного отделения «Поалей Цион», тоже собирали деньги для «Агудат Тарбут Лаам»: 10 марта они получили 400 долларов. Однако эта деятельность привела к конфликту: когда местные левые сионисты обратились к израильскому посольству в Вашингтоне, чтобы разузнать об «Агудат Тарбут Лаам», им ответили, что собранные деньги пойдут на нужды израильской компартии. Местные сторонники «Амбиджана» сочли это грязной клеветой, которая лишь вредит детским домам. После взаимных нападок левые были изгнаны из местного еврейского общинного центра[56].

---

[55] Это была сессия Постоянного комитета Всемирного конгресса сторонников мира; Всемирный совет мира, существовавший почти исключительно на советские деньги, был образован в Варшаве в ноябре того же года. — *Примеч. пер.*

[56] Лос-Анджелес и Петалума (штат Калифорния) // Бюллетень «Амбиджана». 1950, июль — авг. С. 15. См.: Los Angeles and Petaluma, California // Ambijan Bulletin. 9, 2 (July — August 1950): 15. Информация по Южной Калифорнии имеется также на с. 5–7 46-страничного доклада ФБР от специального агента Р. Б. Гуда 9 мая 1950 г. (46-page FBI report of R. B. Hood, Special Agent in Charge, May 9, 1950, originally in LA File 100–23652. File 100–99898, Section 5, FOIPA № 416152, Ambijan; and FBI Memo from SAC, San Francisco, to Director, FBI, Jan. 29, 1952, originally in SF File 100–26751. File 100–99898, Section 6, FOIPA № 416152, Ambijan).

Одним из последних проектов «Амбиджана» совместно с Американским комитетом еврейских писателей, художников и ученых была Нью-йоркская конференция за мир и дружбу между народами в отеле «Барбизон-Плаза» в Нью-Йорке 6–7 мая 1950 года. На эту конференцию прибыли 456 делегатов, завершилась она концертом в Таун-холле. Будиш и Л. Шатцов, вице-президент совета директоров «Амбиджана», входившие в состав делегации от «Амбиджана» на мирную конференцию в Тель-Авиве 10–11 марта, выступили с докладом о ситуации в Израиле, как и Моргенштерн, который только что вернулся из нового Еврейского государства, где провел два с половиной месяца. Они выразили сожаление по поводу того, что в Израиле берут верх правые и страна склоняется к «правому клерикальному режиму», и надежду, что «прогрессивные созидательные силы» все-таки победят, не позволив Израилю превратиться в американскую марионетку в холодной войне. Были отправлены приветственные телеграммы Израилю в честь двухлетней годовщины, а Биробиджану — в честь 16-летия. С призывом о сборе средств к публике обратился Дженофский, было собрано 7 тысяч долларов[57].

---

[57] Нью-Йоркская конференция требует запрета ядерного оружия // Бюллетень «Амбиджана». 1950, июль — авг. С. 6–7. См.: New York Area Conference Demands Outlawing of Atom Bomb // Ambijan Bulletin. 9, 2 (July — August 1950): 6–7; Будиш. Движение за мир в Израиле // Бюллетень «Амбиджана». 1950, июль — авг. С. 8–9. Budish J. M. The Peace Movement in Israel // Ambijan Bulletin. 9, 2 (July — August 1950): 8–9; Конференция нью-йоркских отделений приветствует Биробиджан и Израиль // Бюллетень «Амбиджана». 1950, июль — авг. С. 16. См.: New York Area Conference Extends Greetings to Birobidjan and Israel // Ambijan Bulletin. 9, 2 (July — August 1950): 16. Это был последний номер «Бюллетеня "Амбиджана"». См. также с. 1–7 доклада ФБР от специального агента, Нью-Йорк, директору ФБР, 7 июня 1950 г. (FBI report from Special Agent in Charge, New York, to Director, FBI, June 7, 1950, originally in NY File 100–42538. File 100–99898, Section 5, FOIPA № 416152, Ambijan). Джозеф Моргенштерн родился в Российской империи в 1889 г. и прибыл в Америку в 1903 г. Он стал президентом кливлендского отделения ИКОРа в момент его возникновения. См. его письмо Брайнину, Кливленд, 2 января 1929 г., в котором он приглашает Брайнина выступить в Кливленде (Group III, Box a., folder «ICOR — Correspondence», Reuben Brainin Collection, JPL). Первые годы жизни в Америке он описывает в своей статье «Кливленд 50 лет назад». См.: Джуиш Лайф. 1958, янв. С. 19–21, 46 (Cleveland Fifty Years Ago // Jewish Life. 12, 1 (January 1958): 19–21, 46.

8 мая состоялось заседание совета директоров «Амбиджана», на котором обсуждалась деятельность организации. Было решено, что важнее поддерживать «прогрессивные» силы в Израиле, чем Биробиджан, поэтому на ЕАО будет выделяться лишь малая часть средств. Многие члены «Амбиджана» теперь ездили в Израиль: совсем недавно три человека отправились в Израиль от нью-йоркского отделения, а от кливлендского на новую землю — Моргенштерн[58]. С 1 января по 1 июня «Амбиджан» закупил товаров для Израиля, Биробиджана, Сталинграда, Польши, Франции и Бельгии на 20 747 долларов[59]. Посольство США в Тель-Авиве обратилось к ФБР с запросом о проверке связей «Амбиджана» в Израиле, и было решено, что «Амбиджан» «работает в тесном сотрудничестве» с Коммунистической партией Израиля. Кроме того, ФБР обнаружило, что некий кливлендский бизнесмен «Джей» Моргенштерн, находясь в Израиле по делам «Амбиджана», подписал соглашение с одним израильским кооперативом, датированное 19 апреля 1950 года, о сотрудничестве в области производства электротоваров. В следующем докладе сообщается, что «Джей» — это Джозеф Моргенштерн[60]. К 1951 году «Амбиджан» фактически стал группой поддержки для просоветски настроенных левых в Израиле.

---

[58] Доклад ФБР от специального агента, Нью-Йорк, директору ФБР, 8 июня 1950 г. (FBI report from Special Agent in Charge, New York, to Director, FBI, June 8, 1950, originally in NY File 100–42538. File 100–99898, Section 5, FOIPA № 416152, Ambijan).

[59] См. с. 6 42-страничного доклада ФБР от специального агента Эдварда Шейдта, 27 октября 1950 г. (р. 6 of a 42-page report dated Oct. 27, 1950, submitted by Edward Scheidt, Special Agent in Charge, originally in NY File 100–42538. File 100–99898, Section 6, FOIPA № 416152, Ambijan).

[60] Телеграмма из лос-анджелесского отдела ФБР директору ФБР, 7 мая 1951 г., записки от специального агента, Лос-Анджелес, директору ФБР, 19 сентября, 6 октября и 1 ноября 1951 г. (Telegram from Los Angeles FBI Office to FBI Director, May 7, 1951; Department Memos from Special Agent in Charge in Los Angeles to FBI Director, Sept. 19, 1951, Oct. 6, 1951, and Nov. 1, 1951, originally in LA File 100–23652. File 100–99898, Section 6, FOIPA № 416152, Ambijan).

Гина Медем [Медем 1950]

Телеграмма Давиду Бен-Гуриону
от чикагского отделения
«Амбиджана» 12 мая 1948 г.
(Чикагский еврейский архив,
Спертус-институт еврейского
образования, Чикаго)

AMERICAN BIROBIDJAN COMMITTEE – 35 S. DEARBORN

WESTERN UNION

1206

JOSEPH L. EGAN
PRESIDENT

Send the following telegram, subject to the terms on back hereof, which are hereby agreed to

DAVID BEN GURION, PREMIER DESIGNATE OF ERETZ ISRAEL
    AND
CHAIRMAN, JEWISH AGENCY
TEL-AVIV, PALESTINE

    ON THIS DAY WHEN THE JEWISH STATE OF ERETZ ISRAEL IS COMING INTO
BEING WE EXTEND TO THE NEWLY FORMED GOVERNMENT OF THE JEWISH STATE AND
TO THE JEWISH PEOPLE OF PALESTINE OUR HEARTFELT GREETINGS AND BEST WISHES
FOR THE STABILIZATION AND CONTINUED PROGRESS AND PROSPERITY AND FOR PEACE
AND SECURITY OF THE JEWISH STATE. WE PLEDGE OUR FULL SUPPORT FOR THE
ATTAINING OF SPEEDY RECOGNITION BY THE UNITED STATES AND OTHER MEMBERS
OF THE UNITED NATIONS IN THE CONVICTION THAT THIS JEWISH STATE WILL MAKE
A REAL CONTRIBUTION TOWARDS THE ATTAINMENT OF UNDERSTANDING AND PEACE AND
SECURITY AMONG ALL THE NATIONS OF THE EARTH.

                    AMERICAN BIROBIDJAN COMMITTEE, CHICAGO DIVISION
                    JUDGE HARRY M. FISHER, HONORARY CHAIRMAN
                    SOLOMON JESMER, PRESIDENT
                    EXECUTIVE COMMITTEE
                    Morris Alexander
                    Mrs. Aaron Halperin
                    Joseph Kagan
                    Dr. Julius Schaffner

Send the following telegram, subject to the terms on back hereof, which are hereby agreed to

American-Soviet-Palestine
FRIENDSHIP DINNER

ANDREI A. GROMYKO
Guest of Honor

Auspices: AMERICAN COMMITTEE OF JEWISH WRITERS, ARTISTS AND SCIENTISTS

TUESDAY EVENING, DECEMBER 30, 1947
HOTEL COMMODORE

А. А. Громыко на объявлении об обеде, посвященном американо-советско-палестинской дружбе (Библиотека Шоттенстайн — Джессельсона при Центре углубленного изучения иудаики Г. Д. Каца в Университете Пенсильвании, Филадельфия)

Глава 8
Гроза разразилась: маккартизм, холодная война и распад

Несмотря на то, что «Амбиджан» оказывал поддержку Израилю, послевоенные настроения оказались губительными как для «Амбиджана», так и для других еврейских организаций, сочувствовавших Советскому Союзу. Начало холодной войны привело к антикоммунистической истерии и к маккартистским злоупотреблениям. Евреи-прогрессисты представляли собой удобную мишень для обвинений в том, что Советскому Союзу удалось провести их, а то и сделать своими агентами[1].

«Амбиджан» быстро терял респектабельность в глазах американских евреев; немалая часть его деятельности теперь свелась к попыткам опровергнуть сообщения об антисемитизме в Советском Союзе, которые начали все чаще появляться в средствах массовой информации.

Когда в США распространилась весть о гибели С. Михоэлса в январе 1948 года, как утверждалось, вследствие дорожного происшествия, «Амбиджан» организовывал посвященные ему мероприятия. На одном из вечеров памяти Михоэлса, 14 февраля в Чикаго, С. Джезмер отметил, что все будут остро ощущать

---

[1] Написано огромное количество литературы о том, как американские коммунисты занимались шпионажем в пользу Советского Союза в эпоху холодной войны. Документы по ряду судебных процессов вскоре после окончания войны см. [Haynes, Klehr 2006; Firsov, Haynes, Klehr 1995; Anderson, Haynes, Klehr 1998; Haynes, Klehr, Vassiliev 2009].

эту «внезапную и безвременную утрату»; на вечере звучала запись выступления Михоэлса в Чикаго в 1943 году. В Сиэтле на собрании отделения 2 февраля всех объединило горе, вызванное «безвременной кончиной» Михоэлса. Позже, на встрече Национального комитета в Нью-Йорке в том же году, Будиш говорил о «печали и растерянности», охвативших членов комитета при известии об этой «тяжелой утрате»². Новик в статье «Михоэлса нет...» в *Morgen Freiheit* пытался поднять дух читателей: «Если бы он сейчас мог что-то сказать нам, он сказал бы: [еврейский] народ должен жить!»³ Если у Новика и были какие-то подозрения насчет гибели Михоэлса, он об этом не распространялся. Гольдберг через месяц после смерти Михоэлса получил от ЕАК письмо, которое заканчивалось призывом: «Не забывайте о нас!»⁴ Он тоже ничего не сказал. Просоветские движения не могли или не хотели признать, что Михоэлс пал жертвой убийства, организованного Сталиным, с которого началась масштабная антиеврейская кампания в СССР. Трагедия возвестила о наступлении черных лет для советского еврейства.

Не все были так легковерны. Показательны для возросшего недоверия к происходящему в СССР два репортажа в *The New York Times* 13 и 15 февраля 1948 года: Д. Миддлтона о растущем антисемитизме и С. Л. Сульцбергера об ухудшении ситуации в Биробиджане. Миддлтон утверждал, что в центральной совет-

---

² Оврум А. Таппер. Необоснованные цены на кошерное мясо создают критические проблемы // Сентинел. Чикаго. 1948, 5 февр. С. 27; Организационные мерприятия //«Бюллетень «Амбиджана». 1948, март — апр. С. 12, 14; Будиш. Отчет о деятельности «Амбиджана», ноябрь 1947 — ноябрь 1948 гг. // Бюллетень «Амбиджана». 1948, дек. С. 13.

³ Новик П. Михоэлса нет... // Моргн Фрайхайт. 1948, 15 янв. С. 3 (на идише).

⁴ Письмо от И. Фефера и Г. Хейфеца Б. Голдбергу, Москва, 11 февраля 1948 г., архив Американского комитета еврейских писателей, художников и ученых (B. Z. Goldberg papers, Box 69, Jewish Antifascist Committee in the USSR; American Committee of Jewish Writers, Artists, and Scientists, Inc., folder «World Jewish Congress: Jewish Anti-Fascist Committee»). Хейфец ранее был сотрудником советского генерального консульства в Сан-Франциско в 1941–1944 гг., в 1948 г. был генеральным секретарем ЕАК, впоследствии был арестован и отправлен в ГУЛАГ. Полный список членов ЕАК в 1941–1948 гг. см. [Redlich 1982: 175–178].

ской печати стали мало писать о Биробиджане. Сульцбергер отмечал, что фактически евреи составляли меньше четверти от 100 тысяч населения в Биробиджане, а на численность новых переселенцев установлен жесткий лимит. Одна из основных задач НКВД в Биробиджане — «не допускать отъезда разочаровавшихся переселенцев»[5].

«Американцев не проведешь такими бездоказательными подделками», отвечал Будиш в новостном письме «Амбиджана» в марте 1948 года. Он опровергал голословные утверждения, будто область «пришла в упадок», а Москва «потеряла интерес к этому региону», приводя семь страниц ожидаемо впечатляющих статистических данных о росте населения и экономическом развитии. В городе Биробиджане, как утверждал он,

> много прекрасных зданий, мощеных и покрытых асфальтом улиц, важных промышленных предприятий, продуктовых кооперативов, яслей, детских садов, школ, техникумов, театров, радиостанций, библиотек, есть книжный магазин, красивый парк культуры и отдыха, современный вокзал, аэропорт, две гостиницы, электрическое уличное освещение, современная больница, универмаги, механизированная булочная и т. д.

Якобы наступивший «упадок», о котором пишет *The New York Times*, «не имеет ничего общего с реальностью этого полного жизни красивого города», — уверял Будиш сторонников «Амбиджана». Что же до утверждения, будто советская власть потеря-

---

5 Миддлтон. В России поднимается антисемитизм // Нью-Йорк таймс. 1948, 13 февр.; Сульцбергер. Сообщают, что территория советских евреев приходит в упадок // Там же. Нью-Йорк таймс. 15 февр. Секция 1. С. 5. Американское посольство в Москве передало Госдепартаменту докладную от 29 мая 1946 г. с сообщением о некоем человеке, который проезжал через Биробиджан 19 апреля и 9 мая. Он пишет, что в регионе живут очень скромно, а дома в городах «скорее похожи на бараки». Книг и газет на идише достать невозможно. Население ходит в обносках. Он не видел ни мощеных улиц, ни интенсивного строительства, разве что в Биракане силами заключенных строится одна фабрика. Заключенные «оказались русскими» (Memorandum, May 29, 1946, dispatch 124, Embassy, Moscow. Case control № 200102944; File 100–2074–81, FOIPA № 416152, Ambijan).

ла интерес к Биробиджану, то Будиш утверждал, что СССР, напротив, «прилагает все усилия» к развитию этой территории. С самого начала целью этого «абсолютно практического проекта» было дать советским евреям возможность создать собственное административное образование в рамках «многонациональной структуры Советского Союза». Будиш настаивал, что развитие Биробиджана протекает «с бо́льшим успехом, чем любой подобный колонизационный проект, известный истории».

Будиш не допускал, что в европейской части СССР «антисемитизм, расплодившийся во время войны, еще не вымер» — предположение, которое Сульцбергер в своей статье выдвигал в качестве объяснения того, что евреи не выражают желания перебираться на Дальний Восток. В СССР нет антисемитизма, настаивал Будиш; в доказательство можно привести «сотни писем», которые сотрудники «Амбиджана» получают «от своих родственников и друзей в Советском Союзе» и в которых нет ни намека «на какой бы то ни было антисемитизм».

Будиш также упомянул, что Гольдберг провел в СССР несколько месяцев в 1946 году, побывал в нескольких центрах проживания евреев и пришел к выводу, что в этой стране нет антисемитизма. Очевидно, статьи в *The New York Times* явились «измышлениями предвзятого и злонамеренного ума», призванными «ввести общественность в заблуждение» и «посеять вражду между этой страной и СССР»[6].

В *The New York Times* приводилась и цитата из самого Голдберга, гласившая, что Советский Союз — «единственная страна на свете, где еврей чувствует себя по-настоящему свободным и равным, равным всем остальным людям своей страны», а Биробиджан — это «развивающаяся территория, во многом напоминающая Северо-Запад Америки во времена первопроходцев»[7].

---

[6] Будиш. Правда о положении в Биробиджане // Новости Американского Биробиджанского комитета («Амбиджана»). 1948, март. С. 1–7.

[7] Споры об усилении антисемитизма в России // Нью-Йорк таймс. 1948, 26 февр. С. 10; Здешняя группа поддержки Биробиджана отрицает наличие лагерей; Доклад о советской еврейской колонии подвергнут сомнению // Нью-Йорк таймс. 1948, 28 марта. Раздел 1. С. 12. Голдберг пребывал в СССР с 11 января по 8 июня 1946 г.

В интервью Национальному совету по советско-американской дружбе Голдберг сказал, что он путешествовал по Советскому Союзу, встречался с евреями и никогда не слышал жалоб на антисемитизм «или на какую бы то ни было дискриминацию евреев», в том числе на военной или дипломатической службе. В Москве он встречался с М. Зильберштейном, главой Биробиджанского исполкома, и А. Н. Бахмутским, секретарем обкома партии, и обсуждал с ними ситуацию в Еврейской автономной области. Население региона, по их словам, составляет около 160 тысяч человек, около 45–50 % евреи. Увеличивающийся приток еврейских поселенцев скоро приведет к тому, что евреи станут составлять большинство. Также было сказано, что в регионе скоро откроется Еврейский университет. Голдберг отрицал, что органы госбезопасности не выпускают из региона разочаровавшихся переселенцев. Регион «идет по пути развития, по пути все большей цивилизованности, как наши северо-западные территории до того, как они стали штатами, или как Аляска сегодня. Первопроходцы приходят и уходят, но большинство их остается развивать свою новую страну». Голдберг добавил, что корреспонденты *The New York Times*, очевидно, «проглотили немалую дозу протухшей антисоветской пропаганды, которая была опровергнута уже много лет назад»[8].

---

8   Известный еврейский лидер не согласен с «Нью-Йорк таймс». Обзор новостей Национального совета по советско-американской дружбе, Нью-Йорк, 22 февраля 1948 г., с. 1–5 (Prominent Jewish Leader Contradicts New York Times, National Council of American-Soviet Friendship Report on the News, New York, Feb. 22, 1948, 1–5); Опровержение заявлений «Таймс» об антисемитизме // Совьет Раша Тудэй. 1948, апр. С. 32. См.: Refuting the 'Times' on Anti-Semitism // Soviet Russia Today. 16, 12 (April 1948): 32. Годом ранее Голдберг выпустил книгу, в которой расхваливал политику СССР по отношению к национальным меньшинствам, права которых были гарантированы сталинской конституцией 1936 г. Он предупреждал читателей, что не следует верить всей той антисоветской пропаганде, которая наполняет ежедневные газеты; даже «Нью-Йорк таймс» искажает данные о советской политике и печатает фальшивки. За теми, кто разжигает антисоветские настроения, стоит «международный капитал», который надеется установить «долларовый империализм во всем мире».

Однако, находясь в Советском Союзе в 1946 году, Голдберг не смог получить разрешение на посещение ЕАО, в которой был последний раз 12 лет назад. По возвращении в США Голдберг написал Феферу и Михоэлсу частное письмо, в котором сообщал, что это сыграло против «Амбиджана»: «Не успел я вернуться, как посыпались телефонные звонки от главных деятелей "Амбиджа-на", которые были озабочены "истинной ситуацией" в Биробиджане». «Кажется, в "Амбиджане" немало людей, уже не верящих в проект, который много лет вселял в них надежду. Я, разумеется, переубеждал их», объясняя, что журналистам запрещен въезд на Дальний Восток, «и выражал уверенность, что к следующей весне или к лету... когда ситуация в целом станет более благоприятной», американскую делегацию допустят в Биробиджан[9].

Этого не произошло, но, если Голдберг и был разочарован, он предпочел оставить эти чувства при себе, выступая в защиту Советского Союза в 1948 году.

Мойше Кац тоже опровергал истории о советском антисемитизме; как он писал в Nailebn — New Life, эти истории — часть лживой антисоветской пропаганды правых, «трюк», необходимый, чтобы подготовить евреев к войне против СССР. Ничего нового, говорил он: «Каких только видов клеветы они не исполь-

---

[9] В двух следующих письмах в АЕК подчеркивалось: учитывая возрастающую враждебность по отношению к Советскому Союзу, «совершенно необходимо увеличить активность просоветских еврейских организаций в Америке». При этом руководство многих таких организаций «с сожалением сообщает, что в СССР на них не обращают внимания», они не получают ответов на свои запросы и сообщений о получении гуманитарной помощи. Голдберг также просил Михоэлса и Фефера прислать «Амбиджану» статьи о еврейских школах в ЕАО с фотографиями. «Вы не представляете, какую вонь тут подняли на тему отсутствия еврейских школ в Советском Союзе», и такие материалы «срочно необходимы для поддержания духа рабочих, участвующих в деятельности "Амбиджана"». Письма Голдберга Феферу и Михоэлсу, Нью-Йорк, 17 октября, 25 октября и 6 ноября 1946 г., архив Американского комитета еврейских писателей, художников и ученых (Letters from B. Z. Goldberg to Itsik Fefer and Shloime Mikoels, New York, Oct. 17, Oct. 25, and Nov. 6, 1946; in the B. Z. Goldberg papers, Box 69, Jewish Antifascist Committee in the USSR; American Committee of Jewish Writers, Artists, and Scientists, Inc., folder «American Committee of Jewish Writers, Artists and Scientists»).

зовали в течение 32 лет, прошедших после Октябрьской революции», чтобы «опорочить советскую революцию в глазах всего
мира, изолировать Советский Союз и распугать его потенциальных друзей». Общая тактика правых — это объявление страны
«гниющим адом на земле».

Однако есть то, что не поддается очернению со стороны врагов
Советского Союза, — это его национальная политика, которая
освободила все народы страны и даровала всем равенство. Кац
писал:

> Даже евреи, готовые поверить в самые страшные вещи,
> которые враги Советского Союза рассказывали о нем, были
> полностью уверены в одном: в том, что в Советском Союзе
> нет антисемитизма и он в принципе невозможен, посколь-
> ку был полностью искоренен.

Когда настало время защищать еврейский народ, евреи по
всему миру признавали, что «Советский Союз завоевал полное
их доверие». Это-то доверие и пытаются теперь подорвать антисоветские элементы[10].

---

[10] Мойше Кац. Ложь об антисемитизме, направленная против Советского
Союза // Найлебн — Нью Лайф. 1949, июнь. С. 1–3 (на идише). См.: Moishe
Katz. Der 'antisemitisher' lign-kampayn gegn sovyetn-farband // *Nailebn — New
Life*. 22, 6 (June 1949): 1–3. Кац умер в 1960 г., см.: Мойше Кац, редактор еврейской газеты // Нью-Йорк таймс. 1960, 6 июня. С. 29 (Moishe Katz. Editor
for a Jewish Paper // New York Times (June 6, 1960): 29. Похожую статью
с описанием «новых измышлений о Советском Союзе» написал Льюис
Шатцов. Встречается вранье столь фантастическое, писал он, что его можно
сравнить лишь с утверждением «вода горит, а огнем ее тушат». Утверждать,
будто в СССР есть антисемитизм, — это все равно что утверждать, что там
все еще правит царь. Антисемитизм и реакция были «родными братьями»
при старом режиме. Но при Советах, когда рухнул старый порядок, условиям, порождавшим антисемитизм, пришел конец. См.: Шатцов Л. Новая
клевета на Советский Союз // Найлебн — Нью Лайф, июль — авг. С. 8–9. См.:
Schatzov L. Der nayer bilbul oyfn sovyetn-farband // *Nailebn — New Life*. 22,
7 (July — August 1949): 8–9. Льюис Шатцов умер в 1963 г. в возрасте 72 лет.
См.: Доктор Льюис Шатцов проработал здесь стоматологом 40 лет // Нью-
Йорк таймс. 1963, 24 авг. С. 15 (Dr. Lewis Schatzov, Dentist Here for 40 Years //
New York Times (Aug. 24 1963): 15.

В дискуссию вступил и раввин Бик, чье внимание привлекли нападки на новые страны народной демократии. Сначала скептики утверждали, что евреи не смогут заново выстроить жизнь и восстановить общины в странах, где были убиты миллионы. Но реальность доказывает, что это не так: в Польше, Румынии, повсюду вновь возникают здоровые, продуктивные еврейские общины. Тогда реакционеры переключились на другой аргумент: несмотря на то что сейчас еврейские общины в этих странах существуют, они неизбежно полностью исчезнут. Бик опровергал эти измышления, приводя статистику еврейских учреждений и прочего по Румынии и Польше — число еврейских театров, школ, газет, хоровых коллективов, библиотек, радиопрограмм, синагог, заимствованную из еврейской прессы этих стран. Кроме того, он рассказывал о своей поездке в Польшу в декабре прошлого года: он увидел там живое сообщество в процессе восстановления. «Сегодняшняя Польша, как и сегодняшние Венгрия и Румыния, — это страна народной демократии; правительство и печатные органы находятся в руках рабочих масс города и деревни»[11].

В Польше побывал и Гринбаум, чтобы распределить собранные «Амбиджаном» средства. В «Бюллетене "Амбиджана"» он утверждал, что в Польше «уродливые практики антисемитизма систематически искореняются». В результате евреи Польши «за такое короткое время» смогли восстановиться культурно и экономически. Гринбаум писал о новых еврейских кооперативах, особенно на «возвращенных землях» (территориях, принадлежавших ранее Германии и отошедших к Польше после войны), и о новых культурных организациях, таких как Общество еврейской культуры и Еврейский исторический институт. В Лодзи был открыт Еврейский театр, во Вроцлаве скоро откроется еще один. В университетах теперь есть преподаватели-евреи, а работы еврейских художников висят в музеях и галереях. «Общая картина еврейской

---

11 Бик А. Страх перед полной свободой // Найлебн — Нью Лайф. 1949, июль — авг. С. 10–11. См.: Abraham Bick. Di moyreh far fuler frayhayt // *Nailebn — New Life*. 22, 7 (July —August 1949): 10–11.

жизни в Польше воодушевляющая... Впервые в истории евреи в Польше добились равенства»[12].

В «Бюллетене "Амбиджана"» за июль — август 1949 года была помещена также шестистраничная статья, с сожалением констатирующая, что в американской прессе появились полные «лжи и искажений» сообщения, нацеленные на то, чтобы отвратить американских евреев от СССР. «Амбиджан» отказывался верить в сообщения о том, что в СССР начался процесс отчуждения еврейских интеллектуалов от общественной жизни, что еврейские издательства и газеты закрываются, а еврейские писатели попадают в тюрьмы. Читателям напоминали, что статья 123 советской конституции запрещает антисемитизм и что в последнее время многие евреи получили Сталинскую премию. А вот антисоветская кампания действительно представляет собой «антисемитскую выдумку необычайных масштабов, несомненно такую же абсурдную и вредную, как и любая такая фальсификация со времен "Протоколов сионских мудрецов"»[13].

Трудности, связанные с началом холодной войны и возросшей подозрительностью в США, усугублялись ослаблением «Амбиджана» под влиянием внутренних раздоров и противоречий. Аронов был секретарем-казначеем «Амбиджана» с момента его основания; более того, первые несколько лет он сам финансировал его деятельность. Но в январе 1946 года ему пришлось покинуть пост в знак протеста против «сделок по закупкам, которые комитет провел таким образом, что, мягко выражаясь, они

---

[12] Гринбаум. Еврейская жизнь в Польше спустя четыре года после освобождения // Бюллетень «Амбиджана». 1949, март — апр. С. 5–6. См.: Jack Greenbaum. Jewish Life in Poland Four Years After Liberation // Ambijan Bulletin. 8, 2 (March — April 1949): 5–6.

[13] Том О'Коннор. Большая ложь о «советском антисемитизме» // Бюллетень «Амбиджана». 1949, июль — авг. С. 5–11. См.: Tom O'Connor, The Big Lie of 'Soviet Anti-Semitism' // Ambijan Bulletin. 8, 3 (July — August 1949): 5–11. О'Коннор — журналист просоветского издания «Дейли Компасс», еще одного преемника ежедневного левого издания PM. Его статья «Правда об антисемитизме в Советском Союзе» в это же время была опубликована Американским комитетом еврейских писателей, художников и ученых.

представляются не отвечающими целям комитета и интересам тех, кто должен быть их бенефициарами, а именно сталинградских и биробиджанских сирот». На собрании совета директоров 9 февраля Аронов назвал финансовые нарушения «тем, чего когда-нибудь каждый из нас вынужден будет устыдиться». Он и С. Гетманский, глава комитета по закупкам, были на предшествующем собрании 19 января, когда Будиш объявил, что для отправки в Биробиджан было куплено 150 отремонтированных швейных машин за 4 350 долларов у М. Хеймлиха, главы отдела по станкам и механизмам. Однако механик, принимавший машины, сообщил Гетманскому, что все они бесполезный «хлам», и Гетманский отказался провести платеж. Аронов возмутился, когда на приеме в «Уолдорф-Астории» через десять дней Будиш расхвалил Хеймлиха — человека, «который продал "Амбиджану" эти нерабочие машины, чтобы отправить их в Советский Союз». А вместо того чтобы ответить на обвинения против Хеймлиха, продолжал Аронов, Будиш стал нападать на его критиков, переходя на личности. Аронов также оповестил совет директоров о том, что 8 февраля в личной беседе судья Кросс сообщила ему, что, по ее мнению, Будиши забрали себе слишком много власти в организации: трое членов этой семьи занимаются каждодневными делами организации в административном комитете. Она хотела «избавиться от Будишей», а также и от других «жуликов» до национальной конференции в марте. Аронов просил совет разобраться в этой ситуации и принять меры, чтобы избежать ее повторения в дальнейшем[14]. Но после национальной конференции в 1946 году Будиш остался на своем посту исполнительного вице-президента, Хеймлих — главой подразделения, а Аронова

---

[14] Письмо от Э. Аронова Будишу и Левину, Нью-Йорк, 31 января 1946 г.; Запись беседы Аронова с Анной Кросс, 8 февраля 1946 г.; Запись обращения Аронова к совету директоров «Амбиджана», 9 февраля 1946 г., архив Стефанссона (Letter from Edward I. Aronow to J. M. Budish and Max Levin, New York, Jan. 31, 1946; Transcript of conversation between Edward Aronow and Anna Kross, Feb. 8, 1946; Transcript of address by Edward Aronow to Ambijan Board of Directors, Feb. 9, 1946; Stefansson Correspondence, MSS 196, Box 67, 1946 — Ambijan Folder, Stefansson Collection).

на посту казначея сменил Дж. Гринбаум. Гетманский и Кросс вскоре тоже ушли.

В 1947 году один из осведомителей ФБР сообщил о недовольстве некоего члена Национального комитета «Амбиджана» (его имя вымарано в секретном донесении) тем, что национальный офис тратит на собственные нужды 35 % всех доходов; одни только расходы на печать достигают 35 тысяч долларов в год. Зарплаты функционеров национального уровня тоже слишком высоки[15]. В 1949 году, по данным ФБР, некий член Национального комитета и бронксского отделения «Амбиджана» вышел из организации (а также из Коммунистической партии США) 21 марта в знак протеста против высоких окладов и больших расходов «[человека, чье имя вымарано; возможно, Будиша] и его банды», которые выбрасывают тысячи долларов на поездки в Калифорнию, во Флориду, на Кубу и т. п. Он сказал, что жертвовал «Амбиджану» тысячи долларов, но больше не собирается быть «простофилей»[16].

Другой источник, агент Коминтерна в 1928–1938 годах, дал показания ФБР в Париже в январе 1951 года. Он сообщил:

> Если Биробиджанский комитет до сих пор действует в Соединенных Штатах, значит какие-то лица пользуются им в жульнических целях, потому что благотворительная организация не может ничего посылать в Сибирь в связи с прекращением в Советском Союзе политики по развитию этих территорий[17].

---

[15] Докладная от Э. Шейдта, специального агента, Гуверу, 23 июля 1947 г. (Memo of July 23, 1947, from Edward Scheidt, Special Agent in Charge, to J. Edgar Hoover; File 100–99898, Section 2, FOIPA № 416152, Ambijan).

[16] См. с. 28 78-страничного отчета ФБР от Э. Шейдта 2 ноября 1949 г. (p. 28 of a 78-page FBI report dated Nov. 2, 1949, submitted by Edward Scheidt, Special Agent in Charge, originally in NY File 100–42538. File 100–99898, Section 4, FOIPA № 416152, Ambijan).

[17] Отчет Э. Шейдта директору, Нью-Йорк, 1 марта 1951 г. (FBI report from Edward Scheidt, Special Agent in Charge, New York, to Director, FBI, March 1, 1951, originally in NY File 100–42538. File 100–99898, Section 6, FOIPA № 416152, Ambijan).

В сентябре 1954 года Г. Вайнраух, бывший сотрудник биро-биджанской газеты, эмигрировавший из Советского Союза, перед особым комитетом нижней палаты парламента выступал как свидетель по поводу коммунистической угрозы. Вайнраух утверждал, что весь биробиджанский проект — это не более чем подделка, созданная для выманивания денег у американских жертвователей. «Амбиджан», по его словам, собирал миллионы долларов, но большей частью эти деньги оказывались в распоряжении Коммунистической партии США. «Когда я прибыл в США шесть лет назад», говорил он, «я был поражен, что для Биробиджана до сих пор собирают деньги», поскольку уже прошли годы с тех пор, как Биробиджан перестал быть еврейским[18].

Из тех денег и товаров, которые «Амбиджан» все-таки смог отправить в Советский Союз, лишь малая часть достигла места назначения. Оборудование, предназначавшееся для Биробиджана, просто рассылалось по всей стране. Письмом от 28 августа 1945 года Михоэлс и Фефер, лидеры московского ЕАК, сообщали Г. М. Маленкову, секретарю ЦК ВКП(б), впоследствии председателю Совета министров СССР, что электростанция и прочие грузы, предназначенные для «Серебряных Прудов», высланные «Амбиджаном» в 1943 году, до приюта не добрались. Михоэлс и Фефер подчеркивали, что ИКОР и «Амбиджан», «возглавляемые известным полярным исследователем Стивенсоном и известным юристом Дж. Г. Баттлом», хотели способствовать возрождению евреев в СССР. Эти организации выступали также «как точка объединения широких масс зарубежных евреев, дающая им возможность выразить свои социальные и политические симпатии к Советскому Союзу». Если бы они могли направлять свою помощь конкретным получателям, а не «безликому» центральному агентству по помощи Советскому Союзу, их усилия, несомненно, удвоились бы. Но Михоэлс

---

[18] Утверждают, что помощь Биробиджану шла не по назначению // Нью-Йорк таймс. 1954, 23 сент. С. 5. См.: Birobidzhan Help Called Diverted // New York Times (Sept. 23, 1954): 5. См. [Вайнраух 1950].

и Фефер не были услышаны, и их предложение не осуществилось[19].

Формально «Амбиджан» держался в стороне от Коммунистической партии США. Как докладывал в ФБР один из осведомителей в 1944 году, «Амбиджан», офис которого располагался сначала на Мэдисон-авеню, а потом — на Парк-авеню, «обслуживал евреев из приличных слоев общества». Однако он же сообщил, что, хотя те, кто возглавлял организацию, не были коммунистами, истинным закулисным ее лидером была некая функционерка Коммунистической партии США, проводившая ее политику: «Она принимает решения, формирует программу и политику организации, но остается в тени, и общественность не знает о ее роли». Функционеры «Амбиджана» знали о ее связи с Коммунистической партией США и, «очевидно, принимали как должное ее отношения с коммунистами, подчиняясь ее указаниям». Этой женщиной, как я выяснил, тщательно изучив материалы, была С. Смолл, секретарь организации «Международная защита труда»[20]. Специальный агент ФБР Э. Конрой в 1945 году называет Смолл «функционером коммунистической партии на окладе»[21]. Помимо уже указанных деталей, стоит упомянуть, что после того как ФБР рассекретило советские материалы проекта

---

[19] [Redlich 1995: Document 57, 255–257; Document 58, 258–259]. Впоследствии эти рекомендации легли в основу обвинения руководства ЕАК в предательстве и подготовке почвы для захода иностранных агентов на территорию страны в интересах врага — капиталистов и сионистов.

[20] Американское отделение Международной организации помощи борцам революции под эгидой Коминтерна. — *Примеч. пер.*

[21] С. 12 33-страничного доклада от 5 ноября 1944 г. от Э. Конроя и с. 9 11-страничной докладной Гуверу от 21 марта 1945 г. (This information is contained on p. 12 of a 33-page report dated Nov. 5, 1944 submitted by E. E. Conroy, Special Agent in Charge, and on p. 9 of an 11-page memo to J. Edgar Hoover of March 21, 1945. Both memos are originally in NY File 100–42538. File 100–99898, Section 1, FOIPA № 416152, Ambijan). Смолл немного писала и для ИКОРа, см.: Где женщины по-настоящему свободны // ИКОР. 1935, апр. С. 35. «Повсюду, куда приходит страна рабочих, женщины занимают свое место на всех этапах социалистического строительства. Они завоевывают свою свободу в освобождении всего рабочего класса от корыстной эксплуатации».

«Венона»[22], выяснилось, что Д. М. Бернштейн, один из функционеров «Амбиджана» на национальном уровне, — это не установленный ранее посредник, через которого происходили контакты советского Главного разведывательного управления (ГРУ) с советскими агентами в правительстве США[23].

Другому агенту 15 мая 1946 года некий осведомитель сообщил, что слышал реплику одного члена Национального комитета: «Амбиджан» делает все возможное, «чтобы они не могли называть нас пособниками коммунистов»; этот человек был очень недоволен, что кто-то «допустил ошибку», разместив название организации на билетах, которые распространяла Компартия штата Нью-Йорк, на благотворительное мероприятие в пользу *The Daily Worker*. Этот член Национального комитета опасался, что билеты могут попасть в руки правительственным чиновникам (что и произошло). Донесение от осведомителя, датированное 28 августа, сделало для ФБР еще более очевидными тесные связи между Коммунистической партией США и «Амбиджаном»: там отмечалось, что в повестке дня специального съезда еврейских коммунистов, созванного Компартией штата Нью-Йорк 31 августа, фигурировала «активизация деятельности таких общественных организаций, как Амбиджанский комитет». Предполагалось рекомендовать «Амбиджану» «больше сосредоточиться на пропаганде дружбы с Советским Союзом». Возросшее напряжение между СССР и США ослабило «Амбиджан», которому теперь приходилось организовывать общественные мероприятия для противостояния антисоветской пропаганде[24].

---

[22] Проект американской контрразведки по расшифровке секретных сообщений советских спецслужб, действовавший с 1943 по 1980 гг. — *Примеч. пер.*

[23] [Haynes, Klehr 2000: 176–180, 236, 242], [Romerstein, Breindel 2000: 169, 397]. Дело против Бернштейна так и не завели.

[24] На этом мероприятии было собрано 212 долларов для «Дейли Уокер». См. с. 14–15, 18–19 42-страничного отчета ФБР от Э. Шейдта, 4 февраля 1947 г. (p. 14–15, 18–19 of a 42-page FBI report dated Feb. 4, 1947, submitted by Edward Scheidt, Special Agent in Charge, originally in NY File 100–42538. File 100–99898, Section 2, FOIPA № 416152, Ambijan).

В конце марта 1947 года Будиш заверил членов чикагского отделения, что американское правительство признает «Амбиджан» легитимной организацией.

> Ни один из функционеров не находится под следствием, не вызывается на допрос и не подвергается никаким другим неприятностям. Это санкционирует нашу работу. И евреи, и неевреи знают нас как благотворительную организацию, а не так называемую «русскую организацию»[25].

Но в реальности ФБР уже шло по пятам за деятелями «Амбиджана». 15 апреля 1947 года Э. Гувер писал генеральному прокурору Т. Кларку о том, что руководство «Амбиджана» связано с коммунистами. Будиш раньше работал в корпорации «Амторг», сообщал Гувер, и был «очень активным членом коммунистической партии». Аронофф, «опознанный по внешности», был близким знакомым «известного советского шпиона». Председатель чикагского отделения, адвокат Джезмер, член Национальной гильдии юристов, в которой коммунисты задавали тон, «называл себя неофициальным советским консулом в Чикаго» и «был известен как ведущий сборщик пожертвований для просоветских организаций». Смолл, член ячейки Компартии Нью-Йорка в Санписайде, Квинс, в действительности возглавляла «Амбиджан», но оставалась в тени[26]. В ФБР знали также, что Смолл

---

[25] Протоколы, 31 марта 1947 г., Чикагский еврейский архив (Minutes, March 31, 1947, in Collection № 20: Chicago Chapter, American Birobidjan Committee, Series A. Minutes. Folder 4: Minutes, 1947, Chicago Jewish Archives).

[26] Докладная записка от Дж. Э. Гувера, директора ФБР, генеральному прокурору США Тому Кларку, 15 апреля 1947 г., см. с. 4–10 (Memo from John Edgar Hoover, Director, FBI, to Attorney General Tom Clark, April 15, 1947, see pages 4–10. File 100–99898, Section 2, FOIPA № 416152, Ambijan). В моей рассекреченной копии имена Будиша и Смолл вымараны, но речь явно идет о них. Гувер даже подозревает, что Дж. Б. Аронофф был агентом Коминтерна (FBI memo of March 15, 1945. File 100–99898, Section 1, FOIPA № 416152, Ambijan). В 1949 г. Эдвард Шейдт был уверен, что Аронофф — один из лидеров Национального совета еврейских коммунистов (на самом деле, Национальной еврейской комиссии), выше которого стоит лишь Александр Биттельман. См. с. 44 78-страничного отчета ФБР от 2 ноября 1949 г. от специ-

работала на ТАСС, советское новостное агентство. Однако на вопрос, является ли она членом какого-либо клуба, общества или другой организации, она ответила отрицательно (29 апреля 1949 года). А. М. Кемпбелл, помощник генерального прокурора из отдела по уголовным делам, написал Гуверу, что Смолл допустила «сознательное умолчание»; по закону о регистрации иностранных агентов (FARA) она обязана была зарегистрироваться как агент иностранного правительства[27].

В декабре 1947 года генеральный прокурор Кларк опубликовал список из 90 организаций, ведущих подрывную деятельность; через несколько лет этот список разросся почти до двухсот организаций. Даже Международный рабочий орден, в котором в 1946 году было 15 национальных секций и 184 398 членов в общей сложности, в 1948 году потерял освобождение от уплаты налогов, которое было ему предоставлено как кассе взаимопомощи, а в 1951 году суд Нью-Йорка отозвал его свидетельство о регистрации. Апелляции не помогли, и в 1953 году Международный рабочий орден был распущен, хотя его еврейское отделение, около 30 % от общего числа членов, продолжало существовать в виде еврейских культурных клубов и обществ, а также Федерации клубов еврейских женщин Эммы Лазарус. Генеральным секретарем еврейского отделения был в это время Р. Зальцман, вице-президент Международного рабочего ордена. «Амбиджану» тоже пришлось зарегистрироваться в качестве агента иностранного правительства согласно закону о регистрации

ального агента Эдварда Шейдта (p. 44 of a 78-page FBI report dated Nov. 2, 1949, submitted by Edward Scheidt, Special Agent in Charge, originally in NY File 100–42538. File 100–99898, Section 4, FOIPA № 416152, Ambijan). Аронофф умер в 1952 г., см. некролог: Нью-Йорк таймс. 1952. 18 нояб. С. 31. В другом отчете ФБР от специального агента МакСвайна сообщается, что некоторые считают главным коммунистом Чикаго Сола Джезмера (FBI file dated Nov. 19, 1946, originally in Chicago, file 100–18113).

27 Докладные записки от А. М. Кемпбелла, заместителя министра юстиции США (криминальный отдел), директору ФБР Дж. Э. Гуверу 7 июля и 10 октября 1949 г. (Memos from Alexander M. Campbell, Assistant Attorney General, Criminal Division, Department of Justice, to J. Edgar Hoover, Director, FBI, July 7 and Oct. 10, 1949. File 100–99898, Section 4, FOIPA № 416152, Ambijan).

иностранных агентов, и вскоре его должны были объявить организацией, ведущей подрывную деятельность, как предусмотрено указом Президента США № 9835 от 21 марта 1947 года, направленным на то, чтобы предотвратить «внедрение нелояльных элементов» в правительство США[28].

ФБР препятствовало и заключению сделок с «Амбиджаном». Например, один еврейский бизнесмен в Кливленде, занимавшийся экспортом оборудования, 21 июля 1947 года получил от «Амбиджана» заказ на поставки оборудования в Биробиджан. 24 июля он связался с сотрудниками местного отделения ФБР, которые сообщили ему, что «Амбиджан» — пособники коммунистов. «Скорее всего, лучше отклонить их запрос, хотя это интересная подборка товаров, которые легко поставить», — написал он в центральное отделение ФБР в Нью-Йорке 11 сентября. В тот же день он сообщил в офис «Амбиджана» в Нью-Йорке: «Спасибо за ваш заказ, но, к сожалению, вынуждены сообщить, что в нашем распоряжении не имеется необходимого вам оборудования». Неделю спустя этот бизнесмен получил письмо от Гувера с благодарностью за информацию[29]. Члены «Амбиджана» тоже были под наблюдением. Например, Крупин 22 сентября из Лос-Анджелеса подал заявление на паспорт для себя и своей жены. Они оба были членами коммунистической партии с 1934 года. Известно, что Крупин общался с сотрудниками советского консульства в Лос-Анджелесе. Он заявил, что семья планирует поехать во Францию и в Палестину, но умолчал о том, что отдельным

---

28 Общий обзор этого периода см. [O'Reilly 1983; Fried 1990; Morgan 2003; Goldstein 2008]. О разгоне IWO см. [Sabin 1993]. См. также [Shannon 1959: 84–85; Steinberg 1984: 27–31; Caute 1978: 173–174, 188].

29 Докладная записка ФБР от Э. К. Фитча Д. М. Лэдду, 18 сентября 1947 г.; Письмо от неустановленного кливлендского экспортера в офис «Амбиджана» в Нью-Йорке, 11 сентября 1947 г.; Письмо от Гувера неустановленному кливлендскому экспортеру, 18 сентября 1947 г. (FBI memo from E. C. Fitch to D. M. Ladd, Sept. 18, 1947; Letter from unidentified Cleveland exporter to FBI in Washington, Sept. 11, 1947; Letter from unidentified Cleveland exporter to Ambijan office in New York, Sept. 11, 1947; Letter from John Edgar Hoover to unidentified Cleveland exporter, Sept. 18, 1947. File 100–99898, Section 2, FOIPA № 416152, Ambijan).

пунктом назначения является еще и СССР. Сотрудник местного отдела ФБР предположил, что следует уведомить Госдепартамент. Однако там, по его мнению, в выдаче паспорта откажут[30].

По мере того как антисоветская кампания властей становилась все более свирепой, отношение к «Амбиджану» ухудшалось. Один пример: «Амбиджан», как обычно, запланировал концерт в честь очередной, 20-й, годовщины Биробиджана 17 апреля 1948 года в Карнеги-холле. Пригласили выступить нового советского посла А. С. Панюшкина; играть должен были скрипач Д. Энеску, петь — ведущий тенор «Метрополитен-опера» Р. Такер. «Амбиджан» призвал сторонников поддержать мероприятие своим присутствием и напоминал, что средства на обустройство новых переселенцев в Биробиджане по-прежнему требуются. Однако в последний момент и Энеску, и Такер отказались выступать, несмотря на угрозу судебного преследования со стороны «Амбиджана», сославшись на «политический подтекст» этого концерта. «Мне не нравится, когда смешивают политику и благотворительность», — заявил Такер. «Амбиджану» удалось найти других музыкантов: согласились выступить пианист Р. Лев и скрипач М. Мишакофф из симфонического оркестра Эн-би-си.

Советский посол невозмутимо расписывал «национальную политику Ленина — Сталина, направленную на равенство и дружбу между народами», которая позволила евреям свободно развивать свою культуру и на равных с другими народами принимать участие в жизни страны. Он высоко оценил патриотизм

---

[30] Докладная записка от специального агента Р. Б. Худа директору ФБР, 25 сентября 1947 г. (Memo from R. B. Hood, Special Agent in Charge, to FBI director, Sept. 25, 1947. File 100–99898, Section 2, FOIPA № 416152, Ambijan). Худ знал, что Крупин пытается получить визу для поездки в Биробиджан. См. с. 12–13 23-страничного отчета ФБР от специального агента Худа 22 октября 1947 г. (p. 12–13 in a 23-page FBI report dated Oct. 22, 1947, submitted by R. B. Hood, Special Agent in Charge, originally in LA File 100–23652, File 100–99898, Section 3, FOIPA № 416152, Ambijan). 30 сентября 1947 г. Крупину выдали паспорт для поездки в Великобританию, во Францию и в Палестину. См. с. 2–3 5-страничного отчета ФБР от специального агента Худа 16 сентября 1948 (p. 2–3 in a 5-page FBI report dated Sept. 16, 1948, submitted by R. B. Hood, Special Agent in Charge, originally in LA File 100–23652. File 100–99898, Section 3, FOIPA № 416152, Ambijan). Подробнее о деятельности ФБР в этот период см. [Sibley 2004].

евреев Биробиджана, отметив, что среди них 2 000 человек получили награды за героизм, проявленный во время войны, и поблагодарил «Амбиджан» за «плодотворную работу». Аудитория «аплодировала стоя». Было собрано около 20 тысяч долларов наличными и 14 тысяч по подписке[31].

Холодная война набирала обороты, и коммунисты и их сторонники в еврейском сообществе начинали чувствовать себя неуютно. 30 сентября 1948 года Будиш выступал перед чикагским отделением «Амбиджана», пытаясь поднять боевой дух его членов; после его выступления член совета С. Хейфец заключил: «Мы должны прогнать свой страх — тогда мы сможем продолжить работу»[32].

---

[31] Пригласительное письмо от Будиша, Нью-Йорк, 15 марта 1948 г., архив YIVO (Letter of invitation from J. M. Budish, New York, March 15, 1948, in United States Territorial Collection, RG117, Box 57, folder «Icor» 17/16, YIVO); Объявление о концерте, Фонд Стефанссона (Stefansson Correspondence, MSS 196, Box 75, 1948 — USSR Folder, Stefansson Collection); Приглашение на прием, адресованное уважаемому Александру С. Панюшкину, Фонд Калмена Мармора, архив YIVO (Invitation to the reception for Honorable Alexander S. Panyushkin, in the Kalmen Marmor papers, 1873–1955, RG205, Microfilm group 495, folder 585 «Ambidzhan-korespondents, 1946–1950» YIVO); Энеску отказывается участвовать в благотворительном концерте // Нью-Йорк таймс. 1948, 17 апр. С. 13. См.: Enesco Boycotts Benefit Concert // New York Times (April 7 1948): 13; Слушатели концерта приветствуют советского посланца // Нью-Йорк таймс. 1948, 18 апр. Раздел 1. С. 60. См.: Concert Audience Hails Soviet Envoy // New York Times (April 18 1948). Section 1, 60; [Абрам Дженофский] Дж. А. Организация и ее работа // Найлебн — Нью Лайф. 1948, апр. С. 20 (на идише). См.: [Jenofsky A.] J. A. Organizatsye un arbet // Nailebn — New Life. 21, 4 (April 1948): 20; Нет сомнений в том, что развитие Еврейской автономной области продолжается // Бюллетень «Амбиджана». 1948, май. С. 6, 12. См.: Continued Development of Jewish Autonomous Region Assured // Ambijan Bulletin. 7, 3 (May 1948): 6, 12; Организационные мероприятия // Бюллетень «Амбиджана». 1948, май. С. 13. См.: Organizational Activities // Ambijan Bulletin. 7, 3 (May 1948): 13; Новости Американского Биробиджанского комитета («Амбиджана»), организационное новостное письмо, май 1948 г. (News from American Birobidjan Committee (Ambijan) Organizational Newsletter 2, 4 (May 1948)). В «Таймс» указано, что пришли две тысячи человек, «Амбиджан» приводит число три тысячи.

[32] Протоколы, 30 сентября 1948 г., Чикагский еврейский архив (Minutes, Sept. 30, 1948, in Collection № 20: Chicago Chapter, American Birobidjan Committee, Series A. Minutes. Folder 5: Minutes, 1948, Chicago Jewish Archives).

На встрече Национального комитета «Амбиджана» 20–21 ноября Будиш говорил о «недостойных попытках отдельных элементов, которые силятся посеять распри в <...> рядах, сделавшись предателями еврейского народа, переметнувшись на сторону фашизма»[33]. Аронофф, национальный финансовый контролер, сообщил, что на 30 сентября за предыдущие 12 месяцев было получено 268 тысяч 225 долларов 66 центов, что на 302 тысячи 60 долларов 70 центов меньше, чем в прошлом году. Он попытался объяснить падение доходов «сложной ситуацией» в Израиле, который оттянул на себя ресурсы американских евреев. Он также предположил, что члены «Амбиджана» слишком увлеклись донкихотской избирательной кампанией лидера Прогрессивной партии Уоллеса, которую поддерживали сторонники коммунистов.

Сторонники начали отворачиваться от «Амбиджана». Будиш пригласил Стефанссона на встречу, позвонив ему по телефону и послав после этого длинное письмо с просьбой о присутствии, но Стефанссон, который все еще числился вице-президентом, ответил запиской: «Доктора запрещают мне выходить. Сожалею, что не смогу увидеться с Вами и другими товарищами и пропущу выступление сенатора Пеппера». Депутат городского совета С. М. Айзексон написал, что не сможет присутствовать «из-за наличия более ранней договоренности»[34].

---

[33] Будиш. Отчет о деятельности «Амбиджана», ноябрь 1947 — ноябрь 1948 гг. // Бюллетень «Амбиджана». 1948, дек. С. 14. См.: Budish J. M. Report on the Activities of Ambijan, Nov. 1947 to Nov. 1948 // Ambijan Bulletin. 7, 7 (December 1948): 14.

[34] Национальный комитет планирует расширенную программу сотрудничества с Еврейской автономной областью Биробиджан // Бюллетень «Амбиджана». 1948, дек. С. 3. См.: National Committee Maps Extended Program of Cooperation with Jewish Autonomous Region of Birobidjan // Ambijan Bulletin. 7, 7 (December 1948): 3; Приветственные письма // Бюллетень «Амбиджана». 1949, янв. — февр. С. 5. См.: Messages of Greetings // Ambijan Bulletin. 8, 1 (January — February 1949): 5. Стефанссона и раньше одолевали сомнения. В октябре 1947 г. Макс Левин счел необходимым написать ему воодушевляющее письмо о положении в СССР и в Биробиджане (Letter from Max Levin to Vilhjalmur Stefansson, New York, Oct. 7, 1947; Stefansson Correspondence, MSS 196, Box 72, 1947 — USSR-American Committee for the Settlement of Jews

Генри Уоллес все-таки приехал на обед в Ньюарке 21 февраля 1949 года, который давало отделение «Амбиджана» в Нью-Джерси. Он говорил о «панике», которая охватывает Америку. Кроме того, добавил, что многие друзья пытались отговорить его от этого выступления, предупреждая:

> Какие бы то ни было связи с Россией сейчас слишком опасны. Один из них даже молился о том, чтобы я заболел и не смог прийти, но я рад, что пришел. Я считаю, что взаимопонимание и мир с Россией — это сейчас задача номер один[35].

Отговорить Уоллеса от поддержки «Амбиджана» не удалось: напротив, 7 марта он преподнес М. Левину, Будишу и Н. Френклею, главе Национального административного комитета, в дар семена кукурузы сорта Голден Бентам для экспериментального хозяйства в Биробиджане[36].

«Амбиджан» направил Бакст, Олкена и Френкеля делегатами на 17-й ежегодный съезд Совета еврейских федераций и благотворительных фондов в Филадельфии 14–16 января 1949 года. Они подвергли совет острой критике за то, что «Амбиджан» не был включен в число организаций, которым выделяли средства,

in Birobidjan (Ambijan) Folder, Stefansson Collection), а также в качестве «противоядия» отправил Стефанссону статью профессора Генри Пратта Фэйрчайлда «Пугало: советский рабский труд» (Совьет Раша Тудэй. 1947, сент. С. 11–12, 24–25). См.: Fairchild H. P. The Bogy of Soviet Slave Labor // Soviet Russia Today. 16, 5 (September 1947): 11–12, 24–25.

35 Генри Уоллес. Американская поддержка Биробиджану — дающий надежду шаг к миру // Бюллетень «Амбиджана». 1949, март — апр. С. 7–9. См.: Henry A. Wallace. American Support of Birobidjan Hopeful Sign Toward Peace // Ambijan Bulletin. 8, 2 (March — April 1949): 7–9; Организационные мероприятия // Там же. С. 13. См.: Organizational Activities // Ambijan Bulletin. 8, 2 (March — April 1949): 13; Выступление Генри Уоллеса на ежегодном обеде в Ньюарке // Найлебн — Нью Лайф. 1949, апр. С. 23. См.: Henry Wallace Guest Speaker at Newark Anniversary Dinner // Nailebn — New Life. 22, 4 (April 1949): 23.

36 Генри Уоллес отправляет в дар Биробиджану селекционную кукурузу // Бюллетень «Амбиджана». 1949, июль — авг. С. 12. См.: Henry A. Wallace Sends Gift of Hybrid Corn to Birobidjan // Ambijan Bulletin. 8, 3 (July — August 1949): 12.

собранные Объединенным еврейским призывом[37] на переселение и адаптацию евреев в Европе, в частности в СССР[38]. Съезд отделений Калифорнии в Сан-Франциско 9–10 апреля принял обращение к руководству Объединенного еврейского призыва с требованием при распределении фондов не подвергать дискриминации советских евреев и с просьбой направить часть фондов на поддержку жертв войны и в Биробиджан[39]. Позже в том же году «Амбиджан» еще раз выражал сожаление по поводу того, что существующая практика централизации денежных сборов и направление их в Израиль является «недемократической» и дискриминационной[40]. 5 октября на обеде, организованном «Амбиджаном», Будиш заявил, что Объединенный еврейский призыв теперь «в руках самых реакционных еврейских капиталистов», и советовал жертвовать деньги «прогрессивным» еврейским силам в Израиле[41]. Таким образом, несмотря на поддержку,

---

[37] Объединенный еврейский призыв (United Jewish Appeal) — благотворительная организация, возникшая в 1939 г.; в 1999 г. объединилась с Советом еврейских федераций. — *Примеч. пер.*

[38] Участие Америки в послевоенном восстановлении жизни евреев // Бюллетень «Амбиджана». 1949, янв. — февр. С. 3. См.: American Cooperation in Post-War Jewish Rehabilitation // Ambijan Bulletin. 8, 1 (January — February 1949): 3; Организационные мероприятия // Там же. С. 13. См.: Organizational Activities // Ambijan Bulletin. 8, 1 (January — February 1949): 13.

[39] Крупин Н. Успешная конференция «Амбиджана» штата Калифорния // Найлебн — Нью Лайф. 1949, май. С. 12–13 (на идише). См.: Krupin N. A derfolgraykhe ambidzhan shtat-konferents in California // Nailebn — New Life. 22, 5 (May 1949): 12–13.

[40] Наши красные неустанно бранят Израиль // Нью-Йорк таймс. 1949, 20 апр. С. 15. См.: Reds Here Persist in Berating Israel // New York Times (April 20 1949): 15.

[41] Национальная конференция «Амбиджана», новости Американского Биробиджанского комитета («Амбиджана»), декабрь 1949 г., с. 3–4 (Ambijan National Conference. News from American Birobidjan Committee (Ambijan), December 1949): 3–4. Какие-то деньги от еврейских федераций «Амбиджану» все-таки перепадали. Так, весной 1950 г. из Шривпорта (Федерация Луизианы) пришли 100 долларов, см.. Почетный список // Найлебн — Нью Лайф. 1950, март — апр. С. 25. См.: Honor Roll // Nailebn — New Life. 23, 3 (March — April 1950): 25. См. также с. 27 42-страничного отчета от специального агента Эдварда Шейдта 27 октября 1950 г. (p. 27 of a 42-page report dated Oct. 27, 1950, submitted by Edward Scheidt, Special Agent in Charge, originally in NY File 100–42538. File 100–99898, Section 6, FOIPA № 416152, Ambijan).

пусть не очень значительную, различных проектов в Израиле, быстро оказалось, что «Амбиджан» шагает не в ногу со всем еврейским сообществом.

Не обошлось и без финансовых трудностей. В начале 1949 года были подписаны контракты с *W. A. Riddell Corp.* (Букирус, штат Огайо), *Towmotor Corp.* (Кливленд, штат Огайо) и *Columbia Exporters Inc.* (Портленд, штат Орегон) о поставках на 75 тысяч долларов оборудования для завода, выпускающего 22 млн кирпичей в год — количество, достаточное для строительства 1 150 трехкомнатных домов. *The Riddell Corp.*, у которой «Амбиджан» заказывал бо́льшую часть оборудования для кирпичного завода, сообщила, что к 15 августа 1949 года все необходимое будет готово к отправке, но к этому моменту следует осуществить последний платеж в 41 тысячу долларов, иначе груз не будет отправлен. Чикагское отделение на конференции 15 мая проголосовало за то, чтобы ссудить центральному офису 10 тысяч долларов[42]. 8 июня Будиш обращался к бронксскому отделению. Он заявил, что «члены "Амбиджана" не могут позволить себе прерывать работу»: «Амбиджану» нужны деньги на оплату оборудования[43]. Деньги удалось собрать только после рассылки письма, умоляющего вносить средства немедленно, 3 августа[44]. «Собрать необ-

---

[42] Протоколы, 15 июня 1949 г., Чикагский еврейский архив (Minutes, June 15, 1949, in Collection № 20: Chicago Chapter, American Birobidjan Committee, Series A. Minutes. Folder 6: Minutes, 1949–50, Chicago Jewish Archives).

[43] Организационные мероприятия // Бюллетень «Амбиджана». 1949, июль — авг. С. 15. См.: Organizational Activities // Ambijan Bulletin. 8, 3 (July —August 1949): 15; Докладная записка, 23 июня 1949 г., от специального агента Э. Шейдта Гуверу (Memo of June 23, 1949, from Edward Scheidt, Special Agent in Charge, to J. Edgar Hoover; File 100–99898, Section 4, FOIPA № 416152, Ambijan).

[44] См. с. 25 78-страничного отчета ФБР от специального агента Э. Шейдта 2 ноября 1949 г. (p. 25 of a 78-page FBI report dated Nov. 2, 1949, submitted by Edward Scheidt, Special Agent in Charge, originally in NY File 100–42538. File 100–99898, Section 4, FOIPA № 416152, Ambijan). Будиш написал Стефанссону с просьбой об участии в сборе средств. Он сообщил, что «Амбиджан» сейчас испытывает серьезные сложности со сбором денег, из-за чего «положение становится критическим» (Letter from J. M. Budish to Vilhjalmur Stefansson, New York, July 5, 1949; Stefansson Correspondence, MSS 196, Box 78, 1949 — USSR Folder, Stefansson Collection).

ходимую сумму в течение летнего сезона было очень тяжелой задачей», писал *Nailebn — New Life* в сентябре и благодарил «всех, кто откликнулся на <...> призыв и внес деньги, чтобы покрыть расходы на этот важный проект»[45]. В докладной записке ФБР от 2 ноября 1949 года отмечается, что «Амбиджан» испытывает «трудности со сбором средств из-за Израиля»[46].

По выступлениям Дженофского и Каца на нью-йоркской конференции в честь 15-й годовщины Еврейской автономной области 5–6 марта очевидно, что они полностью осознавали шаткость своей политической позиции. Дженофский говорил об ухудшении ситуации в мире и возрастании вероятности Третьей мировой войны. Множество организаций призывают к войне с Советским Союзом в целях уничтожения режимов народной демократии в Восточной Европе. Каждый день газеты печатают потоки лжи о Советском Союзе и о народных демократиях. Каждый час по радио передаются репортажи, от которых у миллионов слушателей кровь стынет в жилах. Среди еврейской прессы тоже есть издания, которые никому не уступят в клевете. Кац говорил о том же: «Мы живем в сумеречное время между войной и миром». По его мнению, с легкостью может начаться атомная война, которая сотрет с лица земли все человечество. Кац заявил, что «англо-американский империалистический блок» гораздо мощнее, чем страны Оси десять лет назад, и что антикоммунистическая истерия, развязанная сейчас, напоминает

---

[45] Кирпичный завод для Биробиджана // Найлебн — Нью Лайф. 1949, сент. — окт. С. 23. См.: Brickmaking Plant for Birobidjan // *Nailebn — New Life*. 22, 8 (September — October 1949): 23. См. также в ноябрьском номере письма людей, которые отправили чеки на разные суммы в ответ на призыв о сборе средств (*Nailebn — New Life* 22, 9 (November 1949): 23). Отделение в Цинциннати собрало 500 долларов на кирпичный завод во время благотворительного праздника на территории Бюро еврейского образования 17 июля, см.: Цинциннати вносит 500 долларов на кирпичный завод // Бюллетень «Амбиджана». 1949, дек. С. 2. См.: Cincinnati Contributes $500 for the Brick Plant // Ambijan Bulletin. 8, 4 (December 1949): 2.

[46] Докладная записка ФБР, 2 ноября 1949 г., Нью-Йорк (FBI memo, New York, Nov. 2, 1949, Case Control № 200002702, NY File 100–42538; FOIPA № 416152, Ambijan).

разнузданную антисоветскую пропаганду тогда. Борьба за мир должна стать основной задачей «Амбиджана»[47].

На собрании «Амбиджана» в Детройте 6 марта Дж. У. Уайз выступил с предостережением против вашингтонских реакционеров, которые пытаются раздуть войну между США и Советским Союзом. Новая война сотрет человечество с лица земли и погубит цивилизацию, сказал он. Если быть борцом за мир означает прослыть предателем, то он с гордостью принимает это имя. Его выступление завершилось «бурными аплодисментами», около сорока человек всю ночь до восьми часов следующего утра обсуждали ситуацию в мире[48]. 15 мая на конференции в Чикаго Озри осудила трусость чикагских еврейских активистов, которые несколько лет назад пели хвалу Советскому Союзу, а теперь, столкнувшись с реакционными настроениями и травлей коммунистов, отвернулись от «Амбиджана». Кониг и Джезмер опасались, что назначенный на 26 ноября обед Фонда Эйнштейна окажется «провален», так как подготовкой к нему никто не занимался. «Критически важно, чтобы все друзья, сохранившие нам верность, поддержали обед [Фонда Эйнштейна] в этом году», говорилось в письме, которое разослал комитет. «Вам прекрасно известно, какое давление сейчас оказывают на людей, поддерживающих такие организации, как наша»[49].

---

47 Нью-Йоркская конференция «Амбиджана» // Бюллетень «Амбиджана». 1949, март — апр. С. 6–7. См.: New York Ambijan Conference // Ambijan Bulletin. 8, 2 (March — April 1949): 6–7; Мойше Кац. «Амбиджан» и борьба за мир // Найлебн — Нью Лайф. 1949, апр. С. 5–7 (на идише). См.: Moishe Katz. Der ambidzhan un der kamf far sholem // *Nailebn — New Life*. 22, 4 (April 1949): 5–7; Мойше Кац. Еврейская жизнь в преддверии 5710 года // Найлебн — Нью Лайф. 1949, сент. — окт. С. 2–5 (на идише). См.: Moishe Katz. Dos yidishe lebn oyfn shvel fun yor 5710 // *Nailebn — New Life*. 22, 8 (September — October 1949): 2–5.

48 [Абрам Дженофский] Дж. А. Организация и ее работа // Найлебн — Нью Лайф. 1949, апр. С. 21–22 (на идише). См.: [Jenofsky A.] J. A. Organizatsye un arbet // *Nailebn — New Life*. 22, 4 (April 1949): 21–22.

49 Организационные мероприятия // Бюллетень «Амбиджана». 1949, июль — авг. С. 14. См.: Organizational Activities // Ambijan Bulletin. 8, 3 (July — August 1949): 14; Письмо Сола Джезмера Будишу, Чикаго, 25 октября 1949 г., письмо от исполнительного директора А. Оврума Таппера, председателя благотво-

В отчете на съезде штата Калифорния в апреле 1949 года Крупин отметил, что конференция проходит в очень тяжелый период, когда «в стране бурлит обезумевшее реакционное движение, империалистические силы готовятся к новой, Третьей мировой, войне против Советского Союза и новых стран народной демократии»[50]. Совет директоров «Амбиджана» собрался на специальную сессию в Нью-Йорке 9 июня, чтобы обсудить текущие трудности организации.

> Речь пойдет о преступной кампании, развязанной в настоящий момент против Советского Союза, которая включает в себя лживые обвинения в антисемитизме, и о ее истинных целях на основе документированных фактов, которые будут предоставлены во время встречи[51].

Стремясь к предотвращению советско-американской войны, «Амбиджан» принял участие в Первом всемирном конгрессе сторонников мира, который проходил в апреле 1949 года, и в Конгрессе в защиту мира на американском континенте в Мехико в сентябре того же года. Эти мероприятия были частью международного движения за мир, инициируемого СССР, в рамках которого устраивались крупные съезды также в Азии, в Канаде и в Израиле. В Мехико выступил Франкель, председатель административного комитета «Амбиджана», сказавший, что «мир не

рительного обеда Фонда Эйнштейна Г. Б. Ритмана и президента Д. А. Уреца к Этель Озри, Чикаго, 8 ноября 1949 г. (Collection № 20: Chicago Chapter, American Birobidjan Committee, Series B. Papers of Ethel Osri (From Collection № 82). Folder 9: Fundraising Letters, Chicago Jewish Archives).

50 Крупин Н. Успешная конференция «Амбиджана» штата Калифорния // Найлебн — Нью Лайф. 1949, май. С. 12–13 (на идише). См.: Krupin N. A der-folgraykhe ambidzhan shtat-konferents in California // Nailebn — New Life. 22, 5 (May 1949): 12–13.

51 Циркулярное письмо от Бернарда Перлхоффа, секретаря, совету директоров «Амбиджана», Нью-Йорк, 25 мая 1949 г., архив YIVO (Circular letter from Bernard Parelhoff, secretary, Board of Directors, Ambijan, New York, May 25, 1949; Morris Stern papers, RG231, Box 1, unnamed folder, YIVO); Организационные мероприятия // Бюллетень «Амбиджана». 1949, июль — авг. С. 13. См.: Organizational Activities // Ambijan Bulletin. 8, 3 (July —August 1949): 13.

наступит, пока будущее евреев не будет обеспечено». Он рассказал об «охоте на ведьм» в Соединенных Штатах, «вконец обезумевших» от антикоммунистической истерии. Франкель отчитался об этой поездке на заседании административного комитета в отеле «Вудсток» в Нью-Йорке 5 октября в присутствии Голдберга, который к этому времени стал председателем Американского комитета еврейских писателей, художников и ученых и членом нескольких землячеств[52].

Крупин из Лос-Анджелеса и Б. Роллер, возглавлявший «Амбиджан» в Майами, прибыли в Нью-Йорк на встречу с руководством 25 октября, чтобы обсудить вопросы, которые планировалось вынести на национальную конференцию в декабре. Участвовали Будиш, Дженофский, Ш. Левин, Медем, Олкен, Шатцов и около 50 других активистов из нью-йоркского комитета и других подразделений. Приезжие рассказали о настроениях в своих городах. Они хорошо описывались словами Каца, сказанными неделей раньше, на банкете нью-йоркского отделения: «Мы сейчас переживаем чрезвычайно тяжелые времена»[53].

В Бостоне 20 ноября «Амбиджан» организовал городскую конференцию и концерт. Открывая заседание, президент отделения Новой Англии А. Резник рассказал о недавних нападках на

52 Франкель Н. Будем сотрудничать в борьбе за мир // Бюллетень «Амбиджана». 1949, дек. С. 8. См.: Nathan Frankel. Will Cooperate in Fight for Peace // Ambijan Bulletin. 8, 4 (December 1949): 8; [Абрам Дженофский] Дж. А. Организация и ее работа // Найлебн — Нью Лайф. 1949, сент. — окт. С. 22. См.: [Jenofsky A.] J. A. Organizatsye un arbet // *Nailebn — New Life*. 22, 8 (September — October 1949): 22. Альберт Кан занимался отправкой американских делегаций на просоветские всемирные конгрессы борцов за мир в Париж в апреле 1949 г. и в Варшаву в ноябре 1950 г. и участвовал во встрече Всемирного совета мира в Стокгольме в марте 1950 г., которая выпустила «Стокгольмское воззвание» об абсолютном запрещении распространения ядерного оружия. Кан умер в 1979 г. в возрасте 67 лет. См.: Элинор Блау. Альберт Юджин Кан. Писатель, критикующий правительство в эпоху МакКарти; беспартийный марксист // Нью-Йорк таймс. 1979, 19 сент. Подробнее о послевоенной борьбе за мир, вдохновителем которой был Советский Союз, см. [Lieberman 2000].

53 [Абрам Дженофский] Дж. А. Организация и ее работа // Найлебн — Нью Лайф. 1949, нояб. С. 21–22 (на идише). См.: Organizatsye un arbet // *Nailebn — New Life*. 22, 9 (November 1949): 21–22.

Биробиджан в газете *The Boston Globe*. В итоге на конференции было принято решение собрать 10 тысяч долларов на организацию серии мероприятий в течение 1950 года, направленных на формирование положительного имиджа Биробиджана[54]. Чикагский комитет осенью 1949 года организовал несколько обедов; Дж. Б. Томпсон, настоятель часовни Рокфеллера в Чикагском университете, 2 ноября говорил о необходимости мира во всем мире[55]. Два месяца спустя нью-йоркский городской комитет с оптимизмом призывал свои подразделения помогать в улучшении имиджа Биробиджана и привлекать новых членов, спонсируя хотя бы одно культурное мероприятие в месяц[56]. Однако, что бы ни делали подразделения, предотвратить крах всей организации было выше их сил.

Альберт Эйнштейн по-прежнему оставался почетным президентом «Амбиджана», но 10–11 декабря 1949 года в отеле «Коммодор» в Нью-Йорке прошел последний съезд. Прибыли 248 делегатов от 120 организаций, а также В. М. Зонов, советник советского посольства в Вашингтоне. «Амбиджан» утверждал, что насчитывает около 15 тысяч членов в 65 отделениях (в том числе 15 отделений в Нью-Йорке, семь в Лос-Анджелесе и два в Чикаго) в 26 штатах, но теперь уже не мог привлекать крупных политиков выступить на ежегодном обеде. Пришлось довольствоваться профессором из Хантер-колледжа Дж. Сомервилом, который заявил, что «советско-американские отношения — ключ к миру во всем мире».

Дженофский сказал, что долг членов «Амбиджана» — помочь поднять евреев на борьбу с теми, кто инспирировал холодную войну и пытается втянуть Америку в настоящую войну с Совет-

---

[54] Там же. Дек. С. 22–23 (на идише). См.: [Jenofsky A.] J. A. Organizatsye un arbet // *Nailebn — New Life.* 22, 10 (December 1949): 22–23.

[55] Оврум А. Таппер. Настоятель часовни Рокфеллера призывает вернуться к миру на встрече «Амбиджана» // Сентинел. Чикаго. 1949, 10 нояб. С. 28. См.: Ovrum A. Tapper, Rockefeller Chapel Dean Calls for Return to 'Peace' at Ambijan Meet // Sentinel. Chicago. (Nov. 10 1949): 28.

[56] Там же. 1959, янв. С. 20. См.: [Jenofsky A.] J. A. Organizatsye un arbet // *Nailebn — New Life.* 23, 1 (January 1950): 20.

ским Союзом. Американские евреи ради своей собственной жизни и безопасности должны сплотиться с прогрессивными силами своей страны и всего мира, чтобы дать отпор тем, кто разжигает новый полномасштабный конфликт, способный уничтожить целые страны и народы.

Что же касается Биробиджана, то чем больше он расцветает, тем сильнее враги жаждут преуменьшить его заслуги, нанимая так называемых экспертов, которые распространяют ложь о Биробиджане. До войны они утверждали, что Биробиджан был основан как препятствие японской экспансии; они были уверены, что ЕАО станет первой жертвой любой турбулентности на Дальнем Востоке. После войны они уверяют, что Биробиджану угрожает нападение Китая. Но армии Чан Кайши разбиты, и новый, демократический, Китай на другом берегу Амура не представляет угрозы для Биробиджана. «Если б только мы могли сказать то же самое о соседях Израиля!» В заключение своего выступления Дженофский рассказал о проектах «Амбиджана» в Биробиджане, Сталинграде и новейших в Израиле и Польше. Пусть это не бешеные деньги, зато это бескорыстная братская помощь от чистого сердца.

Голдберг приветствовал собравшихся от имени Американского комитета еврейских писателей, художников и ученых, которые, сказал он, «продолжают налаживать тесные связи между евреями в этой стране, евреями в Советском Союзе и, разумеется, биробиджанскими евреями» и сражаются в общей битве против фашизма «во всех формах где бы то ни было». Он призвал «всех прогрессивных людей объединяться». «У реакционных сил есть деньги. Но у нас есть люди, а если противопоставить деньги и людей, я уверен, что люди победят».

Будиш вновь разоблачал попытки «оклеветать» Советский Союз при помощи «уток, которые не менее абсурдны и лживы, чем пресловутые "Протоколы сионских мудрецов"». Надеясь поднять боевой дух присутствующих, он говорил о «пораженчестве», охватившем многих евреев. Успехи Биробиджана эффективно и убедительно разрушают фальшивые теории «отчаяния и покорения антисемитизму», доказывают, что народ, решивший покончить с дискриминацией и подавлением, «может сделать это за самое короткое время». Будиш допускал, что в связи с напряженностью в отношениях между СССР и США «Амбиджан» не сможет направить делегацию в Биробиджан. Тем не менее он настаивал: «У нас есть... надежная информация по развитию Биробиджана». Официальные репортажи «предоставляют адекватную информацию о Еврейской автономной области». Далее он привел статистику «стремительных успехов», достигнутых в послевоенные годы, которые привели к «относительно высокому уровню жизни», что сделало этот регион центром притяжения для еврейских переселенцев.

Будиш сообщил, что в общей сложности расходы «Амбиджана» на проекты в Советском Союзе, Израиле и Польше снизились на 162 518 долларов. В 1949 году в Биробиджан были отправлены кирпичный завод и птицефабрика общей стоимостью 140 518 долларов. Грузов для детей в сталинградском приюте доставлено на 12 тысяч долларов. Будиш предложил в качестве следующего проекта отправку в биробиджанские больницы медицинских инструментов и оборудования для лабораторий. Во время съезда было собрано 44 тысячи долларов.

Правда, на Стефанссона увещевания Будиша не подействовали. «Сожалея, что недомогание» мешает ему и его жене прибыть на съезд, он посылал им «горячий привет и наилучшие пожелания». Очевидно, «знаменитый исследователь Арктики», как его всегда именовали, стал для «Амбиджана» более чем церемониальным знаменем. Тем не менее он вновь был избран одним из десяти вице-президентов; остальными стали А. Аронофф, Дж. Б. Аронофф, Голдберг, Гринбаум, Кунц, Ш. Левин, профессор Принстона Леви, Моргенштерн и Зальцман. Франкель, бывший глава административного комитета, был избран главой национального совета директоров, сменив на этом посту М. Левина. Шатцов сменил А. Ароноффа на посту финансового контролера, Кремер стал казначеем вместо Гринбаума. Будиш остался исполнительным вице-президентом, Дженофский — исполнительным секретарем, Бакст — организатором. М. Левин, представляя своего преемника, говорил о его «выдающихся заслугах в общественной деятельности» (в 1930-х годах он был исполнительным секретарем Совета по связям с промышленностью при мэре Нью-Йорка Ф. Ла Гуардиа) и «непревзойденных лидерских качествах»[57]. Переднюю и заднюю стороны обложки «Бюллетеня "Амбиджана"» за январь — февраль 1950 года украшали телеграмма от Эйнштейна, в которой он сожалел о том, что не может присутствовать, и его фотография. В «Бюллетене "Амбиджана"» утверждалось, что усилия «Амбиджана» способствуют «сохранению принципов взаимной поддержки в мире, раздираемом конфликтами и противоречиями, и тем самым помогают укреплять международное взаимопонимание и дружбу и приближают мир во всем мире»[58].

---

[57] Дженофский А. Вклад «Амбиджана» последних двух лет // Найлебн — Нью Лайф. 1949, дек. С. 16–21 (на идише). См.: Jenofsky A. Der baytrog fun ambidzhan in di letste tsvey yor // *Nailebn — New Life.* 22, 10 (December 1949): 16–21; Национальная конференция «Амбиджана», новости Американского Биробиджанского комитета («Амбиджана»), декабрь 1949 г., с. 2–3 (Ambijan National Conference, News from American Birobidjan Committee (Ambijan), December 1949): 2–3; Ежегодный национальный обед «Амбиджана» // Бюллетень «Амбиджана». 1950, янв — февр. С. 13. См.: The Ambijan Annual National Dinner // Ambijan Bulletin. 9, 1 (January — February 1950): 13; Давайте удвоим усилия // Бюллетень «Амбиджана». 1950, янв. — февр. С. 3. См.: Let Us Redouble our Efforts // Ambijan Bulletin. 9, 1 (January — February 1950): 3; Биробиджан и борьба за национальное равенство, мир и дружбу между народами // Бюллетень «Амбиджана». 1950, янв. — февр. С. 9–13. См.: Birobidjan and the Struggle for National Equality, International Friendship and Peace // Ambijan Bulletin. 9, 1 (January — February 1950): 9–13. Циркулярное письмо от Будиша, Нью-Йорк, 6 декабря 1949 г. архив Стефанссона (Circular letter from J. M. Budish, New York, Dec. 6, 1949; Stefansson Correspondence, MSS 196, Box 78, 1949 — USSR Folder, Stefansson Collection); Отчет для национальной конференции «Амбиджана», Нью-Йорк, 10–11 декабря 1949 г., рукопись, архив YIVO (Barikht tsu der natsyonaler konferents fun dem ambidzhan komitet. New York, Dec. 10–11, 1949, mss; in the Abraham Jenofsky papers, RG734, Box 1, folder 5, YIVO); Машинопись выступления Голдберга (typed mss. of B. Z. Goldberg's speech in the B. Z. Goldberg papers, Box 94, Letters: Nachman-Outlook, folder «National Ambijan Dinner (1949)»). Полный список всех членов нового совета директоров, избранного в 1949 г., см.: Функционеры национального уровня, утвержденные на заседании совета директоров 20 декабря 1949 г. // Бюллетень «Амбиджана». 1950, янв. — февр. С. 4.

[58] Передняя страница обложки «Бюллетеня "Амбиджана"», янв. — февр. 1950 г. См.: Ambijan Bulletin. 9, 1 (January — February 1950).

«Амбиджан» и Американский комитет еврейских писателей, художников и ученых совместно организовали Нью-Йоркскую конференцию за мир и дружбу между народами в отеле «Барбизон-Плаза» 6–7 мая 1950 года. В пригласительном письме утверждалось, что холодная война воскрешает фашизм, антисемитизм и дискриминацию в этой стране, тогда как в Западной Германии поднимает голову нацизм. В США создается атмосфера, которая должна смутить и напугать евреев, чтобы они примкнули к реакционным силам, поддерживающим власть. На конференции Франкель, комментируя поражение сенатора Пеппера, крупного донора «Амбиджана», на праймериз демократов во Флориде, сказал, что «по стране шагает маккартизм». Брайнин тоже выразил обеспокоенность нападками МакКарти, который сделался «самой одиозной фигурой в истории Америки». Кац опасался, что «в новой войне американские фашисты разберутся с евреями лучше, чем Гитлер»[59].

Различные западные коммунистические партии, в том числе Коммунистическая партия США, вернулись к ультралевому изолированному положению, сходному с довоенным «Третьим периодом» 1928–1935 годов. Страх, что США скатываются к фашизму, загнал Коммунистическую партию США в состояние политической изоляции и внутренней паранойи и вынудил

---

[59] Призыв ко всем еврейским организациям // Найлебн — Нью Лайф. 1950, март — апр. С. 1 (на идише). См.: Ruf tsu ale yidishe organizatsyes // *Nailebn — New Life*. 23, 3 (March — April 1950): 1; Нью-Йоркская конференция требует запрещения атомной бомбы // Бюллетень «Амбиджана». 1950, июль — авг. С. 6–7. См.: New York Area Conference Demands Outlawing of Atom Bomb // Ambijan Bulletin. 9, 2 (July — August 1950): 6–7. Это были последние выпуски «Бюллетеня "Амбиджана"» и «Найлебн — Нью Лайф». См. также с. 1–7 доклада ФБР от специального агента, Нью-Йорк, директору, 7 июня 1950 г. (р. 1–7 of the FBI report from Special Agent in Charge, New York, to Director, FBI, June 7, 1950, originally in NY File 100 12538. File 100-99898, Section 5, FOIPA № 416152, Ambijan). Пеппер проиграл праймериз демократической партии во Флориде в 1950 г., уступив Джорджу Смэтерсу, который назвал его просоветским экстремистом. См. [Lichtenstein 2004]. См. также [Pepper, Gorey 1987] о взглядах Пеппера. Подробнее о дилеммах, вставших перед многими еврейскими организациями в этот период, см. [Weingarten 1987].

многих ее руководителей и членов «залечь на дно». Но для таких организаций, как «Амбиджан», которым необходимо было взаимодействовать с внешним миром, эта стратегия оказалась невыполнимой. Положение «Амбиджана» сделалось еще более невыносимым в июне 1950 года, когда разразилась Корейская война и враждебность по отношению к Советскому Союзу стала еще сильнее[60]. 28 сентября 1950 года Франкель встретился с представителями отдела по регистрации иностранных агентов Министерства правосудия США. Франкель заверил их, что «Амбиджан» не отправлял никаких грузов в Биробиджан с ноября 1949 года, переключившись на помощь Израилю[61].

В мае 1950 года журнал *Nailebn — New Life* был переименован в *Die Welt* и стал выходить только на идише под редакцией раввина Бика. В 1951 году журнал перестал выходить. Последним номером «Бюллетеня "Амбиджана"» был номер за июль — август 1950 года. В ноябре 1950 года в «Амбиджан» пришло письмо, подписанное руководством Еврейской автономной области, сообщавшее, что Биробиджан больше не нуждается ни в какой иностранной помощи и не желает ее. К концу этого месяца «Амбиджан» съехал из офиса на Парк-авеню, 103 в Нью-Йорке. Больше не было ни публичных мероприятий, ни призывов собирать средства. Несмотря на попытку ряда членов сохранить организацию под названием «Еврейский комитет по возрождению в Израиле, Франции и Бельгии», «Амбиджан» полностью прекратил свою деятельность в 1951 году, на пике Корейской войны.

---

[60] [Steinberg 1984: 120–121, 192–193, 212–213, 230–232, 262–263, 268]. См. также о разрушении партии в послевоенный период [Belknap 1977, особ. 185–206] и [Fariello 1995: 199–204]. О продолжительном и неконструктивном споре между историками разных направлений о роли и месте партии в жизни Америки и ее отношениях с Советским Союзом см. [Haynes, Klehr 2003; Haynes 2000; Haynes, Klehr 2003a].

[61] Докладные от Дж. М. МакИнернея, помощника генерального прокурора, уголовный отдел Министерства юстиции США, Эдгару Гуверу, директору ФБР, 13 сентября 1950 г. и 2 октября 1950 г. (from James M. McInerney, Assistant Attorney General, Criminal Division, Department of Justice, to J. Edgar Hoover, Director, FBI, Washington, Sept. 13, 1950 and Oct. 2, 1950. Files 100–99898–146 and 100–99898–149, FOIPA № 416152, Ambijan).

Документы о закрытии организации были подписаны 28 марта госсекретарем штата Нью-Йорк Т. Карраном[62]. На встрече «Американских друзей Сталинграда» (бывшего русского подразделения «Амбиджана») 4 февраля 1951 года в Нью-Йорке Будиш заявил, что организация официально прекращает существовать, «потому что евреи Биробиджана не нуждаются более в иностранной помощи, так как советское правительство помогает в развитии Биробиджана». На самом деле Министерство финансов возбудило дело против «Амбиджана» за неуплату повышенных налогов, которые он должен был выплачивать как нежелательная, а не благотворительная организация[63].

New World Review, которая в прошлом выходила под названием *Soviet Russia Today*, в сентябре 1951 года не соглашалась с тем, что роспуск «Амбиджана» доказывал прекращение еврейского проекта в СССР, настаивая, что помощь «Амбиджана» просто стала ненужной, так как Биробиджан получает достаточную поддержку от советского правительства. «Комитет прекратил существовать не потому, что Биробиджан сдался, но, напротив, потому, что Биробиджан растет и процветает»[64].

---

[62] Гарри Шварц. Советы бросают «еврейскую страну» // Нью-Йорк таймс. 1951, 22 апр. Раздел 1. С. 20. См.: Harry Schwartz. Soviet Abandoning 'Jewish Homeland' // New York Times. Section 1, 20 (April 22, 1951). См. также с. 5–6 20-страничного доклада ФБР от 29 марта 1951 г. и с. 7 10-страничного доклада ФБР от Э. Шейдта (p. 5–6 of a 20-page FBI report dated March 29, 1951, and p. 7 of a 10-page FBI report dated Nov. 29, 1951, both submitted by Edward Scheidt, Special Agent in Charge, both originally in NY File 100–42538. File 100–99898, Section 6, FOIPA № 416152, Ambijan)

[63] Докладная записка от Ф. Дж. Баумгарднера к А. Бельмонту, Вашингтон, 29 мая 1953 г. (Memo from F. J. Baumgardner to A. H. Belmont, Washington, May 29, 1953. File 100–99898, Section 6, FOIPA № 416152, Ambijan).

[64] Вопросы: Биробиджан // Нью Уорлд Ревю. 1951, сент. С. 55–56. См.: Question Box: Birobidzhan // New World Review. 19, 7 (September 1951): 55–56.

Пол Новик (фото
любезно предоставлено
«Джуиш Каррентс»)

Альберт Эйнштейн на
обложке «Бюллетеня
"Амбиджана"», январь —
февраль 1950 г.

Глава 9
Очаги сопротивления, 1949–1950 годы

Во время президентских выборов 1948 года Г. Уоллес и партия прогрессистов не устояли перед антикоммунистическими настроениями, охватившими Америку в эпоху холодной войны. Многие либералы, которые были готовы поддерживать «Амбиджан» в хорошие времена, отвернулись от него в плохие. Однако даже в 1949–1950 годы некоторые продолжали оказывать помощь — это в первую очередь население старых еврейских кварталов, в которых преобладали левые взгляды, в Бостоне, Чикаго, Кливленде, Детройте, Лос-Анджелесе, Ньюарке, Нью-Йорке и Филадельфии, где в 1920–1930-е годы был очень популярен ИКОР.

Национальная организация не сдавала свои позиции. На нью-йоркской конференции «Амбиджана» 5–6 марта 1949 года Дженофский заявил, что за 15 лет существования Еврейской автономной области она уже может похвастаться «впечатляющей историей колоссальных достижений». Переселенцы создали «новый современный и прогрессивный регион там, где раньше были тайга и безлюдье». Первые переселенцы терпеливо сносили тяжкие испытания, да и теперь нужно очень много труда, чтобы вырвать у здешней природы ее богатства, в частности уголь и золото. Тем не менее сейчас «битва против тайги идет совсем в других условиях, чем 15 лет назад». На обширных территориях ведется современное, в высокой степени механизированное сельское хозяйство. В регионе 66 колхозов, пять совхозов, экспериментальное хозяйство и пять моторно-тракторных станций. Старое предубеждение против евреев как народа, якобы неспособного к работе на земле, полностью развеяно: «В Биробиджане возник новый тип еврея». По словам Дженофского, евреи там — фермеры, пчеловоды, рыбаки, дровосеки.

> Активно работают они и в промышленности: в Биробиджане на данный момент 64 крупные фабрики, которые выпускают бумагу, цемент, мебель и текстиль. Их продукция продается по всей стране. Некоторые станции московского метрополитена отделаны мрамором, добытым в Биробиджане.

Идиш — официальный язык Еврейской автономной области: все вывески на вокзалах, общественных зданиях, на улицах написаны на русском и идише. В связи с новой, послевоенной, волной миграции в еврейских школах кратно выросло число детей: в 1948 году только в начальных школах обучалось 17 600 детей. В области пять высших учебных заведений и много ремесленных училищ, не говоря об училищах культуры и спорта. Есть государственный театр и 24 кинотеатра. В Биробиджанской национальной библиотеке им. Шолом-Алейхема больше 200 тысяч книг, а, кроме нее, в области есть еще 29 библиотек и 44 читальни. В каждом поселении есть клуб. В столице построен культурный центр, которому присвоено имя недавно погибшего Михоэлса. Кроме двух главных газет (одна — на идише, другая — на русском), выходит целый ряд многотиражек, посвященных вопросам промышленности и сельского хозяйства, и литературно-художественный альманах «Биробиджан». Публикуются книги и брошюры писателей, поэтов и ученых. Совершенствуется и здравоохранение: в области 17 больниц, 55 фельдшерских пунктов и 32 поликлиники.

Конечно, война нанесла всем невосполнимый урон, но Дженофский предрекал, что Биробиджан, который «вдвое больше Голландии и втрое больше Дании», с богатейшими природными ресурсами, будет и дальше развиваться в экономическом и культурном отношении. Он отмечал, что Американский Биробиджан-

ский комитет может оказать Биробиджану существенную поддержку, не только посылая помощь, но и продолжая распространять информацию о его достижениях среди американских
евреев. «Амбиджан» видит свою задачу в том, чтобы укреплять
будущее обеих еврейских территорий и обеспечивать «выживание <…> народа во всем мире», пропагандируя дружбу между
США и Советским Союзом[1].

Нью-йоркские отделения продолжали свою деятельность.
В отеле «Конкурс Плаза» 2 февраля Олкен сообщил бронксскому
отделению, что «Советский Союз тратит на Биробиджан огромные суммы денег. Советская власть строит в Биробиджане самые
разные производства, театры, школы и многое другое, что ложит-
ся в основу нового государства». 19 марта члены бронксского
отделения устроили праздник в «Пилгрим-Холле» на улице
Гранд-Конкорс. Одним из выступающих был Франкель с речью
в защиту внешней политики Советского Союза[2].

В жилом комплексе «Купс» 27 марта также проходило мероприятие — концерт в честь 15-й годовщины Еврейской автономной области. Среди приглашенных артистов — певица М. Шлам-
ме и пианист И. Шлейн[3]. В отеле «Уолдорф-Астория» 26 мая
бронксское отделение организовало четвертый ежегодный обед

---

[1] Важность деятельности «Амбиджана» // Найлебн — Нью Лайф. 1949, апр.
С. 24. См.: The Importance of Ambijan Activities // *Nailebn — New Life*. 22, 4 (April
1949): 24; Отчет перед съездом «Амбиджана», Нью-Йорк, 5–6 марта, 1949 г.,
рукопись (на идише), архив YIVO («Barikht tsu der ambidzhan konferents».
New York, March 5–6, 1949, mss; in the Abraham Jenofsky papers, RG734, Box 1,
folder 5, YIVO).

[2] Организационные мероприятия // Бюллетень «Амбиджана». 1949, март —
апр. С. 15. См.: Organizational Activities // Ambijan Bulletin. 8, 2 (March — April
1949): 15. См. также с. 75 78-страничного отчета ФБР от специального
агента Э. Шейдта 2 ноября 1949 г. (p. 75 of a 78-page FBI report dated. Nov.
2, 1949, submitted by Edward Scheidt, Special Agent in Charge, originally in NY
File 100–42538. File 100–99898, Section 4, FOIPA № 416152, Ambijan).

[3] Письмо от Абрама Дженофского Моррису Стерну, Нью-Йорк, 11 марта
1949 г. (Letter from Abraham Jenofsky to Morris Stern, New York, March 11, 1949);
Рекламная брошюра «Концерт и фейерверк», архив YIVO (Morris Stern papers,
RG231, Box 1, unnamed folder, YIVO).

Фонда Эйнштейна. Особенно интересно выступление Ш. Роз-
вальд, которая рассказала о недавно прошедшем в Париже Всемирном конгрессе сторонников мира и о том, какие усилия
предпринимает «Амбиджан» в борьбе за мир[4].

8 мая в «Хантер-колледж одиториум» состоялся концерт, на
котором Будиш поделился впечатлениями о своей недавней поездке во Францию и в Польшу, в частности о посещении мемо-
риала, посвященного героям Варшавского гетто. Кроме того, он
говорил об участии во Всемирном конгрессе сторонников мира
в Париже. Будиш особо отметил роль актера и певца П. Робсона
на этом мероприятии[5]. Затем пианистка А. Розенберг, сопрано
М. М. Куренко и Еврейский народный филармонический хор под
управлением Л. Копфа исполняли песни из Биробиджана, чтобы
«показать, каких успехов достигла еврейская культура в этой
самоуправляемой еврейской автономии». Среди исполненных
произведений была оратория «Биробиджан». Собралось две
тысячи зрителей[6].

На пятом ежегодном обеде отделения Нью-Джерси 21 февраля
в Ньюарке выступал Уоллес; присутствовало около 400 человек,
было собрано 4 000 долларов. Уоллес сказал, что, хотя он путе-

4   Четвертый ежегодный обед бронксского отделения, Нью-Йорк // Найлебн —
    Нью Лайф. 1949, июнь. С. 23. См.: Bronx, N. Y. Branch Fourth Annual Luncheon //
    Nailebn — New Life. 22, 6 (June 1949): 23.

5   Письмо от Абрама Дженофского Моррису Стерну, Нью-Йорк, 9 апреля 1949 г.,
    архив YIVO (Letter from Abraham Jenofsky to Morris Stern, New York, April 9,
    1949; Morris Stern papers, RG231, Box 1, unnamed folder, YIVO); Организаци-
    онные мероприятия // Бюллетень «Амбиджана». 1940, июль — авг. С. 13. См.:
    Organizational Activities // Ambijan Bulletin. 8, 3 (July — August 1949): 13.

6   Письмо от Абрама Дженофского Моррису Стерну, Нью-Йорк, 9 апреля 1949 г.,
    архив YIVO (Letter from Abraham Jenofsky to Morris Stern, New York, April 9, 1949;
    Morris Stern papers, RG231, Box 1, unnamed folder, YIVO); Циркулярное письмо
    от Будиша, исполнительного вице-президента «Амбиджана», Нью-Йорк,
    18 апреля 1949 г., архив YIVO (Circular letter from J. M. Budish, executive vice-
    president, Ambijan, New York, April 18, 1949; Morris Stern papers, RG231, Box 1,
    unnamed folder; YIVO); Объявление о концерте, см.: Бюллетень «Амбиджана».
    1949, март — апр. С. 16 (Ambijan Bulletin. 8, 2 (March — April 1949): 16; Орга-
    низационные мероприятия // Бюллетень «Амбиджана». 1949, июль — авг. С. 13.
    См.: Organizational Activities // Ambijan Bulletin. 8, 3 (July — August 1949): 13.

шествовал по Сибири в июне 1944 года, попасть в Биробиджан
он не смог, поскольку советские власти опасались, что его визит
может спровоцировать несвоевременную войну с Японией,
к которой они еще не были готовы. Он смог посетить близлежащие территории. Ему говорили, что природных богатств Биробиджана достаточно для проживания более миллиона человек:

> Объездив всю советскую Сибирь, я после длительного
> размышления могу сказать, что возможности колонизации
> в Приамурье превосходят, вероятно, возможности любой
> другой территории в Советском Союзе... Я не знаю ни одного другого места с таким хорошим климатом и такой
> хорошей почвой, которое было бы не заселено.

Он был уверен, что в течение 15 лет в Биробиджане появятся
процветающая промышленность и урожайное сельское хозяйство. Уоллес выразил восхищение «национальной демократией»,
царящей в Советском Союзе, которая позволяет каждому
меньшинству развивать собственную культуру. «Биробиджан,
на мой взгляд, имеет для мирового еврейства столь большое
значение, что уступает только самому Израилю». В самом деле,
утверждал Уоллес, Биробиджан может сыграть даже более
важную роль, чем Израиль, в снятии напряжения между Востоком и Западом[7].

---

[7] Новые задачи организации // Найлебн — Нью Лайф. 1949, март. С. 23. См.:
Organizational News Items // *Nailebn — New Life*. 22, 3 (March 1949): 23; Американская поддержка Биробиджана — признак мира, который вселяет надежду // Бюллетень «Амбиджана».1949, март — апр. С. 7–9; Найлебн — Нью
Лайф. 1949, июнь. С. 23–24. См.: Henry A. Wallace. American Support of Birobidjan Hopeful Sign Toward Peace // Ambijan Bulletin. 8, 2 (March — April 1949):
7–9; *Nailebn — New Life*. 22, 6 (June 1949): 23–24; Генри Уоллес приглашен
выступить на обеде в честь годовщины ньюаркского отделения // Найлебн —
Нью Лайф. 1949, апр. С. 23. См.: Henry Wallace Guest Speaker at Newark Anniversary Dinner // *Nailebn — New Life*. 22, 4 (April 1949): 23. О путешествии
Уоллеса по советскому Дальнему Востоку в 1944 г. и его удивительной наивности и невосприимчивости к истинному положению дел в некоторых
местах, которые ему показывали (фактически, он посетил колонии ГУЛАГа,
в которых использовался рабский труд заключенных), см. [Tzouliadis 2008:
218–226].

Олкен писал в *Nailebn — New Life*, что 15-я годовщина Еврейской автономной области является «большим событием», которое должно «отмечаться повсюду», и в нескольких городах Америки оно действительно праздновалось[8].

6 марта в «Истерн Конгрегейшнл Холл» в Детройте Дж. У. Уайз выступал перед аудиторией в 800 человек. Он обратился к евреям Детройта с яркой речью, в которой призвал их от всей души поддержать как Израиль, так и Биробиджан: помочь одному означает помочь и другому. Он также выступал в Филадельфии в отеле «Бродвуд» 8 мая. На праздник в Милуоки, где выступали М. Бродин и З. Златин, пришли 200 человек; было собрано 800 долларов. В Майами устроили торжество 27 марта; председательствовал известный бизнесмен Ч. Резник, которого представил Б. Роллер, глава отделения «Амбиджана» в Майами. Присутствовали 300 человек, был собран 1 351 доллар. Проходили встречи также в Атланте и в Канзас-Сити; «Клуб матерей "Амбиджана"» в Атланте собрал 900 долларов на нужды военных сирот, пишет секретарь Г. Мерлин[9].

Дженофский ездил в Чикаго, чтобы помочь с организацией конференции 15 мая, посвященной 15-летию ЕАО[10]. Будиш рассказывает о том, как посещал Францию и Польшу; хотя ему было

---

8 Олкен. Актуальные задачи «Амбиджана» // Найлебн — Нью Лайф. 1949, май. С. 10–11. См.: Olken M. L. Aktuayleh oyfgabn fun dem ambidzhan // *Nailebn — New Life*. 22, 5 (May 1949): 10–11.

9 Организационные мероприятия // Бюллетень «Амбиджана». 1949, март — апр. С. 14–15; июль — авг. С. 15. См.: Organizational Activities // Ambijan Bulletin. 8, 2 (March — April 1949): 14–15; Organizational Activities // Ambijan Bulletin. 8, 3 (July — August 1949): 15; [Абрам Дженофский] Дж. А. Организация и ее работа // Найлебн — Нью Лайф. 1949, сент. — окт. С. 19–20. См.: [Jenofsky A.] J. A. Organizatsye un arbet // *Nailebn — New Life*. 22, 5 (May 1949): 19–20; Атланта по-прежнему прекрасно работает // Найлебн — Нью Лайф. 1949, сент. — окт. С. 23. См.: Atlanta Continues its Good Work // *Nailebn — New Life*. 22, 8 (September — October 1949): 23.

10 Письмо от Абрама Дженофского Моррису Стерну, Нью-Йорк, 28 апреля 1949 г., архив YIVO (Letter from Abraham Jenofsky to Morris Stern, New York, April 28, 1949; Morris Stern papers», RG231, Box 2, «Correspondence» folder, YIVO).

больно смотреть на руины Варшавского гетто, ростки новой жизни евреев в Польше его очень воодушевили. Он посетил 43 еврейских учреждения — профессиональных, промышленных и культурных, побывал в производственных объединениях, спортивных клубах, детских приютах, школах, музеях, театрах и издательствах, видел «тысячи еврейских фермеров и рабочих, трудящихся в полях и на заводах». По словам Будиша, он был поражен «их огромными успехами» в течение последних трех лет. Он сообщил своим чикагским слушателям, что не нашел никаких признаков антисемитизма в Польше. «Евреи не выражают желания покинуть эту страну. Они хотят остаться там и помогать ее восстановлению». Конечно, еврейское сообщество будет очень радо технической и финансовой поддержке от «Амбиджана». Будущий президент Д. Урец сказал, что новые переселенцы в Биробиджане станут «созидающим новым поколением, которое будет строить Еврейскую автономную область», а область, заверил присутствующих Будиш, скоро станет Еврейской Республикой[11].

На банкете в Цинциннати 3 апреля почетным гостем стал профессор Дж. Р. Маркус, президент Еврейского Юнион-колледжа. Он отмечал роль Биробиджана в еврейской жизни. В Вашингтоне был концерт в «Нэшнл Пресс-клаб одиториум» 13 ноября. Количество зрителей доходило до 800 человек, собрали 1 061 доллар. Отделение Роксбери-Дорчестер в Бостоне под управлением И. Шора, вице-президента всех отделений Новой Англии, тоже сохраняло высокую активность. 8 сентября перед Бостонским департамен-

---

[11] Марголис А. М. Отчет к 15-му юбилейному съезду чикагского «Амбиджана» // Найлебн — Нью Лайф. 1949, июнь. С. 15–16 (на идише). См.: Margolis A. M. Barikht fun der 15ter yubili-konferents fun chicagoer ambidzhan // *Nailebn — New Life*. 22, 6 (June 1949): 15–16; Организационные мероприятия // Бюллетень «Амбиджана». 1949, июль — авг. С. 14. См.: Organizational Activities // Ambijan Bulletin. 8, 3 (July — August 1949): 14. На ежегодном обеде Фонда Эйнштейна 26 ноября выступал Кит Уилер, журналист из чикагской газеты «Сан-Таймс». Были также предложения пригласить Уоллеса, Поля Робсона и Рузвельта-младшего, но нет никаких свидетельств того, что с ними связывались по этому вопросу. Протоколы, 13 июля 1949 г., Чикагский еврейский архив (Minutes, July 13, 1949, in Collection № 20: Chicago Chapter, American Birobidjan Committee, Series A. Minutes. Folder 6: Minutes, 1949–1950, Chicago Jewish Archives).

том выступал Олкен; он подчеркнул, что необходимо удовлетворить возросшие потребности Израиля, Польши и Биробиджана по обустройству сирот. Постановили организовать специальный комитет по работе в этом направлении. Вся эта деятельность, как писал Дженофский, «отражала стремление к миру и противостояла холодной войне, развязанной против Советского Союза»[12].

Упорно сопротивлялась Калифорния. Отделение Южной Калифорнии, офис которого располагался в Лос-Анджелесе на Норт-Вестерн-авеню, 1058 в 1949 году включало девять подразделений: Сан-Франциско и соседние города, Сити Террас, Ист-Сайд (два подразделения), Голливуд, Лонг-Бич и Сан-Педро, Онтарио, Фэйрфакс и Женский клуб Эстер Левит. Они продолжали работать вплоть до окончательного упразднения организации. Среди «доноров» «Амбиджана» в Лос-Анджелесе существенную роль играли представители киноиндустрии: Г. Арлен, М. Карновский, Р. Каммингс, А. Мальц, Э. Г. Робинсон, П. Хенрейд, С. Орниц и А. Шоу. Во время войны киностудии, многие из которых принадлежали евреям, по большей части симпатизировали СССР и американским «прогрессивным» течениям[13].

---

[12] Огромный успех вечера «Амбиджана» в Вашингтоне // Бюллетень «Амбиджана». 1949, дек. С. 2. См.: Ambijan Evening in Washington Huge Success // Ambijan Bulletin. 8, 4 (December 1949): 2; Организационные мероприятия // Там же. С. 15; См.: [Абрам Дженофский] Дж. А. Организация и ее работа // Найлебн — Нью Лайф. 1949, май. С. 20; сент. — окт. С. 20–21; нояб. С. 22; 1950, янв. С. 21. См.: [Jenofsky A.] J. A. Organizatsye un arbet // *Nailebn — New Life*. 22, 5 (May 1949): 20; [Jenofsky A.] J. A. Organizatsye un arbet // *Nailebn — New Life*. 22, 8 (September — October 1949): 20–21; Ibid. 9 (November 1949): 22; Ibid. 23, 1 (January 1950): 21.

[13] См. рекламное объявление на всю страницу, которое разместили в «Бюллетене "Амбиджана"» восемь крупнейших голливудских киностудий (Ambijan Bulletin. 2, 3 (April 1943): 1). Под изображением статуи Свободы, которая в сумерках высоко держит свой факел, надпись: «Киноиндустрия приветствует величайшую звезду!» Орниц был одним из десяти кинематографистов, которых 24 ноября 1947 г. обвинили в неуважении к Конгрессу, ставших впоследствии известными как «Голливудская десятка», см. [Eckstein 2004]. О практике черных списков в киноиндустрии в эпоху маккартизма существует обширная литература. Взгляд, сочувствующий коммунистам, из той же эпохи представлен в [Kahn 1948]. Более подробно историю деятельности коммунистов в киноиндустрии см. [Horne 2001; Ceplair, Englund 2003; Radosh, Radosh 2005].

На собрании подразделения Сити Террас 4 февраля 1949 года
Д. Леви, секретарь, сообщила, что за несколько месяцев было
получено 1 300 долларов. 26 марта 1 400 человек собрались,
чтобы отпраздновать 21-й год еврейской колонизации в Биробиджане; Мальц выступал в качестве приглашенного спикера,
председателем была С. Фелл-Йеллин. Когда Мальц упоминал
Сталина, все аплодировали. Общая сумма пожертвований и выручки от продажи сувенирных буклетов составила 800 долларов.

Представители разных подразделений встретились в еврейском общинном центре в Сан-Франциско 9–10 апреля на съезд
штата Калифорния. Среди выступающих снова звучали имена
Мальца и Фелл-Йеллин. Около 400 гостей слушали выступление
Мальца в первый вечер, было собрано 2 000 долларов. На следующий день Фелл-Йеллин рассказывала об истории Биробиджана
и о том, как американские евреи помогали ЕАО все эти годы.
Розенфельд отметил деятельность «Амбиджана» в Калифорнии.
Он положительно отозвался о работе отделений «Амбиджана»
в Лос-Анджелесе и выразил надежду, что они могут подбодрить
организации Северной Калифорнии, уступавшие им и в размере,
и в активности. Съезд вынес решение устроить ежегодные обеды
для жертвователей в Лос-Анджелесе и Сан-Франциско[14].

---

[14] [Абрам Дженофский] Дж. А. Организация и ее работа // Найлебн — Нью
Лайф. 1949, апр. С. 20–21; Крупин Н. Успешная конференция «Амбиджана»
штата Калифорния // Найлебн — Нью Лайф. 1949, май. С. 12–13 (на идише).
См.: Krupin N. A derfolgraykhe ambidzhan shtat-konferents in California //
Nailebn — New Life. 22, 5 (May 1949): 12–13. См. также с. 1–2 7-страничного
доклада ФБР от специального агента Р. Б. Худа 28 сентября 1949 г. (p. 1–2 of
the 7-page FBI Report of R. B. Hood, Special Agent in Charge, Sept. 28, 1949,
originally in LA File 100–23652. File 100–99898, Section 4, FOIPA № 416152,
Ambijan). Мальц, писатель, автор рассказов, пьес и сценариев, попал в черный
список Голливуда, отказавшись свидетельствовать о своей принадлежности
к КП США перед комиссией по расследованию антиамериканской деятельности при Конгрессе США в 1947 г.; был осужден и приговорен к году тюремного заключения в 1950 г. После девяти месяцев в тюрьме был освобожден
и переехал в Мексику, где жил до 1962 г. Эти биографические подробности
легли в основу его романа «Длинный день в короткой жизни» (рус. пер.:
Мальц А. Длинный день в короткой жизни / пер. О. Волкова. Москва: Изд-во
иностранной литературы, 1958).

Обед для жертвователей Лос-Анджелеса состоялся 14 августа в отеле «Рузвельт» в Голливуде. Выступали Дж. Сомервилл, профессор Хантер-колледжа, приглашенный преподаватель Стэнфорда, специалист по «советской философии», а также «колоритный, всеми любимый» голливудский режиссер Г. Биберман, который пришел вместе с женой, актрисой Г. Сондергаард. Биберман сказал, что посетил мероприятие специально, чтобы проявить глубокое уважение и любовь, которые он питал к «Амбиджану», работающему ради мира и сотрудничества с Советским Союзом. Он писал: «В этом мире ненависти честь и радость присутствовать на таком празднике». Режиссер осудил тех лидеров американского еврейства, которые отказывались верить, что евреи Советского Союза живут в безопасности и в равенстве. Присутствовало почти 400 человек, зал был заполнен до отказа. Обед принес больше 12 тысяч долларов. Крупин очень радовался, что собрание оказалось таким многолюдным, и утверждал, что это доказывает желание евреев участвовать в строительстве Биробиджана.

26–27 ноября Розенфельд выступил с докладом о деятельности в Лос-Анджелесе и его окрестностях перед 176 делегатами от 61 организации на ежегодном съезде в Калифорнии. В течение первых девяти месяцев 1949 года Южная Калифорния направила в центральный офис в Нью-Йорке 12 тысяч долларов. Отделение Южной Калифорнии избрало председателем А. Кертмана, исполнительным секретарем — Розенфельда, организатором — Г. Голдштейна, казначеем — Э. Майерс. Крупин стал директором по культурным делам и прессе, М. Йеллин — секретарем-референтом, Фелл-Йеллин — вице-президентом[15].

15 [Абрам Дженофский] Дж. А. Организация и ее работа // Найлебн — Нью Лайф. 1949, июль — авг. С. 20–21. См.: [Jenofsky A.] J. A. Organizatsye un arbet // *Nailebn — New Life*. 22, 7 (July — August 1949): 20–21; Организационные мероприятия // Бюллетень «Амбиджана». 1949, июль — авг. С. 15. См.: Organizational Activities // Ambijan Bulletin. 8, 3 (July — August 1949): 15; Крупин Н. Обед для «доноров» в Лос-Анджелесе: мероприятие высокого класса во имя Биробиджана и во имя мира // Найлебн — Нью Лайф. 1949, сент. — окт. С. 17–18. См.: Krupin N. Der 'donor-diner' in los angeles — a prekhtike aktsye far birobidzhan in far sholem // *Nailebn — New Life*. 22, 8 (September — October 1949): 17–18; Русско-американские отношения — ключ к миру во всем мире // Найлебн —

Осенью 1949 года, когда настал новый, 5710 год по еврейскому календарю, Дженофский разослал членам организации поздравления и сообщил, что работа «Амбиджана» сейчас ведется по трем направлениям, таким как Биробиджан, Израиль и Польша. Он написал, что, поскольку Объединенный еврейский призыв и «Джойнт» занимаются дискриминацией «прогрессивных» еврейских организаций, выделяя им очень скудные средства, «Амбиджан» включился в партнерство с другими сообществами — сетью образовательных и социальных учреждений «Агудат Тарбут Лаам» в Израиле и Центральным комитетом польских евреев в Польше — и планирует собирать средства для их детских приютов. Финансирование приютов в Биробиджане и Сталинграде также будет продолжено. Дженофский отметил, что «ухудшившаяся международная обстановка и трудности, которые возникают из-за этого у еврейского народа, накладывают на нас еще больше ответственности и увеличивают наши обязательства»[16].

На последнем национальном съезде «Амбиджана» в декабре 1949 года Дженофский напомнил слушателям, что ИКОР был создан четверть века назад, чтобы доносить до американских евреев правду о том, как в Советском Союзе решается националь-

---

Нью Лайф. 1949, сент. — окт. С. 23–24. См.: American-Russian Relations Key to World Peace // *Nailebn — New Life*. 22, 8 (September — October 1949): 23–24; Организационные мероприятия // Бюллетень «Амбиджана». 1949, дек. С. 15. См.: Organizational Activities // Ambijan Bulletin. 8, 4 (December 1949): 15. Чета Йеллин играла важную роль в калифорнийском отделении «Амбиджана»; оба они состояли в КП США. Мендель родился в Белостоке в 1894 г., Сара — под Крынками в 1895 г. (оба города — на территории совр. Польши). В июне 1949 г. она выступила с лекциями об «Амбиджане» в Нью-Йорке и Нью-Джерси; ее слава росла, 15 июня на собрании отделения в Восточном Бронксе Сару представила Гина Медем. 20 июня в честь Сары Фелл-Йеллин был организован вечер в ресторане «Раппапорта» в Манхэттене, на который пришли почти все члены Национального исполнительного комитета.

16 Национальный съезд «Амбиджана», воскресенье 11 декабря 1949 г. // Найлебн Нью Лайф. 1949, сент. — окт. С. 24. См.: Ambijan National Conference Sunday, Dec. 11, 1949 // *Nailebn — New Life*. 22, 8 (September — October 1949): 24; [Абрам Дженофский] Дж. А. Организация и ее работа // Найлебн — Нью Лайф. 1949, сент. — окт. С. 20. См.: [Jenofsky A.] J. A. Organizatsye un arbet // *Nailebn — New Life*. 22, 8 (September — October 1949): 20. Движение «Агудат Тарбут Лаам» было связано с Коммунистической партией Израиля.

ный вопрос в целом и «еврейский вопрос» в частности. Это были судьбоносные 25 лет в жизни еврейского народа: катастрофа, когда нацисты и фашисты отняли жизни шести миллионов евреев, и основание двух еврейских автономий — Биробиджана на Дальнем Востоке и государства Израиль на Ближнем Востоке. Теперь, продолжал он, и в новых демократических странах Восточной Европы тоже возрождается еврейская культурная и повседневная жизнь.

После войны развитие Биробиджана происходит чрезвычайно быстро, там строятся новые заводы, дома для рабочих, школы, больницы и стадионы. Сейчас ЕАО производит в десять раз больше продукции, чем в 1936 году. Дженофский заявил, что около 25 тысяч детей ходят в 144 школы, в которых обучение ведется на идише. В ЕАО есть педагогический институт, медицинский техникум, культпросветучилище, музыкальная школа, художественная школа и техникум железнодорожного транспорта. Всюду принимают детей, потерявших родителей во время войны, и многие из них делают большие успехи в музыке, танцах и педагогике. Развитие экономики и культуры ЕАО, основанное на принципах социализма, создает «новую эпоху в истории еврейского народа». В течение следующих нескольких лет эта местность станет важным центром как тяжелой, так и легкой промышленности, будет производить строительные материалы, сборные дома, локомотивы, бумагу, текстиль, обувь, одежду и множество других товаров. Очень важно, чтобы «Амбиджан» продолжал в своих печатных изданиях распространять правду о строительстве новой жизни евреев в Израиле, в новых демократических странах, в Биробиджане и во всем Советском Союзе[17].

---

[17] Дженофский А. Вклад «Амбиджана» последних двух лет // Найлебн — Нью Лайф. 1949, дек. С. 16–21 (на идише). См.: Jenofsky A. Der baytrog fun ambidzhan in di letste tsvey yor // *Nailebn — New Life*. 22, 10 (December 1949): 16–21; Отчет для национальной конференции «Амбиджана», Нью-Йорк, 10–11 декабря 1949 г., рукопись, архив YIVO («Barikht tsu der natsyonaler konferents fun dem ambidzhan komitet,» New York, Dec. 10–11, 1949, mss; in the Abraham Jenofsky papers, RG734, Box 1, folder 5, YIVO).

Шатцов писал в *Nailebn — New Life*, что история ИКОРа составляет «прекрасную главу в истории еврейских масс в Америке». Он рассказывал о ранних проектах ИКОРа в сельскохозяйственных колониях в Белоруссии, на Украине и в Крыму, о его идейной и материальной поддержке Биробиджана после 1928 года. ИКОР даже отправлял комиссию экспертов в Биробиджан в 1929 году с целью изучения возможностей иммиграции евреев. Шатцов отмечал, что «Амбиджан» был основан для облегчения процесса переселения евреев из-за границы, в особенности из Польши, в ЕАО. На какое-то время в связи с международной обстановкой эта цель стала выглядеть недостижимой, и «Амбиджан», казалось, должен был прекратить существование. Но его лидеры, «провидцы», образованные люди, достигшие успеха в политике, бизнесе и профессиональных занятиях, понимали, что «Амбиджан» может выполнить свое предназначение лишь при условии мира во всем мире. Они решили направить свои усилия на развитие дружественных отношений между Советским Союзом и США. В этом они многого добились. Они привлекли к своей работе очень влиятельных в Америке людей. Многие мэры, конгрессмены, сенаторы, религиозные лидеры и главы самых разных учреждений поддержали замечательную работу «Амбиджана». Потом «Амбиджан» и ИКОР объединились. Шатцов был уверен, что это укрепит прогрессивные силы среди евреев и что объединенная организация продолжит свою работу не только в пользу Биробиджана, но и в пользу Израиля и Польши[18].

Шатцов, конечно, ошибался. Но даже в 1950 году, последнем, который «Амбиджану» удалось прожить полностью, национальная организация и ее подразделения продолжали проводить встречи, устраивать мероприятия и собирать средства. С января по июль «Амбиджан» направил 20 747 долларов на нужды детей в Израиле, во Франции, в Польше, Бельгии и Литве[19].

---

[18] Шатцов Л. Четверть века разъяснений и оказания помощи // Найлебн — Нью Лайф. 1949, дек. С. 14–16 (на идише). См.: Schatzov Dr. L. A fertl yorhundert fun hilf un oyfklerung // *Nailebn — New Life*. 22, 10 (December 1949): 14–16.

[19] [Абрам Дженофский] Дж. А. Организация и ее работа // Найлебн — Нью Лайф. 1950, февр. С. 21–22. См.: [Jenofsky A.] J. A. Organizatsye un arbet // *Nailebn — New Life*. 23, 2 (February 1950): 21–22; Комитет «Амбиджана» от-

Бронксское и манхэттенское отделения в феврале и марте организовали ряд мероприятий, в частности лекцию Эпштейна «Китай сегодня». Эпштейн родился в Варшаве в 1915 году, вырос в Китае и работал там журналистом до своего приезда в Америку в 1945 году. В 1951 году он вернется в недавно созданную Китайскую Народную Республику, станет сторонником революционного режима Мао Цзэдуна и редактором англоязычного журнала «Китай возрождается» (впоследствии — «Китай сегодня»). Манхэттенское отделение 10–12 марта провело благотворительную ярмарку в Гринвич-Виллидж с угощением и аттракционами, а 7 мая организовало концерт в Таун-холле в честь 16-й годовщины Еврейской автономной области и второй годовщины Израиля. 1 февраля бруклинское отделение «Амбиджана» устроило выступление Э. Робсон — жены П. Робсона, сефардки, которая занималась изучением Африки и только что вернулась из поездки в Китай и СССР. Браунсвильское отделение в Бруклине провело ежегодный прием с танцами 4 февраля, было собрано 400 долларов, а также совместно с отделением Истерн Паркуэй организовало еще одно выступление Робсон 21 февраля[20].

В Трентоне (штат Нью-Джерси) 12 февраля Олкен произносил речь о советско-американских отношениях как ключевом факторе,

правляет подарки для восстановления нормальной жизни // Бюллетень «Амбиджана». 1950, июль — авг. С. 4. См.: Shipments of Rehabilitation Gifts by Ambijan Committee // Ambijan Bulletin. 9, 2 (July — August 1950): 4.

[20] [Абрам Дженофский] Дж. А. Организация и ее работа // Найлебн — Нью Лайф. 1950, февр. С. 21–22. См.: [Jenofsky A.] J. A. Organizatsye un arbet // Nailebn — New Life. 23, 2 (February 1950): 21–22; [Абрам Дженофский] Дж. А. Организация и ее работа // Найлебн — Нью Лайф. 1950, март — апр. С. 22. См.: [Jenofsky A.] J. A. Organizatsye un arbet // Nailebn — New Life. 23, 3 (March — April 1950): 20; Объявление о большой ярмарке: Найлебн — Нью Лайф. 1950, февр. С. 23. См.: Grand Bazaar // Nailebn — New Life. 23, 2 (February 1950): 23. О концерте в Таун-холле см. с. 12–13 42-страничного доклада ФБР от Э. Шейдта, 27 октября 1950 г. (p. 12–13 of a 42-page report dated Oct. 27, 1950, submitted by Edward Scheidt, Special Agent in Charge, originally in NY File 100–42538. File 100–99898, Section 6, FOIPA № 416152, Ambijan). Израиль Эпштейн написал несколько книг о китайской коммунистической революции, см. [Epstein 1939, 1945, 1947]. Он умер в Пекине 26 мая 1995 г. См. его автобиографию [Epstein 2005].

от которого зависит мир во всем мире. Трентонское отделение передало организации штата 145 долларов во время ежегодного обеда в Ньюарке 21 февраля. Там выступали Кунц, Будиш, Франкель и профессор Сомервиль. Лекция Сомервиля о мире во всем мире и дружбе между народами «была принята с восторгом». Это мероприятие устраивал Ф. Аллен, «известный ньюаркский адвокат и просветитель»; удалось получить 1 600 долларов, присутствовали 150 гостей[21]. В Филадельфии ежегодный концерт прошел 6 января в отеле «Сильвания». Одним из приглашенных стал У. Мэндел, который в своем выступлении говорил о необходимости дружбы между Америкой и СССР. Общая сумма сборов составила 500 долларов. Мэндел регулярно писал для американского издания *Soviet Russia Today*, говорил по-русски, дружил со Стефанссоном и работал вместе с ним над 20-томной «Энциклопедией Арктики». В Бостоне «прогрессивные граждане» 29 января на «Форуме победителей» (Victory Folks Forum) слушали лекцию Олкена на тему «Советско-американские отношения — ключ к миру во всем мире»[22]. В Майами около 300 человек праздновали 25-ю годовщину ИКОРа — «Амбиджана» и 16-летие Еврейской автономной области 2 марта в ресторане «Майамиан». Выступал Кац, зарубежный издатель *Morgen Freiheit*; было собрано 830 долларов. Два дня спустя Олкен читал лекцию «Путь к миру»[23].

---

[21] «Амбиджан» в Трентоне действует // Найлебн — Нью Лайф. 1950, март — апр. С. 23. См.: Trenton Ambijan Active // *Nailebn — New Life*. 23, 3 (March — April 1950): 23; Выдающийся успех обеда «Амбиджана» в Нью-Джерси // Бюллетень «Амбиджана». 1950, июль — авг. С. 15. См.: New Jersey Ambijan Dinner Outstanding Success // Ambijan Bulletin. 9, 2 (July — August 1950): 15.

[22] [Абрам Дженофский] Дж. А. Организация и ее работа // Найлебн — Нью Лайф. 1950, янв. С. 21. См.: [Abraham Jenofsky] J. A. Organizatsye un arbet // *Nailebn — New Life*. 23, 1 (January 1950): 21; Успех лекции «Амбиджана» в Бостоне // Найлебн — Нью Лайф. 1950, март — апр. С. 23. См.: Boston Ambijan Lecture Successful // *Nailebn — New Life*. 23, 3 (March — April 1950): 23.

[23] [Абрам Дженофский] Дж. А. Организация и ее работа // Найлебн — Нью Лайф. 1950, март — апр. С. 22. См.: [Abraham Jenofsky] J. A. Organizatsye un arbet // *Nailebn — New Life*. 23, 3 (March — April 1950): 20; Майами, Флорида // Бюллетень «Амбиджана». 1950, июль — авг. С. 2. См.: Miami, Florida // Ambijan Bulletin. 9, 2 (July — August 1950): 2.

8 февраля в Лос-Анджелесе У. Мэндел рассказывал о «советской политике на Дальнем Востоке». Он отметил, что с возникновением Китайской Народной Республики Советский Союз получает нового влиятельного союзника в Азии. На лекции можно было приобрести книгу Мэндела 1946 года издания «Путеводитель по Советскому Союзу». Следующая его лекция состоялась 17 февраля в Сан-Франциско, днем позже — в Петалуме, где, по словам секретаря Д. Вронской, он представил «блестящий обзор <...> обстановки в мире, мирных сил и развития взаимопонимания между народами»[24].

Национальные лидеры делали все возможное, чтобы сохранить «Амбиджан». Летом Будиш объехал отделения в Вашингтоне, Чикаго, Филадельфии, Балтиморе, Цинциннати, Миннеаполисе, Детройте, Ньюарке, Сиэтле, Портленде (штат Орегон), Сан-Франциско и Лос-Анджелесе. Но конец был уже близок. 11 июня 1950 года чикагское отделение провело съезд в «Палмер Хаус». Очевидно, это было их последнее официальное мероприятие. 22 июня Д. Урец созвал специальное заседание комитета «Амбиджана». Он передал сообщение Будиша о том, что национальная организация больше не может нести расходы по содержанию офиса в Чикаго. Комитет проголосовал за ликвидацию офиса. В июле Будиш отправился в Чикаго и 27 июля выступил на со-

---

[24] [Абрам Дженофский] Дж. А. Организация и ее работа // Найлебн — Нью Лайф. 1950, янв. С. 21. См.: [Jenofsky A.] J. A. Organizatsye un arbet // *Nailebn — New Life*. 23, 1 (January 1950): 21; [Дженофский А.] Дж. А. Организация и ее работа // Найлебн — Нью Лайф. 1950, февр. С. 21–22. См.: [Abraham Jenofsky] J. A. Organizatsye un arbet // *Nailebn — New Life*. 23, 2 (February 1950): 21–22; [Абрам Дженофский] Дж. А. Организация и ее работа // Найлебн — Нью Лайф. 1950, март — апр. С. 22. См.: [Abraham Jenofsky] J. A. Organizatsye un arbet // *Nailebn — New Life*. 23, 3 (March — April 1950): 20; Петалуме понравилась лекция Мэндела // Найлебн — Нью Лайф. 1950, февр. С. 22–23; *Nailebn — New Life*. 23, 3 (March — April 1950): 23; Лос-Анджелес, Сан-Франциско, Калифорния // Бюллетень «Амбиджана». 1950, июль — авг. См.: Los Angeles, San Francisco, California // Ambijan Bulletin. 9, 2 (July — August 1950): 15. О Южной Калифорнии см. также с. 5–7 46-страничного доклада ФБР от специального агента Р. Б. Худа, 9 мая 1950 г. (p. 5–7 of the 46-page FBI report of R. B. Hood, Special Agent in Charge, May 9, 1950, originally in LA File 100–23652. File 100–99898, Section 5, FOIPA № 416152, Ambijan).

брании с сообщением, что организация «в настоящее время не предоставляет помощь Биробиджану, а значит, в ней больше нет необходимости». Чикагское отделение «Амбиджана» закрыло офисы 9 ноября 1950 года[25].

5 мая 1951 года отделение в Южной Калифорнии, которое и сейчас существует под названием Комитет Южной Калифорнии для помощи евреям, провело встречу, на которой раввин Бик выступил на тему «Шестая мировая держава: Движение за мир». Он рассказал о своей поездке в качестве делегата на Второй всемирный конгресс сторонников мира в Варшаве в ноябре 1950 года. Бик подверг критике Израиль, поддерживающий США в Корейской войне. Но совсем скоро после этой встречи и в Южной Калифорнии «Амбиджан» прекратил свое существование[26].

---

[25] [Абрам Дженофский] Дж. А. Организация и ее работа // Найлебн — Нью Лайф. 1950, февр. С. 21. См.: [Abraham Jenofsky] J. A. Organizatsye un arbet // *Nailebn — New Life*. 23, 2 (February 1950): 21; Исполнительный вице-президент Я. М. Будиш совершает организационную поездку по Западному побережью // Бюллетень «Амбиджана». 1950, июль — авг. С. 4. См.: Executive Vice-President J. M. Budish on Organizational Tour of West Coast // Ambijan Bulletin. 9, 2 (July — August 1950): 4; Протоколы, 22 июня 1950 г., Чикагский еврейский архив (Minutes, June 22, 1950; July 27, 1950, in Collection № 20: Chicago Chapter, American Birobidjan Committee, Series A. Minutes. Folder 6: Minutes, 1949–1950, Chicago Jewish Archives). См. также о Чикаго 4-страничный доклад ФБР специального агента Дж. Р. МакСвайна, 6 января 1951 г. (4-page FBI Report of G. R. McSwain, Special Agent in Charge, Jan. 6, 1951, originally in File 100–18113. File 100–99898, Section 6, FOIPA № 416152, Ambijan).

[26] Докладная записка ФБР от специального агента, Сан-Франциско, директору ФБР, 29 января 1952 г. (FBI Memo from SAC, San Francisco, to Director FBI, Jan. 29, 1952, originally in SF File 100–26751. File 100–99898, Section 6, FOIPA № 416152, Ambidjan).

•

FIRST OPENING SESSION
AND CONCERT

Saturday Evening
March 5th

8:00 P. M.

at the New School
for Social Research

P R O G R A M

a) Greetings by Representa-
tives of Organizations

b) Concert:

VIVIAN RIFKIN
Pianist

NORMAN ATKINS
Baritone

•

Second Session:

Sunday Morning
March 6th

10:30 A.M.

at the Commodore Hotel

•

Concluding, Third Session:

Sunday Afternoon
March 6th

2:00 P. M.

at the Commodore Hotel

•

Please Send Your
Credentials to ———→

Call to

NEW YORK AREA CONFERENCE

marking the

15th ANNIVERSARY of the JEWISH

AUTONOMOUS REGION—BIROBIDJAN

NEW YORK CITY

MARCH 5th-6th

1949

SATURDAY OPENING SESSION
AND CONCERT

MARCH 5th

8:00 P. M.

AT THE AUDITORIUM

New School for Social Research

66 West 12th Street, New York City

SUNDAY SESSIONS — MARCH 6th

10:30 A.M. and 2:00 P.M.

Commodore Hotel

42nd Street at Lexington Avenue
New York City

Registration fee $1.00 per delegate, including admission to the concert

NEW YORK AREA CONFERENCE, AMERICAN BIROBIDJAN COMMITTEE (AMBIJAN)
103 Park Avenue, New York 17, N. Y. ● MU. 3-8895-6-7

Приглашение на конференцию «Амбиджана» в честь 15-летия
провозглашения Биробиджана Еврейской автономной областью
(сторона на английском) (архив YIVO, Нью-Йорк)

רוף

צו אַלע אידישע אָרגאַניזאַציעס, לאַנדסמאַנשאַפטן, סאָסייעטיס, פראַטערנאַלע אָרדנס,
פרויען־אָרגאַניזאַציעס, קאָנגרעגײשאַנס, טרײד־יוניאָנס און קולטור־אינסטיטוציעס

צו דער

קאָנפערענץ

אין ניו-יאָרק און אומגעגנט

צום 15טן יוביליי פון ביראָבידזשאַן
אַלס אידישע אויטאָנאָמע געגנט

פּראָגראַם:
ווויויען ריפקין
קאָנצערטס־פּיאַניסט
נאָרמאַן אַטקינס
באַריטאָן
באַגריסונגען: פאַרשטײער פון אָרגאַניזאַציעס

פייערלעכע דערעפענונג:
שבת, דעם 5טן מערץ, 1949, 8:30 אָוונט
אין אָדיטאָריום פון דער
ניו-סקול פאַר סאָשיעל ריסוירטש
66 וועסט 12טע גאַס. ניו-יאָרק.

אײער אָרגאַניזאַציע איז געבעטן צו דערוויילן צוויי
דעלעגאַטן צו דער קאָנפערענץ. שיקט אײער קרעדענשל
אין אָפיס פון אַמבידזשאַן:
New York Area Conference
American Birobidjan Committee (Ambijan)
103 Park Avenue, New York 17, N. Y. • MU 3-8895-6-7

זיצונגען — זונטאָג, דעם 6טן מערץ:
1טע זיצונג — 10:30 אינדערפרי.
2טע זיצונג — פון 2 ביימאָג ביז 5 פאַרנאַכט
אין קאַמאַריאָר האַטעל
42טע גאַס ביי לעקסינגטאָן עוועניו. ניו-יאָרק.

פון דער באַגריסונג פון
פּראָפעסאָר אַלבערט אײנשטײן,
ערן־פּרעזידענט פון דעם
אַמעריקאַנער ביראָבידזשאַן קאָמיטעט:

"עס איז פון גרויס וויכטיקייט פאַר אידן, אַז דער פּרינציפּ פון געגנזײטיקער הילף זאָל אָנגעהאַלטן
ווערן, טראָץ די פּאָליטישע מיספאַרשטענדענישן וואָס עקזיסטירן אין דער ניט-אידישער וועלט. דאָס גיט גיט דעם
אַמעריקאַנער ביראָבידזשאַן קאָמיטעטס היינט צו מאָג א ספעציעלע באַדייטונג פּונעם אידישן שטאַנדפּונקט. נאָך
מער: אם די אויפגאַבן קאָן ביימעלאָנג פאַרקלײבטערן צום פאַראײניגען די אַנגעצויגענע שטימונג, וועלכע עקזיסטירן צום
באַדויערן צווישן דעם מזרח און מערב, און צום דערגרײיכן א בעסערע געגנזײטיקע פאַרשטענדעניקונג."

רעניסטראַציע־אָפּצאָל: 1 דאָלער פון א דעלעגאַט. פאַר וועלכן עד קריגט אויך א קרינג א בילעט צום קאַנצערט.

Приглашение на конференцию «Амбиджана» в честь 15-летия
провозглашения Биробиджана Еврейской автономной областью
(сторона на идише) (архив YIVO, Нью-Йорк)

Заключение
От веры к обману

В 1946 году, когда «Амбиджан» соединился с ИКОРом, ветераны ИКОРа, такие как А. Дженофский и М. Стерн, опасались, что более социализированные в англоязычном мире члены «Амбиджана» подчинят себе биробиджанское движение. Даже среди коммунистов-евреев, преимущественно недавних иммигрантов, после Второй мировой войны становилось все меньше говорящих на идише. Официальная позиция коммунистов заключалась в том, что идиш продолжит играть главную роль «в борьбе за прогрессивную еврейскую культуру в Америке», но экономическая и культурная жизнь евреев будет неизбежно протекать на английском языке[1].

Дженофский разделял уверенность Стерна, по мнению которого "Амбиджану" стоило бы больше внимания уделять идишу и литературе на идише». В письме от 20 декабря 1946 года Дженофский пишет своему коллеге, что «Амбиджан» недавно опубликовал две брошюры на идише и будет внимательнее прислушиваться к землячествам. Что касается использования языка на собраниях, «идиш дискриминации не подвергается». В Нью-

---

[1] Коммунисты полагали, что, несмотря на это, идиш все равно сохранит свою важную роль, потому что налаживание тесных культурных связей с советскими евреями и евреями новых стран народной демократии в Восточной Европе «значительно усилит позиции идиша в национальной группе американских евреев». См.: Коммунистическая работа среди американских еврейских масс // Политикл Афэйрс. 1946, нояб. С. 1044–1045. См.: Communist Work Among the American Jewish Masses // Political Affairs. 25, 11 (November 1946): 1044–1045.

Йорке, где городской комитет состоит почти полностью из бывших членов ИКОРа, официальным языком собраний является идиш. На недавнем собрании городского комитета Шацков и Олкен выступали на идише, а профессор Кунц — по-английски. В других крупных городах, где было много отделений «Амбиджана», тоже говорили на идише. Дженофский пишет[2]:

> Но я не стану скрывать того факта, что на уровне страны... доминирующим языком является английский. Даже те, кому приходится напрягаться, чтобы объясниться на английском, предпочитают говорить на нем. Если «Амбиджан» не учтет этого, мы проиграем[3].

Естественно, Дженофский опасался, что более ассимилированные (и более зажиточные) члены «Амбиджана» будут выступать единым фронтом, вытесняя на обочину тех, кто больше двух десятилетий работал с ИКОРом. Этого не произошло. Фактически по мере усиления холодной войны старая гвардия, говорящая на идише, ветераны, неотступно верные ИКОРовским принципам, заняли в объединенной организации более важные роли. Многие основатели и звезды раннего периода, такие как У. Коэн, лорд Марли и Дж. Н. Розенберг, уже умерли, потеряли энтузиазм или увлеклись другими проектами[4]. Многие более умеренные члены

---

[2] Письмо от Абрама Дженофского Моррису Стерну, Нью-Йорк, 20 декабря 1946 г., архив YIVO (Letter from Abraham Jenofsky to Morris Stern, New York, Dec. 20, 1946; in the Morris Stern papers, RG231, Box 1, unnamed folder, YIVO).

[3] Письмо от Абрама Дженофского Моррису Стерну, Нью-Йорк, 8 апреля 1947 г., архив YIVO (Letter from Abraham Jenofsky to Morris Stern, New York, April 8, 1947; in the Morris Stern papers, RG231, Box 1, unnamed folder, YIVO).

[4] После войны Дж. Н. Розенберг возглавил Американский комитет, который занимался форсированием принятия Конвенции против геноцида в ООН. В 1947 г. Розенберг оставил юридическую практику, чтобы посвятить себя искусству: он был коллекционером, сам занимался живописью, создавал гравюры, писал стихи. Розенберг умер в 1970 г. в возрасте 96 лет. См.: Скончался Джеймс Н. Розенберг, юрист-художник, филантроп, сотрудник Гувера по АРА в 1921 г. // Нью-Йорк таймс. 1970, 22 июля. С. 40 (James N. Rosenberg, a Lawyer-Painter, is Dead; Philanthropist Aided Hoover in Relief Work in '21 // New York Times (July 22, 1970): 40.

«Амбиджана», либералы, которым было по пути с «Амбиджаном» в 1934–1945 годы, когда шла битва против фашизма и нацизма, покинули корабль, когда «врагом» стала сама Америка. С уходом попутчиков старая верная гвардия ИКОРа — такие активисты, как Дженофский, Стерн, Медем, Кац, Кунц, Шатцов, — осталась. По печатным изданиям видно, что в новой, объединенной, организации они приобрели влияние: в декабре 1945 года двуязычный *Nailebn — New Life* перестает выходить, а в январе 1947 года «Амбиджан» возобновляет его выпуск. Во многих статьях последних выпусков издания организацию называют ИКОР — «Амбиджан»[5].

В майском выпуске *Nailebn — New Life* за 1949 год напечатана статья о Х. Житловском к 6-й годовщине его смерти. В выпуске за март — апрель 1950 года напечатана речь Дженофского, сказанная на собрании 25 февраля 1950 года в Новой школе социальных исследований в Нью-Йорке, посвященном памяти Брайнина, которого не стало в ноябре 1939 года. Мероприятие в честь крупного деятеля ИКОРа было организовано совместно «Амбиджаном» и Американским комитетом еврейских писателей, художников и ученых[6]. В 1930-е годы «Амбиджан» едва ли удостоил бы своим вниманием Житловского и Брайнина, которые были столпами территориализма, идишизма и ашкеназского национализма.

---

[5] Шатцов Л. Четверть века разъяснений и оказания помощи // Найлебн — Нью Лайф. 1949, дек. С. 14–16 (на идише). См.: Dr. Schatzov L. A fertl yorhundert fun hilf un oyfklerung // *Nailebn — New Life*. 22, 10 (December 1949): 14–16. В статье о ежегодном обеде отделения «Амбиджана» в Нью-Джерси, который состоялся в Ньюарке, Чарльз Кунц назван пионером ИКОРа — «Амбиджана». См.: Выдающийся успех обеда нью-джерсийского отделения «Амбиджана» // Найлебн — Нью Лайф. 1950, март — апр. С. 23. См.: New Jersey Ambijan Dinner Outstanding Success // *Nailebn — New Life*. 23, 3 (March — April 1950): 23.

[6] Доктор Хаим Житловский // Найлебн — Нью Лайф. 1949, май. С. 13 (на идише). См.: Dr. khaim zhitlovsky // *Nailebn — New Life*. 22, 5 (May 1949): 13; Дженофский А. К 10-й годовщине смерти Рувна Брайнина // Найлебн — Нью Лайф. 1950, март — апр. С. 15–16 (на идише). См.: Jenofsky A. Tsum tsentn yortsayt fun reuben brainin // *Nailebn — New Life*. 23, 3 (March — April 1950): 15–16. В Тель-Авиве именем Рувна Брайнина была названа детская больница.

Возможно, только ветераны, отдавшие движению столько душевных сил, способны были так долго поддерживать свою веру в СССР. Например, раввин Бик написал хвалебную статью о Сталине к его 70-летнему юбилею в 1949 году. Свободно цитируя труды самого Сталина, Бик писал о том, как «человек, сам пострадавший от угнетения, взялся освободить все угнетенные народы». Политика Сталина полностью изменила жизнь советских евреев, утверждал он: советские евреи стали рабочими, колхозниками, интеллигентами и героями. Самый поразительный плод сталинской национальной политики — это создание Еврейской автономной области:

> Евреи в Советском Союзе, в новых демократиях, прогрессивные еврейские массы в Израиле и во всем мире признают, какую огромную поддержку оказал СССР государству Израиль, как много сделал для его провозглашения и для его военной победы, вследствие того что Сталин желает самоопределения для всех народов[7].

Истинная ситуация в СССР была, разумеется, совершенно иная. По мере ужесточения холодной войны Сталина все больше охватывала паранойя, а СССР — ксенофобия. С ноября 1948 года начались антиеврейские чистки. ЕАК, созданный во время Второй мировой войны с целью лоббирования военной поддержки СССР, был упразднен, а вместе с ним — и большинство других еврейских организаций, в том числе в Еврейской автономной области. Последняя еврейская школа в Биробиджане была закрыта в 1948 году, во всем Советском Союзе не осталось ни одной еврейской школы. Ни одной строчки на идише не было опубликовано с конца 1948 по 1959 год. Под разными предлогами евреи были вытеснены со всех важных политических, дипломатических и военных постов. Число ев-

---

[7] Бик А. И. Сталин — проводник дружбы между народами // Найлебн — Нью Лайф. 1949, дек. С. 3–4 (на идише). См.: Abraham Bick. Y. Stalin — der veg-vayzer fun felker-frayntshaft // *Nailebn — New Life*. 22, 10 (December 1949): 3–4.

реев в Верховном совете радикально снизилось. Об Израиле все чаще отзывались как об американской «колонии» и марионетке западного империализма, особенно после того как Израиль поддержал США в Корейской войне. В 1953 году, после взрыва на территории советской миссии в Тель-Авиве, Москва разорвала дипломатические отношения с Израилем. Отношения возобновились со смертью Сталина, однако в 1955 году испортились вновь, когда СССР начал продавать оружие Египту и сближаться с арабскими странами.

В последние годы сталинского правления многие советские литераторы, писавшие на идише, были объявлены участниками «сионистского» или «империалистического» заговора и расстреляны. Членов президиума ЕАК обвинили в контрреволюционном национализме и сговоре с американским империализмом против Советского Союза. Одно из обвинений касалось заговора, цель которого — превратить Крым в еврейскую республику. Она, в свою очередь, должна была послужить плацдармом для сионизма и американского империализма. ЕАК склонял представителей власти поддержать эти планы, особенно после депортации в мае 1944 года крымских татар, которых Сталин отправил в ссылку за предполагаемое сотрудничество с нацистами во время оккупации Крыма. В Нью-Йорке в 1943 году Михоэлс и Фефер обсуждали с Дж. Н. Розенбергом, председателем совета директоров «Джойнта», возможность финансирования с его стороны новых еврейских поселений в Крыму — теперь на эту беседу власть смотрела с подозрением. Комично, что в число улик, доказывающих существование антисоветского заговора, вошли даже контакты с еврейскими прокоммунистическими организациями, такими как ИКОР и «Амбиджан». Предосудительны оказались и контакты с такими людьми, как Б. Голдберг, который много путешествовал по Украине, Белоруссии и Прибалтике в 1946 году, П. Новик, который жил в СССР с сентября 1946 до весны 1947 года. Советская разведка тщательно контролировала все контакты названных американцев с влиятельными людьми среди советских евреев. Михоэлса и Фефера впоследствии обвинили в том, что они получили через них инструкцию от «Джойнта» «оторвать Крым от Советского Союза»[8].

Бывшие национальные секретари ИКОРа Элайас (Илья) Ватенберг и Л. Тальми, уехавшие в СССР в 1930-е годы и вошедшие в ЕАК в Москве во время войны, были арестованы вместе с женами в конце 1940-х годов. Ватенберг, прежде левый сионист, член «Поалей Цион», был первым секретарем ИКОРа и приезжал на конгресс КомЗЕТа в Москве в ноябре 1926 года. Вместе с женой, Ч. Островской-Ватенберг, он эмигрировал в СССР в марте 1933 года. Во время войны Ватенберги работали редакторами и переводчиками в ЕАК. Тальми, занявший пост национального секретаря ИКОРа после ухода Ватенберга, переехал в СССР еще раньше, в октябре 1932 года, с женой Соней и их сыном Владимиром[9].

В 1930-е годы Тальми стал переводчиком и главой английской секции московского Издательства литературы на иностранных языках, в которой работала помощником редактора и Островская-Ватенберг. Тальми был эвакуирован из Москвы в Куйбышев (Самара) вместе с правительством, когда в 1941 году столице угрожали нацистские войска. Его сообщения из Куйбышева печатались в различных коммунистических газетах на идише.

---

8   Голдберг Б. Десять лет спустя // Исраэл Хорайзнс. 1962, окт. С. 19. См. Goldberg B. Z. Ten Years Later // Israel Horizons. 10, 8 (October 1962): 19. См. [Estraikh 2008: 40; Redlich 1982: 53–57, 130–131; Lustiger 2003: 336–337; Люстигер 2008].

9   Телефонное интервью с Владимиром Тальми, Сильвер-Спринг (штат Мэриленд, 17 августа 1996 г.). Янкл Штилман. Пережить сталинизм: Интервью с Владимиром Тальми // Джуиш Каррентс. 2003. Июль — авг. С. 18–19. См.: Yankl Stillman. Surviving Stalinism: An Interview with Vladimir Talmy // Jewish Currents. 57, 4 (July — August 2003): 18–19. Тальми родился в Ляховичах (современная Польша) в 1893 г., переехал в США в 1912 г. Ватенберг родился в Станиславове (современный Ивано-Франковск, Украина) и переехал в США в 1920 г. См. приветственную телеграмму, которую они направили съезду ИКОРа в 1935 г. с пожеланием «продолжать свой славный труд еще усерднее и решительнее» (Приветствия съезду: Ватенберг и Тальми из Москвы // ИКОР. 1935, март. С. 30; Greetings to Convention: Watenberg [sic] and Talmy Cable from Moscow // ICOR. 8, 3 (March 1935): 30.

С. Тальми в это время преподавала английский язык в Московском институте иностранных языков.

Хотя Тальми был одним из основателей американской компартии и писал просоветские статьи для *Nation*, а Ватенберг представлял в Нью-Йорке советские коммерческие интересы, это не обеспечило им защиту, напротив: годы жизни в Америке давали дополнительную возможность обвинить их в шпионаже. Сталин отправил Тальми и Ватенберга под суд вместе с остальными подозреваемыми по делу ЕАК, среди которых были знаменитые еврейские писатели П. Маркиш, Л. Квитко, Д. Гофштейн, И. Фефер и Д. Бергельсон[10].

Пятнадцать обвиняемых признали виновными в различных тяжких преступлениях, от госизмены и шпионажа до буржуазного национализма. Тальми, Ватенберга и еще 11 человек, в том числе Островскую-Ватенберг, расстреляли 12 августа 1952 года[11]. После смерти Тальми Соня была отправлена в ссылку в Сибирь (1952–1953 годы). Сын Владимир, родившийся в 1924 году в Нью-Йорке, получил обвинение в измене Родине в 1947 году, когда проходил службу в Советской армии в Берлине. Он был приговорен к 25 годам лагерей и освобожден в 1955 году[12].

---

[10] На посвященном Биробиджану мероприятии в Майами 27 марта 1949 г. Макс Азар читал знаменитое стихотворение Ицика Фефера «Я еврей». См.: [Абрам Дженофский] Дж. А. Организация и ее работа // Найлебн — Нью Лайф. 1949, май. С. 19. См.: [Jenofsky A.] J. A. Organizatsye un arbet // *Nailebn — New Life*. 22, 5 (May 1949): 19. Члены «Амбиджана» даже не подозревали, что к этому времени Фефер уже сидел в тюрьме.

[11] [Ваксберг 1995: 152–153, 226–237]. Документы судебного процесса в переводе на английский опубликованы в [Naumov, Rubinstein 2001]. Оригиналы см. [Костырченко 2002].

[12] Владимир Тальми с матерью и женой, уроженкой России, эмигрировал в США в 1980 г. Тальми стал переводчиком при правительстве США в Вашингтоне. Телефонное интервью с Владимиром Тальми, Сильвер-Спринг (штат Мэриленд), 17 августа 1996 г. См.: Янкл Штилман. Пережить сталинизм: Интервью с Владимиром Тальми // Джуиш Каррентс. 2003, июль — август. С. 20–21. См.: Yankl Stillman. Surviving Stalinism: An Interview with Vladimir Talmy // Jewish Currents. 57, 4 (July — August 2003): 20–21.

Проявлением дальнейшего усиления репрессий стало так называемое «дело врачей». 13 января 1953 года было объявлено о раскрытии заговора среди врачей — евреев СССР с целью уничтожения представителей верховной власти. Немедленно последовали массовые аресты. Лишь по причине смерти Сталина 5 марта 1953 года новая волна репрессий остановилась[13].

В то же время во всех странах Восточной Европы, попавших в зависимость от СССР, на евреев смотрели с подозрением. В Чехословакии в 1952 году арестовали за измену и шпионаж 14 лидеров местной компартии, в том числе несколько заместителей министров и первого секретаря компартии Чехословакии Р. Сланского. 11 из них были евреями; их обвинили в пособничестве Иосипу Броз Тито, сионизму и участии в англо-американском заговоре. Девять евреев на волне антисемитской пропаганды были расстреляны. Похожие спектакли устраивались в Восточной Германии, Венгрии, Румынии и других странах социалистического блока[14]. Малейшее отступление от предписаний со стороны СССР объявлялось предательством. Десятки тысяч человек оказались в исправительно-трудовых лагерях. Иностранные и международные еврейские благотворительные организации были изгнаны.

Бик выступал в защиту судебных процессов, отвергая как «злонамеренные измышления» все «слухи, будто бы эти враги народа, эти шпионы, оказались под судом из-за того, что были евреями»[15]. Дж. У. Уайз, напротив, признал, что заблуждался «в своем искреннем убеждении»: «Я имею в виду, конечно, поло-

---

[13] Описание Сталина, а также подхалимов и преступников, которыми он себя окружил, и насаждаемой ими культуры садизма, жестокости и страха, которая сделала возможным режим, убивший десятки миллионов граждан, см. [Brent, Naumov 2003; Sebag-Montefiore 2004]. Подробнее о борьбе с «безродными космополитами» и другими еврейскими врагами Советского государства см. также [Azadovskii, Egorov 2002].

[14] См. подробнее [Lendvai 1971].

[15] Бик А. Письмо из Праги // Джуиш Лайф. 1953, февр. С. 7. См.: Abraham Bick. A Letter from Prague // Jewish Life. 7, 4 (February 1953): 7. См. таже [Harap 1953].

жение евреев в Советском Союзе и то, что Россия начала в политических целях прибегать к антисемитизму»[16].

Когда шефу московского бюро *The New York Times* Г. Солсбери разрешили посетить Биробиджан в июне 1954 года, за ним постоянно наблюдали агенты Министерства государственной безопасности (впоследствии — КГБ): «Никогда за всю свою жизнь в России я не находился под таким неусыпным наблюдением». Тем не менее он смог выяснить многое о ЕАО, в которой уже не было ничего специфически еврейского. Он заключает:

Основанный как еврейская колония с очевидной целью противопоставить что-то Палестине в начале 1930-х годов, Биробиджан утратил свою роль центра еврейской жизни много лет назад. Теперь это часть советского ГУЛАГа, «земля МГБ» [Salisbury 1955: 279–285].

На одной из фабрик ему показали выдающийся станок для нарезки тканей американского производства, скорее всего поставленный через «Амбиджан». Л. Е. Бенькович, председатель исполкома ЕАО, сказал Солсбери, что евреи в Биробиджане предпочитают говорить по-русски, а не на идише. В статье в *The New York Times* на целую полосу с фотографиями говорилось, что Биробиджан как центр еврейской жизни пришел в упадок[17].

---

[16] Цит. по: [Dawidowicz 1954]. Дж. У. Уайз вышел из партии после подписания Советско-германского договора о ненападении 1939 г., но с 1941 г. вернулся к сотрудничеству с «Амбиджаном». В 1950 г. он переехал во Францию, занимался бизнесом, связанным с искусством, умер в 1983 г. См.: Джеймс У. Уайз, 81 год, писатель и просветитель, предвидевший опасность нацизма // Нью-Йорк таймс. 1983, 30 нояб. B6. См.: James W. Wise, 81; Author and Lecturer Warned of the Nazis // New York Times (Nov. 30 1983). B6.

[17] Солсбери. Описание еврейской области в Советском Союзе // Нью-Йорк таймс. 1954. 21 июня. С. 9. См.: Harrison E. Salisbury. Jewish Province in Soviet Depicted. New York Times. 9 (June 21, 1954); Приезжему сообщают, что биробиджанские евреи переходят с идиша на русский // Нью-Йорк таймс. 1945, 22 июня. С. 6. См.: Harrison E. Salisbury. Birobidzhan Jews Drop Yiddish, Prefer Russian, Visitor is Told. New York Times. 6 (June 22, 1954); Оказывается, Биробиджан утрачивает свою роль советской «страны евреев» // Нью-Йорк таймс. 1954. 28 июня. С. 7. См.: Importance of Birobidzhan as Soviet's 'Jewish Homeland' is Found to be on Decline // New York Times. 7 (June 28, 1954).

Репортажи Солсбери, пишет газета в передовице, «красноречиво свидетельствуют, что некогда широко разрекламированная попытка советской власти построить "еврейскую страну" в Биробиджане в Восточной Сибири потерпела крах». Большинство переселенцев уехали, потому что «не смогли переносить местный климат или тяжелые бытовые условия». В Биробиджане имелись все минусы жизни первопроходцев, но не было ее плюсов — «...свободы или перспективы разбогатеть, которые привлекают людей, готовых к приключениям»[18].

Стало понятно, что будущее советских евреев вряд ли связано с Биробиджаном. Многие евреи, спасшиеся от нацистов, предпочли остаться в крупных городах европейской части России, Украины, Белоруссии и Прибалтики. Приток евреев в Биробиджан прекратился, хотя ЕАО продолжала существовать как административно-территориальная единица.

Сталин и сменивший его Н. С. Хрущев пытались возложить вину за провал биробиджанского проекта на самих евреев. Сталин, «говорят, отмечал в частной беседе [на Ялтинской конференции во время войны], что он недоволен евреями, которые не способны обустроить собственную территорию — Биробиджан» [Weinryb 1978: 321]. Хрущев в 1958 году сказал корреспонденту французской газеты *Le Figaro*, что советские евреи «не любят коллективный труд, групповую дисциплину. Им всегда больше нравилось жить поодиночке. Они индивидуалисты»[19]. Как написал один американский социал-демократ в бундистском журнале в 1959 году: «К 25-й годовщине великого большевистского биробиджанского проекта стало ясно, что это только фикция». Биробиджанский проект, как и многое другое, оказался большим надувательством и обернулся полным провалом[20].

---

[18] Путешествие в Сибирь // Нью-Йорк таймс. 1954, 25 июня. С. 20. См.: Siberian Journey // New York Times. 20 (June 25, 1954).

[19] Цит. по: [Weiner 2003: 268].

[20] Голдберг И. Юбилей, который не празднуют: 25 лет Биробиджанской автономной области // Унзер Цайт. 1959, окт. С. 30 (на идише). См.: Isor Goldberg. A yubl vos vert nisht gefayert: 25 or fun der birobidzhaner autonomer gegnt // Unzer Tsayt. 10 (October 1959): 30.

М. Станиславский предположил, что советское правительство затеяло эту авантюру по нескольким причинам, таким как «соображения внешней политики на Дальнем Востоке, надежда на поддержку со стороны евреев западных стран и необходимость бороться с последствиями экономического кризиса среди евреев в Советском Союзе». Проект был инициирован, разумеется, не самими евреями, а советской властью [Stanislawski 1981: XIV–XV]. Климат был негостеприимным, к тому же «евреи не чувствовали привязанности к этой земле, совершенно для них чужой; ни традиции, ни самосознание не помогали им укорениться здесь»[21]. Да и советское представление о культуре — национальной только по форме и социалистической по содержанию — лишало евреев традиционных ценностей и ритуалов. Даже когда в школах преподавание шло на идише, в программе не было ничего «собственно еврейского». Во имя чего тогда терпеть сложности переселения в Биробиджан?[22]

При этом евреи-коммунисты опасались, что если уделять еврейской идентичности региона больше внимания, чем «строительству социализма», недремлющий вирус «еврейского национализма» может взять верх. Из-за этого и по многим другим причинам биробиджанский проект, «рожденный из политических противоречий, воплощавшийся кое-как и осуществлявшийся без должного внимания к чувствам и стремлениям евреев, был обречен на неудачу и трагический крах» — к такому заключению приходит Ш. Абрамский [Abramsky 1978: 76–77].

Смерть Сталина в 1953 году была горем для евреев-коммунистов, но худшее ожидало впереди: в феврале 1956 года на XX съезде КПСС Хрущев сообщил о кровавых деяниях Сталина и его палачей. Подробные отчеты об антисемитских репрессиях в Советском Союзе после 1948 года неоднократно публиковались

---

[21] Шимен Абрамский. Русские евреи: взгляд с высоты птичьего полета // Мидстрим. 1970, дек. С. 38. См.: Chimen Abramsky. Russian Jews — A Bird's Eye View // Midstream. 24, 10 (December 1978): 38.

[22] См. [Shneer 2002].

в польской прессе и в других источниках. Д. Смит, редактор *New World Review*, была вынуждена признать:

> Я обязана объяснить читателям позицию редакции по отношению ко многим вещам, которые сейчас представляются в совершенно ином свете, чем ранее... Я могу лишь выразить свое глубочайшее сожаление в связи с тем, что из-за собственной слепой веры я стольких людей ввела в заблуждение по некоторым вопросам[23].

Для евреев-коммунистов этот кризис веры оказался глубже, чем для кого бы то ни было. Большинству стало очевидно, что идеалы, которые они принимали так близко к сердцу, являлись не более чем циничной маской, под которой советская власть скрывала свой деспотизм. «Главным пунктом истории Советского Союза», пишет Т. Цулиадис, а также многие другие, «перед которым все остальное теряет смысл, было убийство властями миллионов невиновных граждан» [Tzouliadis 2008: 358].

Теперь евреи-коммунисты понимали, что надежды на демократическое будущее без войн и угнетения они возлагали на социальную систему, которая во всех отношениях была опровержением этих идей. Систему, в которой за непредсказуемыми арестами, часто по пустым и абсурдным подозрениям, следовали приговоры к лагерям, в которых рабский труд, голод и холод уничтожали людей духовно и физически. Оказывается, быть коммунистом означало лгать или, по крайней мере, жить среди лжи о том, что для них было важно, о главнейших событиях современной им истории.

---

[23] См. [JAR 1948: 5–6, 15], а также [Weinberg 2002, Goldberg 1961: 202–205; Levin 1988: 488–492].
Джессика Смит. Обращение к читателям // Нью Уорлд Ревью. 1954, май. с. 46–49. См.: Jessica Smith. См.: A Statement to Our Readers // New World Review. 24, 5 (May 1956): 46–49; Джессика Смит. Доклад Хрущева // Нью Уорлд Ревью. 1956, июль. С. 49–52. См.: Jessica Smith. The Khrushchev Report // New World Review. 24, 7 (July 1956): 49–52. Смит была замужем за известным юристом Джоном Абтом, коммунистом, много лет работала в советском посольстве.

Раввин Бик хранил верность СССР вплоть до Арабо-израильской войны 1967 года. В феврале 1968 года он ушел из редколлегии *Morgen Freiheit*, потому что, как признавался в письме своему другу Голдбергу, безоговорочно поддерживая арабов и делая злобные антиизраильские выпады, Советский Союз превратился в антисемита: «Я хочу хранить верность собственным идеалам и самому дорогому для еврейского народа — государству Израиль». Вскоре Бик писал для *Der Tog* о публикации антисемитской литературы в СССР. Редактор *Morgen Freiheit* Новик обратился к Бику, напоминая, что даже в 1956 году он верил в идеи, которыми вдохновлялась советская революция, потому что знал, что путь в лучший мир непрост. Теперь же его, Бика, охватила антисоветская истерия, подстрекаемая израильскими религиозными фанатиками и шовинистами. «Горько и больно», заключал Новик[24].

На самом деле Новик и сам, подобно Бику, в скором времени окончательно разочаровался. Он начал отходить от безоговорочной поддержки Москвы еще в 1956 году. Его потрясло известие о том, что Сталин убил многих еврейских писателей, включая и авторов *Morgen Freiheit*. Новик понял, что евреи-коммунисты слишком легко верили советским партийным функционерам, когда те защищали Сталина. Однако расстаться с коммунистическим движением было непросто, Новик покинул его одним из последних. К концу 1960-х годов он уже резко критиковал советскую политику по отношению к евреям и был серьезно обеспо-

---

[24] Письмо от раввина Бика Б. Голдбергу б. д. [предположительно апрель 1968 г.]; Уход А. Бика из «Моргн Фрайхайт». Заявление П. Новика. Машинопись б. д. (на идише). См.: A. Bick's avekgeyn fun der 'morgn-frayhayt.' A deklaratsye fun P. Novick. Undated typewritten m.; Письмо П. Новика А. Бику, Нью-Йорк, 21 февраля 1968 г. Архив YIVO (file RG1247, Box 2, folder 15 «A. Bick» in the Paul Novick papers, YIVO). Отметим, что в июне 1956 г. на слушаниях комиссии по расследованию антиамериканской деятельности Бик воспользовался Пятой поправкой, отказавшись свидетельствовать против себя. См.: Расследование выездов за рубеж: Двое отказались отвечать // Нью-Йорк таймс. 1956, 15 июня. С. 25. См.: 2 Silent at Inquiry into Foreign Travel // New York Times. 25 (June 15, 1956).

коен вспышками антисемитизма в Польше[25]. В итоге после Шестидневной войны 1967 года его исключили из Центрального комитета Коммунистической партии США, а в 1972 году, обвинив в пособничестве «еврейскому национализму и сионизму», исключили и из партии[26].

Дженофский после распада «Амбиджана» какое-то время оставался без работы. Его деятельность возобновилась, когда он примкнул к *Yidisher Kultur Farband* и к 1970 году стал его генеральным секретарем. Дженофский умер в 1976 году в возрасте 75 лет, оставив вдовой Ф. Бараш-Дженофскую, которая приехала в США в 1920 году и до 1950 года работала в советской закупочной комиссии в Нью-Йорке. У супругов была дочь Лилиан (Лена)[27]. На поминках 1 апреля Новик говорил об энергичной работе Дженофского для ИКОРа, «Амбиджана» и *Yidisher Kultur Farband*. Он был «преданным тружеником» еврейского прогрессивного движения вплоть до последних своих дней, сражаясь

---

[25] См. [Novick 1969; Новик 1970].

[26] [Estraich 2008: 119–124]; Сид Резник. Песах Новик: редактор «Моргн Фрайхайт» // Ди Пен. 1997, янв. С. 1–5, 8 (на идише). См.: Sid Resnick. Pesekh Novick: Redakter fun der 'Morgn-Frayhayt' // Di Pen. 30 (January 1997): 1–5, 8; Пол Бюле. Пол Новик: жизнь радикала // Радикальная Америка. 1983, сент. — окт. С. 74–75. См.: Paul Buhle. Paul Novick: A Radical Life // Radical America. 17, 5 (September — October 1983): 74–75; Питер Б. Флинт. Умер Пол Новик // Нью-Йорк таймс. 1983, 22 авг, D3. См.: Peter B. Flint. Paul Novick is Dead // New York Times (Aug. 22, 1989), D3.

[27] Натан-Давид Корман. Деятель культуры и человек из народа: воспоминания об Абраме Дженофском // Моргн Фрайхайт. 1976, 13 апр. С. 6 (на идише). Nathan-David Korman. A kultur-boyer un a folks-mentsh: gedanken vegn abraham jenofsky // Morgen Freiheit. 6 (April 13, 1976); Гедалия Ландман. Жил и сражался за мир во всем мире // Моргн Фрайхайт. 1976, 18 апр. С. 12. См.: Gedaliah Landman. Gelebt un gekemft far a velt fun sholem // Morgen Freiheit. 12 (April 18, 1976). Дженофский какое-то время был также вице-президентом Союза американских евреев украинского происхождения, организованного раввином Биком. См. письмо Бика, президента, и Джозефа Раппопорта, председателя исполнительного комитета, Нью-Йорк, 19 декабря 1946 г., которым они ставят Дженофского в известность о том, что на собрании 24 ноября 1946 г. он будет переизбран вице-президентом. Архив YIVO (Abraham Jenofsky papers, RG734, Box 3, folder «Letters by Jenofsky», YIVO).

против религиозного «обскурантизма» и буржуазной «ассимиляции»[28].

В 1979 году в возрасте 90 лет умер Ш. Алмазов. На открытии
могильного памятника год спустя Новик говорил о его жизни:
Алмазов «посвятил себя многочисленным прогрессивным делам.
Он был лидером ИКОРа, столь важного для еврейских масс
в США и Канаде». Новик вспомнил создание и важный смысл
Биробиджана: «Это было время, когда антисемитизм без всякой
жалости был уничтожен в Советском Союзе, когда еврейская
культура процветала как никогда прежде в истории еврейского
народа». Роль Алмазова в этот период

> как вдохновителя широких масс, при поддержке таких
> людей, как Брайнин, Милх, профессор Кунц, игравших
> важную роль в еврейской жизни, была высшим достижени-
> ем в его общественной деятельности. [Он] вспоминал об
> этом периоде с ностальгией и с болью, потому что все так
> печально закончилось.

Последние десятилетия Алмазов отдал работе в *Morgen Freiheit*.
Новик отметил: «Газета была его жизнью. Мы помним его как
соратника»[29].

---

28 Речь памяти Дженофского, 1 апреля 1976 г. Машинопись, архив YIVO («Rayde
Jenofsky memorial, April 1, 1976», typescript in the Paul Novick papers, RG1247,
Box 10, folder 111 «Jenofsky», YIVO). Дочь Дженофского Лилиан Джервис
1931 года рождения написала мне, что она была не очень близка с отцом. Он
считался «при жизни в семье паршивой овцой, так как был коммунистом,
хотя и высокопоставленным», «явно слишком много работал и, скорее
всего, слишком мало зарабатывал» (письмо автору от Лилиан Б. Джервис,
Сан-Франциско, 2 октября 1996 г.). В архиве YIVO хранится 36-страничная
рукопись Фрейды, жены Дженофского, в которой она вспоминает, что ее
муж зарабатывал 25 долларов в неделю как национальный секретарь ИКО-
Ра, а потом 75 долларов в неделю, работая в «Амбиджане». Она также описывает, как Ицик Фефер общался с ее дочерью на идише на митинге в Поло
Граундс, Нью-Йорк, и поставил на ее программке автограф: «Девочке, которая так красиво говорит на идише».

29 Сол А. Перл, автор «Моргн Фрайхайт» под именем Мойше Алмазова // Нью-
Йорк таймс. 1979, 24 апр. Раздел 4. С. 17. См.: Sol A. Pearl, Wrote Under Name
S. Almazov for Morning Freiheit // New York Times. Section 4, 17 (April 24, 1979);

Даже в 1947 году тираж *Morgen Freiheit* все еще превышал 20 000 экземпляров. Но, по мере того как аудитория газеты в буквальном смысле начала вымирать, финансовое положение становилось всё тяжелее. Новик, который оставался редактором и после изгнания из Коммунистической партии США, сказал П. Бюле, что *Morgen Freiheit* «слишком поздно нашла собственный голос и определилась со своей миссией в рамках левого движения» [Buhle 1991: 1]. В 1981 году газета стала еженедельной, а 11 сентября 1988 года прекратила существование. Через год умер Новик, он так и остался марксистом. По словам М. Шаппеса, бессменного редактора *Jewish Currents* в течение долгих лет, «он отказался от своих иллюзий, но не от своих принципов... Новик учился на своих ошибках и нас тоже учил этому»[30].

Что мы знаем о нееврейских сторонниках «Амбиджана»?

Лорд Марли умер в 1952 году, так что ему не довелось увидеть, как его надежды на Биробиджан и советское еврейство рассыпались в прах. Н. Тейлор в эссе о Марли называет его «загадочным». Как, вопрошает она, можем мы совместить его очевидно искреннее стремление улучшить жизнь европейских евреев с членством в организациях коммунистического толка, которые в итоге были всего лишь «циничным спектаклем»? Деятельность Марли по поддержке Биробиджана была только производной от его просоветских взглядов или он действительно верил, что ЕАО сможет справиться с кризисом, с которым столкнулись евреи Европы в 1930-е годы? Его идеализированные рассказы о поездках в СССР отражают наивный энтузиазм или сознательно вводят в заблуждение? «Марли-мифотворец или Марли истинно верующий? Прихвостень коммунистов или друг евреев? Мы этого никогда

Новик П. Имя, которое нужно помнить // Моргн Фрайхайт. 1980, 26 июня. С. 3, 6. См.: Novick P. A nomen tsu gedenken // Morgen Freiheit // New York. (June 26, 1980): 3, 6.

[30] Моргн Фрайхат, 2 апреля 1922 г. — 11 сентября 1988 г.// Джуиш Каррентс. 1988, нояб. С. 3 // Morgen Freiheit, April 2, 1922 — Sept. 11, 1988 // Jewish Currents. 42, 11 (November 1988): 3; Моррис Шаппес. Пол Новик: В печали и в радости // Там же. С. 5.

не узнаем», заключает она[31]. К концу 1940-х годов Марли уже ничего не связывало с Биробиджаном. В его некрологе в лондонской *The Times* довольно уклончиво говорится о его «прогрессивных взглядах», которые четко выражены в его публикациях о «Сибири, Дальнем Востоке, фашизме и еврейских беженцах». *The Times* не упоминает деятельность Марли, связанную с коммунистами, возможно потому, что сам он всегда отрицал свое членство в партии[32].

Стефанссон, в отличие от Марли, прожил достаточно, чтобы узнать правду о Биробиджане, и в эпоху маккартизма столкнулся с неприятностями из-за того, что поддерживал Советский Союз. После войны в 1946 году он был приглашен в Управление военно-морских исследований США для составления и публикации 20-томной «Арктической энциклопедии», которая, в частности, отражала бы приоритет СССР в освоении Арктики. «По мнению Стефанссона, наука не может себе позволить сдавать позиции перед истерией холодной войны, и он был уверен, что энциклопедия будет иметь смысл только если включить в нее данные по Северу, собранные Советским Союзом» [Hunt 1986: 257]. Однако, хотя Стефанссона «не интересовали политические игры и паранойя холодной войны», реальность нанесла ему серьезный удар [Price 2004: 287]. В августе 1952 года Л. Буденц, коммунист в прошлом, ставший католиком, редактор *Daily Worker* до 1945 года, печально известный как ярый маккартист и враг всего советского, в подкомитете Сената по внутренней безопасности объявил Стефанссона коммунистом. Стефанссон отверг это обвинение, пошутив: «Я никому не позволил бы

---

[31] Тейлор Н. Загадка лорда Марли // Джуиш Квотерли. 2005, лето. С. 65–69. См.: Taylor, Nicole. The Mystery of Lord Marley // Jewish Quarterly. 198 (Summer 2005): 65–69.

[32] Некролог: Лорд Марли // Таймс. Лондон. 1952, 3 марта. С. 6. См.: Obituary: Lord Marley // Times. London. 6 (March 3, 1952). Морган Филипс Прайс, член парламента от лейбористов, вспоминает о Марли как о человеке, чей «ход мыслей иногда заводил его дальше, чем он планировал». См.: Лорд Марли // Таймс. Лондон. 1952, 29 марта. С. 9 (Lord Marley // Times. London. 9 (March 29, 1952)).

назвать меня коммунистом, но услышать это от Буденца я, пожалуй, не против»[33].

Тем не менее через год работа Стефанссона над энциклопедией была прервана без объяснения причин. Несомненно, флоту США стало тяжело сотрудничать с человеком, который продолжал состоять в организациях, поддерживающих коммунистов, и твердил о советских достижениях в освоении Арктики. Кроме того, случайно стало известно о его контактах с советским посольством. То, что в работе над энциклопедией участвовал У. Мэндел, давний член Коммунистической партии США, тоже не улучшало ситуацию[34].

В 1955 году Стефанссона и его жену об их связях с коммунистами с пристрастием допрашивал генеральный прокурор Нью-Гэмпшира Л. К. Уаймен. Стефанссоны переехали в Ганновер (Нью-Гэмпшир) в декабре 1951 года после закрытия проекта Арктической энциклопедии. Свою непрестанно расширявшуюся библиотеку по Арктике они передали в Дартмут-колледж. В автобиографии, написанной незадолго до смерти в 1962 году, Стефанссон признается, что соперничество между капитализмом и коммунизмом «угнетало» его. Поначалу он не воспринял маккартизм всерьез, даже когда некоторые газеты попытались «вывалять его в розовых перьях». Однако, после того как он и Эвелин

---

[33] Стефанссон отрицает обвинения // Нью-Йорк таймс. 1951, 24 авг. С. 8, см. [Price 2004: 292]. Буденц заявил, что Джек Стейчел, национальный организатор КП США, предоставил ему список 400 «тайных» членов партии. См.: Лихман Р. М. Луис Буденц, ФБР и «список 400 тайных коммунистов»: Рассказ с продолжением о доносительстве в эпоху маккартизма // Америкен Коммьюнист Хистори. 2004, июнь. С. 31. См. также [Budents 1950]. Секретный доклад ФБР 1944 г. характеризовал Стефанссона как «крайне левого и попутчика коммунистов» (p. 26 of a 33-page report dated Nov. 5, 1944 submitted by E. E. Conroy, Special Agent in Charge, originally in NY File 100–42538. File 100–99898, Section 1, FOIPA № 416152, Ambijan).

[34] Уильям Маркс Мэндел родился в Нью-Йорке в 1917 г., в детстве жил в СССР (1931–1932 гг.). В 1935 г. вступил в КП США. Автор книг, в которых описан Биробиджан [Mandel 1944; Mandel 1946]. Хотя сенатор МакКарти изобличил его как коммуниста в марте 1953 г., в действительности Мэндел был изгнан из партии годом ранее [Navasky 1980: 118]. См. также [Mandel 1999].

пообщались с такими расследователями, подобными Уаймену, Стефанссон пришел к выводу, что маккартизм — «это зловредная отрава, которая на невиновных действует хуже, чем на виноватых» [Stefansson 1964: 297, 359–374; Hunt 1986: 260]. Стефанссон признал, что состоял в некоторых организациях, которые были объявлены нежелательными. Среди них были и те, которые занимались распространением просоветских взглядов среди евреев, «но отрицал, что в организации "Американцы за переселение евреев" [так] занимался чем-либо, кроме того, что относится к заявленной цели группы»[35]. Возможно, к этому моменту у него появились сомнения относительно «Амбиджана». В любом случае в своей книге он ни словом не упоминает о работе для «Амбиджана» или любой другой просоветской организации. Не упоминает об этом и автор его некролога в *The New York Times*, очень подробного в других отношениях[36].

---

[35] [Hunt 1986: 262–263]. Хант посвящает целую главу браку Стефанссона и его участию в политике, но не уделяет внимания его связям с коммунистами, довольствуясь утверждением, что тот просто интересовался достижениями Советского Союза в деле освоения Арктики. Прайс тоже считает Стефанссона всего лишь «либералом», который никогда не входил в «какие-либо коммунистические или социалистические организации» [Price 2004: XIV, 237–238, 305]. Прайс считает, что, «опираясь на туманные сведения о деятельности, предположительно связанной с коммунистами, ФБР затевало длительные расследования относительно антропологов, например... Стефанссона» [Ibid. 348]. Другие биографы и вовсе обходят вопрос об участии Стефанссона в политике: «Он, скорее всего, не принимал политику всерьез», — пишет Эрик Берри [Berry 1966: 175]. См. также [Diubaldo 1978] — здесь вопрос политической деятельности Стефанссона тоже практически не затрагивается, однако Дюбальдо упоминает книгу, вышедшую в России в издательстве Академии наук СССР [Ольхина 1970], автор которой восхищается достижениями Стефанссона и называет его другом советского народа [Diubaldo 1978: 2]. Стефанссон входил в целый ряд организаций-«попутчиков», и, хотя трудно понять, до какой именно степени он симпатизировал Советскому Союзу, я уверен, что он не мог не знать о том, что эти организации и их члены подчиняются СССР.

[36] В возрасте 82 лет скончался Вильялмур Стефанссон, руководитель многих арктических экспедиций // Нью-Йорк таймс. 1962, 27 авг. С. 1, 23. См.: Vilhjalmur Stefansson, 82, Dies; Led Many Expeditions in Arctic // New York Times (Aug. 27, 1962): 1, 23.

Как мы должны понимать деятельность Стефанссона в пользу коммунистов? Вероятно, он представлял собой идеальный образец «красивой вывески», которую коммунисты используют в своих целях, «полезного дурака» — по циничному выражению истинных коммунистов в сторону попутчиков. Конечно, Стефанссон не был фанатиком или доктринером. Чтобы иметь возможность пользоваться его именем, печатать его в просоветской прессе, заручиться его присутствием на мероприятиях, организованных «Амбиджаном», советские аппаратчики, такие как Будиш, постоянно льстили ученому. Вероятно, Стефанссон сохранял свою веру в Советский Союз благодаря тому, что принимал за чистую монету все заявления партийных функционеров, от научных достижений и развития Арктики до победы над антисемитизмом и эксплуатацией. Можно предположить, что до некоторой степени отношения Стефанссона с просоветскими левыми были взаимовыгодной сделкой: каждая сторона нуждалась в другой и использовала ее. Тем не менее очевидна и идеологическая сторона вопроса. Стефанссон был убежден в превосходстве советской системы. В любом случае его собственная профессиональная карьера зависела от успехов СССР. Ученому требовалось его расположение. Послевоенный энциклопедический проект находился в зависимости от доступа к советским источникам и данным, которые были недоступны случайным людям. Это, в свою очередь, означало, что надо сохранять хорошие отношения с американскими коммунистами, даже по мере того как Стефанссон все сильнее погружался в собственные дела и все меньше времени и, возможно, интереса у него оставалось для дел коммунистов[37]. Например, во время конфронтации между Ароновым и Будишем в 1946 году первый вопрос, который пришел в голову Стефанссону, был о том, как эта размолвка может повлиять на работу — его и Эвелин[38]. Э. Стефанссон очень так-

---

[37] См. также [Srebrnik 1998].

[38] Записка от Вильялмура Стефанссона Эвелин Стефанссон, Нью-Йорк, 4 февраля 1946 г., архив Стефанссона (Handwritten note from Vilhjalmur Stefansson to Evelyn Stefansson, New York, Feb. 4, 1946; Stefansson Correspondence, MSS 196, Box 67, 1946 — Ambijan Folder, Stefansson Collection).

тично упомянула об этом в письме к Ф. Бакст в 1947 году: у Стефанссона остается «все меньше и меньше времени для приятных
вещей», по мере того как он углубляется в работу над «Энциклопедией Арктики»[39].

К концу 1940-х годов многие евреи-коммунисты уже серьезно
сомневались в политике Советского Союза. Некоторые с удив-
лением обнаружили, что начинают симпатизировать Израилю.
Они «пытались найти баланс между политическим интернацио-
нализмом и светским концептом этнической идентичности
и обнаружили себя носителями еврейского самосознания»
[Leviatin 1989: 210]. Высокопоставленный функционер Коммунистической партии США, член Национального комитета
Дж. Уильямсон в отчете от 3 мая 1950 года сурово порицает
многих членов партии и еврейские организации за недостаточно
последовательную поддержку Советского Союза. Он предлагает
организовать «систематическую идеологическую кампанию
в *Morning Frayhayt*, популяризирующую Советский Союз, его
потрясающие достижения в социалистическом решении еврейского вопроса»[40].

У Уильямсона действительно был повод для тревоги. Чем
больше евреи-коммунисты симпатизировали Израилю, тем
меньше их интересовал Биробиджан — действительно, разве
может ЕАО конкурировать с «оригиналом», даже в глазах просоветских евреев? В Москве это не прошло незамеченным. Как
утверждает Б. Пинкус, в конце 1948 года Советы решили, что

---

[39] Письмо Эвелин Стефанссон к Фане Бакст, Сан-Франциско, 1 декабря 1947 г.,
архив Стефанссона (Letter from Evelyn Stefansson to Fan Bakst, San Francisco,
Dec. 1, 1947; Stefansson Correspondence, MSS 196, Box 72, 1947 — USSR-
American Committee for the Settlement of Jews in Birobidjan (Ambijan) Folder,
Stefansson Collection).

[40] Уильямсон Дж. Чтобы еврейский народ выступил единым фронтом, усилим
борьбу против буржуазного национализма // Политикал Афэйрс. 1950, июль.
С. 63, 69–70. См.: John Williamson. For a United-Front Policy Among the Jewish
People — Sharpen the Struggle Against Bourgeois Nationalism // Political Affairs.
29, 6 (July 1950): 63, 69–70. Впоследствии Уильямсон отсидел в тюрьме и был
депортирован в Великобританию, откуда был родом.

«Амбиджан» связался с сионистами [Pinkus 2005: 115]. Алмазов намекал, что советские власти, питая все большее недоверие по отношению к любым контактам с американцами, даже с левыми, поддерживающими коммунистов, к распаду «Амбиджана» остались равнодушны[41]. Дженофский в интервью с автором подтвердил, что Москва не желала больше никакой помощи из американских источников[42]. Такие организации, как «Амбиджан», теперь скорее мешали, чем помогали. Представителям власти ЕАО, арестованным после 1948 года, предъявили обвинение в измене Советскому Союзу, поскольку связи с «Амбиджаном» и принятие помощи от него «способствовали распространению проамериканских настроений», создавая впечатление, «что Соединенным Штатам, а не советскому народу» обязан успехами Биробиджан[43]. Примерно после 1950 года хранить верность остаткам просоветских еврейских движений означало обречь себя на политическую «безответную любовь». Последующие удары были нанесены в 1956, 1967 и 1973 годах.

Даже когда левые максимально поддерживали Еврейское государство в Израиле, «Амбиджан» придерживался марксистско-ленинского принципа, гласившего, что «решение еврейского вопроса» возможно лишь после победы над капитализмом и ассимиляции евреев в мире победившего социализма, в котором нет места национальностям[44]. Становится ясно, что в итоге ком-

---

[41] Интервью со Шлойме Алмазовым, Нью-Йорк, 21 июля 1971 г. Алмазов был не слишком общителен, но мне он показался разочаровавшимся человеком. Мне кажется, он не смог примириться со слиянием ИКОРа и «Амбиджана», которое ему представлялось поглощением: более состоятельные и статусные евреи подмяли под себя организацию, которой он посвящал себя десятилетиями.

[42] Интервью с Абрамом Дженофским, Нью-Йорк, 19 июля 1971 г.

[43] [Weinberg 1998: 82]. Александр Бахмутский, первый секретарь обкома ЕАО, был приговорен к 25 годам.

[44] Национальная конференция Амбиджана // Новости Американского Биробиджанского комитета («Амбиджана»). 1949, дек. С. 4. // Ambijan National Conference. News from American Birobidjan Committee (Ambijan). December 1949: 40.

мунисты не просто не были сионистами — они даже территориа-
листами, строго говоря, не были.

Многие авторы с готовностью возложили вину за разгром
«старых левых» на маккартизм. Он, несомненно, сыграл свою
роль, запугав многих «попутчиков». Но я бы предположил, что
крах ряда организаций такого рода был обусловлен не только или
не столько маккартизмом. Большинство рядовых членов с политической и экономической точки зрения не имели никакого веса
и не подвергались преследованиям. Если человек держал лавку
или работал в галантерее, что, в самом деле, могло с ним сделать
ФБР? Преследования затрагивали ученых, преподавателей, гос-
служащих, индустрию развлечений в Голливуде — людей, которые
работали в нееврейских организациях, или тех, кто был на виду
и зависел от своей репутации.

Даже в 1950 году издания «Амбиджана» еще публикуют
множество фотографий с организованных им событий, и каждый, кто есть на фотографии, упомянут в подписи. В каждом
номере *Nailebn — New Life* имеется почетный список жертвователей. Эти люди не ушли в подполье и не обзавелись псевдони-
мами. Среди них лишь немногие были членами Коммунистической партии США. Они не боялись потерять работу или попасть
под арест.

Как же трактовать распад «Амбиджана» и схожих с ним групп?
Я полагаю, что движение умерло естественной смертью, прежде
всего в связи с тем, что в его центре находились иммигранты из
Европы и их внимание занимала Европа. Изначально это можно
было считать сильной стороной. Но настоящими коммунистами
стали немногие. И хотя почти всем левым иммигрантам был дорог
статус идиша как официального языка в Биробиджане, их собственное противоречивое отношение к ассимиляции (или как
минимум аккультурации) евреев в Америке так и не нашло раз-
решения. Внешние события, в особенности Холокост, провозгла-
шение государства Израиль и проявления антисемитизма в СССР
и Восточной Европе, сильно повлияли на них. Внутренний конфликт привел к разочарованию или утрате интереса и к снижению
численности. Маккартизм просто нанес последний удар.

Американские евреи были разочарованы провалом еврейской колонизации Дальнего Востока. Более того, к 1950-м годам большинство из них уже знали, что в России союз евреев с коммунистами привел не только к разрушению еврейских традиций, «но и к разрушению практически всех аспектов собственно еврейской жизни» [Mendelson 1993: 119]. Проявления антисемитизма в высших эшелонах советской партийной иерархии также отпугнули часть попутчиков. Несмотря на красивые пропагандистские картинки, на которые ИКОР и «Амбиджан» были так щедры в 1930-е годы, «еврейский вопрос» в Советском Союзе искоренить не удалось. Возможно, последним ударом было основание государства Израиль, на которое переключили свое внимание большинство заокеанских евреев. После гибели шести миллионов евреев стало труднее поддерживать веру в интернационализм. Хоть союзники и победили, было очевидно, что европейские евреи оказались по-настоящему проигравшей стороной. Многие пришли к выводу, что катастрофа стала возможна из-за отсутствия суверенного государства — проблемы, которую можно хотя бы отчасти решить в Израиле, но не в Биробиджане.

Закончилась целая эпоха в жизни евреев, «Амбиджан» был не более чем одной из потерь. Поскольку центром и самым важным явлением послевоенной еврейской жизни стал Израиль, Биробиджану было суждено забвение. Еврейские коммунисты не смогли доказать, что на Дальнем Востоке действительно возникла Еврейская советская республика — не помогли ни вера в идеалы, ни смекалка, ни упорный труд. Как только взошла звезда Израиля, организации типа «Амбиджана» тут же утратили жизненные силы и сошли на нет. Члены «Амбиджана» и другие представители еврейского коммунистического движения попали в ловушку неоднозначности, даже противоречивости их собственной идеологии: советский интернационализм — и еврейское национальное возрождение, поддержка образования сионистского типа в далекой Сибири — и оппозиция собственно сионизму.

В любом случае послевоенное еврейское сообщество сильно отличалось от того, каким оно было в 1930–1940-е годы. Евреи переезжали из старых городских кварталов в пригороды, переставали быть рабочими на фабриках и членами профсоюза — они становились предпринимателями или получали высшее образование. В новых условиях коммунистам трудно было воссоздать свои структуры и собрать аудиторию, готовую прислушаться к их идеям. Сами члены «Амбиджана» вели все более буржуазную жизнь. Война для них оказалась благополучным временем обогащения, поэтому даже прежние сторонники приняли решение отвернуться.

Наконец, в Америку после войны прибыл большой поток иммигрантов. Большинство из них придерживались еврейских религиозных и культурных традиций. У них, разумеется, не было иллюзий относительно СССР и стран народной демократии в Восточной Европе, поскольку каждый знал об этом не понаслышке. Многие иммигранты последних волн из Советского Союза и стран, образовавшихся после его распада, являют собой живое доказательство краха большевистского эксперимента. В результате новых волн иммиграции еврейское сообщество в целом отошло от левого политического фланга: «...старая субкультура, основанная на идише и социализме, не смогла пережить новой расстановки сил... а найти эффективные способы ее трансформации коммунисты и другие радикалы не смогли» [Lyons 2000: 61]. К 1960-м годам американские евреи сосредоточили свои надежды на Израиле; подавляющее большинство воспринимало СССР как врага еврейского народа и Еврейского государства.

Учитывая, какую важную роль играло биробиджанское движение в жизни американских евреев, удивительно, как быстро оно оказалось забыто. В 1960 году возникает организация «Студенты за демократическое общество», она провозглашает свою Порт-Гуронскую декларацию всего через 11 лет после распада «Амбиджана». Однако университетские «новые левые», среди которых немало выросших еврейских «младенцев в красных подгузниках», наверняка неоднократно слышавших в стенах дома разговоры о Биробиджане, совершенно не хотят погружаться в эту историю, которая кажется им древней. Они рассматри-

вают Коммунистическую партию США и контролируемые ею
организации как препятствие на пути к социалистическим изме-
нениям.

Тем не менее *Yidisher Kultur Farband, Morgen Freiheit* и некоторые
другие организации пережили 1950-е годы, как и немногочислен-
ные евреи-коммунисты, некогда поддерживавшие Биробиджан.
Они продолжали просоветскую деятельность в мире, где стало
гораздо меньше коммунизма[45]. Как сказал И. Хоу,

> многих евреев-коммунистов отличало глубоко противо-
> речивое отношение ко всему еврейскому... Они объявляли
> себя интернационалистами, даже космополитами, и боль-
> ше всего пеклись о росте классового сознания всех рабо-
> чих, но не могли избежать воздействия той силы, которая
> действовала на большинство евреев-иммигрантов, выну-
> ждая их строить замкнутое сообщество только для своих
> [Howe 1976: 330].

По наблюдению А. Герцберга, такие «стареющие иммигранты
были не способны отказаться от того, во что всю жизнь вклады-
вали душу». Как пишет П. Лайонс о евреях-коммунистах в Филадельфии, они «не желали отбросить [свою] субкультуру, которая, хоть и таяла на глазах, все еще давала им защиту» [Hertzberg
1989: 265; Lyons 1982: 165]. Компартия была их жизнью, а теперь,
по выражению М. Иссермана, стала «уютным домом престарелых» [Isserman 1987: 24]. Они принадлежали к партии, которая
была сильней любой религии.

Надо отметить, что для некоторых коммунистическое учение
сохраняло свое этическое ядро; коммунизм оставался благород-
ным стремлением к социальной справедливости. Многие понимали, что Советский Союз превратился в варварскую тоталитар-
ную страну, но винили в этом советскую власть, в частности

---

[45] «Нам, тем, кто остался, очень больно», — с горечью сказала Ширли Новик,
вдова Пола, в прошлом тоже активистка. Она сравнила их веру в коммунизм
с нерассуждающей страстной религиозностью хасидов. Интервью с Ширли
ли Новик, Нью-Йорк, 13 июня 1996 г.

Сталина. Отдельные сторонники коммунистического движения присматривались к другим моделям, особенно к Кубе и Китаю. Но эти страны мало или совсем не интересовали тех, кто стал коммунистом или сочувствующим потому, что ценил еврейскую культуру и верил, что в СССР «решили еврейский вопрос». Как этнополитическое движение после 1956 года «еврейский коммунизм» перестал существовать.

Летом 1947 года на встрече «Амбиджана» в Чикаго Г. Зарбин заявил, что было бы очень полезно отправить из Америки в Биробиджан делегацию, которая расскажет о своих впечатлениях по возвращении. «Пока это не осуществится, придется работать на доверии»[46]. К сожалению, это доверие было обмануто.

---

[46] Протоколы, 28 августа 1947 г., Чикагский еврейский архив (Minutes, Aug. 28, 1947, in Collection № 20: Chicago Chapter, American Birobidjan Committee, Series A. Minutes. Folder 4: Minutes, 1947, Chicago Jewish Archives).

Приложение
Поездка Пола Новика в ЕАО в 1936 году

Пол Новик был в Биробиджане с 25 июля по 25 сентября 1936 года и опубликовал книгу своих впечатлений. Он передвигался на поездах, на подводах и по воде, видел города, поселки, колхозы и нескончаемые мили тайги. Биробиджан, как он отмечает в самой первой фразе своей книги, — это слово, которое «сейчас на устах у евреев всего мира». Эта область — демонстрация «полного решения еврейского вопроса властью рабочих». Она дает надежду миллионам евреев, особенно в Польше, «которые готовы к отъезду и с нетерпением ждут этого радостного момента».

Сам, вероятно, этого не сознавая, атеист и коммунист Новик во всей книге использует библейские образы. «Да, это краса всех земель, — пишет он. — Ни в чем не будешь иметь недостатка, здесь есть все необходимое для развития промышленности и сельского хозяйства». В «невероятно плодородной почве» посевы «растут и созревают... если когда-нибудь где-нибудь существовала земля, текущая молоком и медом, — это Еврейская автономная область». Но в этом пустынном регионе жителей меньше двух человек на квадратный километр: «В области, площадь которой в полтора раза больше Бельгии, живут около 60 тысяч человек. Здесь должно быть много миллионов — евреев». «Тысячи акров плодородной земли ожидают людей, которые их возделают», — пишет Новик. Он сплавлялся на лодке по Амуру и не видел ни одной живой души на много километров. Здесь все так и призывает людей. В Биробиджане, который становится «еврейской социалистической автономной республикой, родной землей для еврейского народа», много дел.

Новик провел 15 дней в городе Биробиджане, который рос так быстро, что скоро должен был стать одним из мировых центров. Хотя население его составляло всего 28 тысяч человек, Новик пишет, что он кажется гораздо более крупным городом, с широкими проспектами и тротуарами, парками, театрами и техникумами. Куда ни бросишь взгляд, всюду строятся новые дома, всюду слышится «музыка пилы и молотка». Новик побывал в школах и в зданиях администрации (обкоме и облсовете). В Биробиджане поселились многие писатели, учителя, деятели культуры: это «новая страна, новая жизнь для старого еврейского народа», который теперь «молодеет».

Далее Новик отправился в колхозы Бирофельд и Фрайланд. Его гид, один из первых переселенцев, сказал ему, когда они поднялись на холм и увидели перед собой солнечную зеленеющую долину, сочные, нежные краски: «Посмотрите, это земля обетованная!» Они осмотрели пасеку колхоза Бирофельд на 1 500 ульев и поля пшеницы и сои. Надо преодолеть еще много препятствий как со стороны людей, так и со стороны природы, но Новик был уверен, что «дело движется вперед».

Следующая поездка была на юг, в Блюхерово на берегу Амура, напротив Маньчжурии. Здесь Новику тоже сказали, что требуются поселенцы для возделывания 2 000 гектаров земли. Новик поднялся по реке на лодке до Сталинска[1] и потом до Амурзета, по пути восхищаясь пейзажами, но и не забывая о японцах на том берегу. «Я видел Миссисипи, Рейн, Нил и Темзу, — пишет он, — и эта река им не уступит». Вдоль берегов цвели цветы, и во всех направлениях простирались леса. «Воздух был свеж и благоуханен». Новика поразила красота здешней природы. Его спутник, русский, сказал, что с нетерпением ждет, когда здесь

---

[1] Блюхерово впоследствии переименовано в Ленинское. Сталинск сначала назывался Сталинфельд, потом — Октябрьское; был разрушен наводнением, с 1968 г. не существует.

поселятся евреи: «Посмотрите, чего у нас только нет! Золото, уголь, железо! Бесконечные леса! А видели, сколько свободных участков земли? Здесь все есть!»

Новик вспоминал, что в северной части области, на курорте Кульдур, известном своими минеральными источниками, его «охватило чувство радости, что Еврейская автономная область владеет таким сокровищем». Он настаивал, что развитием Кульдура — «одной из прекраснейших жемчужин Еврейской автономной области» — нужно заниматься как можно быстрее, чтобы он «дарил здоровье, жизнь и радость рабочим массам».

Когда Новик вернулся в столицу Биробиджан, там кипела работа: мостили улицы, разбирали старые здания для постройки новых гостиниц, ресторанов и библиотеки, закладывали фундамент для новой электростанции, мощность которой была рассчитана на население в 120 тысяч человек. Работа шла ошеломительными темпами, и причину этого Новик видел в коммунистах-активистах. Как раз протекал пленум местного отделения КПСС, и «чувствовалось, как решительно здесь взяли курс на грядущую Еврейскую советскую республику». Пленум строил грандиозные планы на 1937 год: должно было возникнуть еще 25 колхозов, новая трикотажная фабрика, вагонный завод, электростанция, обувная фабрика и производство носков и веревок. Планировалось десять тысяч новых переселенцев. По мере прирастания социалистической собственности СССР намеревался все щедрее вкладываться в развитие еврейской республики в Биробиджане «щедрой, вольно протянутой навстречу советской рукой». Новик был особенно потрясен тем, как усердно русские и другие неевреи трудились на строительстве ЕАО: «Биробиджан совершает новый скачок. Биробиджан мчится вперед, к подлинному развитию».

Новик сообщает, кроме того, о своих встречах с местными офицерами Красной армии, евреями, которые защищают Биробиджан от нападения японцев с другого берега Амура. Они говорили с ним на идише и попросили его сообщить евреям Америки, что в Биробиджане проводится национальная политика Ленина — Сталина: «Все мы, евреи и неевреи, строим Еврейскую область!» Биробиджан — пример братских отношений между национальностями в Советском Союзе. Новику напомнили, что 29 августа ЕАО была провозглашена центром еврейской национальной культуры всего еврейского трудящегося народа. Новик восхищался, что русские дети ходят в школы с преподаванием на идише и изучают литературу на идише. Это была живая иллюстрация «новой, советской цивилизации и пример того, как эта цивилизация решает национальный вопрос».

Обратный путь в Москву занял восемь дней. Мысли Новика оставались с Биробиджаном, пока он ехал на запад, первые шесть часов по ЕАО, от станции до станции:

> Стремительный темп строительства захватывает... Чувствуешь себя как дома сразу по приезде. Встречаешь столько близких людей, даже если видишь их первый раз... Так что уезжать тяжело. Трудно прощаться. Остается столько воспоминаний.

Новик признавал, что только очень тяжелый труд обеспечит Биробиджану успех: «Путь к Еврейской советской республике лежит не среди цветов и фанфар». Трудно возделывать «девственную землю». И люди, и материалы привозятся издалека. «Но за Биробиджаном стоит мощь великого советского народа, великой коммунистической партии». Каждая национальность в Советском Союзе, в том числе евреи, имеет право на самоопределение, на здоровую национальную культуру и здоровую экономическую жизнь [Новик 1937: 9–12, 15–22, 27–32, 36–37, 46–60, 73, 81–91].

Вернувшись в Москву, Новик дал интервью *The Moscow News*. «Евреи из-за границы, тщательно отобранные, будут приглашены к переселению, как только для них будет готово жилье», — сказал он во время беседы[2].

Читая книгу Новика, можно ощутить сильнейшую тоску по «своему» месту для евреев, по части глобуса, на которой евреи

---

[2] Эту статью перепечатал ИКОР, см.: Джулия Олдер. Биро-Биджан в процессе роста // Найлебн — Нью Лайф. 1936, дек. С. 9–11. См.: Julia Older. Biro-Bidjan as it Grows // *Nailebn — New Life*. 10, 12 (December 1936): 9–11 [English section].

были бы в большинстве и занимались сами своими делами, даже если это место не обладает суверенитетом, а просто «национальная республика». Его любовные описания напоминают хроники еврейских путешественников в землю Израиля. Новику Биробиджан представился местом, где евреи строят свой дом, а прогрессивные товарищи, неевреи, но филосемиты, им помогают. Это было как отражение мира, в котором жили его читатели, в волшебном зеркале. В реальном мире американские евреи каждый день сталкивались с антисемитизмом и враждебностью, европейские евреи мучились и умирали в лапах фашистов, а в Палестине евреи сражались за свою государственность как с британскими империалистическими властями, так и с местными арабами. Так что неудивительно, что такие репортажи, как книга Новика, «Амбиджан» и ИКОР использовали для привлечения новых, полных энтузиазма членов[3].

---

[3] В своих фантазиях о Биробиджане как о советской земле обетованной они доходили и до прямых подделок: например, в сентябрьском номере «Найлебн — Нью Лайф» на фото с подписью «Уголок в Биробиджане» изображена пальмовая роща, см.: *Nailebn — New Life* (September 1936): 12 [English section].

Георгий Коваль

На заседании Национального исполнительного комитета ИКОРа 26 марта 1933 года в Нью-Йорке национальный секретарь Ш. Алмазов признал, что некоторые американцы, эмигрировавшие в Биробиджан, вернулись домой, не выдержав тяжелых условий. Но другие, отметил Алмазов, например семья Коваль, приспособились, и их дела идут прекрасно[1].

В июне 1935 года ИКОР публикует письмо, которое Г. А. Коваль написал своим американским родственникам. Коваль родился в 1913 году в Су-Сити (штат Айова). Вместе со своими родителями, Авромом и Этель, эмигрантами из местечка Телеханы (в настоящее время — Целяханы, Беларусь), и двумя братьями, Исайей (Шае) и Габриэлем, переехал в Биробиджан. В момент написания письма он учился в Химико-технологическом институте им. Менделеева в Москве. А. Коваль был секретарем отделения ИКОРа в Су-Сити[2].

---

[1] Отчет генерального секретаря перед пленумом ИКОРа, Нью-Йорк, 26 марта 1933 г. // ИКОР. 1933, апр. С. 13 (на идише). См.: Barikht fun general-sekretar tsu dem icor plenum, gehaltn in new york, 26tn marts, 1933 // ICOR. 6, 4 (April 1933): 13; На встрече ИКОРа // ИКОР. 1933, май. С. 18. См.: In der icor baveygung // ICOR. 6, 5 (May 1933): 18.

[2] Письма из Советского Союза рассказывают о новой счастливой жизни // Найлебн — Нью Лайф. 1935, июнь. С. 45. См.: Letters from the Soviet Union Tell of New Happy Life // *Nailebn — New Life*. 9, 2 (June 1935): 45. Фотография семьи Ковалей перед их отъездом в Биробиджан, см.: ICOR. 5, 7 (July 1932): 14. В ноябре 1928 г. Авром Коваль устраивает большой прием в Су-Сити в честь Рувна Брайнина, приехавшего с лекциями, на котором собрано 600 долларов для ИКОРа. См.: На встрече ИКОРа // ИКОР. 1928, дек. С. 14. См.: In der icor baveygung // ICOR. 1, 4 (December 1928): 14.

Два года спустя А. Ровнер писал в *Nailebn — New Life*, что Ковали были прекрасно устроены и владели просторным домом в Су-Сити. Тем не менее они оставили свою «устроенную» жизнь, чтобы перед тремя их сыновьями открылись в Биробиджане те возможности, на которые нельзя было рассчитывать в охваченной кризисом Америке. Утверждалось, что Ковали «благословляли тот день», когда решили уехать. Они стали почетными гражданами, патриотами «великого советского отечества». Летом 1936 года их навещали сестра А. Коваля с мужем, тоже члены ИКОРа, которые вернулись в Су-Сити «исполненными энтузиазма по поводу того, что они видели в Советском Союзе в целом и в Биробиджане в частности». Ковали, писал Ровнер, участвовали в «омоложении нации, строительстве новой еврейской нации в Еврейской автономной области»[3].

Тем же летом 1936 года, во время поездки в Биробиджан, Новик встречался с Ш. Ковалем, который стал одним из лучших трактористов коммуны ИКОР. Два его брата изучают химию в Москве, сообщила Новику мать Шае, так что она от них имеет *нахес* (довольна ими). Новик сказал себе, что Ковали сменили ненадежную жизнь мелких лавочников в Су-Сити на благополучие для себя и своих детей [Там же: 73, 81–84].

Г. А. Коваль, скончавшийся в Москве 31 января 2006 года, сделал необычную карьеру. В ноябре 2007 года президент РФ В. В. Путин наградил его посмертно «Золотой Звездой» Героя России. Выяснилось, что Коваль под кодовым именем «Дельмар» был агентом ГРУ, внедренным в Манхэттенский проект во время Второй мировой войны. В своей речи на церемонии награждения Путин подчеркнул, что работа Коваля существенно улучшила оборонные возможности СССР и позволила сократить время разработки ядерного оружия. Окончив Институт им. Менделеева с красным дипломом, Коваль был завербован и прошел обуче-

3   Ровнер А. Письменные портреты американских евреев в Биробиджане // Найлебн — Нью Лайф. 1937, апр. С. 14–15. См.: Rovner A. Pen Portraits of American Jews in Biro-Bidjan // *Nailebn — New Life*. 11, 4 (April 1937): 14–15 [English section].

ние в ГРУ, после чего был командирован в США, где почти десять лет, с 1940 по 1948 год, занимался шпионажем, поначалу собирая сведения о новых токсинах, которые можно использовать в качестве химического оружия.

После того как Америка присоединилась к войне в декабре 1941 года, Коваль начал службу в американской армии и был включен в работу над проектом атомной бомбы, тогда пребывавшим на начальной стадии. В 1943 году его отправили на тренинг в Сити-колледж в Манхэттене. Там Коваль вместе с дюжиной сослуживцев изучал электротехнику. Манхэттенскому проекту между тем потребовались технически подкованные военные, и Коваль был направлен в Ок-Ридж (штат Теннесси), где решалась задача изготовления топлива — как считается, самая сложная составляющая проекта. Коваль получил доступ ко всем процессам, а в июне 1945 года — еще и к совершенно секретным заводам под Дейтоном. В 1948 году Коваль бежал из США, когда американская контрразведка обнаружила в советской прессе приветствия в адрес семьи Ковалей, счастливых эмигрантов из США. Через год Москва взорвала свою первую бомбу, удивив Вашингтон тем, сколь недолговечна оказалась его атомная монополия[4].

---

4 Броуд У. Дж. Путь шпиона: Айова — атомная бомба — кремлевские почести // Нью-Йорк таймс. 2007, 12 нояб. А1, А19. См.: William J. Broad. A Spy's Path: Iowa to A-Bomb to Kremlin Honor // New York Times (November 12, 2007), A1, A19; Уолш М. В Айове родился, в Союзе учился // Смитсониан. 2009, май. См.: Michael Walsh. Iowa-Born, Soviet-Trained // Smithsonian. 40, 2 (May 2009): 40–47.

Библиография

20th Anniversary of Birobidjan 1928–1948: Second Pictorial Album. New York: American Birobidjan Committee — Ambijan, 1948.

Ваксберг А. Сталин против евреев: Секреты страшной эпохи. New-York: Liberty Publishing House, 1995.

Гирц 2004 — Гирц К. Интерпретация культур / под ред. С. Я. Левит. М.: РОСПЭН, 2004.

Калинин М. И. Об образовании Еврейской автономной области. Из записи беседы председателя ЦИК СССР т. Михаила Ивановича Калинина с делегацией рабочих московских предприятий и работников еврейской печати 29 мая 1934 г. М.: Эмес, 1934.

Abramsky 1978 — Abramsky C. The Biro-Bidzhan Project, 1927–1959 // The Jews in Soviet Russia since 1917 / ed. by L. Kochan. London: Oxford University Press, 1978. P. 64–77.

Almazov 1938 — Almazov S. Ten Years of Biro-Bidjan 1928–1938 / translated from the Yiddish by Nathan Farber. New York: ICOR, 1938.

Altshuler 1969 — Altshuler M. The Attitude of the Communist Party of Russia to Jewish National Survival, 1918–1930 // YIVO Annual of Jewish Social Science. 1969. № 14. P. 68–86.

Anderson, Haynes, Klehr 1998 — Anderson K. M., Haynes J. E., Klehr H. The Soviet World of American Communism. New Haven: Yale University Press, 1998.

Bachmann 1976 — Bachmann L. P. Julius Rosenwald // American Jewish Historical Quarterly. 64, 1 (September 1976). P. 89–103.

Baron 1976 — Baron S. W. The Russian Jew Under Tsars and Soviets. New York, Macmillan, 1976.

Bauer 1974 — Bauer Y. My Brother's Keeper: A History of the American Jewish Joint Distribution Committee, 1929–1939. Philadelphia: Jewish Publication Society, 1974.

Belknap 1977 — Belknap M. R. Cold War Political Justice: The Smith Act, the Communise Party, and American Civil Liberties. Westport, CT: Greenwood Press, 1977.

Bentsur, Kolokolov 2000 — Bentsur E., Kolokolov B. L. Documents on Israeli-Soviet Relations, 1941–1953. London: Frank Cass, 2000.

Berton 2004 — Berton P. Prisoners of the North. Toronto: Doubleday Canada, 2004.

Birobidjan 1929 — Biro-Bidjan and You. New York: Astoria Press, 1929.

Birobidjan 1936a — Birobidjan: The Jewish Autonomous Territory in the U.S.S.R. New York: American Committee for the Settlement of Jews in Birobidjan, 1936.

Birobidjan 1936b — Birobidjan: A New Hope for Oppressed European Jews: Year Book of the American Committee for the Settlement of Jews in Birobidjan. Published on the Occasion of the Farewell Dinner Rendered to the Right Honorable Lord Marley at the Hotel Commodore. Vol. 1. New York: Ambijan, 1936.

Birobidjan 1936c — Biro-Bidjan: Exhibition of Works of Art Presented by American Artists to the State Museum of Biro-Bidjan. New York: Art Committee of ICOR, 1936.

Bittelman 1946 — Bittelman A. Palestine: What is the Solution? New York: Morning Freiheit Association, 1946.

Bittelman 1947 — Bittelman A. Program for Survival: The Communist Position on the Jewish Question. New York: New Century Publishers, 1947.

Bittelman 1948 — Bittelman A. To Secure Jewish Rights: The Communist Position. New York: New Century Publishers, 1948.

Blumberg 1996 — Blumberg E. Remember the Catskills: Tales by a Recovering Hotelkeeper. Fleischmann's. NY: Purple Mountain Press, 1996.

Borodulin 2002 — Borodulin N. American Art for Birobidzhan // Jews in Eastern Europe. 3, 49 (Winter 2002). P. 99–108.

Browder 1967 — Browder E. The American Communist Party in the Thirties // As We Saw the Thirties: Essays on Social and Political Movements of a Decade / ed. by Simon R. J. Urbana, IL: University of Illinois Press, 1967.

Brown 2002 — Brown P. (ed.). In The Catskills: A Century of the Jewish Experience in "The Mountains". New York: Columbia University Press, 2002.

Buhle 1980 — Buhle P. Jews and American Communism: The Cultural Question // Radical History Review. Vol. 23 (Spring 1980).

Buhle 1991 — Buhle P. Marxism in the United States: Remapping the History of the American Left. London: Verso, 1991.

Carr 1983 — Carr E. H. Twilight of the Comintern, 1930–1935. New York: Pantheon Books, 1983.

Caute 1973 — Caute D. The Fellow-Travelers: A Postscript to the Enlightenment. New York: Macmillan, 1973.

Caute 1978 — Caute D. The Great Fear: The Anti-Communist Purge Under Truman and Eisenhower. New York: Simon and Schuster, 1978.

Chernow 1994 — Chernow R. The Warburgs: The Twentieth-Century Odyssey of a Remarkable Jewish Family. New York: Vintage, 1994.

Cohen 1990 — Cohen M. J. Truman and Israel. Berkeley, CA: University of California Press, 1990.

Davies, Steiger 1842 — Davies R. A., Steiger A. J. Soviet Asia: Democracy's First Line of Defense. New York: Dial Press, 1942.

Deckel-Chen 2005 — Dekel-Chen J. Farming the Red Land: Jewish Agricultural Colonization and Local Soviet Power, 1924–1941. New Haven: Yale University Press, 2005.

Deckel-Chen 2007 — Dekel-Chen J. 'New' Jews of the Agricultural Kind: A Case of Soviet Interwar Propaganda // Russian Review. 66, 3 (July 2007). P. 424–450.

Degras 1965 — The Communist International 1919–1943 Documents / ed. by J. Degras. Vol. III: 1929–1943. London: Oxford University Press, 1965.

Dekel-Chen 2003 — Dekel-Chen J. An Unlikely Triangle: Philanthropists, Commissars, and American Statesmanship Meet in Soviet Crimea, 1922–1937 // Diplomatic History. 27, 3 (June 2003).

Denning 1996 — Denning M. The Cultural Front: The Laboring of American Culture in the Twentieth Century. London: Verso, 1996.

Devine 2003 — Devine T. W. The Communists, Henry Wallace, and the Progressive Party of 1948. Continuity: A Journal of History 26 (Spring 2003). P. 33–79.

Diubaldo 1978 — Diubaldo R. J. Stefansson and the Canadian Arctic. Montreal: McGill-Queen's University Press, 1978.

Doroshkin 1969 — Doroshkin M. Yiddish in America: Social and Cultural Foundations. Rutherford, NJ: Fairleigh Dickinson University Press, 1969.

Draper 1986 — Draper T. American Communism and Soviet Russia: The Formative Period. New York: Vintage edition, 1986.

Dunaway D. K. Unsung Songs of Protest: The Composers Collective of New York // New York Folklore. № 5 (Summer 1979).

Epstein 1959 — Epstein M. The Jew and Communism: The Story of Early Communist Victories and Ultimate Defeats in the Jewish Community, U.S.A. 1919–1941. New York: Trade Union Sponsoring Committee, 1959.

Epstein 1969 — Epstein M. Jewish Labor in U.S.A.: An Industrial, Political and Cultural History of the Jewish Labor Movement, 1882–1914. New York: Ktav, 1969.

Epstein 1971 — Epstein M. Pages from a Colorful Life: An Autobiographical Sketch. Miami Beach: Block Publishing, 1971.

Estraikh 1995 — Estraikh G. Yiddish Language Conference Aborted // East European Jewish Affairs 25, № 2 (Winter 1995). P. 91–96.

Estraikh 2004 — Estraikh G. The Yiddish-Language Communist Press // Dark Times, Dire Decisions: Jews and Communism. Studies in Contemporary Jewry 20 / eds. D. Diner, J. Frankel. New York: Oxford University Press, 2004. P. 62–82.

Estraikh 2005 — Eistraikh G. In Harness: Yiddish Writers' Romance with Communism . Syracuse, NY: Syracuse University Press, 2005.

Estraich 2008 — Estraikh G. Yiddish in the Cold War. NY: Modern Humanities Association and Routledge, 2008.

Fariello 1995 — Fariello G. Red Scare: Memories of the American Inquisition. An Oral History. New York: W. W. Norton, 1995.

Feingold 1974 — Feingold H. L. Zion in America: the Jewish Experience from Colonial Times to the Present. New York: Hippocrene Books, 1974.

Feingold 1992 — Feingold H. L. The Jewish People in America. Vol. IV. A Time For Searching: Entering the Mainstream 1920–1945. Baltimore: Johns Hopkins Press, 1992.

Firsov, Haynes, Klehr 1995 — Firsov F. I., Haynes J. E., Klehr H. The Secret World of American Communism. New Haven: Yale University Press, 1995.

Fishbein 1948 — Fishbein J. I. (ed.). The Sentinel Presents 100 Years of Chicago Jewry. Chicago: Snetinal Pulishing Co., 1948.

Fishbein 1986 — Fishbein J. I. (ed.). The Sentinel's History of Chicago Jewry, 1911–1986. Chicago: Sentinel Publishing Co., 1986.

Frankel 1981 — Frankel J. Prophecy and Politics: Socialism, Nationalism, and the Russian Jews, 1862–1917. Cambridge: Cambridge University Press, 1981.

Frankel 1992 — Frankel J. Modern Jewish Politics East and West (1840–1939): Utopia, Myth, Reality // The Quest for Utopia: Jewish Political Ideas and Institutions Through the Ages / ed. Z. Gitelman. Armonk, NY: M. E. Sharpe, 1992.

Fried 1990 — Fried R. M. Nightmare in Red: The McCarthy Era in Perspective. New York: Oxford University Press, 1990.

Friedman 2003 — Friedman M. From Outsiders to Insiders // Philadelphia Jewish Life, 1940–2000 / ed. by M. Friedman. Philadelphia: Temple University Press, 2003.

Gitelman 1972 — Gitelman Z. Jewish Nationality and Soviet Politics: The Jewish Sections of the CPSU, 1917–1930. Princeton, NJ: Princeton University Press, 1972.

Glaser, Weintraub 2005 — Glaser A., Weintraub D. (eds.). Proletpen: America's Rebel Yiddish Poets. Madison, WI: University of Wisconsin Press, 2005.

Goldberg 1961 — Goldberg B. Z. The Jewish Problem in the Soviet Union: Analysis and Solution. New York: Crown, 1961.

Goldsmith 1976 — Goldsmith E. S. Architects of Yiddishism at the Beginning of the Twentieth Century: A Study in Jewish Cultural History. Rutherford, NJ: Fairleigh Dickinson University Press, 1976. P. 161–181.

Goldstein 2008 — Goldstein R. J. American Blacklist: The Attorney General's List of Subversive Organizations. Lawrence, KS: University Press of Kansas, 2008.

Gornick 1977 — Gornick V. The Romance of American Communism. New York: Basic Books, 1977.

Greenberg 1945 — Greenberg H. What We Stand For // Jewish Frontier Anthology 1934–1944 / ed. by H. Greenberg, ed. New York: Jewish Frontier Association, 1945. P. 3–5.

Hallas 1985 — Hallas D. The Comintern. London: Bookmarks. 1985.

Hanson 1941 — Hanson E. P. Stefansson: Prophet of the North. New York: Harper, 1941.

Harshav 2003 — Marc Chagall on Art and Culture / ed. by B. Harshav. Stanford, CA: Stanford University Press, 2003.

Harshav 2004 — Harshav B. Marc Chagall and his Times: A Documentary Narrative. Stanford, CA: Stanford University Press, 2004.

Haynes 2000 — Haynes J. E. The Cold War Debate Continues: A Traditionalist View of Historical Writing on Domestic Communism and Anti-Communism // Journal of Cold War Studies. 2, 1 (Winter 2000). P. 76–115.

Haynes, Klehr 2003 — Haynes J. E., Klehr H., In Denial: Historians, Communism and Espionage. San Francisco: Encounter Books, 2003.

Haynes, Klehr 2003a — Haynes J. E., Klehr H. The Historiography of American Communism: An Unsettled Field // Labour History Review 68, 1 (April 2003). P. 61–78.

Haynes, Klehr 2005 — Haynes J. E., Klehr H. Venona: Decoding Soviet Espionage in America. New Haven, CT: Yale University Press, 2000.

Haynes, Klehr 2005 — Haynes J. E., Klehr H. The CPUSA Reports to the Comintern: 1941 // American Communist History. 4, № 1 (June 2005).

Haynes, Klehr 2006 — Haynes J. E., Klehr H. Early Cold War Spies: The Espionage Trials that Shaped American Politics. New York: Cambridge University Press, 2006.

Haynes, Klehr, Vassiliev 2009 — Haynes J. E., Klehr H., Vassiliev A. Spies: The Rise and Fall of the KGB in America. New Haven: Yale University Press, 2009.

Hemingway 2002 — Hemingway A. Artists on the Left: American Artists and the Communist Movement 1926–1956. New Haven: Yale University Press, 2002.

Hoberman 1998 — Hoberman J. The Red Atlantis: Communist Culture in the Absence of Communism. Philadelphia: Temple University Press, 1998.

Hoffman 2005 — Hoffman M. From Pintele Yid to Racenjude: Chaim Zhitlovsky and Racial Conceptions of Jewishness // Jewish History. 19, 1 (March 2005).

Horne 2001 — Horne G. Class Struggle in Hollywood 1930–1950: Moguls, Mobsters, Stars, Reds, and Trade Unionists. Austin, TX: University of Texas Press, 2001.

Hurewitz 2007 — Hurewitz D. Bohemian Los Angeles and the Making of Modern Politics. Berkeley, CA: University of California Press, 2007.

Isacson [1948] — Isacson L. Journey to Israel. New York: Progressive Party, [1948] .

Isserman 1982 — Isserman M. Which Side Were You On? The American Communist Party During the Second World War. Middletown, CT: Wesleyan University Press, 1982.

Ivanov 2009 — Ivanov A. Facing East: The World ORT Union and the Jewish Refugee Problem in Europe, 1933–1938 // East European Jewish Affairs. Vol. 39, Issue 3. London, December 2009. P. 369–388.

JAR 1948 — The Jewish Autonomous Region: Questions and Answers. New York: American Birobidjan Committee (March 1948).

Jerome 2002 — Jerome F. The Einstein File: J. Edgar Hoover's Secret War Against the World's Most Famous Scientist. New York: St. Martin's Press, 2002.

Jesmer 1948 — Jesmer S. Ambijan // The Sentinel Presents 100 Years of Chicago Jewry / ed. by J. I. Fishbein. Chicago: Sentinel Publishing Co., 1948.

Jewish 1927 — Jewish Colonization in Soviet Russia. New York: ICOR, [1927].

Jewish 1939 — Jewish National Organizations // American Jewish Year Book 5700 (September 14, 1939 to October 2, 1940) / ed. by H. Schneiderman. Vol. 41. Philadelphia: Jewish Publication Society of America, 1939.

Kagedan 1981 — Kagedan A. L. American Jews and the Soviet Experiment: The Agro-Joint Project, 1924–1937 // Jewish Social Studies 43, 2. Spring 1981. P. 153–164.

Kagedan 1993 — Kagedan A. L. Birobidzhan // Central Asian Survey. 12, № 2 (July 1993). P. 87–94.

Kagedan 1994 — Kagedan A. L. Soviet Zion: The Quest for a Russian Jewish Homeland. New York: St. Martin's Press, 1994.

Kahn, Sayers 1946 — Kahn A. E., Sayers M. The Great Conspiracy: The Secret War Against Soviet Russia. Boston: Little, Brown and Co., 1946.

Kann 1993 — Kann K. L. Comrades and Chicken Ranchers: The Story of a California Jewish Community. Ithaca, NY: Cornell University Press, 1993.

Karavanough 2008 — Kavanaugh S. ORT and the Rehabilitation of Holocaust Survivors. London: Vallentine Mitchell, 2008.

Keeran 1995 — Keeran R. National Groups and the Popular Front: The Case of the International Workers Order // Journal of American Ethnic History. 14 (Spring 1995). P. 33–39.

Kenez 1996 — Kenez P. Jewish Themes in Stalinist Films // Judaism. 45, 3 (Summer 1996).

Klehr 1978 — Klehr H. Communist Cadre: The Social Background of the American Communist Party Elite. Stanford, CA: Hoover Institution Press, 1978.

Klehr 1979 — Klehr H. Immigrant Leadership in the Communist Party of the United States of America // Ethnicity. Vol. 6. March, 1979.

Klehr 1984 — Klehr H. The Heyday of American Communism: The Depression Decade. New York: Basic Books, 1984.

Klepfisz 1994 — Klepfisz I. Di Mames, Dos Loshn/The Mothers, the Language: Feminism, Yidishkayt, and the Politics of Memory // Bridges: A Journal for Jewish Feminists and Our Friends. 4, 1 (Winter/Spring 1994). P. 27–33.

Koch 2004 — Koch S. Double Lives: Stalin, Willi Münzenberg and the Seduction of the Intellectuals. New York: Enigma Books. 2004.

Kolsky 1992 — Kolsky T. A. Jews Against Zionism: The American Council for Judaism, 1942–1948. Philadelphia: Temple University Press, 1992.

Kotlerman 2003 — Kotlerman B. Jewish Names on the Map of Birobidzhan // These Are the Names; Studies in Jewish Onomastics / ed. by Aaron Demsky. Vol. 4. Ramat Gan, Israel: Bar-Ilan University Press, 2003. P. 109–126.

Krammer 1974 — Krammer A. The Forgotten Friendship: Israel and the Soviet Bloc, 1947–1953. Urbana, IL: University of Illinois Press, 1974.

Kuntz 1932 — Kuntz C. Biro-Bidjan in Socialist Construction // ИКОР Йор-бух — ICOR Year Book 1932 [English section].

Kutulas 1995 — Kutulas J. The Long War: The Intellectual People's Front and Anti-Stalinism, 1930–1940. Durham, NC: Duke University Press, 1995. Vol. 2.

Leavitt 1953 — Leavitt M. A. The JDC Story: Highlights of JDC Activities 1914–1952. New York: American Jewish Joint Distribution Committee, 1953.

LeBourdais 1963 — LeBourdais D. M. Stefansson: Ambassador of the North. Montreal: Harvest House, 1963.

Leviatin 1989 — Leviatin D. Followers of the Trail: Jewish Working-Class Radicals in America. New Haven: Yale University Press, 1989.

Levin 1988 — Levin N. The Jews in the Soviet Union Since 1917. New York: New York University Press. Vol. I. 1988.

Lewy 1990 — Lewy G. The Cause that Failed: Communism in American Political Life. New York: Oxford University Press, 1990.

Lichtenstein 2004 — Lichtenstein A. In the Shade of the Lenin Oak: 'Colonel' Raymond Robins, Senator Claude Pepper, and the Cold War // American Communist History. 3 (December 2004). P. 185–214.

Lieberman 1989 — Lieberman R. "My Song is My Weapon": People's Songs, American Communism, and the Politics of Culture, 1930–1950. Urbana, IL: University of Illinois Press, 1989.

Lieberman 2000 — Lieberman R. The Strangest Dream: Communism, Anti-Communism, and the U.S. Peace Movement, 1945–1963. Syracuse, NY: Syracuse University Press, 2000.

Liebman 1978 — Liebman A. Jews and the Left. New York: John Wiley, 1978.

Life 1948 — Life in the Soviet Far East: Birobidjan. New York: Ambijan, 1948.

Lipsett 1969 — Lipsett C. H. The Fabulous Wall Street Scrap Giants. New York: Atlas Publishing Co., 1969.

Low 1990 — Low D. A. Soviet Jewry and Soviet Policy. New York: Columbia University Press, 1990.

Lyons 1982 — Lyons P. Philadelphia Communists, 1936–1956. Philadelphia: Temple University Press, 1982.

Lyons 2000 — Lyons P. Philadelphia Jews and Radicalism: The American Jewish Congress Cleans House / ed. by M. Friedman. Philadelphia Jewish Life, 1940–1985. Philadelphia: Temple University Press, 2000.

Marley 1934 — Marley D. L. A. Biro Bidjan as I Saw It. New York: ICOR, 1934.

McDermott and Agnew 1996 — McDermott K., Agnew J. The Comintern: A History of International Communism from Lenin to Stalin. New York: St Martin's Press. 1996.

McMeekin 2003 — McMeekin S. The Red Millionaire: A Political Biography of Willy Münzenberg, Moscow's Secret Propaganda Tsar in the West, 1917–1940. New Haven: Yale University Press. 2003.

McWilliams 1948 — McWillams C. A Mask for Privilege: Anti-Semitism in America. Boston: Little, Brown, 1948.

McWilliams 1978 — McWilliams C. The Education of Carey McWilliams. New York: Simon & Schuster, 1978.

Medoff 2002 — Medoff. Felix Warburg and the Palestinian Arabs: A Reassessment // American Jewish Archives. 54. № 1. P. 11–36.

Mendelson 1993 — Mendelsohn E. On Modern Jewish Politics. New York: Oxford University Press, 1993.

Mendelson 2004 — Mendelsohn E. Jews, Communism, and Art in Interwar America / ed. by D. Diner, J. Frankel. Dark Times, Dire Decisions: Jews and Communism. Studies in Contemporary Jewry. 20. New York: Oxford University Press, 2004. P. 99–132.

Meyer 1989 — Meyer G. Vito Marcantonio: Radical Politician, 1902–1954. Albany, NY: State University of New York Press, 1989.

Michels 2005 — Mitchels T. A Fire in Their Hearts: Yiddish Socialists in New York. Cambridge, MA: Harvard University Press, 2005.

Miller 1946 — Miller M. Crisis in Palestine. New York: New Century Publishers, 1946.

Mischler 1995 — Mishler P. C. Red Finns, Red Jews: Ethnic Variation in Communist Political Culture During the 1920s and 1930s // YIVO Annual 22, 1995.

Mischler 1999 — Mishler P. C. Raising Reds: The Young Pioneers, Radical Summer Camps, and Communist Political Culture in the United States. New York: Columbia University Press, 1999.

Moore 1981 — Moore D. D. At Home in America: Second Generation New York Jews. New York: Columbia University Press, 1981.

Morgan 2003 — Morgan T. Reds: McCarthyism in Twentieth-Century America. New York: Random House, 2003.

Nahshon 1998 — Nachson E. Yiddish Proletarian Theatre: The Art and Politics of the Artef, 1925–1940. Westport, CT: Greenwood Press, 1998.

Naylor 1969 — Naylor J. F. Labour's International Policy: The Labour Party in the 1930s. London: Weidenfeld and Nicolson, 1969.

Nedava 1972 — Nedava J. Trotsky and the Jews. Philadelphia: Jewish Publication Society of America, 1972.

Novick, Budish 1948 — Novick P., Budish J. M. Jews in the Soviet Union: Citizens and Builders. New York: New Century Publishers, 1948.

O'Reilly 1983 — O'Reilly K. Hoover and the Un-Americans: The FBI, HUAC, and the Red Menace. Philadelphia: Temple University Press, 1983.

Ottanelli 1991 — Ottanelli F. M. The Communist Party of the United States: From the Depression to World War II. New Brunswick, NJ: Rutgers University Press, 1991.

Pepper, Gorey 1987 — Claude Denson Pepper, Hays Gorey. Pepper: Eyewitness to a Century. San Diego, CA: Harcourt Brace Jovanovich, 1987.

Pinkson 1998 — Pinkson R. The Life and Times of an Elderly Red Diaper Baby // Red Diapers: Growing Up in the Communist Left / ed. by J. Kaplan, L. Shapiro. Urbana, IL: University of Illinois Press, 1998.

Pinkus 1988 — Pinkus B. The Jews of the Soviet Union: The History of a National Minority. Cambridge: Cambridge University Press, 1988.

Pluntz 1986 — Plunz R. Reading Bronx Housing, 1890–1940 // Building a Borough: Architecture and Planning in the Bronx, 1890–1940 / ed. by T. Rub. New York: Bronx Museum of the Arts, 1986. P. 30–76.

Portnoy 1999 — Portnoy E. Modicut Puppet Theatre: Modernism, Satire, and Yiddish Culture // Drama Review. 43, 3 (Fall 1999). P. 115–134.

Price 2004 — Price D. H. Threatening Anthropology: McCarthyism and the FBI's Surveillance of Active Anthropologists. Durham, NC: Duke University Press, 2004.

Radosh, Radosh 2009 — Radosh R., Radosh A. A Safe Haven: Harry S. Truman and the Founding of Israel. New York: Harper/Collins, 2009.

Redlich 1982 — Redlich S. Propaganda and Nationalism in Wartime Russia: The Jewish Antifascist Committee in the USSR, 1941–1948. Boulder, CO: East European Quarterly, 1982.

Redlich 1995 — Redlich S. War, Holocaust and Stalinism: A Documented History of the Jewish Anti-Fascist Committee in the USSR. Luxembourg: Harwood Academic Publishers, 1995.

Rees and Thorpe 1998 — International Communism and the Communist International, 1919–1943 / ed. by T. Rees and A. Thorpe New York: St Martin's Press. 1998.

Report 1930 — Report of the American Icor Commission for the Study of Biro-Bidjan and its Colonization. New York: ICOR, 1930.

Reynolds 1939 — Reynolds L. G. The Pact and the Jew: How it Has Affected the Destiny of 5,000,000 Jews. Los Angeles: City Committee ICOR, [1939].

Richardson 2005 — Richardson P. American Prophet: The Life and Work of Carey McWilliams. Ann Arbor, MI: University of Michigan Press, 2005.

Ro'i 1980 — Ro'i Y. Soviet Decision Making in Practice: the USSR and Israel, 1947–1954. New Brunswick, NJ: Transaction Books, 1980.

Roberts 1997 — Roberts P. Jewish Bankers, Russia, and the Soviet Union, 1900–1940: The Case of Kuhn, Loeb and Company // American Jewish Archives 49, 1–2. 1997. P. 9–37.

Romerstein and Breindel 2000 — Romerstein H., Breindel E. The Venona Secrets: Exposing Soviet Espionage and America's Traitors. Washington, DC: Regnery Publishing, 2000.

Rosen 1925 — Rosen J. A. Founding a New Life for Suffering Thousands: Report of Dr. Joseph A. Rosen on Jewish Colonization Work in Russia. New York: United Jewish Campaign, 1925.

Rosen et al. 2003 — Rosen P., Tabak R., Gross D. Philadelphia Jewry, the Holocaust, and the Birth of the Jewish State // Philadelphia Jewish Life, 1940–1985 / ed. by M. Friedman. Philadelphia: Temple University Press, 2003. P. 3–37.

Rosenberg 1927 — Rosenberg J. N. On the Steppes: A Russian Diary / foreword by L. Marshall. New York: Alfred A. Knopf, 1927.

Rosenfeld 1966 — Rosenfeld M. Zhitlovsky: Philosopher of Jewish Secularism // Jewish Currents Reader / ed. by Schappes M. U. et al. New York: Jewish Currents, 1966. P. 78–89.

Rosenthal 1987 — Rosenthal J. C. Dealing with the Devil: Louis Marshall and the Partnership Between the Joint Distribution Committee and Soviet Russia // American Jewish Archives. 39, 1 (April 1987). P. 1–22.

Ruckert 2005 — Rucker L. Moscow's Surprise: The Soviet-Israeli Alliance of 1947–1949. Cold War International History Project Working Paper Series. № 46. Washington, DC: Woodrow Wilson International Center for Scholars, 2005.

Sabin 1993 — Sabin A. J. Red Scare in Court: New York versus the International Workers Order. Philadelphia: University of Pennsylvania Press, 1993.

Sachar 1992 — Sachar H. M. A History of the Jews in America. New York: Alfred A. Knopf, 1992.

Sanchez 20004 — Sanchez G. J. 'What's Good for Boyle Heights Is Good for the Jews': Creating Multiculturalism on the Eastside during the 1950s // American Quarterly. 56, № 3 (September 2004) P 633 661.

Saposs 1960 — Saposs, Communism in American Politics. Washington: Public Affairs Press, 1960.

Schneiderman, Maller 1946 — Schneiderman H., Maller J. B. (eds.). American Jewish Year Book 5707 (1946–1947). Vol. 48. Philadelphia: Jewish Publication Society of America, 1946.

Schrecker 1986 — Schrecker E. W. No Ivory Tower: McCarthyism and the Universities. New York: Oxford University Press, 1986.

Shannon 1959 — Shannon D. A. The Decline of American Communism: A History of the Communist Party of the United States Since 1945. New York: Harcourt, Brace, 1959.

Shapira 1997 — Shapira A. Black Night — White Snow': Attitudes of the Palestinian Labor Movement to the Russian Revolution, 1917–1929 // Essential Papers on Jews and the Left / ed. by E. Mendelsohn. New York: New York University Press, 1997.

Shapiro 1980 — Shapiro L. The History of ORT: A Jewish Movement for Social Change. New York: Schocken Books, 1980.

Shargel 1995 — Shargel B. R. Leftist Summer Colonies of Northern Westchester County, New York // American Jewish History. 83, 3 (September 1995). P. 337–358.

Shuldiner 1999 — Shuldiner D. P. Of Moses and Marx: Folk Ideology and Folk History in the Jewish Labor Movement. Westport, CT: Bergin & Garvey, 1999.

Sibley 2004 — Sibley K. A. S. Red Spies in America: Stolen Secrets and the Dawn of the Cold War. Lawrence, KS: University Press of Kansas, 2004.

Smith 2007 — Smith J. H. Red-baiting Senator Harley Kilgore in the Election of 1952: The Limits of McCarthyism During the Second Red Scare // West Virginia History. 1, 1 (Spring 2007). P. 55–74.

Snyder 1984 — Snyder R. The Paterson Jewish Folk Chorus: Politics, Ethnicity and Musical Culture // American Jewish History. 74 (September, 1984).

Somerville 1946 — Somerville J. Soviet Philosophy, A study of Theory and Practice. New York: Philosophical Library, 1946.

Sommerville 1956 — Somerville J. The Communist Trials and the American Tradition: Expert Testimony on Force and Violence, and Democracy. New York: International Publishers, 1956.

Somerville 1949 — Somerville J. The Philosophy of Peace. New York: Gaer Associates, 1949.

Srebrnik 1995 — Srebrnik H. F. London Jews and British Communism, 1935–1945. London: Vallentine Mitchell, 1995.

Srebrnik 2008a — Srebrnik H. F. Jerusalem on the Amur: Birobidzhan and the Canadian Jewish Communist Movement, 1924–1951. Montreal: McGill-Queens University Press, 2008.

Srebrnik 2008b — Srebrnik H. F. 'Next Year in Birobidzhan!' The Messianic Rhetoric of Jewish Communists in the Search for a New Zion // Border

Crossings: Explorations of an Interdisciplinary Historian. Festschrift for Irving Hexhamvan / ed. by U. van der Heyden, A. Feldtkeller. Stuttgart: Franz Steiner Verlag, 2008. P. 305–317.

Srebrnik 2009 — Srebrnik H. 'The Jews Do Not Want War!': American Jewish Communists Defend the Hitler-Stalin Pact, 1939–1941 // American Communist History 8, 1. June 2009. P. 49–71.

Srebrnik 2010 — Srebrnik H. F. 'An Enemy of the Jewish Masses': The ICOR and the Campaign Against Zionism, 1924–1935 // Lewica Przeciwko Izraelowi: Studia O Zydowskim Lewicowym Antysyjonizmie / ed. A. Grabski. Warsaw: Jewish Historical Institute, 2010. P. 93–116.

St. George 1969 — St. George G. Siberia: The New Frontier. New York: David McKay Co., 1969.

Stefansson 1913 — Stefansson V. My Life with the Eskimo. New York: Macmillan, 1913.

Stefansson 1921 — Stefansson V. The Friendly Arctic: The Story of Five Years in Polar Regions. New York: Macmillan, 1921.

Stefansson 1922a — Stefansson V. Hunters of the Great North. New York: Harcourt, Brace, 1922.

Stefansson 1922b — Stefansson V. The Northward Course of Empire. New York: Harcourt, Brace, 1922.

Stefansson 1925 — Stefansson V. The Adventure of Wrangel Island. New York: Macmillan, 1925.

Stefansson 1938 — Stefansson V. Unsolved Mysteries of the Arctic. New York: Macmillan, 1938.

Steinberg 1954 — Steinberg I. N. Territorialism: A History of the Movement // Struggle for Tomorrow: Modern Political Ideologies of the Jewish People / ed. by B. J. Vlavianos, F. Gross. New York: Arts Inc., 1954. P. 112–129.

Steinberg 1984 — Steinberg P. L. The Great "Red Menace": United States Prosecution of American Communists, 1947–1952. Westport, CT: Greenwood Press, 1984.

Steinberg 2000 — Steinberg R. Living a Secular Jewish Life // Jewish Currents. 54. № 9 (October, 2000).

Stone 1948 — Stone I. F. This is Israel. New York: Boni and Gaer, 1948.

Storch 2007 — Storch R. Red Chicago: American Communism at its Grassroots, 1928–1935. Urbana, IL: University of Illinois Press, 2007.

Strong, Keyssar 1983 — Strong T. B., Keyssar H. Right in her Soul: The Life of Anna Louise Strong. New York: Random House, 1983.

Szajkowski 1972 — Szajkowski Z. Jews, Wars, and Communism. In 4 vols. New York: Ktav, 1972.

Tobenkin 1933 — Tobenkin E. Stalin's Ladder: War & Peace in the Soviet Union. New York: Minton, Balch and Co., 1933.

Tobler 1992 — Douglas D. F. The Jews, the Mormons and the Holocaust // Journal of Mormon History. 18, № 1 (Spring 1992). P. 59–92.

Walker 1991 — Walker T. J. E. Pluralistic Fraternity: The History of the International Worker's Order. New York: Garland, 1991.

Waltzer 1980 — Waltzer K. The Party and the Polling Place: American Communism and the American Labor Party in the 1930s // Radical History Review. 23 (Spring 1980). P. 104–129.

Waltzer 1982 — Waltzer K. The FBI, Congressman Vito Marcantonio, and the American Labor Party // Beyond the Hiss Case: The FBI, Congress, and the Cold War / ed. by Theoharis A.G. Philadelphia: Temple University Press, 1982. P. 176–214.

Weinberg 1993 — Weinberg. Purge and Politics in the Periphery: Birobidzhan in 1937 // Slavic Review. 52, 1 (Spring 1993). P. 13–27.

Weinberg 1996 — Weinberg D. H. Between Tradition and Modernity: Haim Zhitlowski, Simon Dubnow, Ahad Ha-Am, and the Shaping of Modern Jewish Identity. New York: Holmes & Meier, 1996.

Weinberg 1995 — Weinberg R. Jews into Peasants? Solving the Jewish Question in Birobidzhan // Jews and Jewish Life in Russia and the Soviet Union / ed. by Yaacov Ro'i. London: Frank Cass, 1995. P. 87–102.

Weinberg 1998 — Weinberg R. Stalin's Forgotten Zion: Birobidzhan and the Making of a Soviet Jewish Homeland. An Illustrated History, 1928–1996. Berkeley: University of California Press, 1998.

Weinberg 2002 — Weinberg R. Birobidzhan After the Second World War // Jews in Russia and Eastern Europe. 3, 49 (Winter 2002). P. 31–46.

Weingarten 1987 — Weingarten A. Jewish Organizations' Response to Communism and to Senator McCarthy. London: Vallentine Mitchell, 2008.

Weinper 1935 — Weinper Z. Birebidzhan. New York: Kultur tsvayg baym ICOR, 1935.

Weinstein 2001 — Weinstein A. From International Socialism to Jewish Nationalism: The John Reed Club Gift to Birobidzhan / ed. by M. Baigell, M. Heyd. Complex Identities: Jewish Consciousness and Modern Art. New Brunswick, NJ: Rutgers University Press, 2001. P. 142–161.

Wenger 1996 — Wenger B. S. New York Jews and the Great Depression: Uncertain Promise. New Haven: Yale University Press, 1996.

Wishnick Dubrovsky 1992 — Wishnick Dubrovsky G. The Land Was Theirs: Jewish Farmers in the Garden State. Tuscaloosa, AL: University of Alabama Press, 1992.

Yarmolinsky 1969 — Yarmolinsky A. Birobidjan // Universal Jewish Encyclopedia. New York: Ktav, 1969. Reprint edition. P. 372–378.

Zucker 1991 — Zucker B.-A. The 'Jewish Bureau': The Organization of American Jewish Communists in the 1930s // Modern History: Bar-Ilan Studies in History III / ed. M. J. Cohen. Ramat-Gan, Israel: Bar-Ilan University Press, 1991.

Zucker 1994 — Zucker B.-A. American Jewish Communists and Jewish Culture in the 1930s // Modern Judaism. 14, № 2 (May 1994).

На идише

Алмазов 1947 — Алмазов Ш. Мит дем ворт цум фолк: дерфунген фун а лектор. New York: YKUF Farlag, 1947.

Astour 1967 — Astour M. C. Geshikhte fun der frayland-lige un funem teritorialistishn gedank. Buenos Aires: Freeland League. In 2 vols. 1967.

Байлин 1950 — Байлин И. Б. Гина Биренцвейг ун Гина Медем (эйнике характер-штрикен) // Медем Г. А лебенсвег: Ойтобиографише нотицн. New York: Gina Medem Bukh-komitet, 1950.

Брайнин 1940 — Багрисунг фун хавер Брайнин ба дер националер конвеншон фун икор ин марц 1935 // Брайнин Р. Умштерблехе рейд вегн Биробиджан ун вегн дер социалистише лейзунг фун дер националер фраге. New York: ICOR, 1940.

Барихт 1930 — Барихт фун дер американер икор экспертн-комисие. New-York: ICOR, 1930.

Вайнраух 1950 — Вайнраух Г. Блут ойф дер зун (идн ин совьет-русланд). New York: Farlag "Mensh un Yid", 1950.

Голдберг 1947 — Голдберг Б. Советн-Фарбанд: Файнт одер фрайнт? New York: Amerikaner Komitet fun Yidishe Shrayber, Kinstler un Visinshaftlekher, 1947.

Ди эрште 1929 — Ди эрште трит фун биробиджан. New-York: ICOR, 1929.

Дос З. Вайнпер-бух 1962 — Дос З. Вайнпер-бух. New York: YKUF Farlag, 1962.

Житловски 1943 — Житловски Х. Ди идн ин советн-фарбанд. New York: ICOR, 1943.

Новик 1937 — Новик П. Йидн ин Биробиджан. New York: ICOR, 1937.

Тальми 1931 — Тальми Л. Ойф ройер эрд: Мит дер "икор"-экспедицие ин биро-биджан. New-York: Frayhayt, 1931.

Фелл-Йеллин 1957 — Фелл-Йеллин Соре. Цу зун ун фрейд. Los Angeles: Sore Fel-Yelin Bukh-Komitet, 1957.

Предметно-именной указатель

Оглавление

Научное издание

Генри Сребрник

МЕЧТЫ О ГОСУДАРСТВЕ

**Американские еврейские коммунисты
и советский Биробиджанский проект, 1924–1951 гг.**

Директор издательства *И. В. Немировский*
Ответственный редактор *И. Белецкий*
Куратор серии *Е. Яндуганова*
Заведующая редакцией *О. Петрова*

Дизайн *И. Граве*
Редактор *Е. Волкова*
Корректор *Е. Гайдель*
Верстка *Е. Падалки*

Подписано в печать 29.12.2023.
Формат издания 60 × 90 $^1/_{16}$. Усл. печ. л. 23,5.
Тираж 300 экз.

Academic Studies Press
1577 Beacon Street, Brookline, MA 02446 USA
https://www.academicstudiespress.com

ООО «Библиороссика».
198207, г. Санкт-Петербург, а/я № 8

Эксклюзивные дистрибьюторы:
ООО «Караван»
ООО «КНИЖНЫЙ КЛУБ 36.6»
http://www.club366.ru
Тел./факс: 8(495)9264544
e-mail: club366@club366.ru

Книги издательства можно купить
в интернет-магазине: www.bibliorossicapress.com
e-mail: sales@bibliorossicapress.ru

12+

*Знак информационной продукции согласно
Федеральному закону от 29.12.2010 № 436-ФЗ*

www.ingramcontent.com/pod-product-compliance
Lightning Source LLC
Chambersburg PA
CBHW070403100426
42812CB00005B/1622